RAELIANA

Warum sie die Verlobte des Dukes wurde

1

Whale

Original Story: Milcha

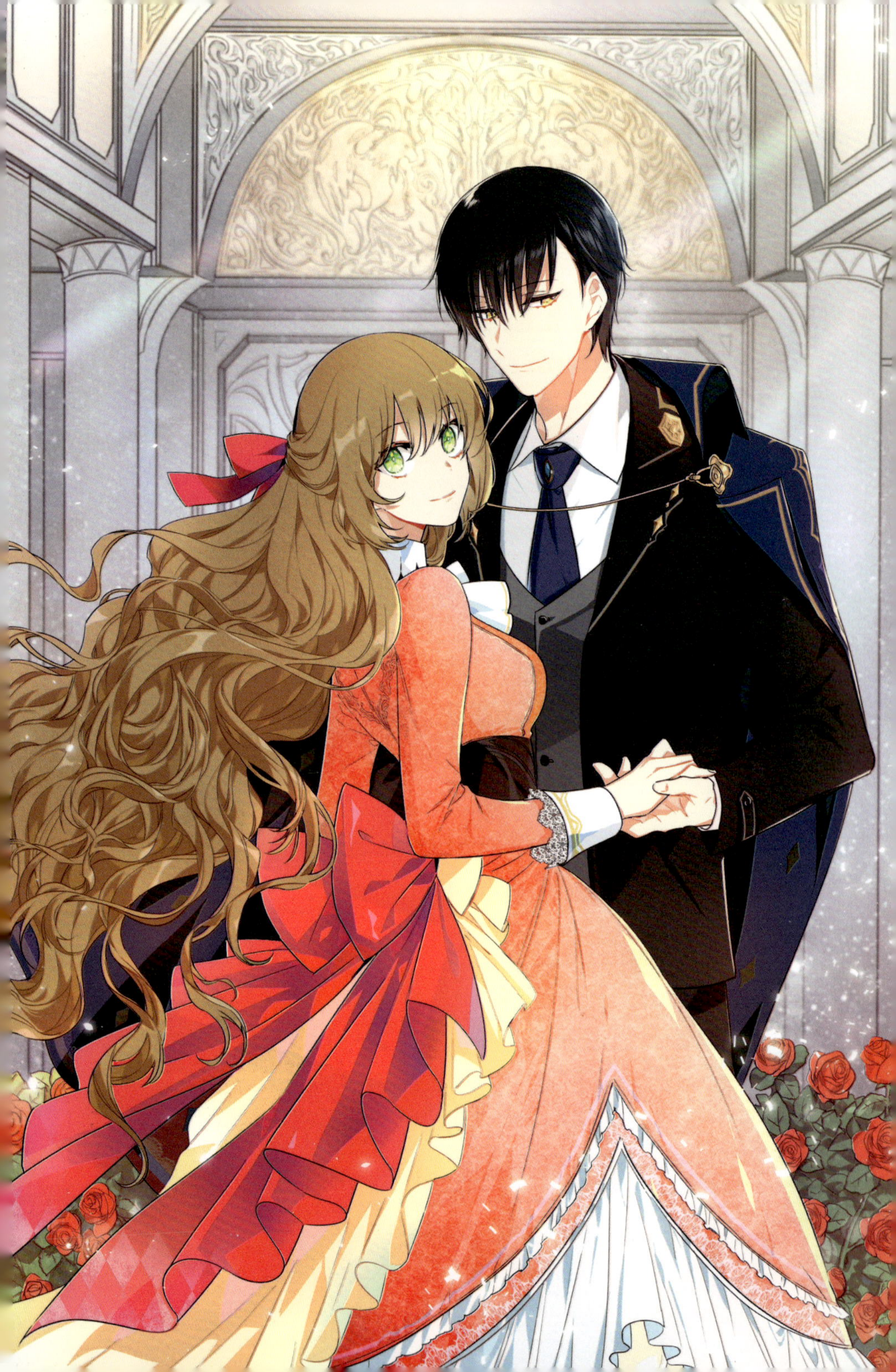

Whale
Original Story: Milcha

Raeliana
Warum sie die Verlobte des Dukes wurde

1

Der gemeinsame Vertrag

»Es ist nicht notwendig,
dass Ihr mein perfekter
Verlobter seid.«

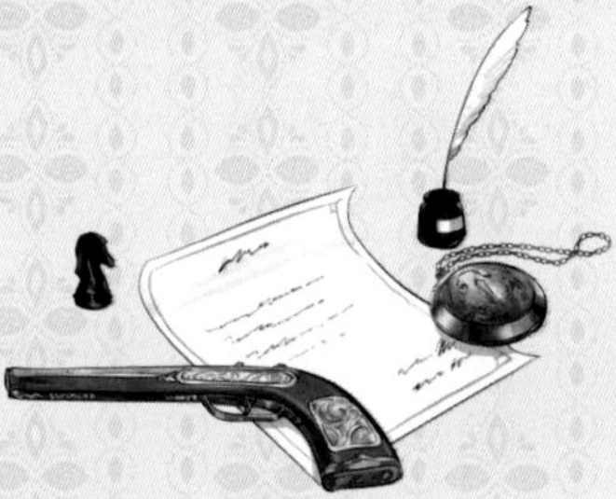

* Dieser Sammelband enthält die Kapitel 1 bis 16 des Webtoons *Raeliana – Warum sie die Verlobte des Dukes wurde*.

Inhalt

Prolog
7

Kapitel 1
Raeliana McMillan will leben
27

Kapitel 2
Auf zur Villa des Dukes
161

Prolog

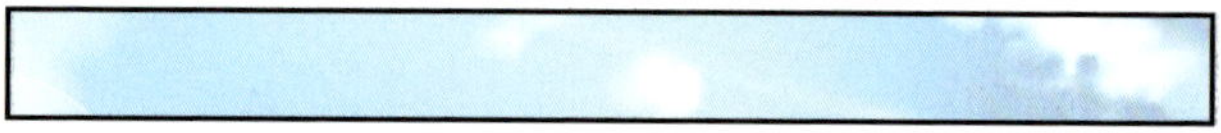
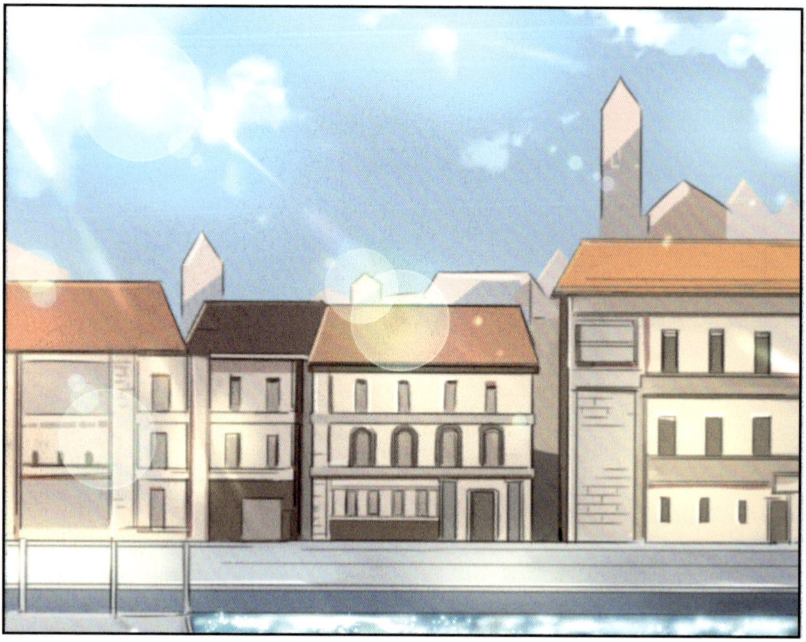
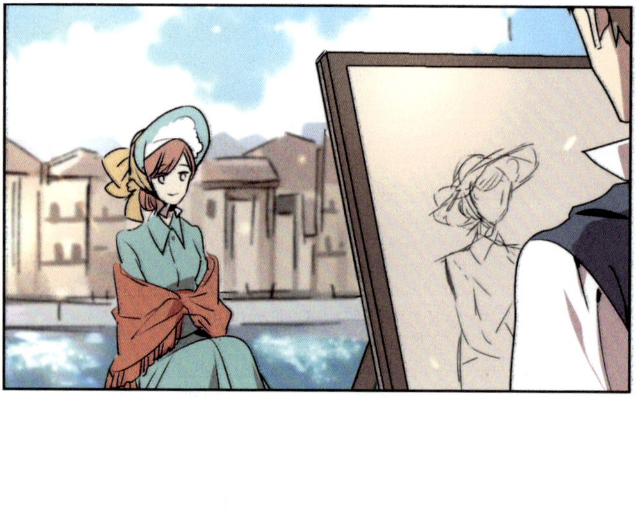

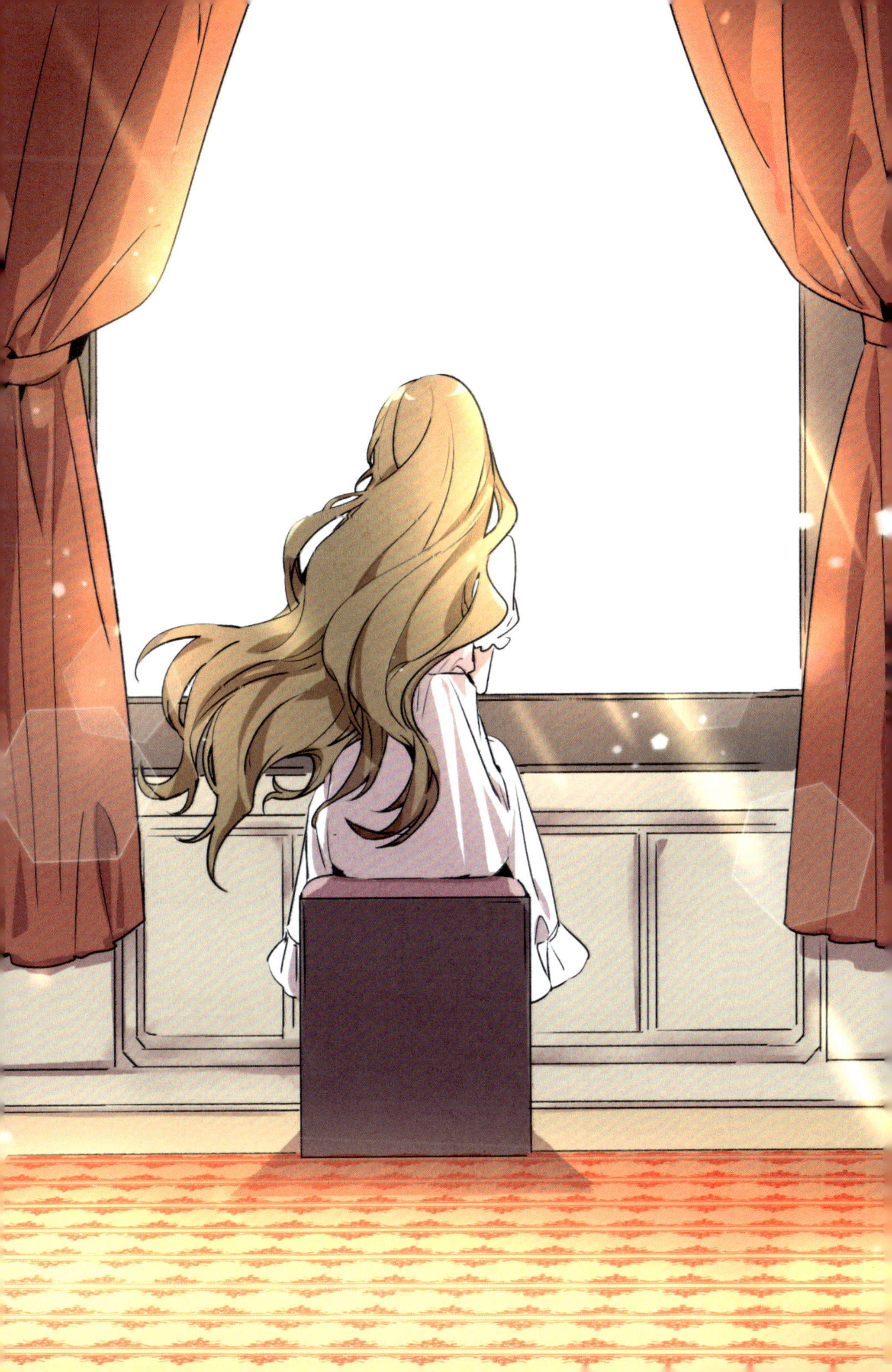

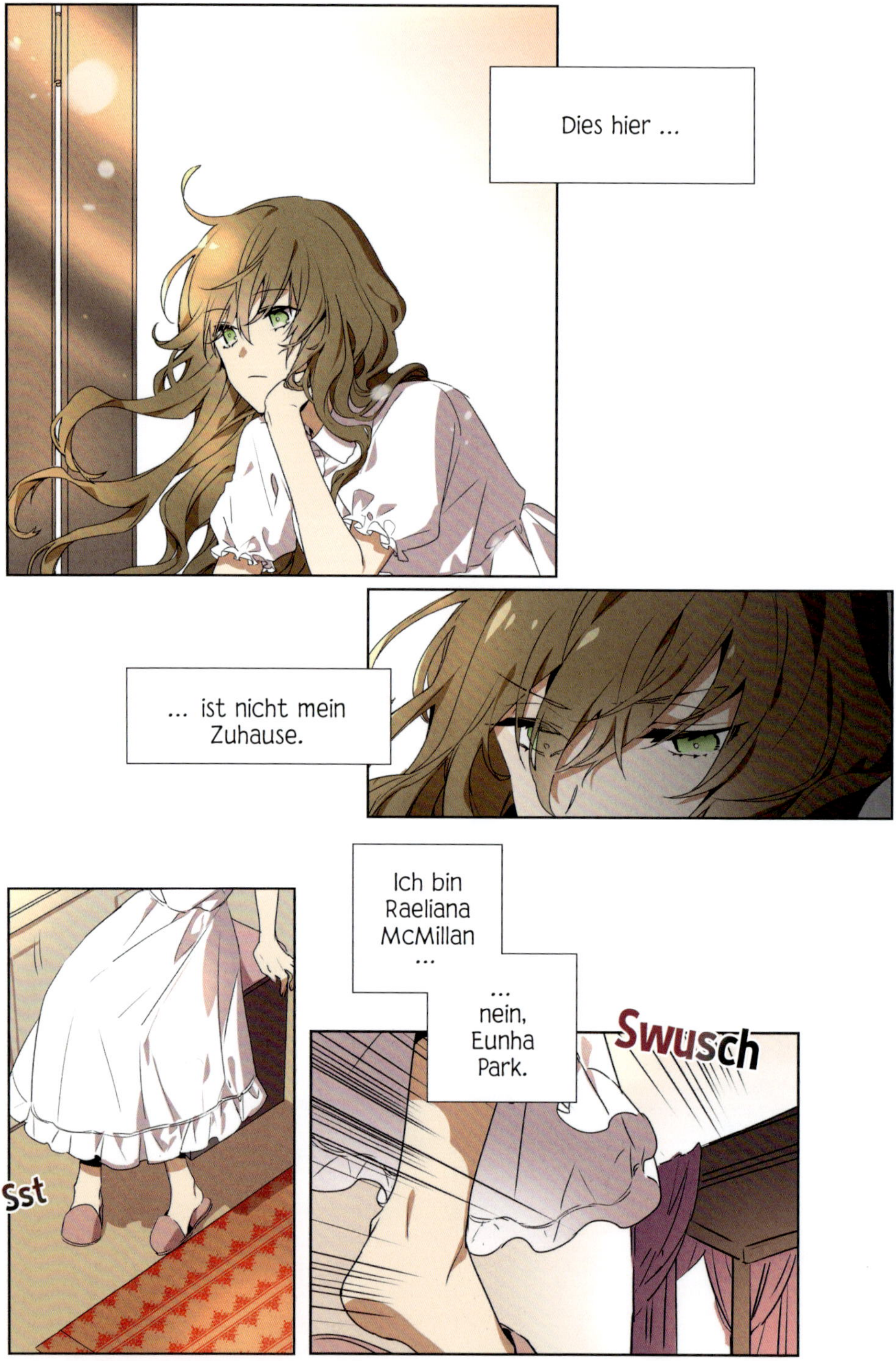

Dies hier ...
... ist nicht mein Zuhause.
Ich bin Raeliana McMillan ...
... nein, Eunha Park.
Sst
Swusch

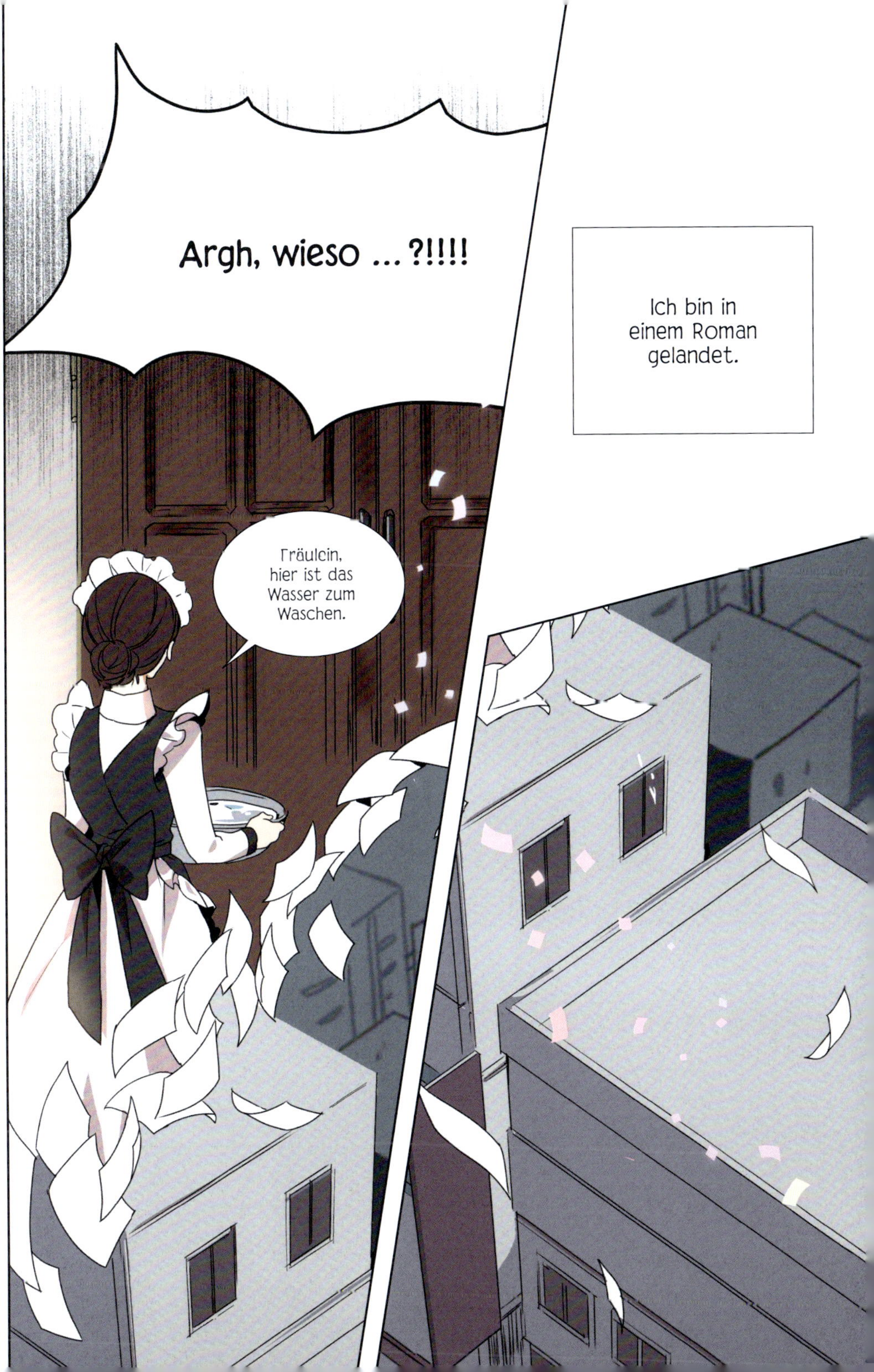
Argh, wieso ... ?!!!!
Fräulein, hier ist das Wasser zum Waschen.
Ich bin in einem Roman gelandet.

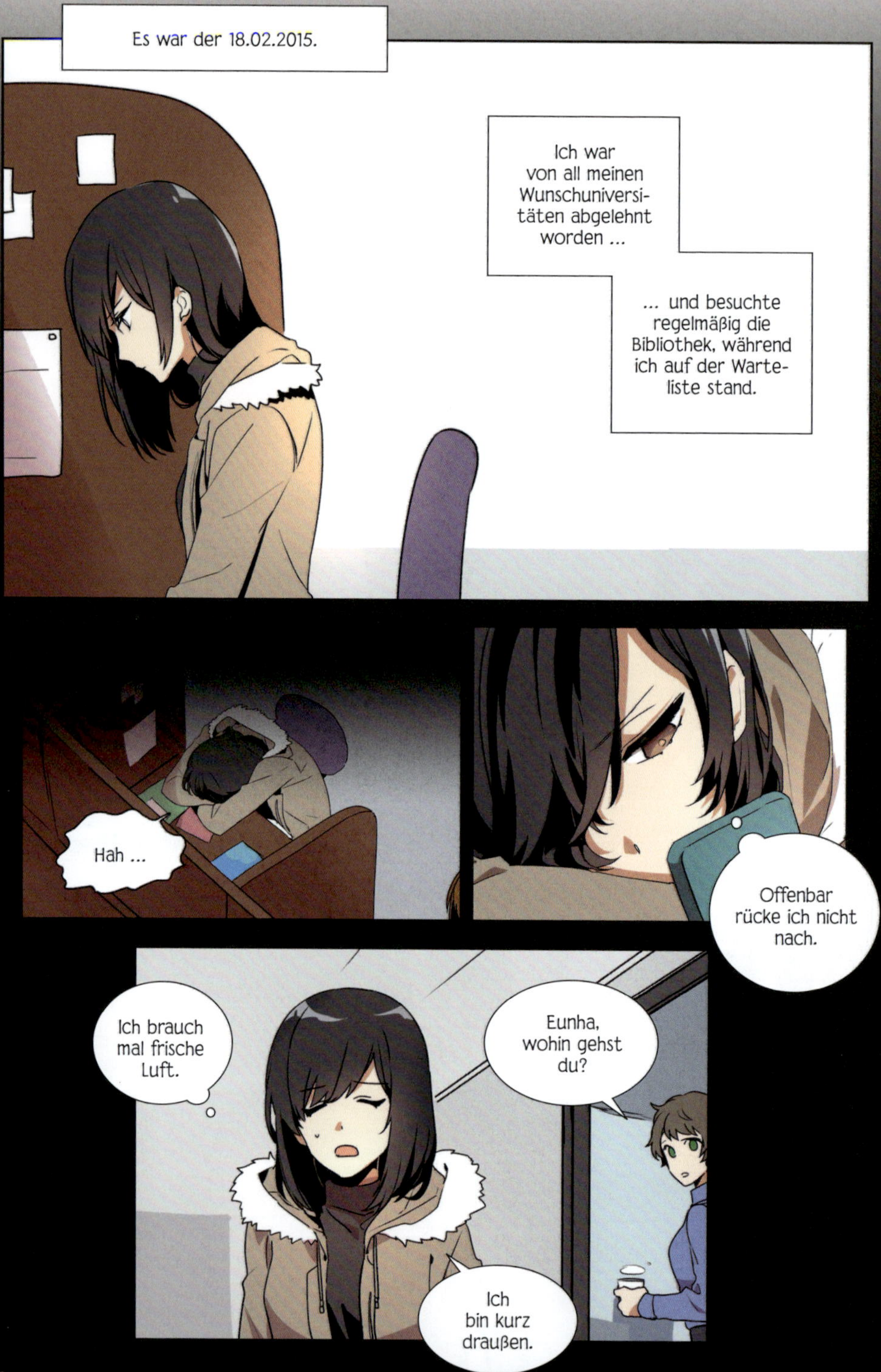
Es war der 18.02.2015.
Ich war von all meinen Wunschuniversitäten abgelehnt worden ...
... und besuchte regelmäßig die Bibliothek, während ich auf der Warteliste stand.
Hah ...
Offenbar rücke ich nicht nach.
Ich brauch mal frische Luft.
Eunha, wohin gehst du?
Ich bin kurz draußen.

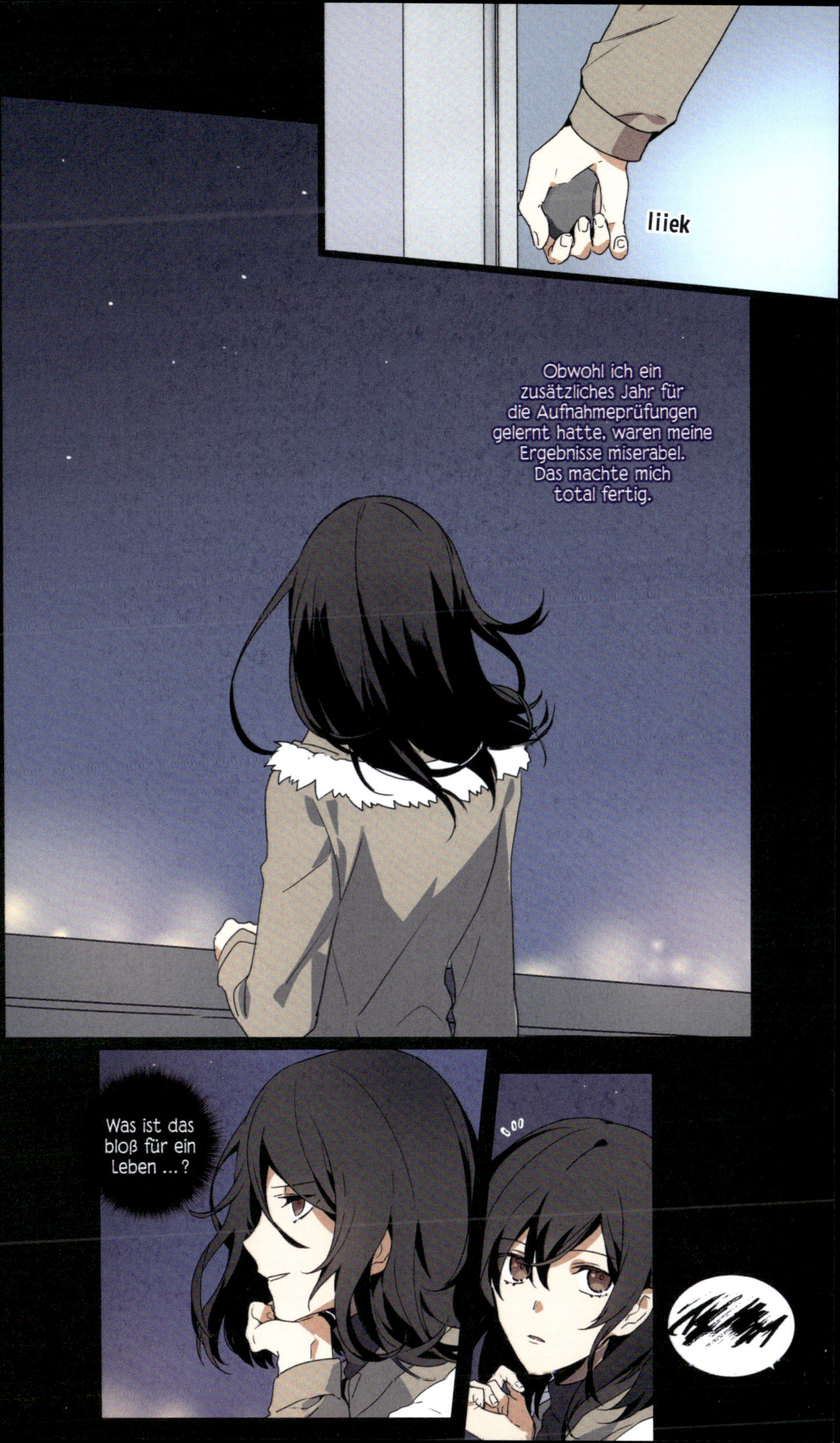

Iiiek
Obwohl ich ein zusätzliches Jahr für die Aufnahmeprüfungen gelernt hatte, waren meine Ergebnisse miserabel. Das machte mich total fertig.
Was ist das bloß für ein Leben ...?

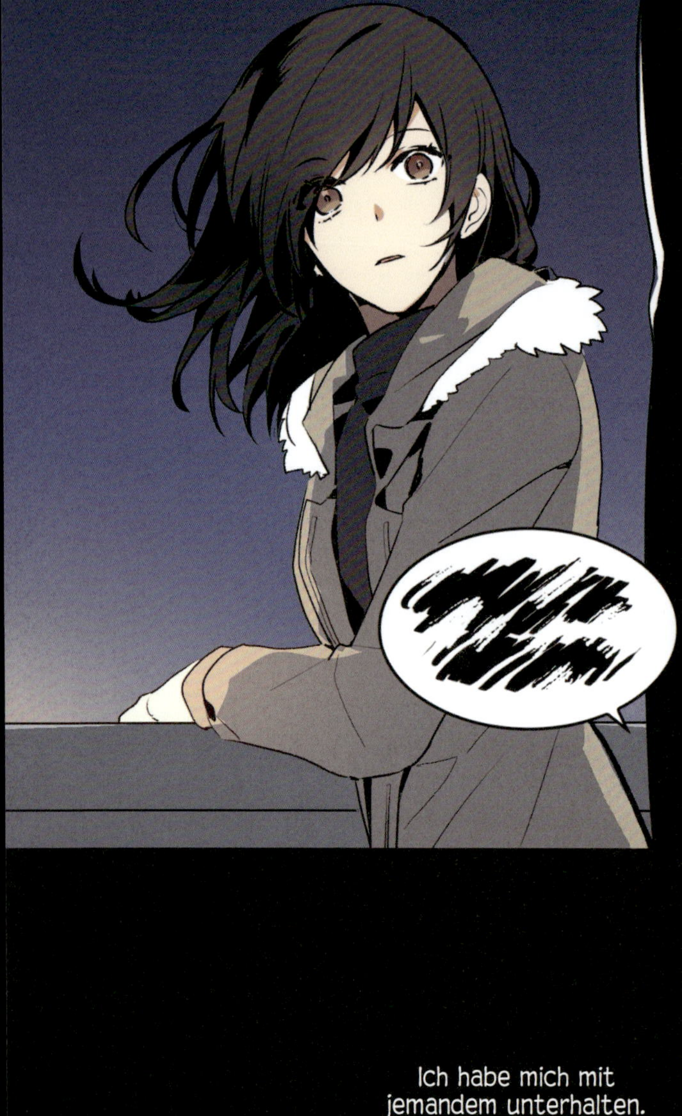
Ich habe mich mit jemandem unterhalten.

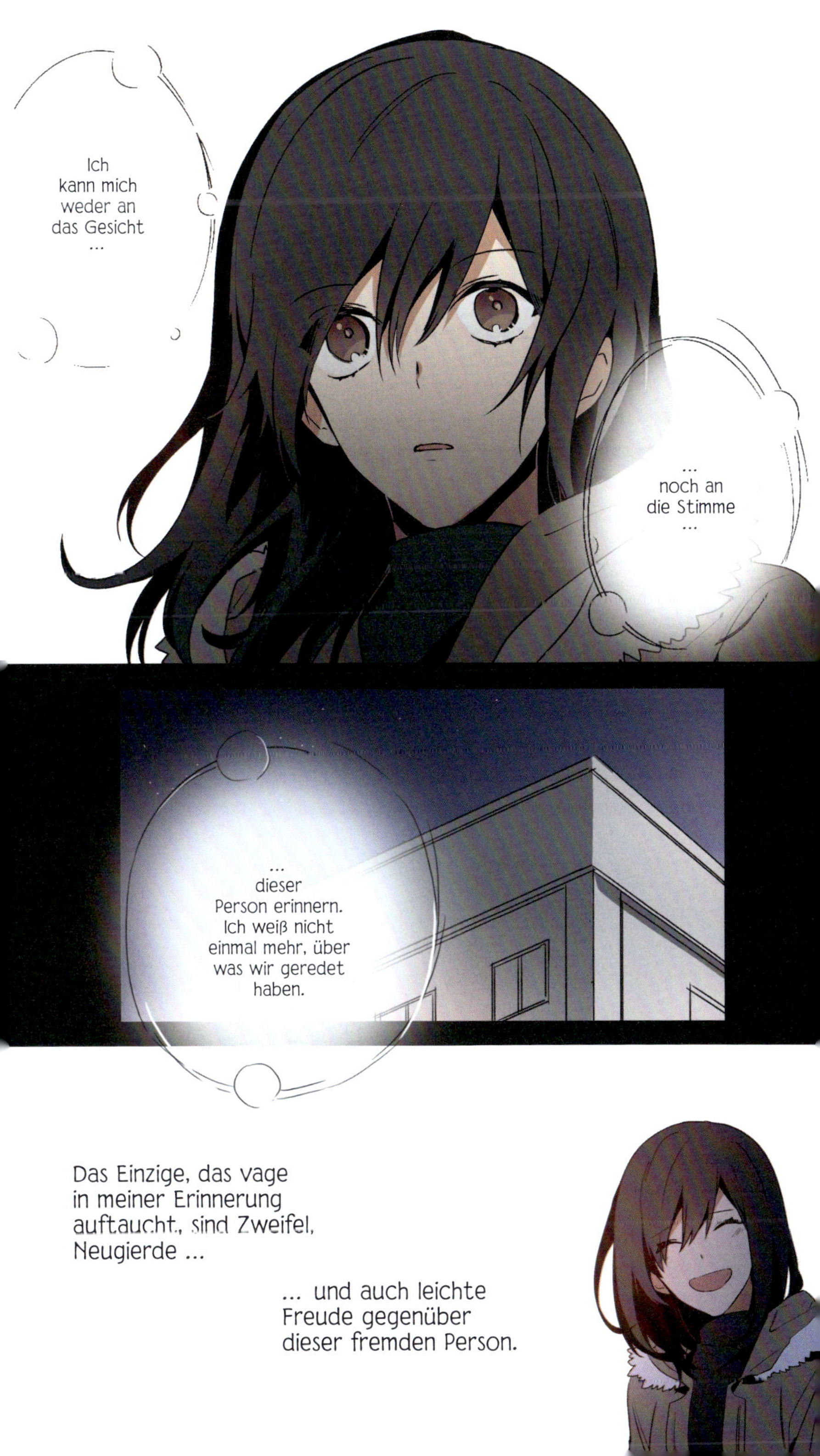
Ich kann mich weder an das Gesicht …
… noch an die Stimme …
… dieser Person erinnern. Ich weiß nicht einmal mehr, über was wir geredet haben.
Das Einzige, das vage in meiner Erinnerung auftaucht, sind Zweifel, Neugierde …
… und auch leichte Freude gegenüber dieser fremden Person.

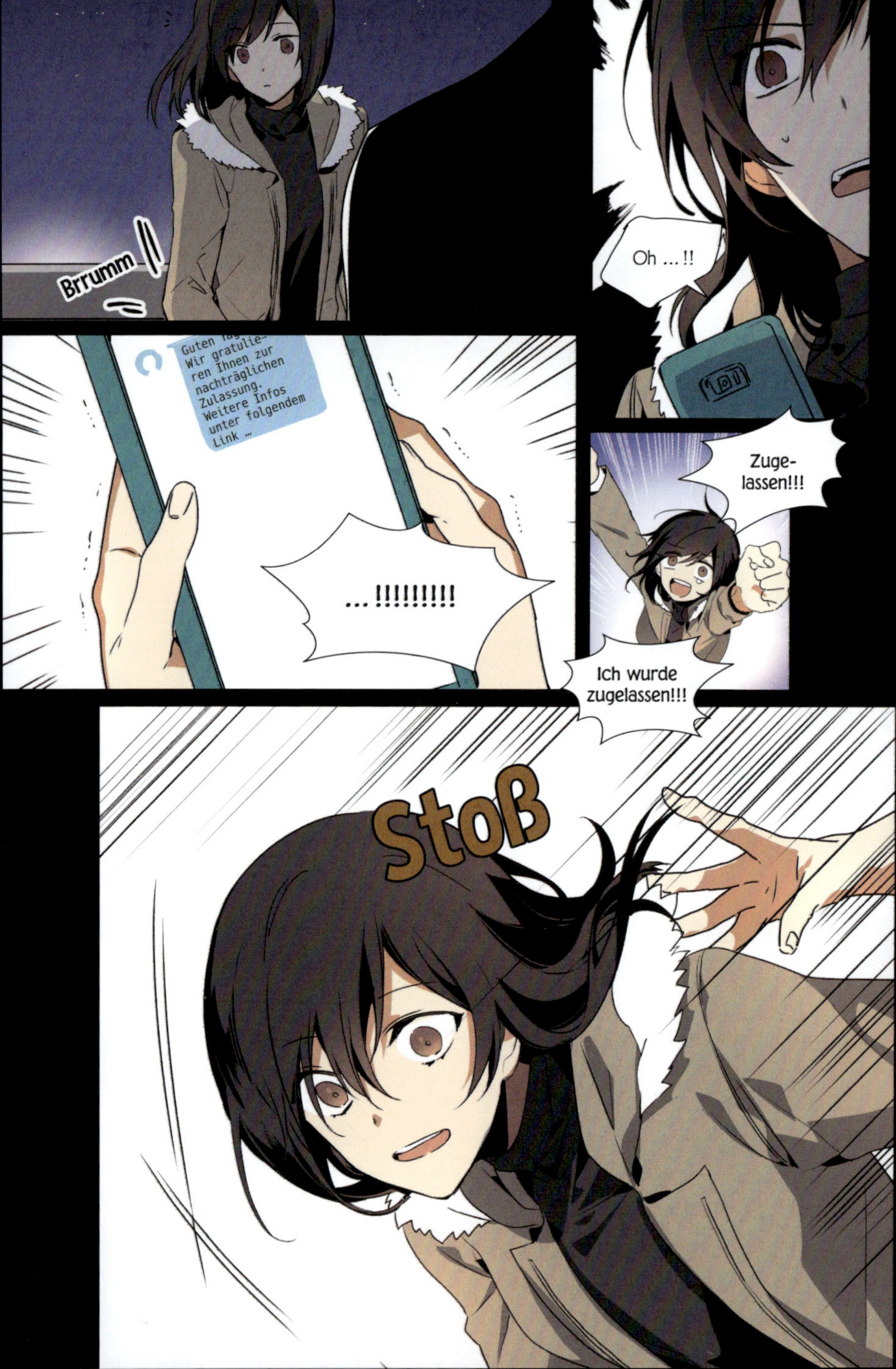
Brrumm
Oh ... !!
Guten
Wir gratulie-
ren Ihnen zur
nachträglichen
Zulassung.
Weitere Infos
unter folgendem
Link ...
... !!!!!!!!!
Zuge-
lassen!!!
Ich wurde
zugelassen!!!
Stoß

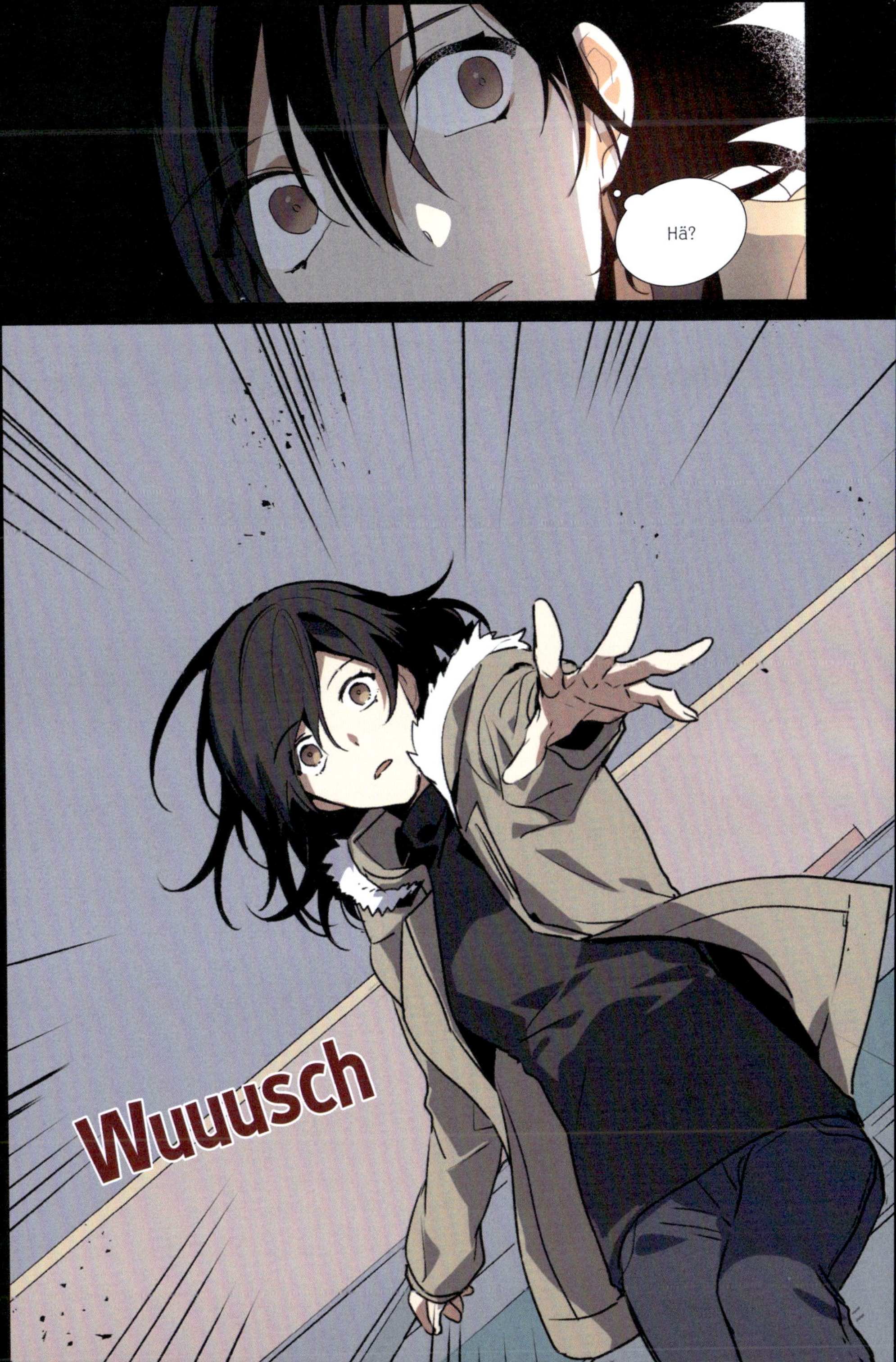
Hä?
Wuuusch

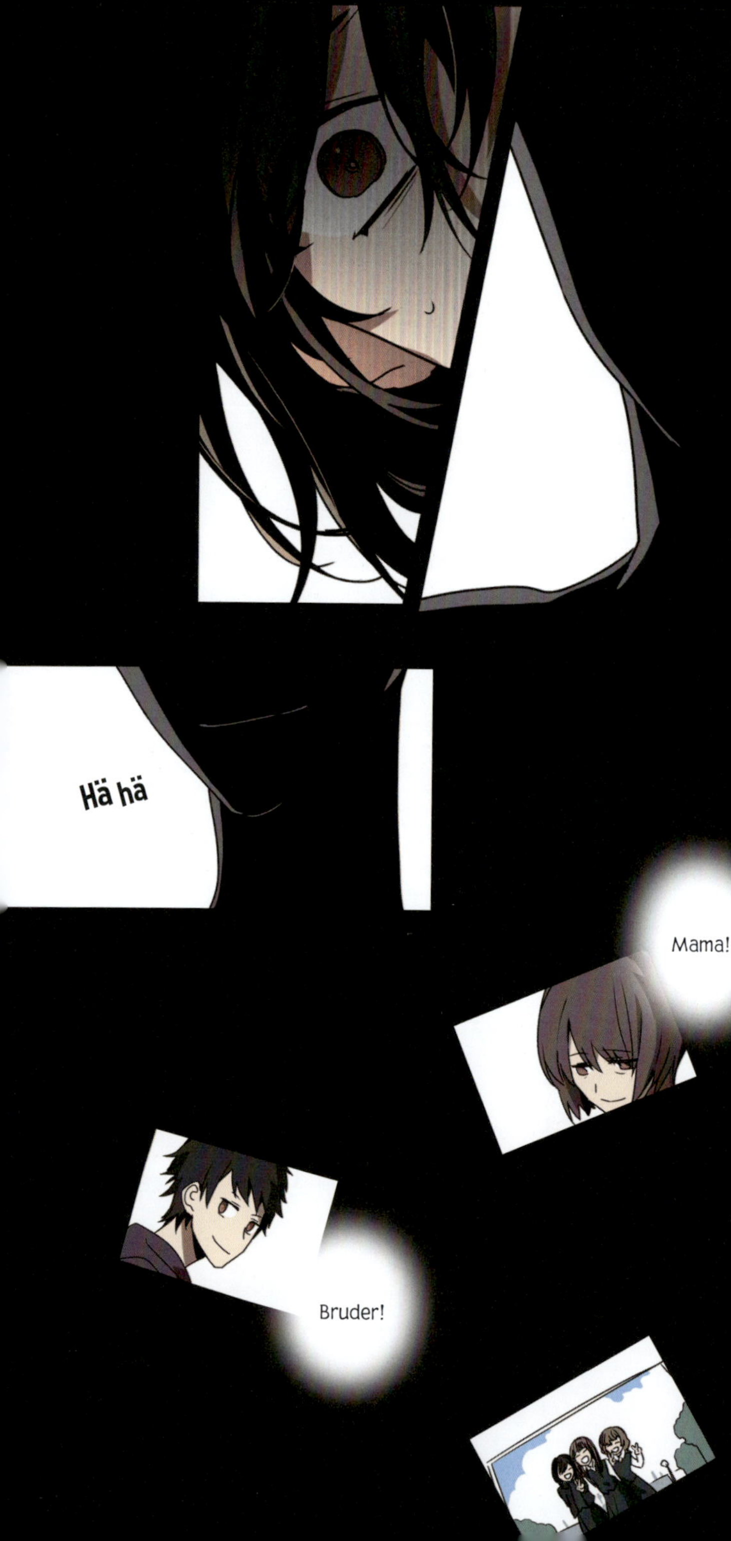
Hä hä
Mama!
Bruder!

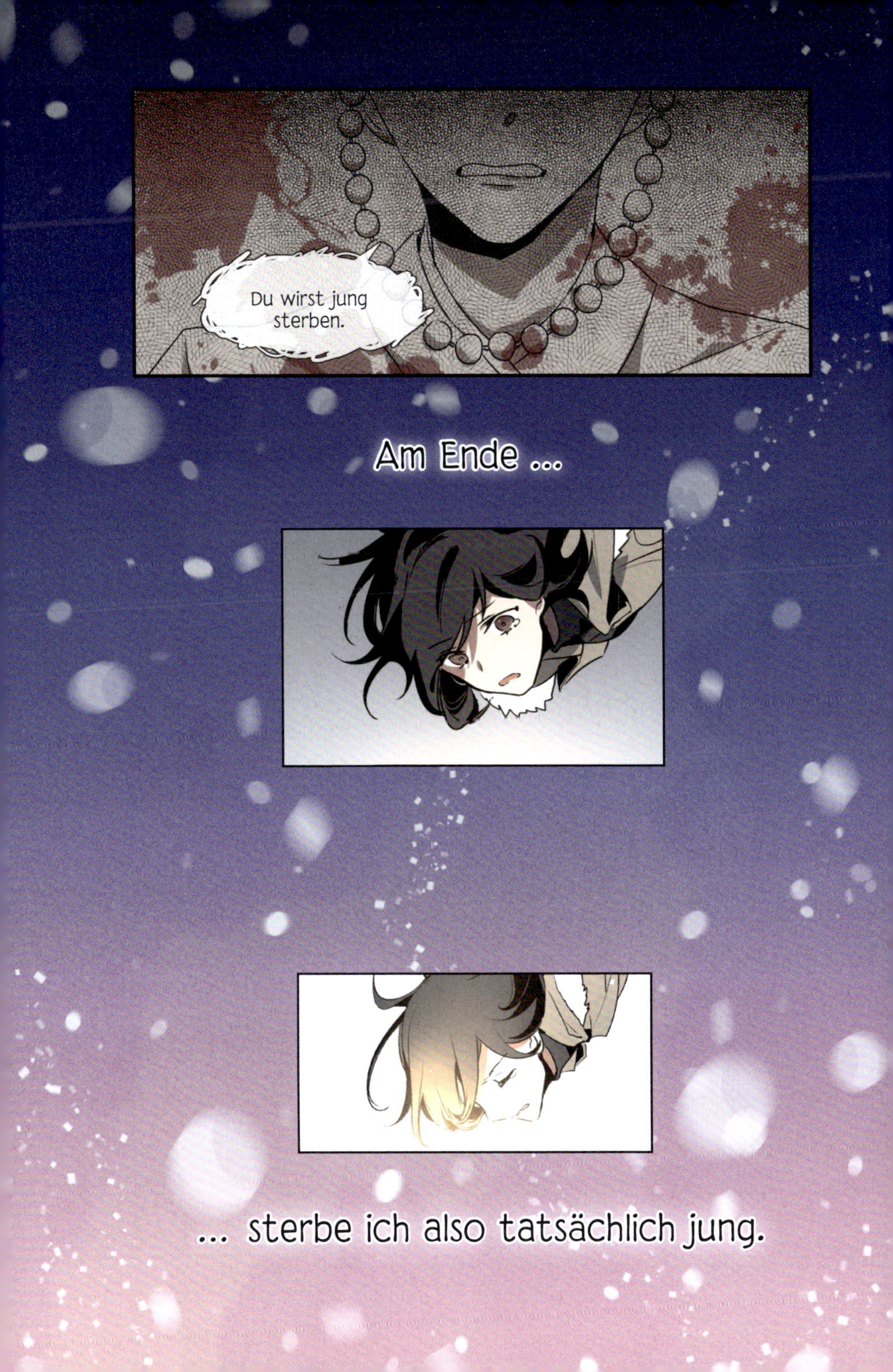
Du wirst jung sterben.
Am Ende ...
... sterbe ich also tatsächlich jung.

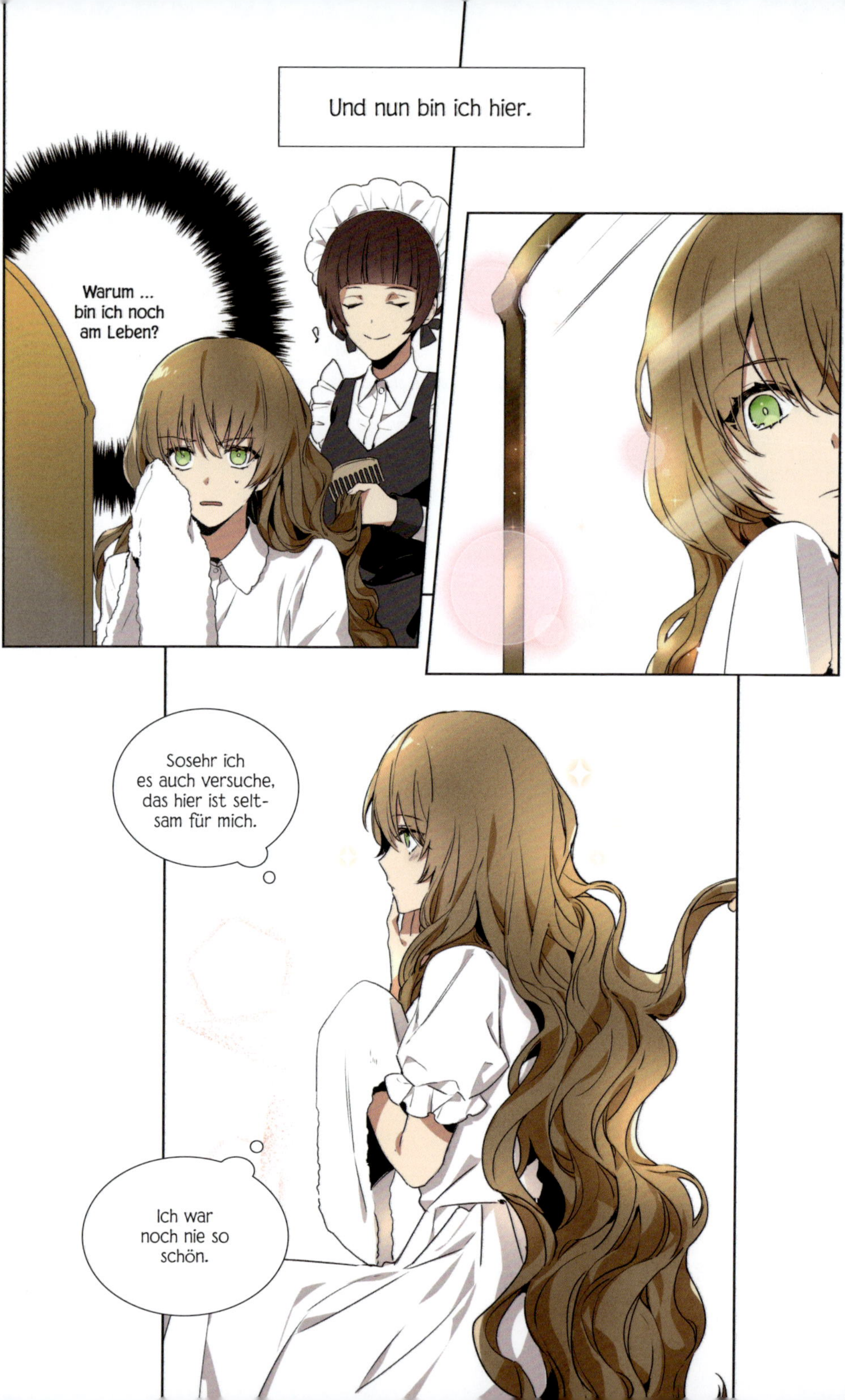
Und nun bin ich hier.
Warum ... bin ich noch am Leben?
Sosehr ich es auch versuche, das hier ist selt-sam für mich.
Ich war noch nie so schön.

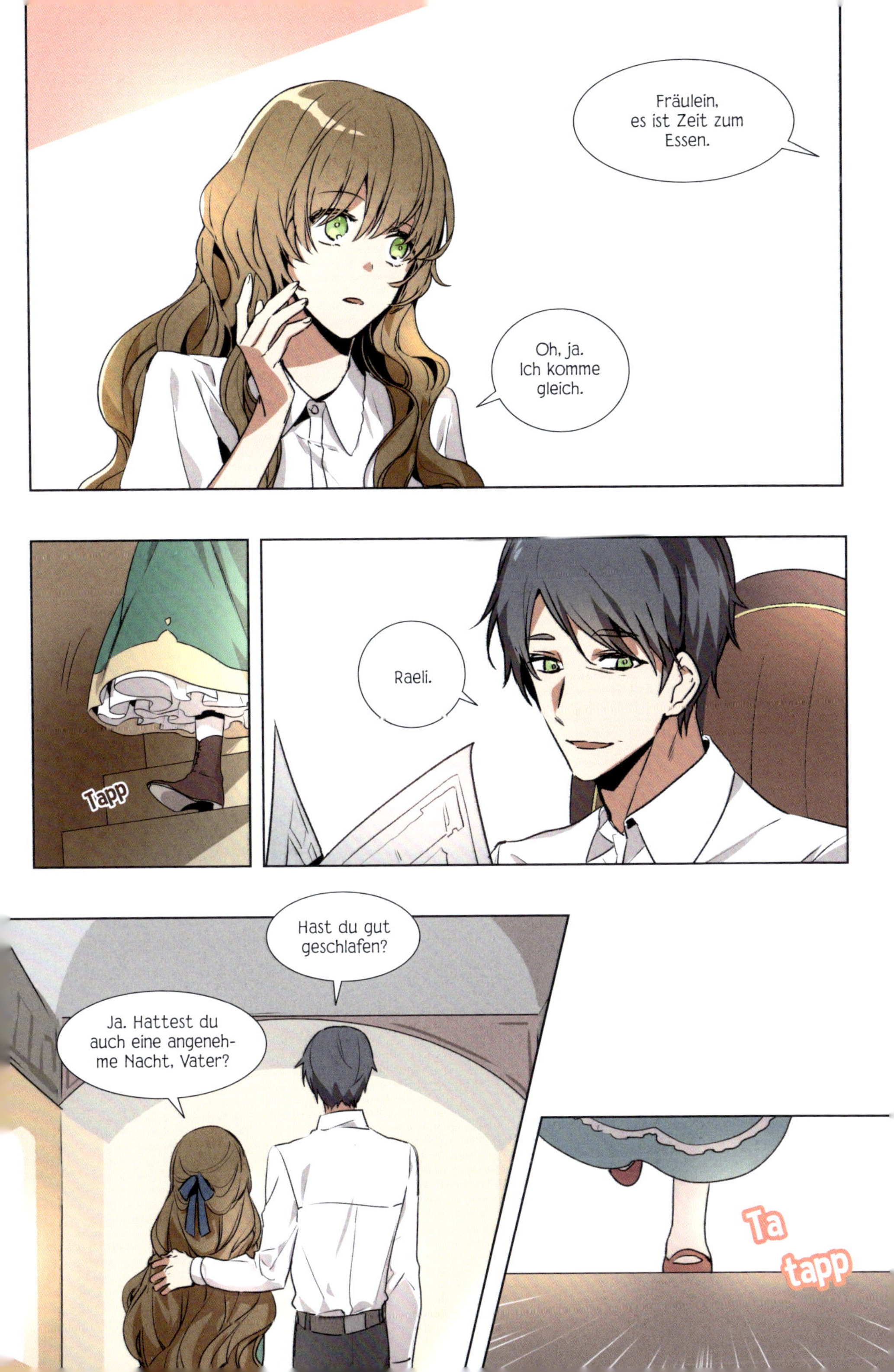
Fräulein, es ist Zeit zum Essen.
Oh, ja. Ich komme gleich.
Tapp
Raeli.
Hast du gut geschlafen?
Ja. Hattest du auch eine angenehme Nacht, Vater?
Ta tapp

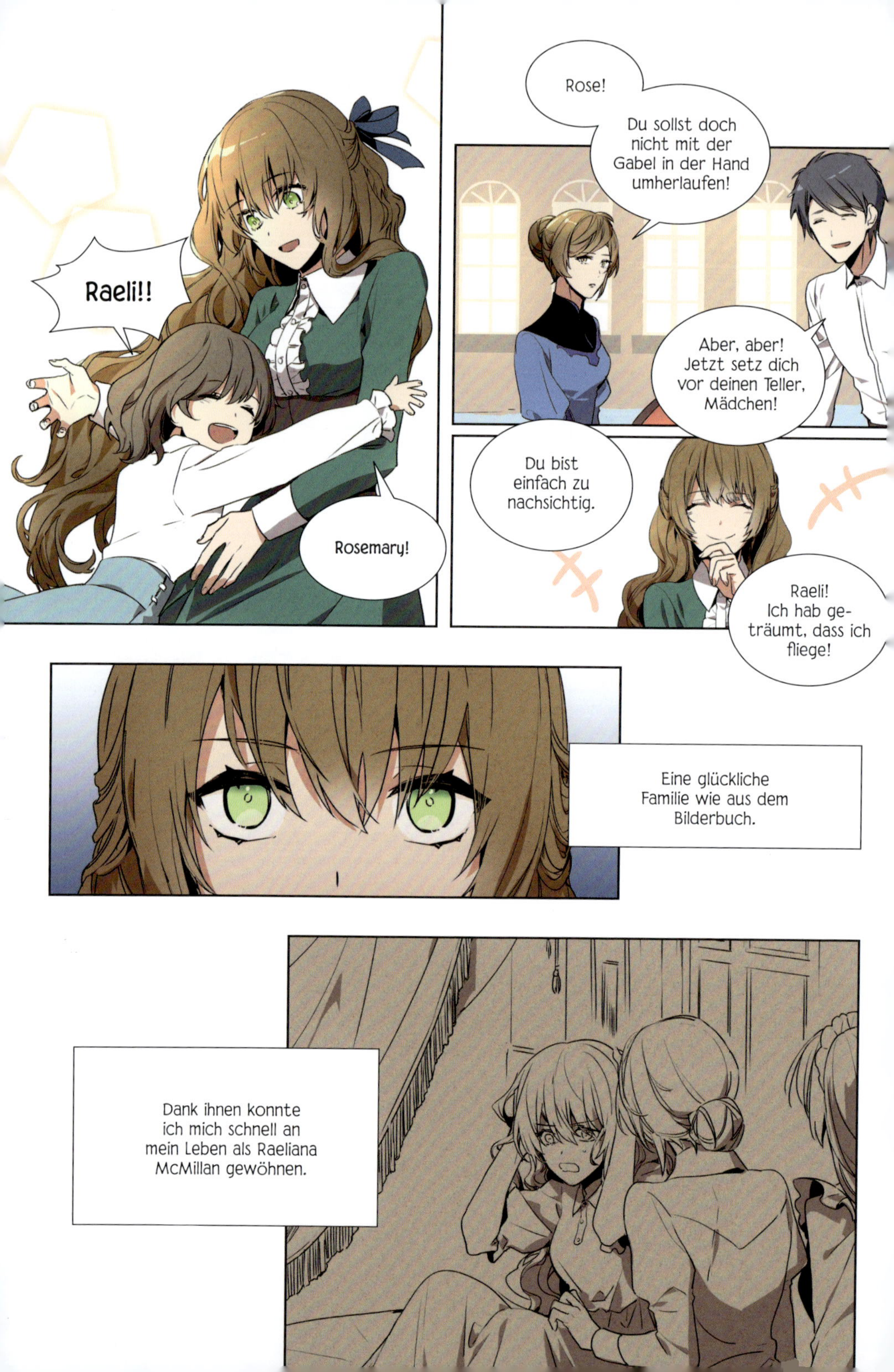
Raeli!!
Rosemary!
Rose!
Du sollst doch nicht mit der Gabel in der Hand umherlaufen!
Aber, aber! Jetzt setz dich vor deinen Teller, Mädchen!
Du bist einfach zu nachsichtig.
Raeli! Ich hab geträumt, dass ich fliege!
Eine glückliche Familie wie aus dem Bilderbuch.
Dank ihnen konnte ich mich schnell an mein Leben als Raeliana McMillan gewöhnen.

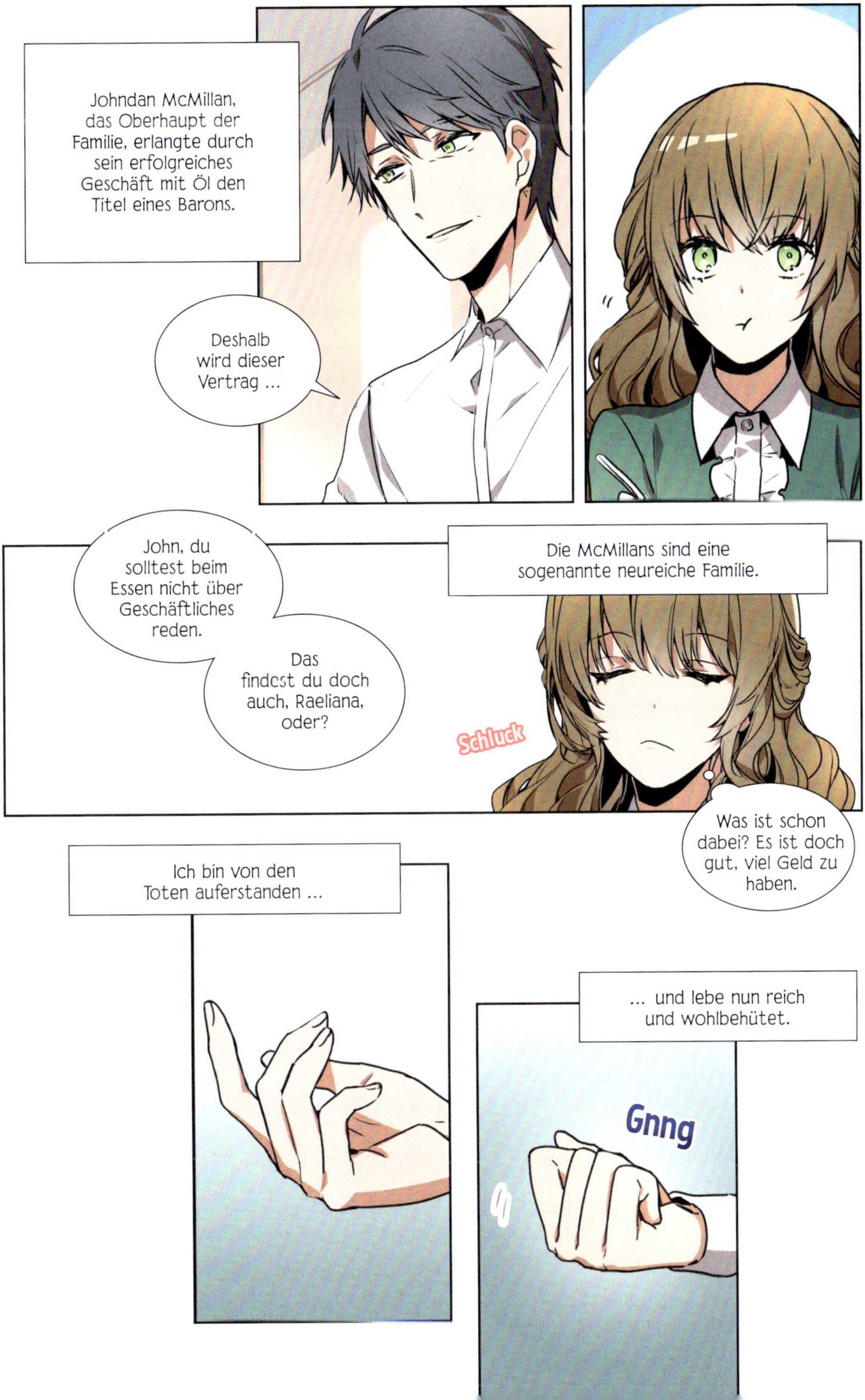
Johndan McMillan, das Oberhaupt der Familie, erlangte durch sein erfolgreiches Geschäft mit Öl den Titel eines Barons.
Deshalb wird dieser Vertrag ...
John, du solltest beim Essen nicht über Geschäftliches reden.
Das findest du doch auch, Raeliana, oder?
Die McMillans sind eine sogenannte neureiche Familie.
Schluck
Was ist schon dabei? Es ist doch gut, viel Geld zu haben.
Ich bin von den Toten auferstanden ...
... und lebe nun reich und wohlbehütet.
Gnng

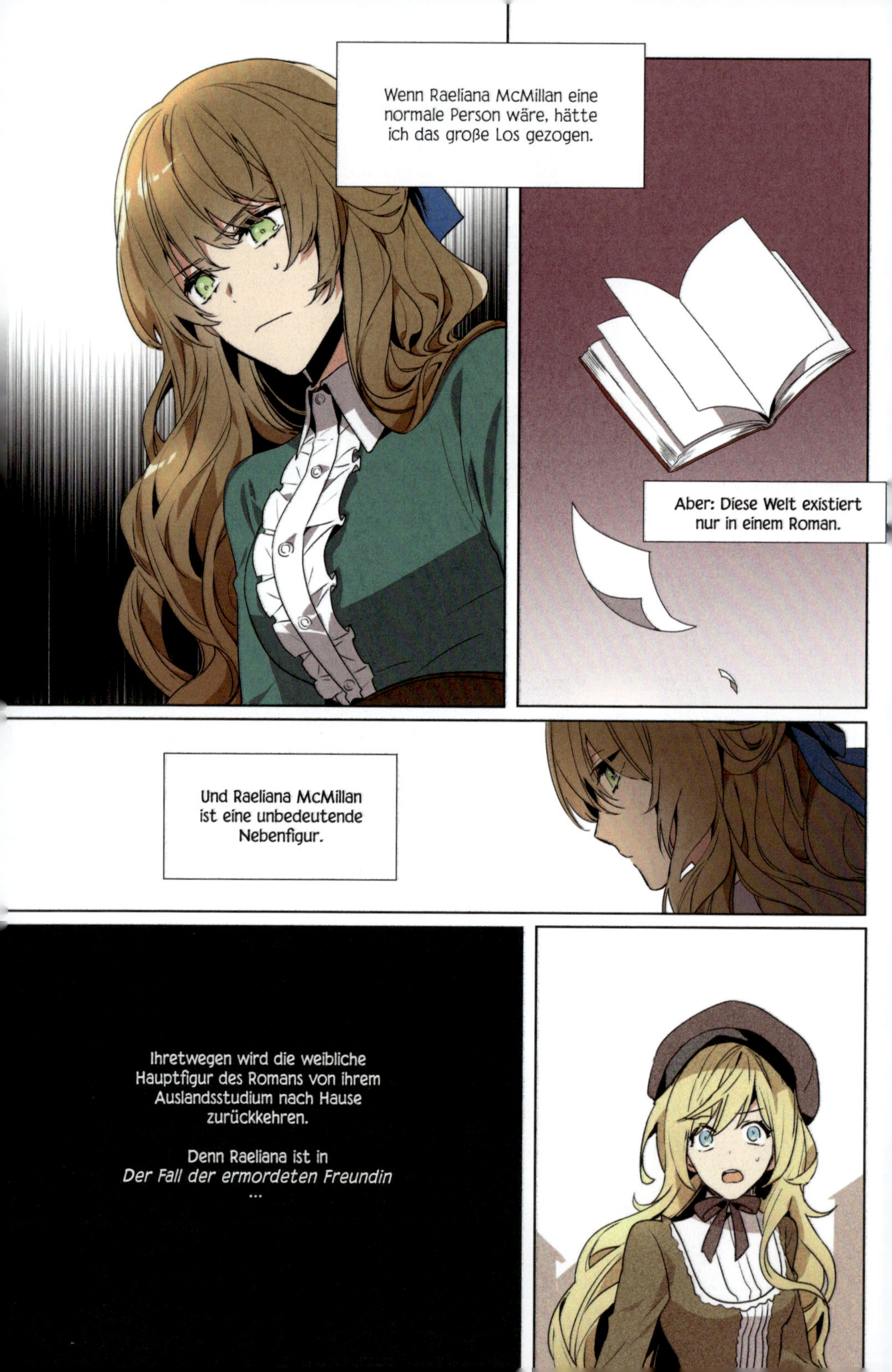
Wenn Raeliana McMillan eine normale Person wäre, hätte ich das große Los gezogen.
Aber: Diese Welt existiert nur in einem Roman.
Und Raeliana McMillan ist eine unbedeutende Nebenfigur.
Ihretwegen wird die weibliche Hauptfigur des Romans von ihrem Auslandsstudium nach Hause zurückkehren.
Denn Raeliana ist in *Der Fall der ermordeten Freundin* …

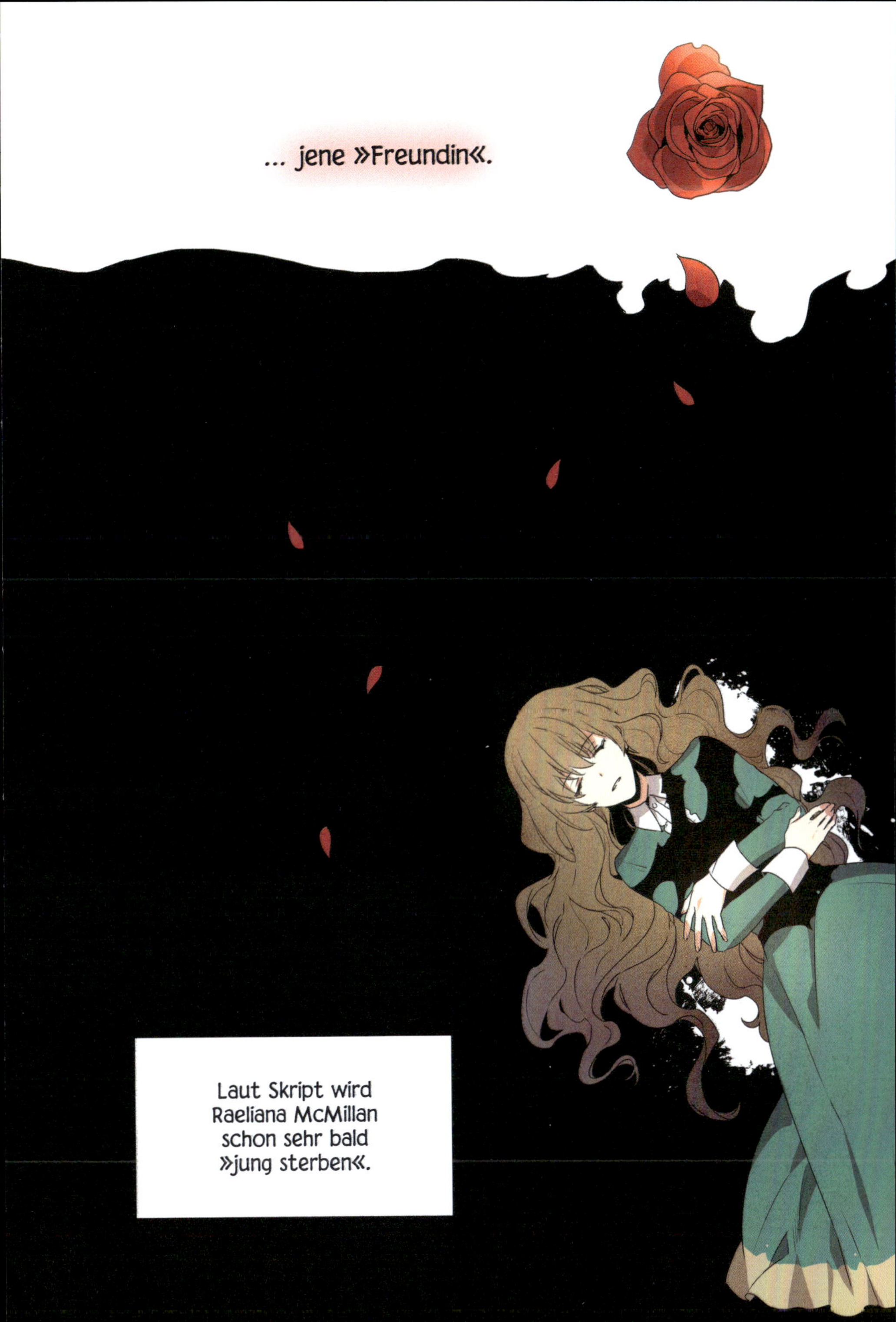
... jene »Freundin«.
Laut Skript wird Raeliana McMillan schon sehr bald »jung sterben«.

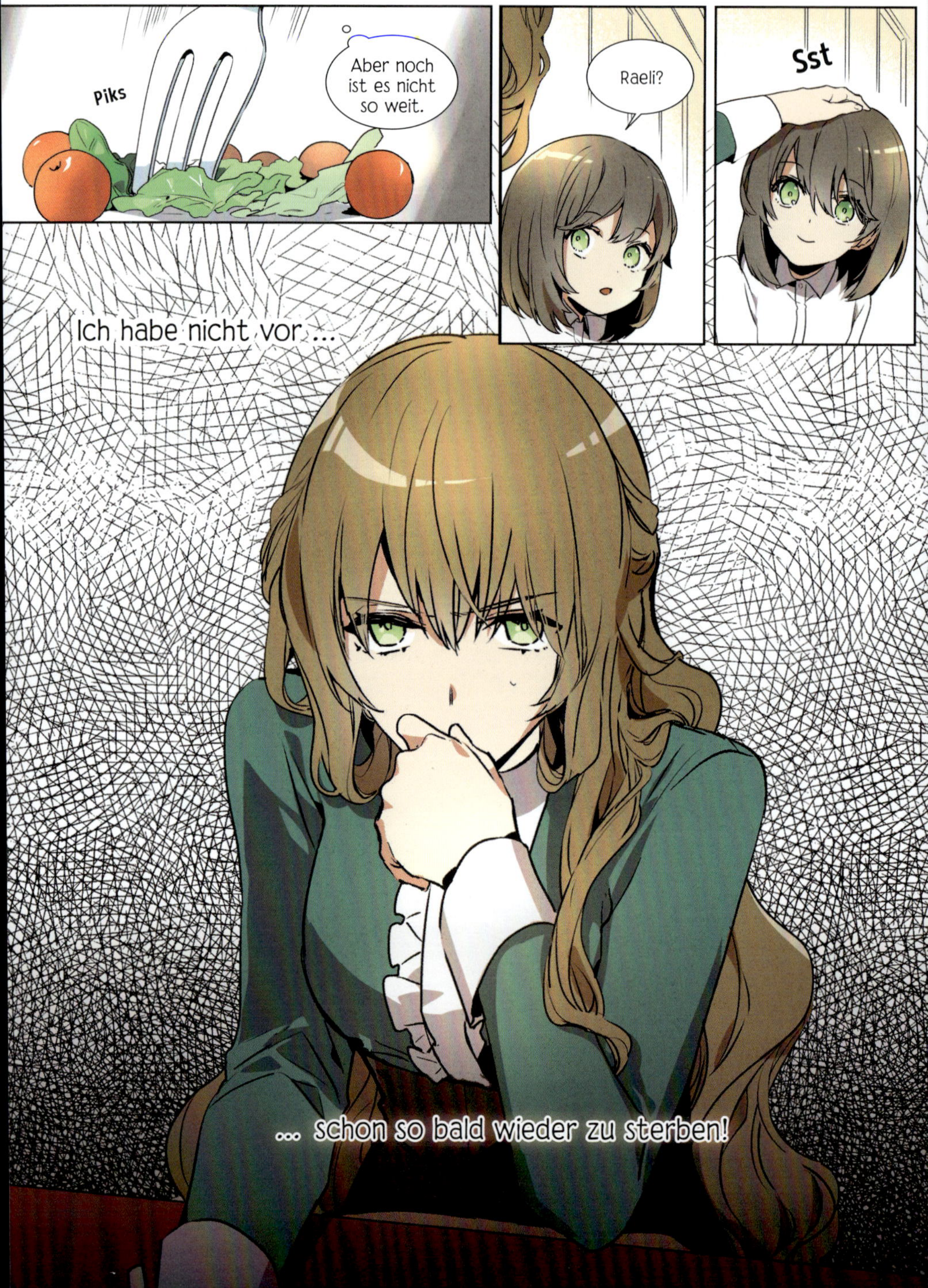
Piks
Aber noch ist es nicht so weit.
Raeli?
Sst
Ich habe nicht vor ...
... schon so bald wieder zu sterben!

Kapitel 1

Raeliana McMillan will leben

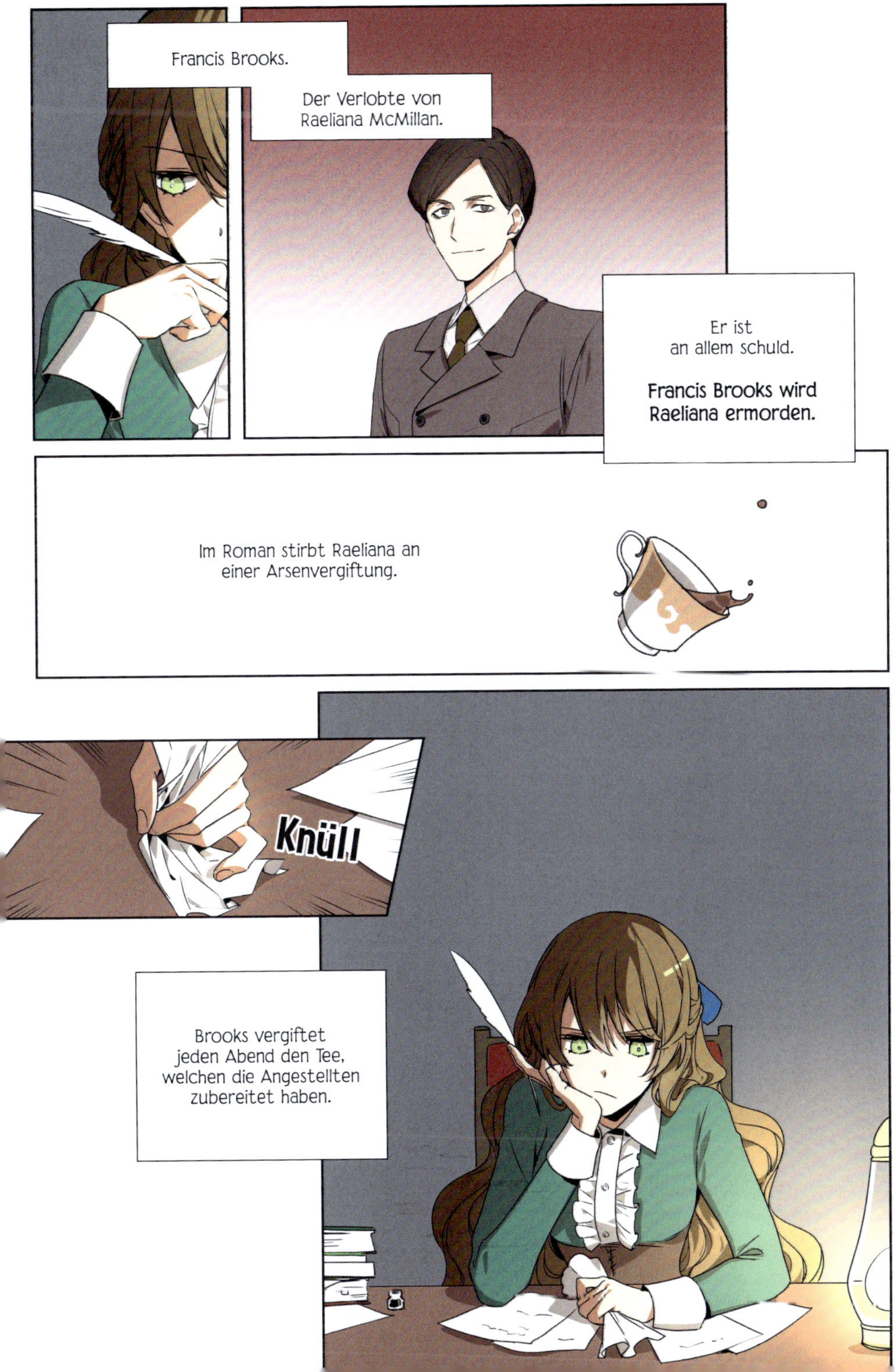
Francis Brooks.
Der Verlobte von Raeliana McMillan.
Er ist an allem schuld.
Francis Brooks wird Raeliana ermorden.
Im Roman stirbt Raeliana an einer Arsenvergiftung.
Knüll
Brooks vergiftet jeden Abend den Tee, welchen die Angestellten zubereitet haben.

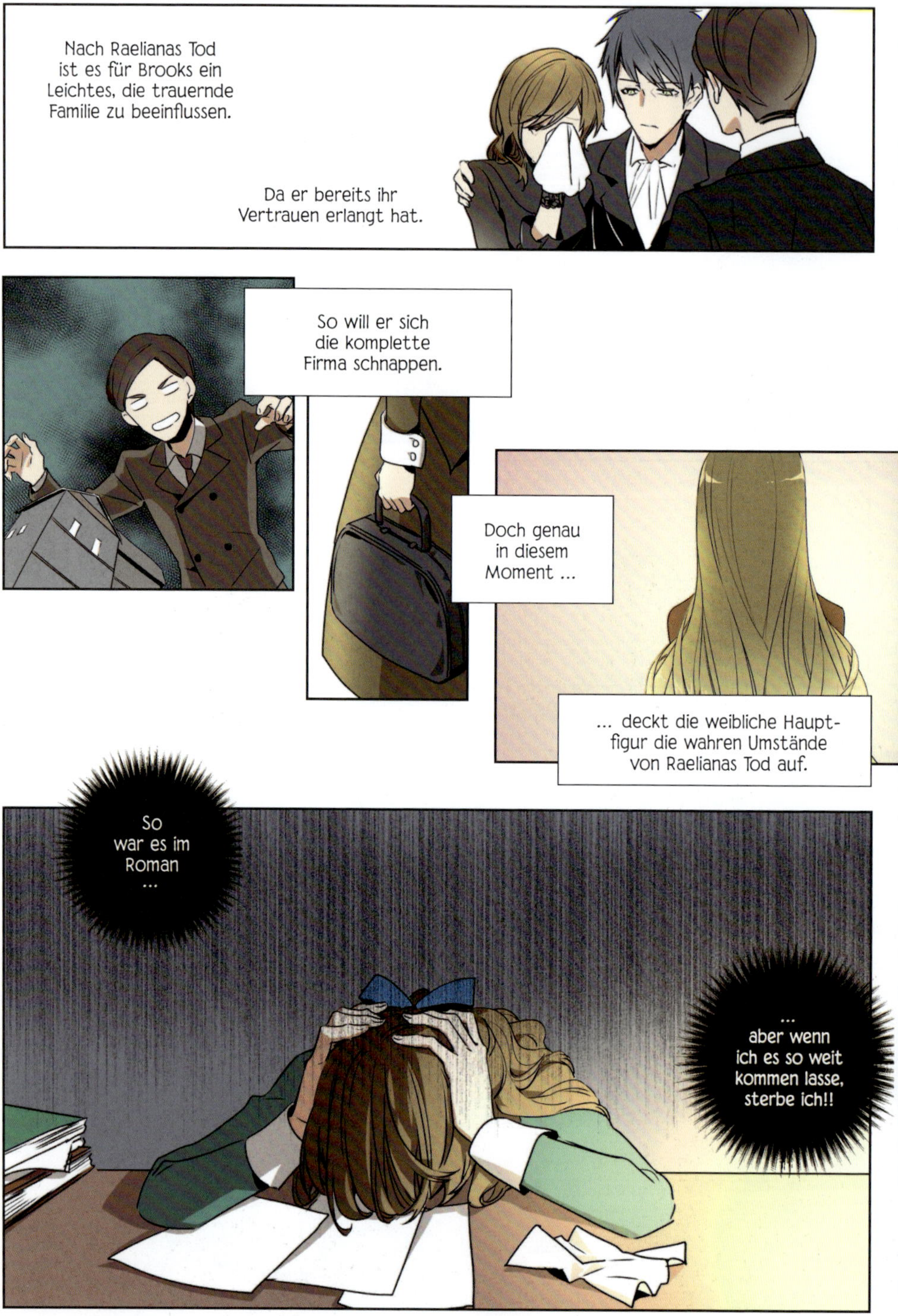
Nach Raelianas Tod ist es für Brooks ein Leichtes, die trauernde Familie zu beeinflussen.
Da er bereits ihr Vertrauen erlangt hat.
So will er sich die komplette Firma schnappen.
Doch genau in diesem Moment ...
... deckt die weibliche Hauptfigur die wahren Umstände von Raelianas Tod auf.
So war es im Roman ...
... aber wenn ich es so weit kommen lasse, sterbe ich!!

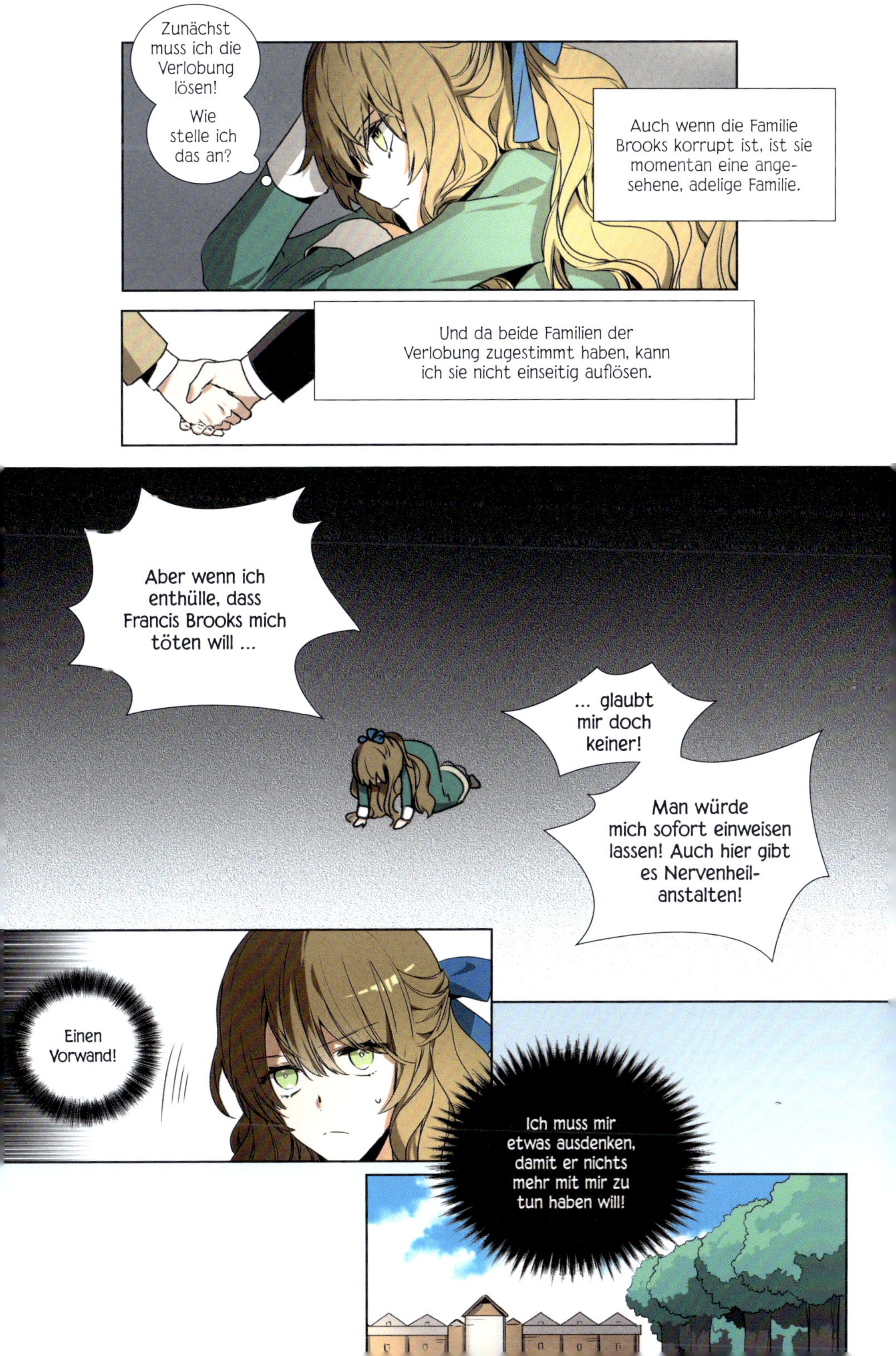
Zunächst muss ich die Verlobung lösen!
Wie stelle ich das an?
Auch wenn die Familie Brooks korrupt ist, ist sie momentan eine angesehene, adelige Familie.
Und da beide Familien der Verlobung zugestimmt haben, kann ich sie nicht einseitig auflösen.
Aber wenn ich enthülle, dass Francis Brooks mich töten will …
… glaubt mir doch keiner!
Man würde mich sofort einweisen lassen! Auch hier gibt es Nervenheilanstalten!
Einen Vorwand!
Ich muss mir etwas ausdenken, damit er nichts mehr mit mir zu tun haben will!

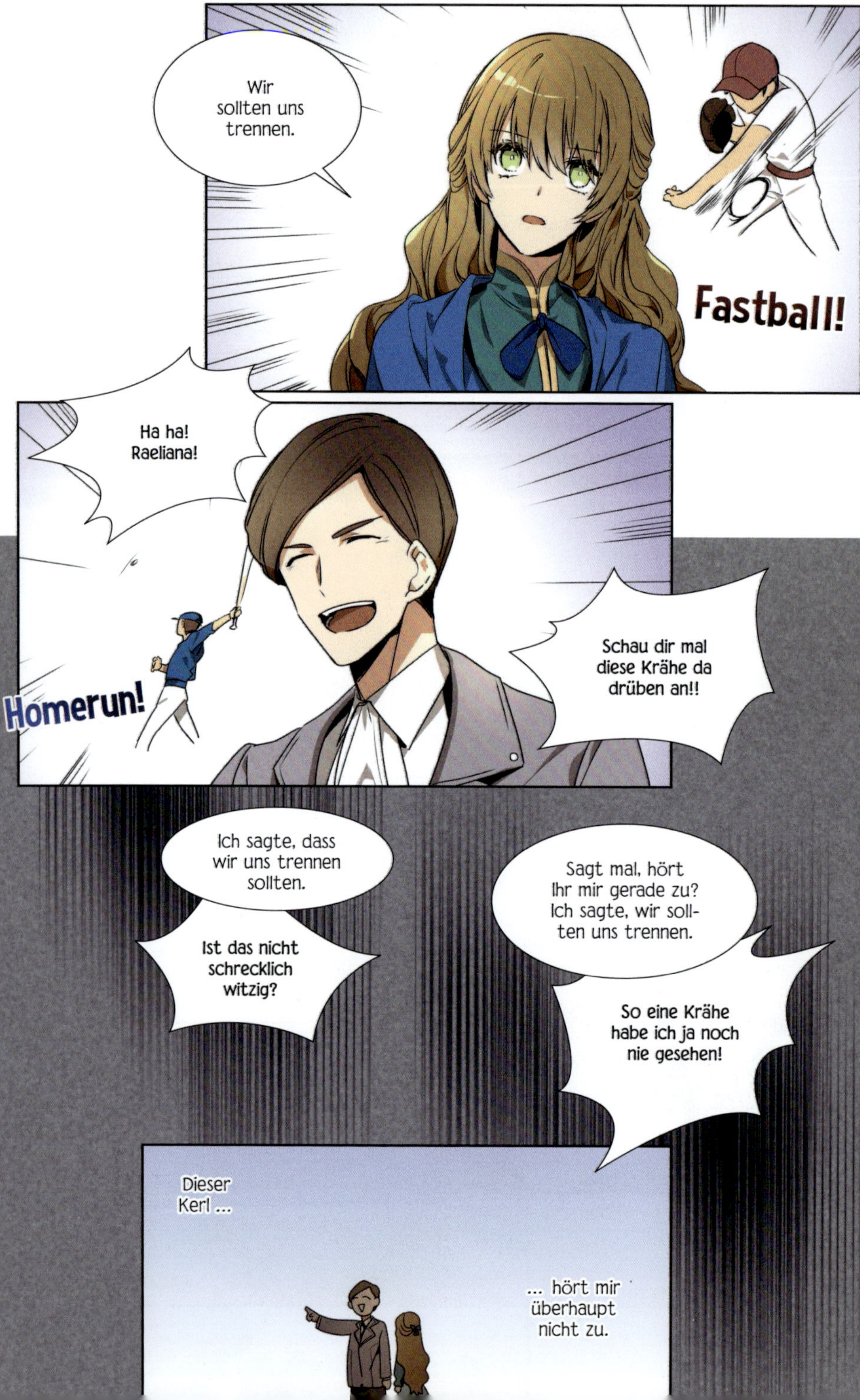
Wir sollten uns trennen.
Fastball!
Ha ha! Raeliana!
Homerun!
Schau dir mal diese Krähe da drüben an!!
Ich sagte, dass wir uns trennen sollten.
Ist das nicht schrecklich witzig?
Sagt mal, hört Ihr mir gerade zu? Ich sagte, wir sollten uns trennen.
So eine Krähe habe ich ja noch nie gesehen!
Dieser Kerl ...
... hört mir überhaupt nicht zu.

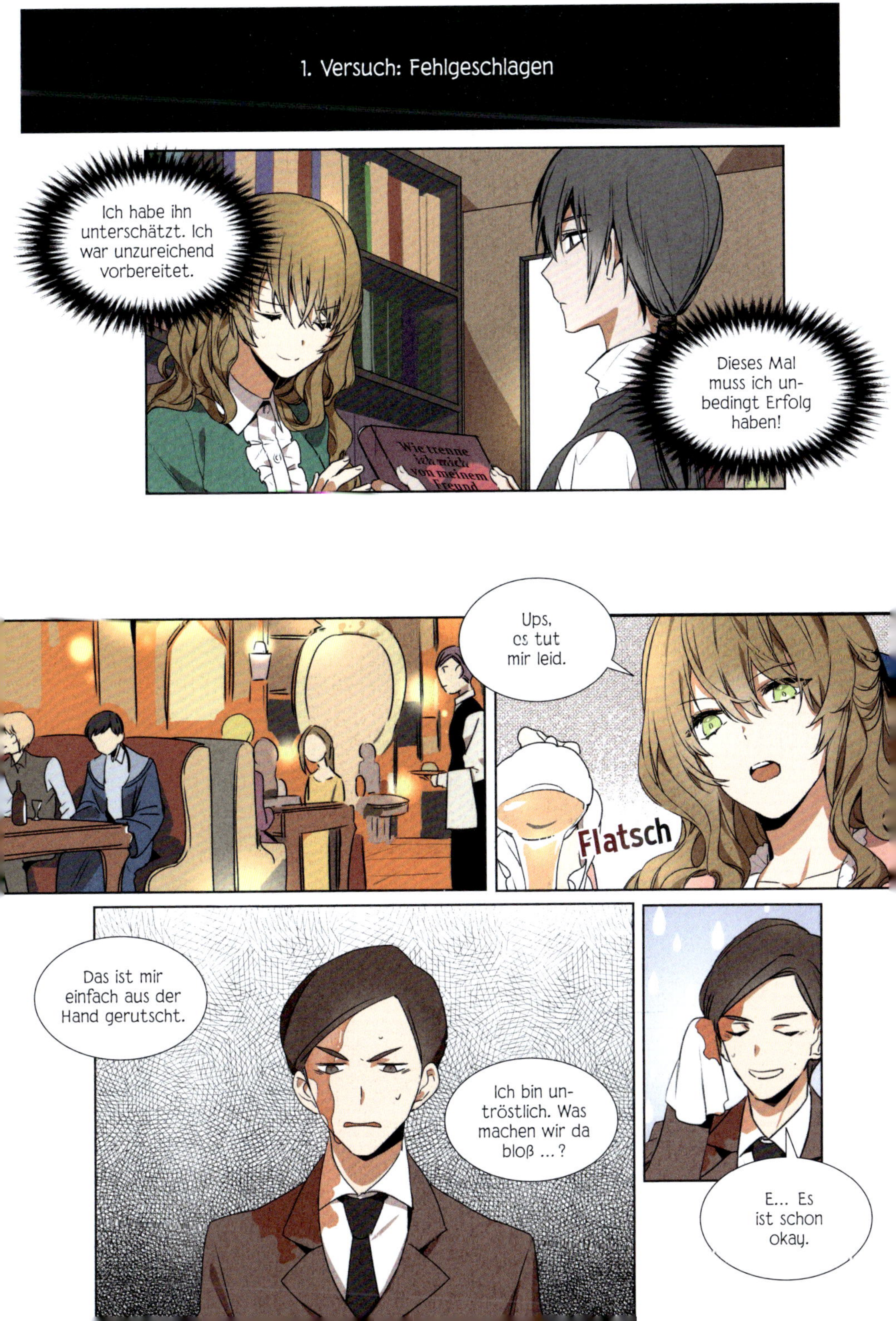
1. Versuch: Fehlgeschlagen
Ich habe ihn unterschätzt. Ich war unzureichend vorbereitet.
Wie trenne ich mich von meinem
Dieses Mal muss ich unbedingt Erfolg haben!
Ups, es tut mir leid.
Flatsch
Das ist mir einfach aus der Hand gerutscht.
Ich bin untröstlich. Was machen wir da bloß ... ?
E... Es ist schon okay.

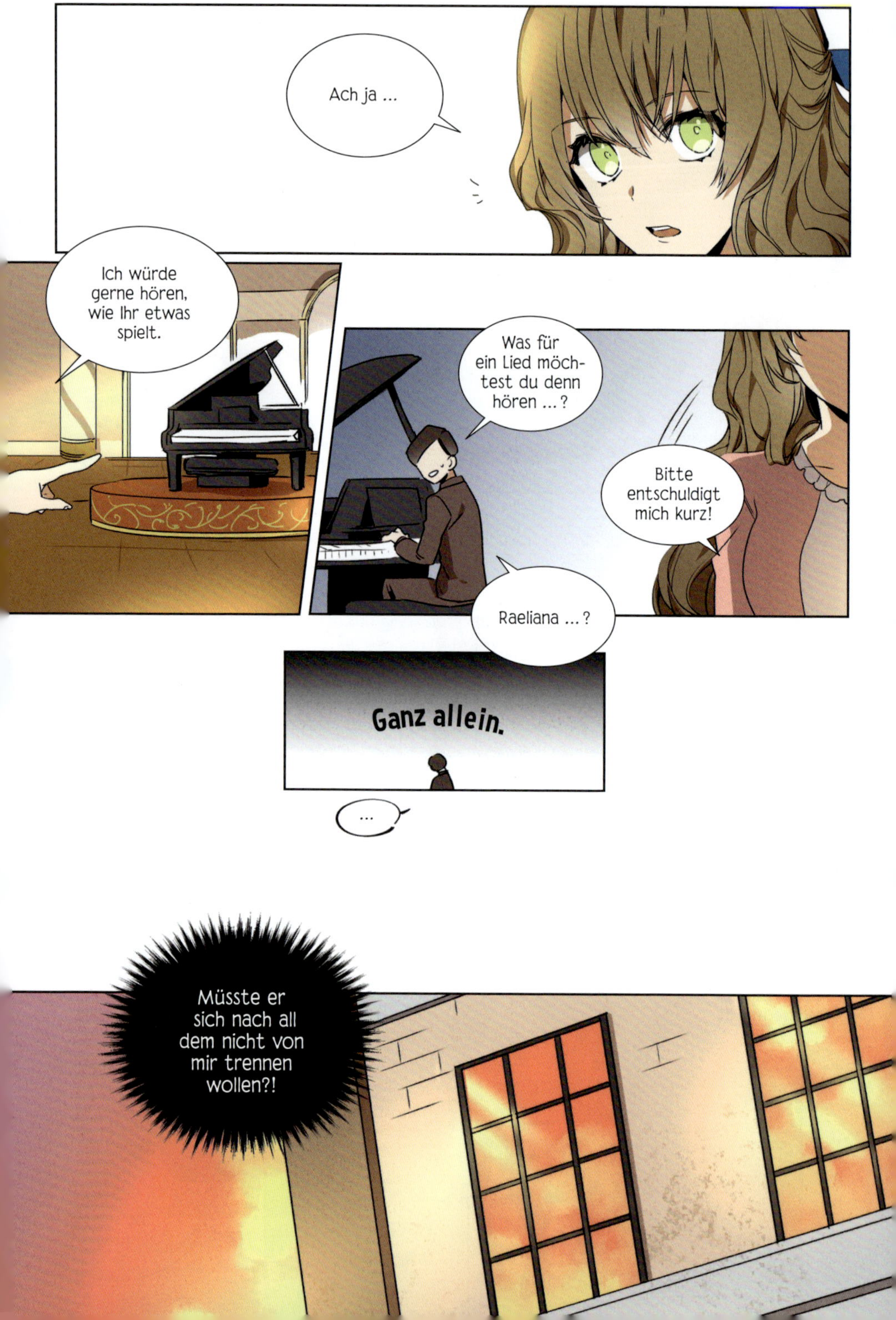
Ach ja ...
Ich würde gerne hören, wie Ihr etwas spielt.
Was für ein Lied möchtest du denn hören ...?
Bitte entschuldigt mich kurz!
Raeliana ...?
Ganz allein.
...
Müsste er sich nach all dem nicht von mir trennen wollen?!

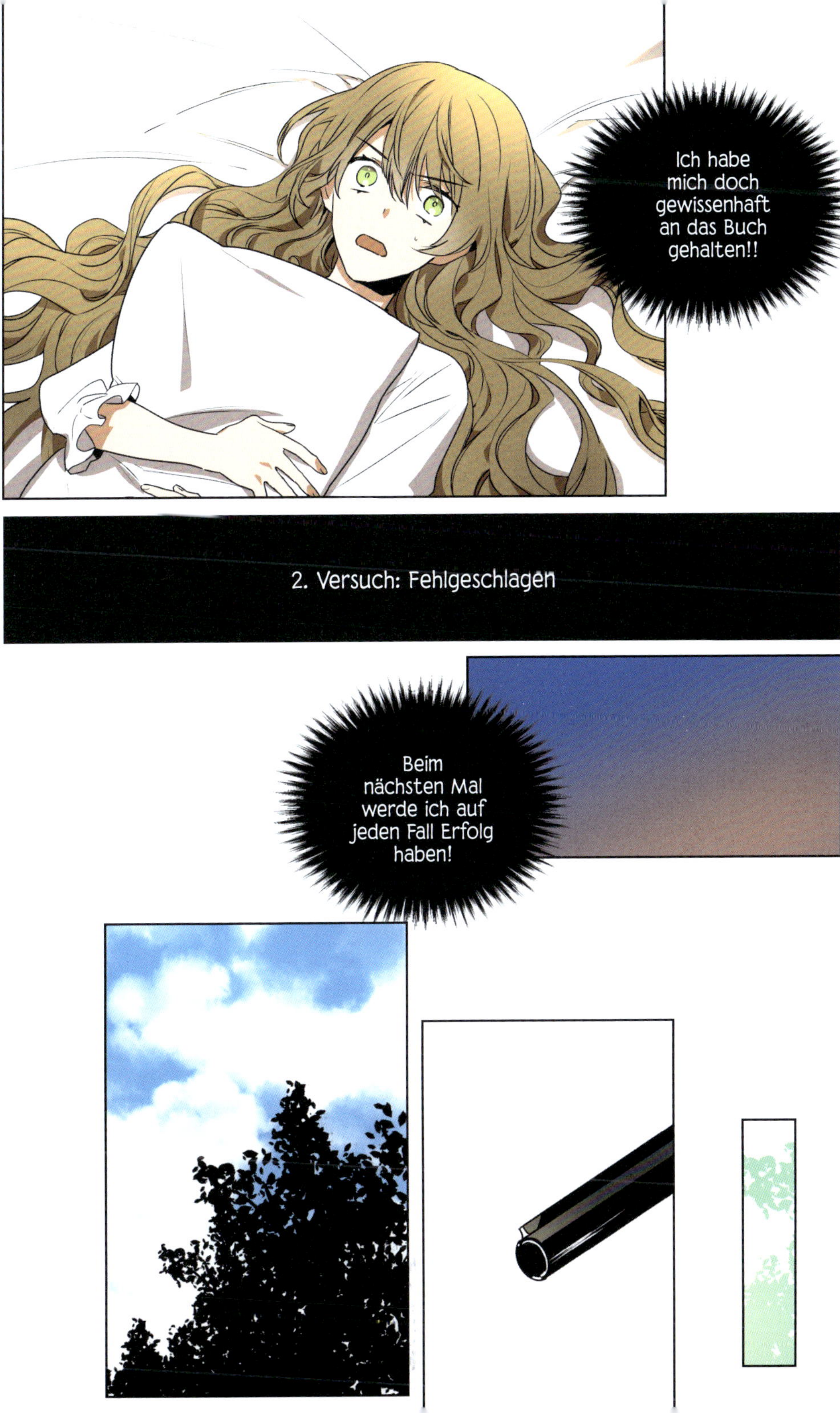
Ich habe mich doch gewissenhaft an das Buch gehalten!!
2. Versuch: Fehlgeschlagen
Beim nächsten Mal werde ich auf jeden Fall Erfolg haben!

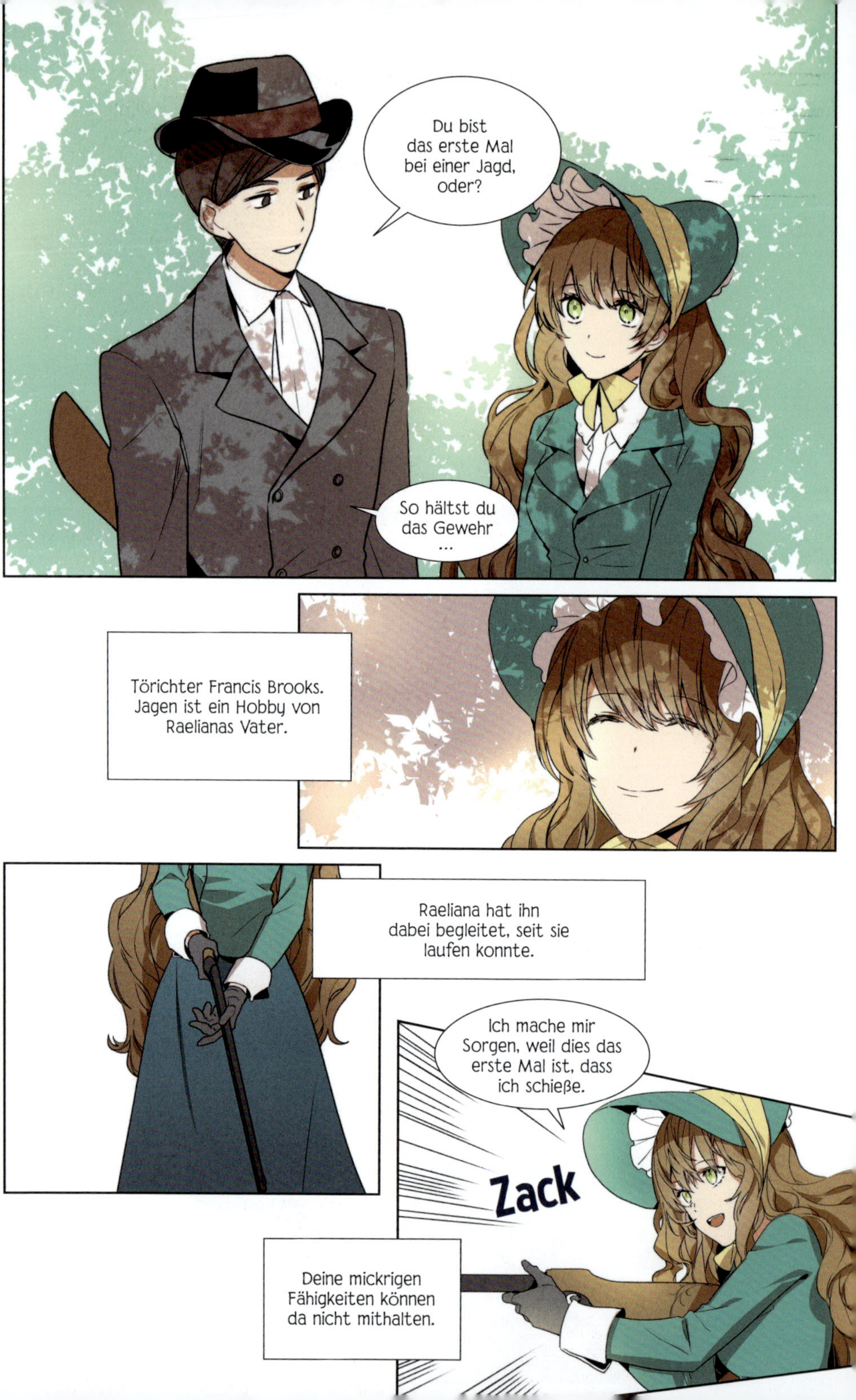
Du bist das erste Mal bei einer Jagd, oder?
So hältst du das Gewehr ...
Törichter Francis Brooks. Jagen ist ein Hobby von Raelianas Vater.
Raeliana hat ihn dabei begleitet, seit sie laufen konnte.
Ich mache mir Sorgen, weil dies das erste Mal ist, dass ich schieße.
Zack
Deine mickrigen Fähigkeiten können da nicht mithalten.

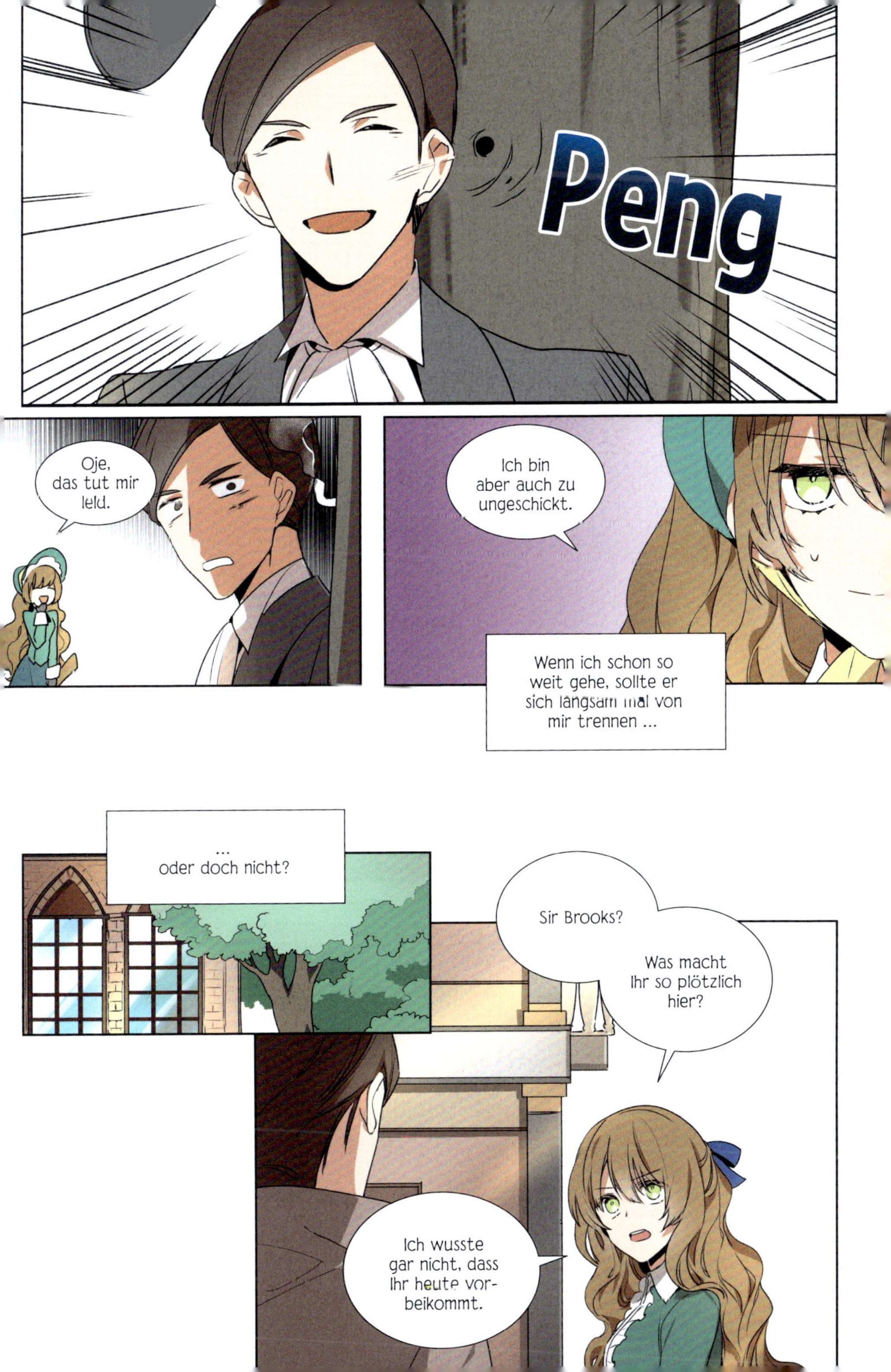
Peng
Oje, das tut mir leid.
Ich bin aber auch zu ungeschickt.
Wenn ich schon so weit gehe, sollte er sich langsam mal von mir trennen ...
... oder doch nicht?
Sir Brooks?
Was macht Ihr so plötzlich hier?
Ich wusste gar nicht, dass Ihr heute vorbeikommt.

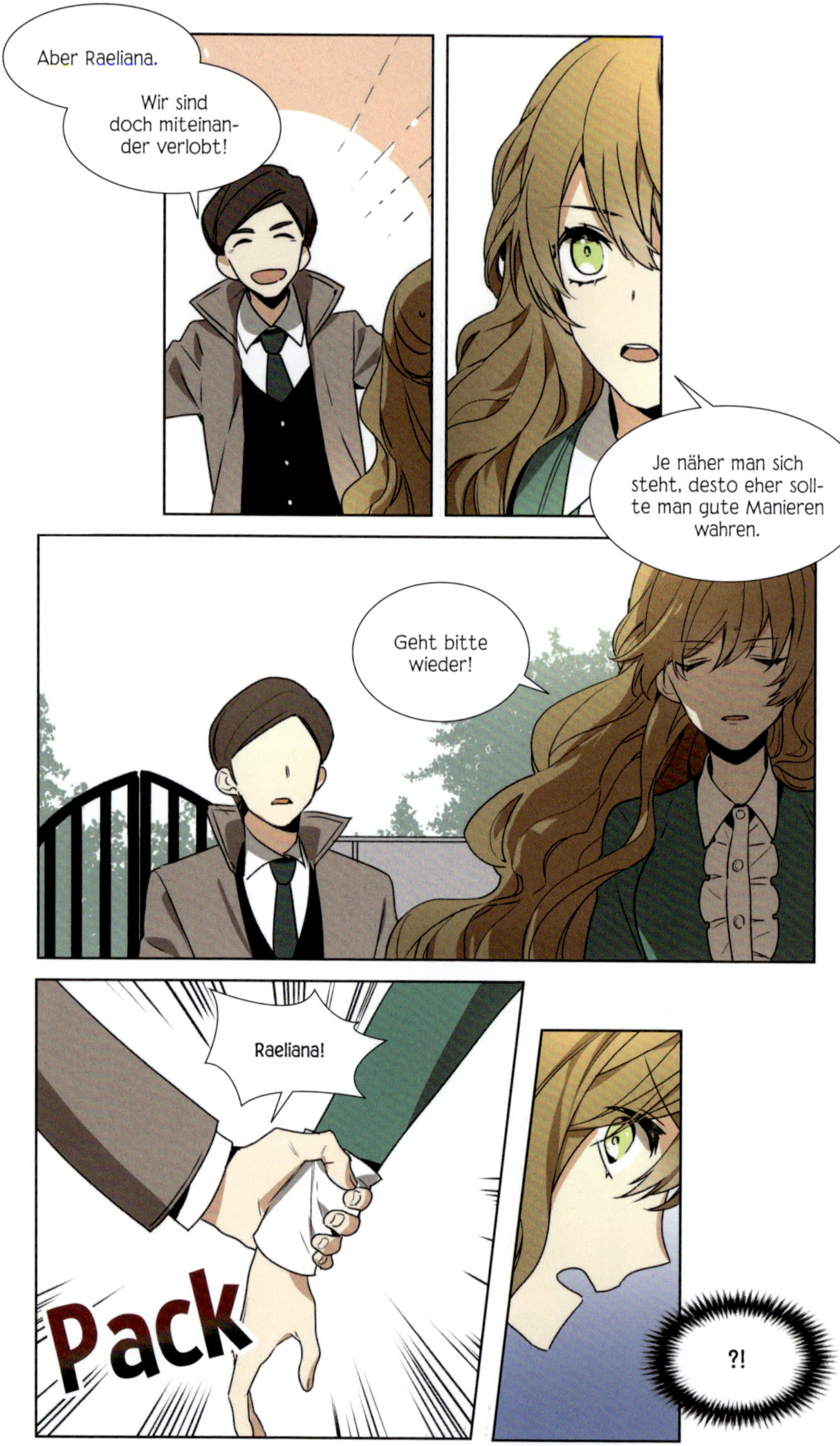
Aber Raeliana.
Wir sind doch miteinander verlobt!
Je näher man sich steht, desto eher sollte man gute Manieren wahren.
Geht bitte wieder!
Raeliana!
Pack
?!

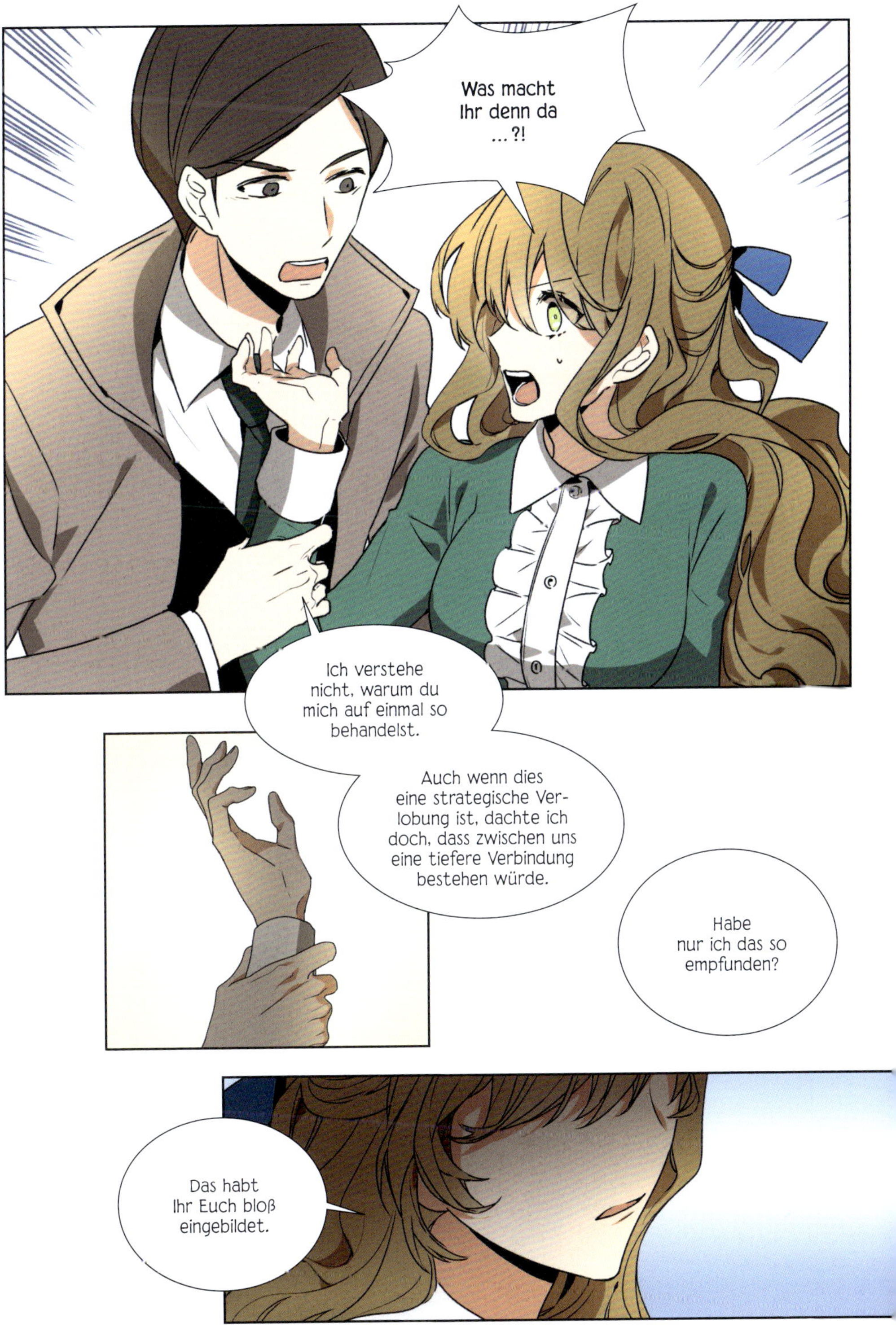
Was macht Ihr denn da …?!
Ich verstehe nicht, warum du mich auf einmal so behandelst.
Auch wenn dies eine strategische Verlobung ist, dachte ich doch, dass zwischen uns eine tiefere Verbindung bestehen würde.
Habe nur ich das so empfunden?
Das habt Ihr Euch bloß eingebildet.

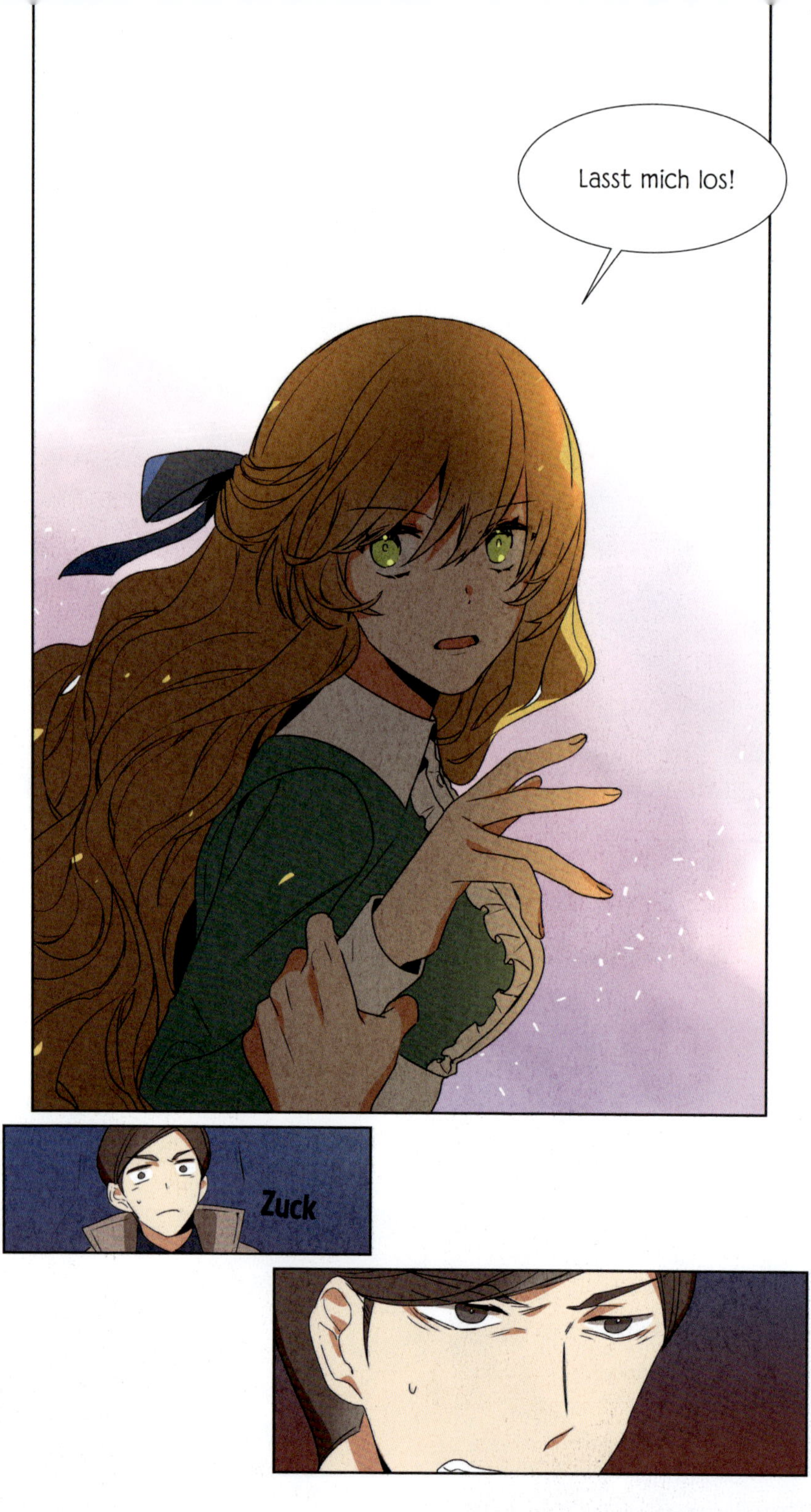
Lasst mich los!
Zuck

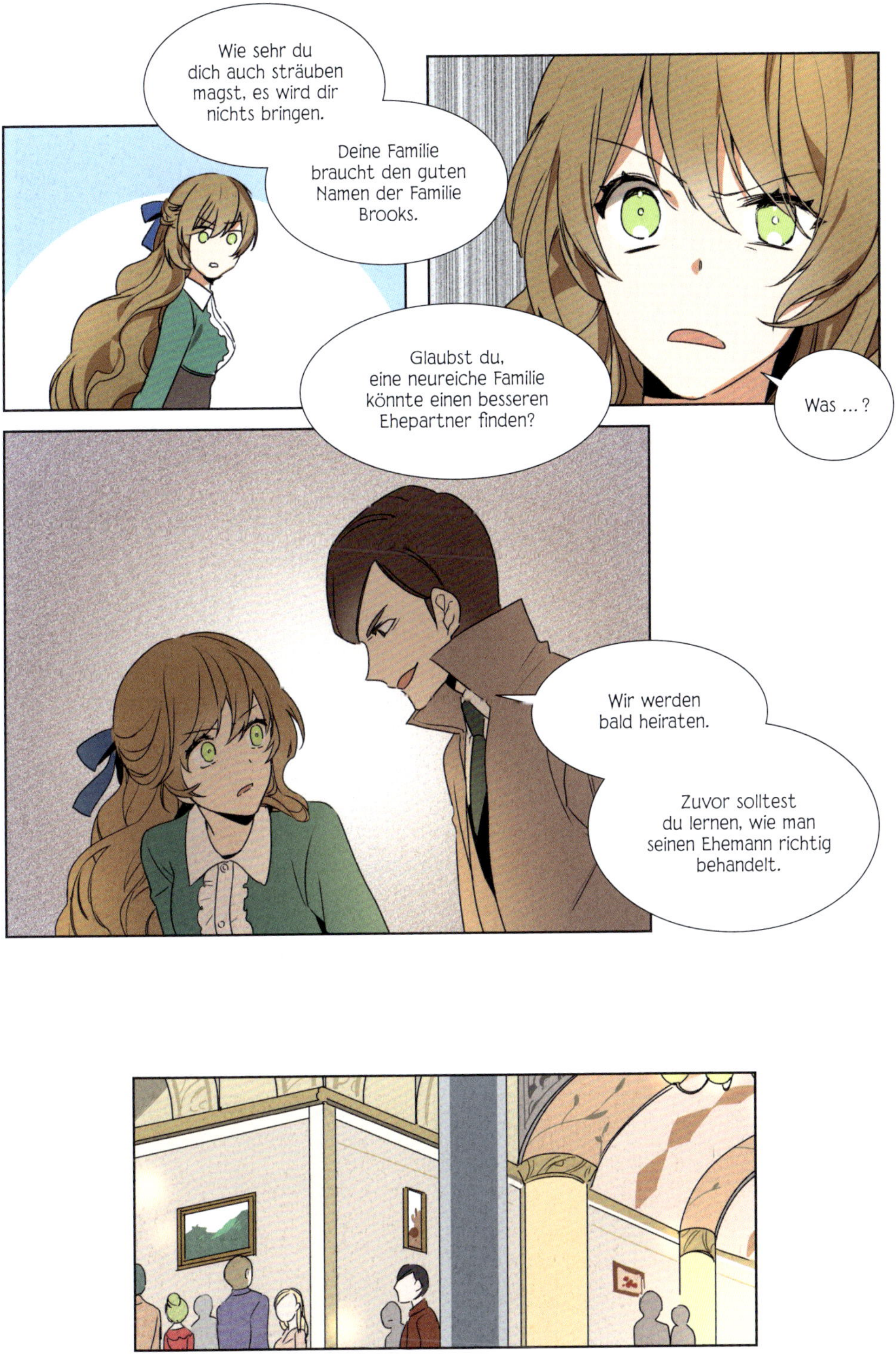

Wie sehr du dich auch sträuben magst, es wird dir nichts bringen.
Deine Familie braucht den guten Namen der Familie Brooks.
Glaubst du, eine neureiche Familie könnte einen besseren Ehepartner finden?
Was ...?
Wir werden bald heiraten.
Zuvor solltest du lernen, wie man seinen Ehemann richtig behandelt.

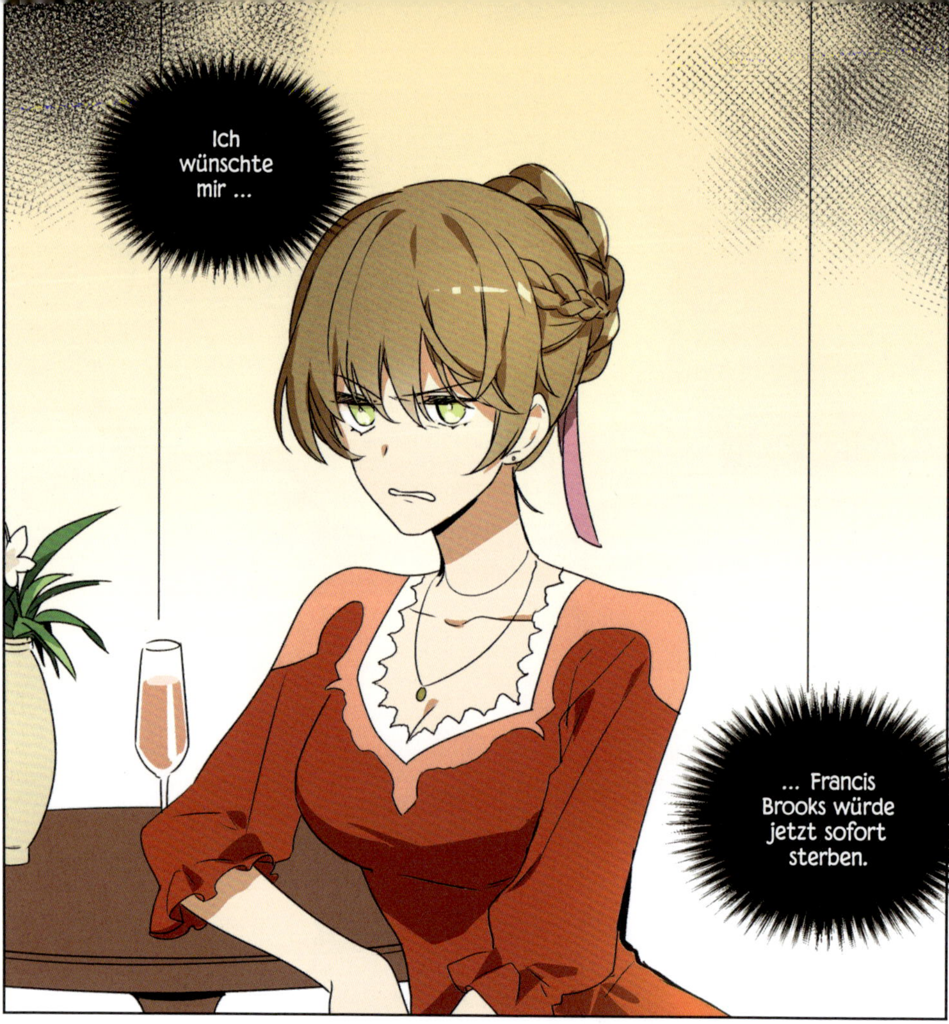
Ich wünschte mir ...
... Francis Brooks würde jetzt sofort sterben.

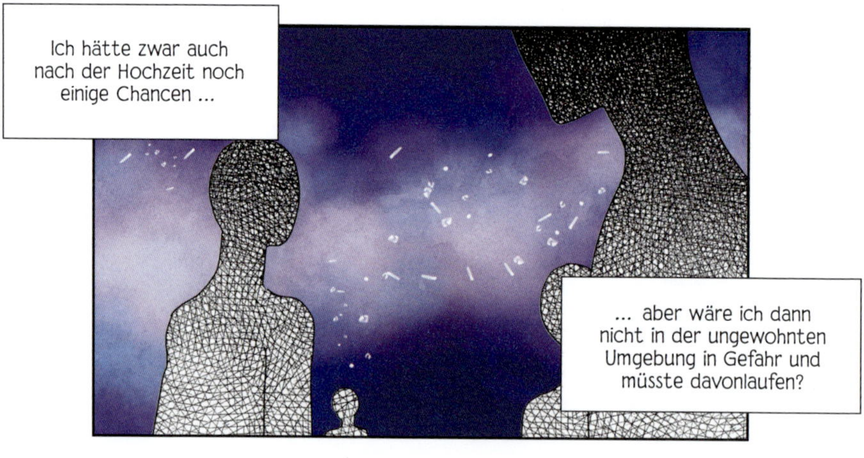
Ich hätte zwar auch nach der Hochzeit noch einige Chancen ...
... aber wäre ich dann nicht in der ungewohnten Umgebung in Gefahr und müsste davonlaufen?

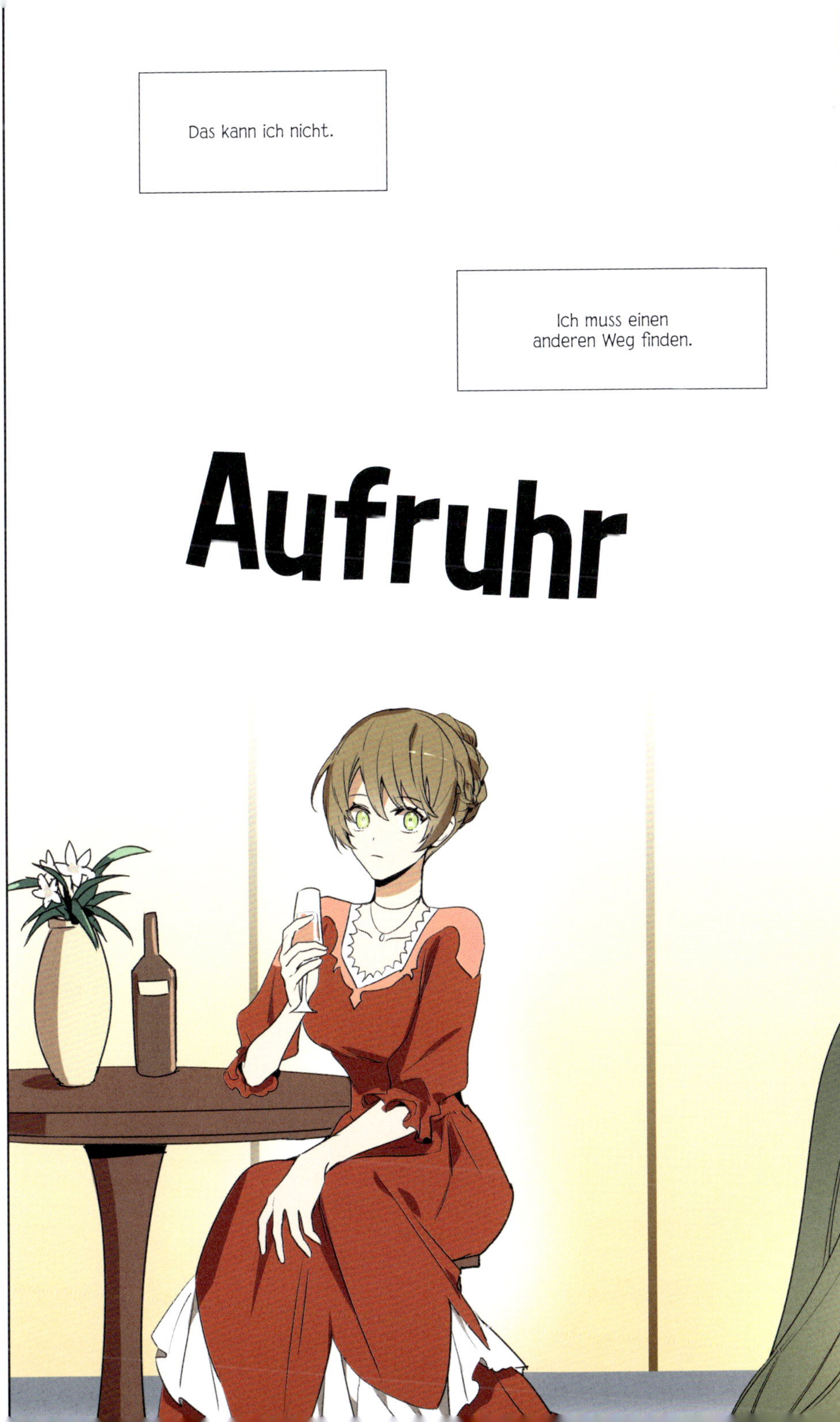
Das kann ich nicht.
Ich muss einen anderen Weg finden.
Aufruhr

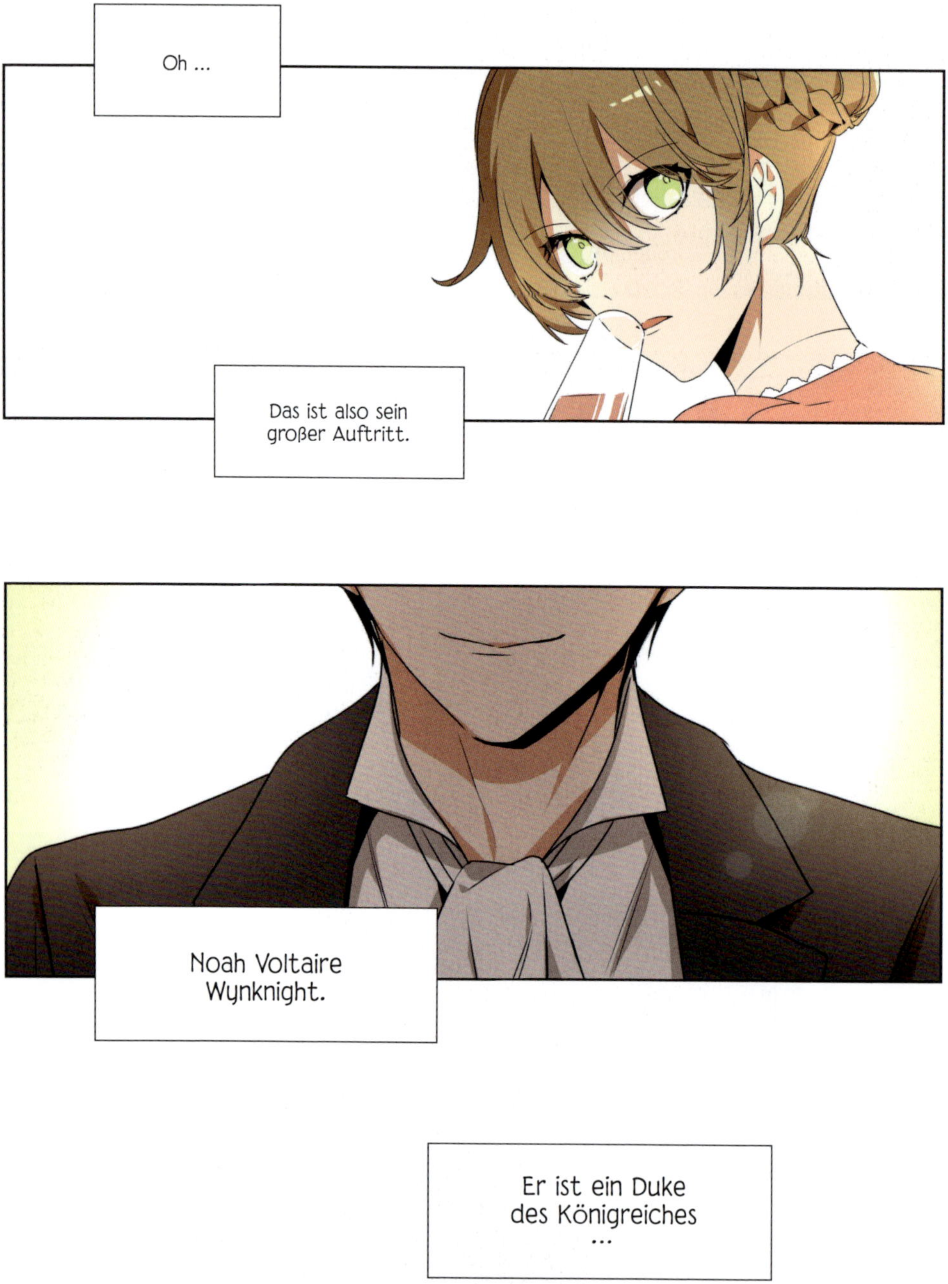
Oh ...
Das ist also sein großer Auftritt.
Noah Voltaire Wynknight.
Er ist ein Duke des Königreiches ...

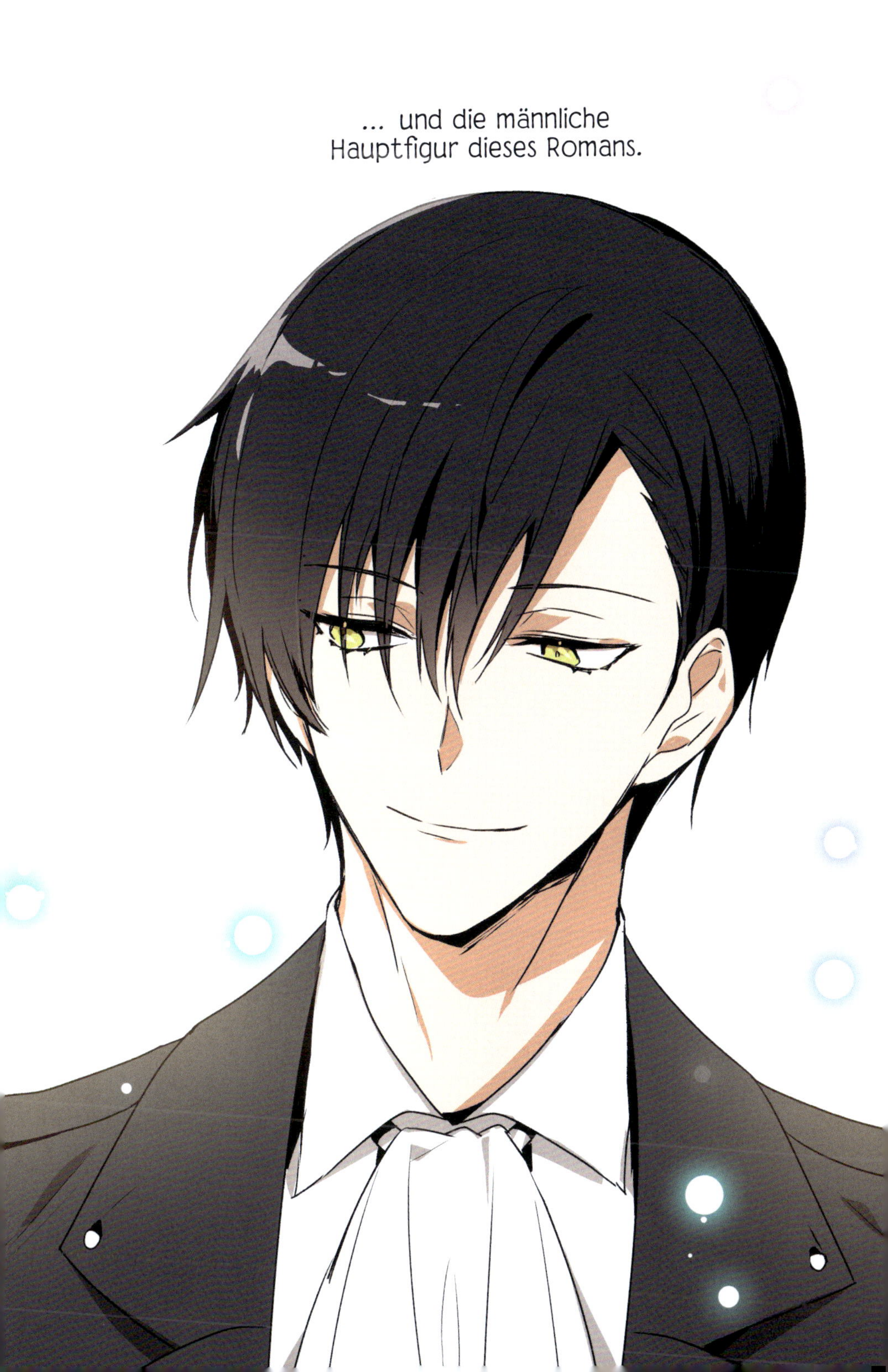
... und die männliche Hauptfigur dieses Romans.

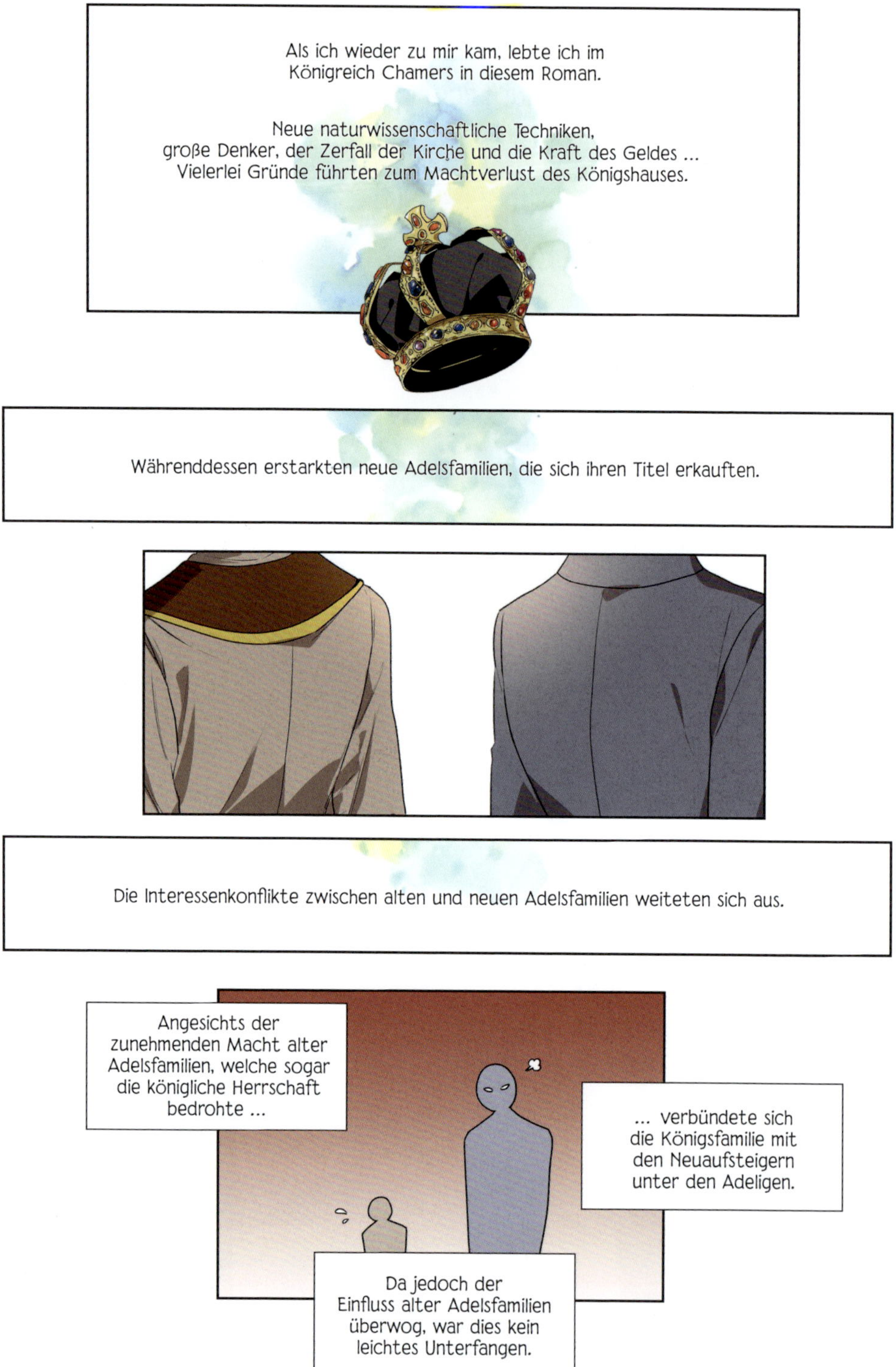
Als ich wieder zu mir kam, lebte ich im Königreich Chamers in diesem Roman.
Neue naturwissenschaftliche Techniken, große Denker, der Zerfall der Kirche und die Kraft des Geldes ... Vielerlei Gründe führten zum Machtverlust des Königshauses.
Währenddessen erstarkten neue Adelsfamilien, die sich ihren Titel erkauften.
Die Interessenkonflikte zwischen alten und neuen Adelsfamilien weiteten sich aus.
Angesichts der zunehmenden Macht alter Adelsfamilien, welche sogar die königliche Herrschaft bedrohte ...
... verbündete sich die Königsfamilie mit den Neuaufsteigern unter den Adeligen.
Da jedoch der Einfluss alter Adelsfamilien überwog, war dies kein leichtes Unterfangen.

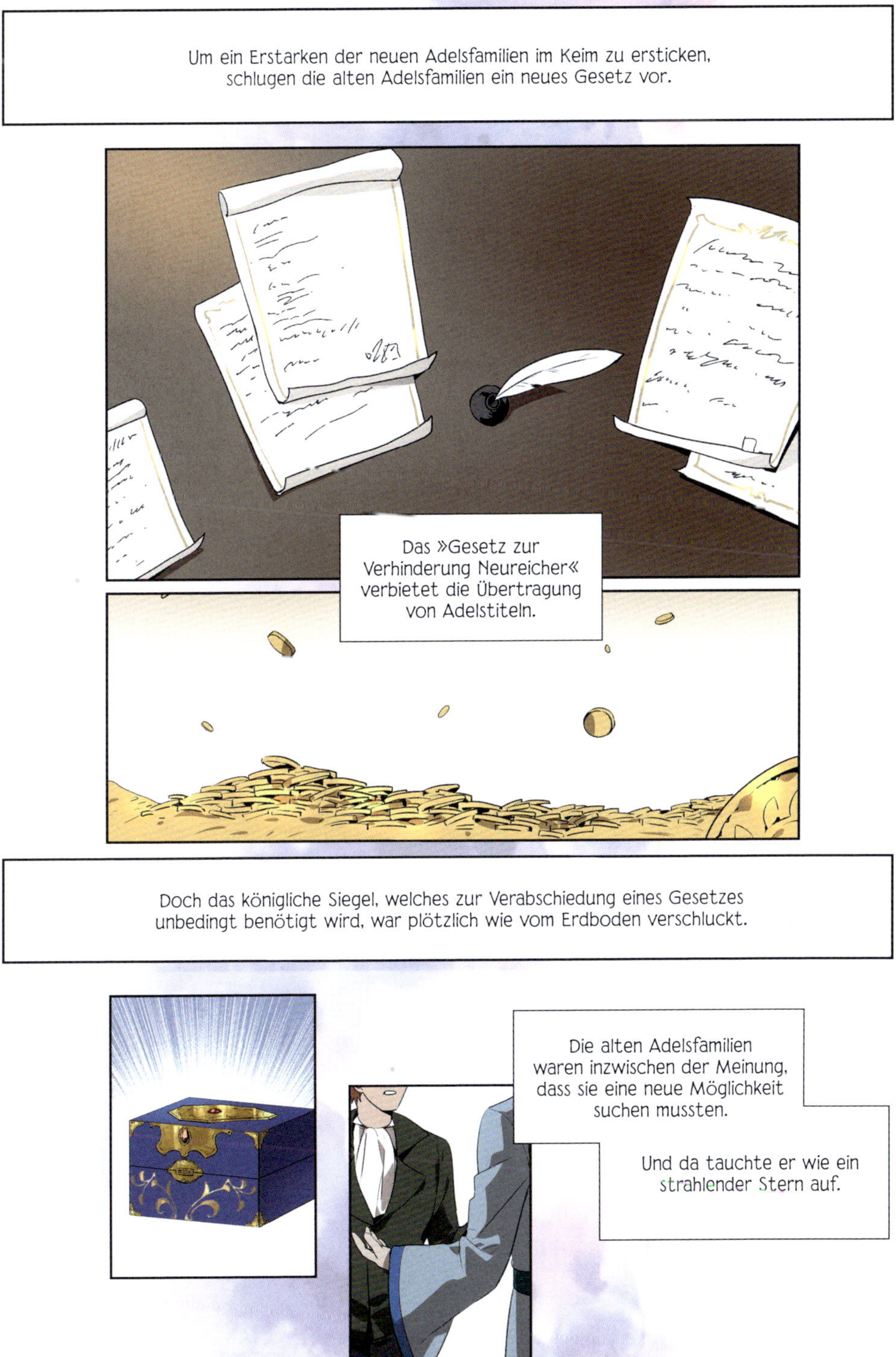
Um ein Erstarken der neuen Adelsfamilien im Keim zu ersticken, schlugen die alten Adelsfamilien ein neues Gesetz vor.
Das »Gesetz zur Verhinderung Neureicher« verbietet die Übertragung von Adelstiteln.
Doch das königliche Siegel, welches zur Verabschiedung eines Gesetzes unbedingt benötigt wird, war plötzlich wie vom Erdboden verschluckt.
Die alten Adelsfamilien waren inzwischen der Meinung, dass sie eine neue Möglichkeit suchen mussten.
Und da tauchte er wie ein strahlender Stern auf.

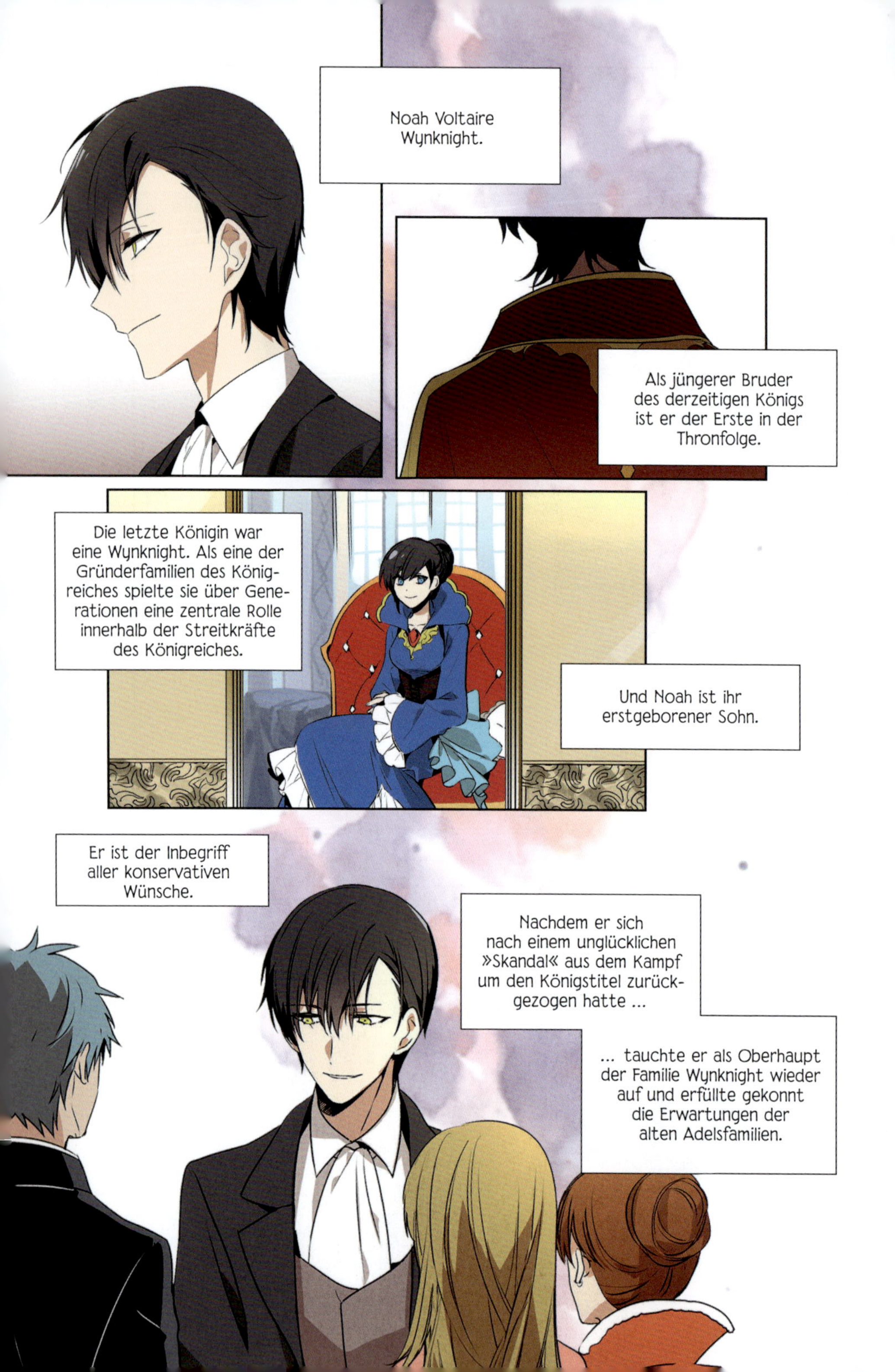
Noah Voltaire Wynknight.
Als jüngerer Bruder des derzeitigen Königs ist er der Erste in der Thronfolge.
Die letzte Königin war eine Wynknight. Als eine der Gründerfamilien des Königreiches spielte sie über Generationen eine zentrale Rolle innerhalb der Streitkräfte des Königreiches.
Und Noah ist ihr erstgeborener Sohn.
Er ist der Inbegriff aller konservativen Wünsche.
Nachdem er sich nach einem unglücklichen »Skandal« aus dem Kampf um den Königstitel zurückgezogen hatte ...
... tauchte er als Oberhaupt der Familie Wynknight wieder auf und erfüllte gekonnt die Erwartungen der alten Adelsfamilien.

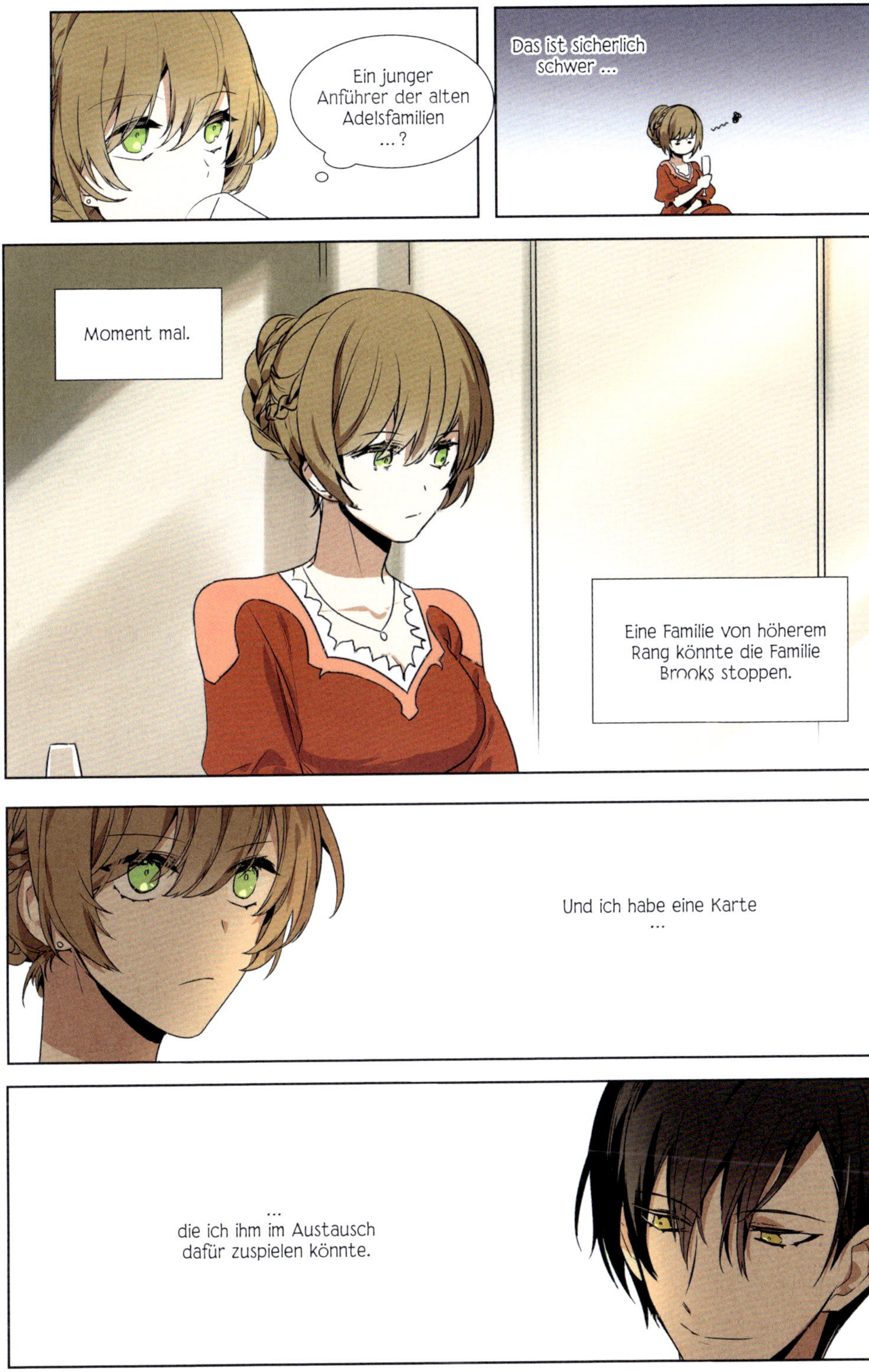
Ein junger
Anführer der alten
Adelsfamilien
...?
Das ist sicherlich
schwer ...
Moment mal.
Eine Familie von höherem
Rang könnte die Familie
Brooks stoppen.
Und ich habe eine Karte
...
...
die ich ihm im Austausch
dafür zuspielen könnte.

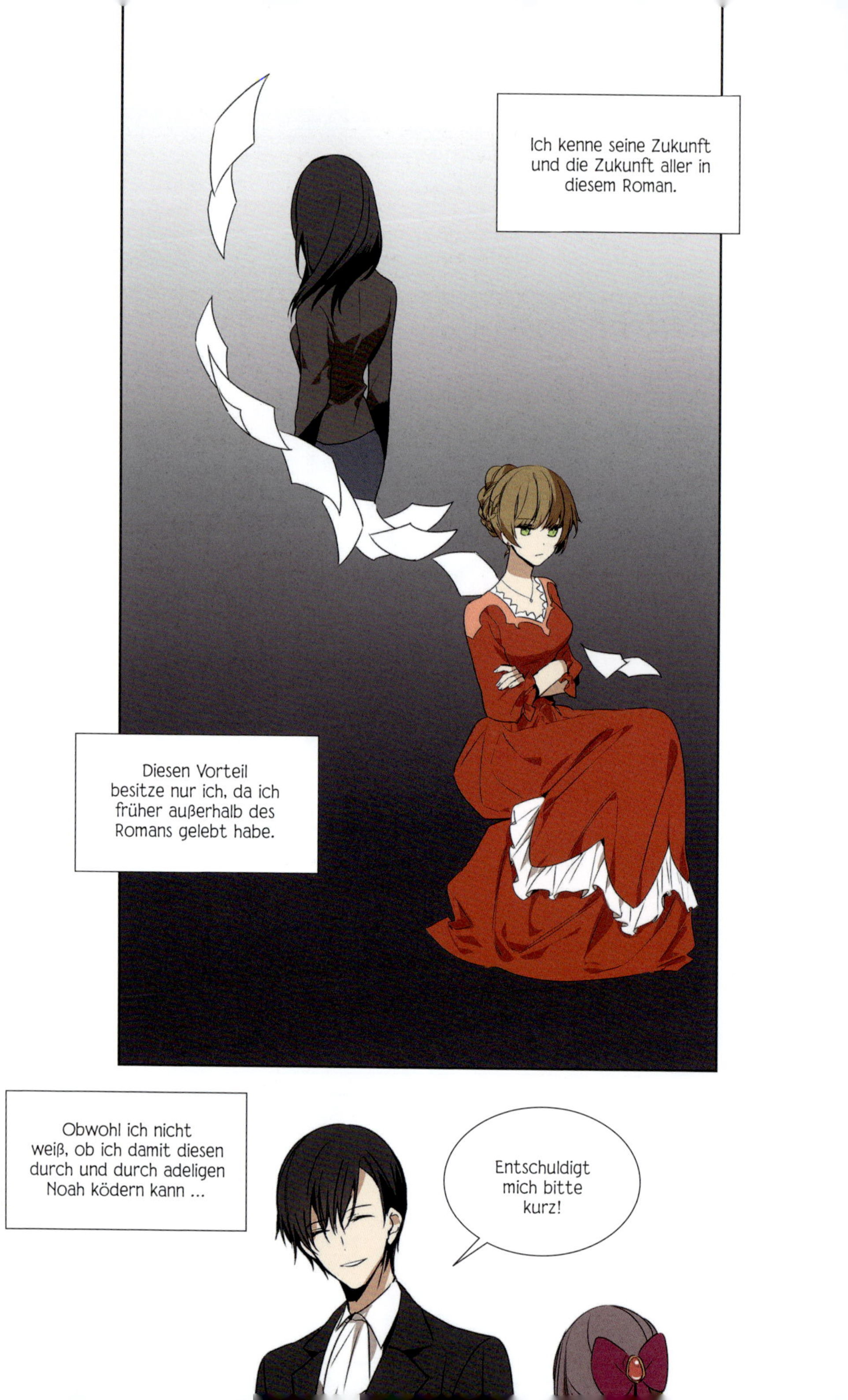
Ich kenne seine Zukunft und die Zukunft aller in diesem Roman.
Diesen Vorteil besitze nur ich, da ich früher außerhalb des Romans gelebt habe.
Obwohl ich nicht weiß, ob ich damit diesen durch und durch adeligen Noah ködern kann ...
Entschuldigt mich bitte kurz!

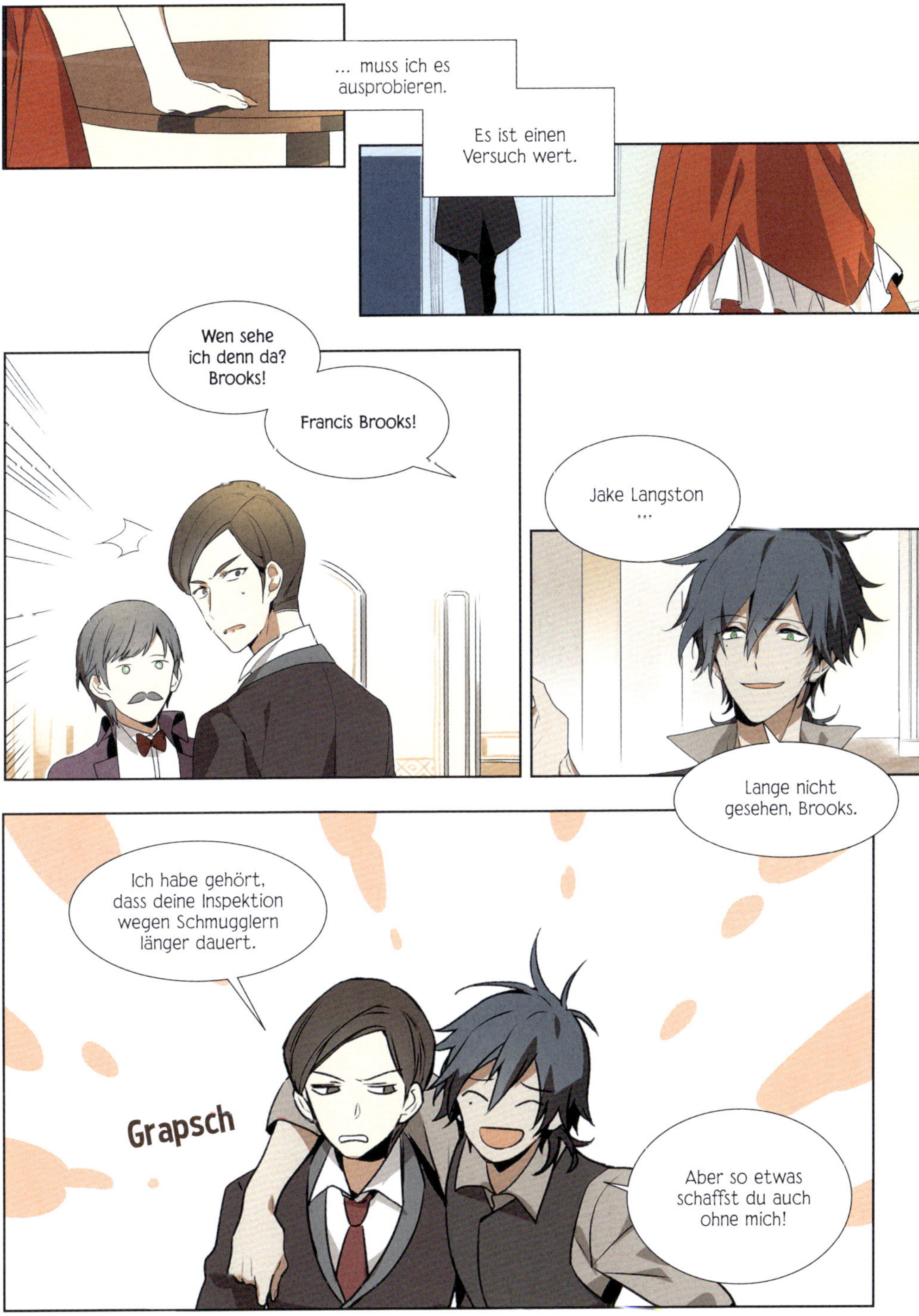
... muss ich es ausprobieren.
Es ist einen Versuch wert.
Wen sehe ich denn da? Brooks!
Francis Brooks!
Jake Langston ...
Lange nicht gesehen, Brooks.
Ich habe gehört, dass deine Inspektion wegen Schmugglern länger dauert.
Grapsch
Aber so etwas schaffst du auch ohne mich!

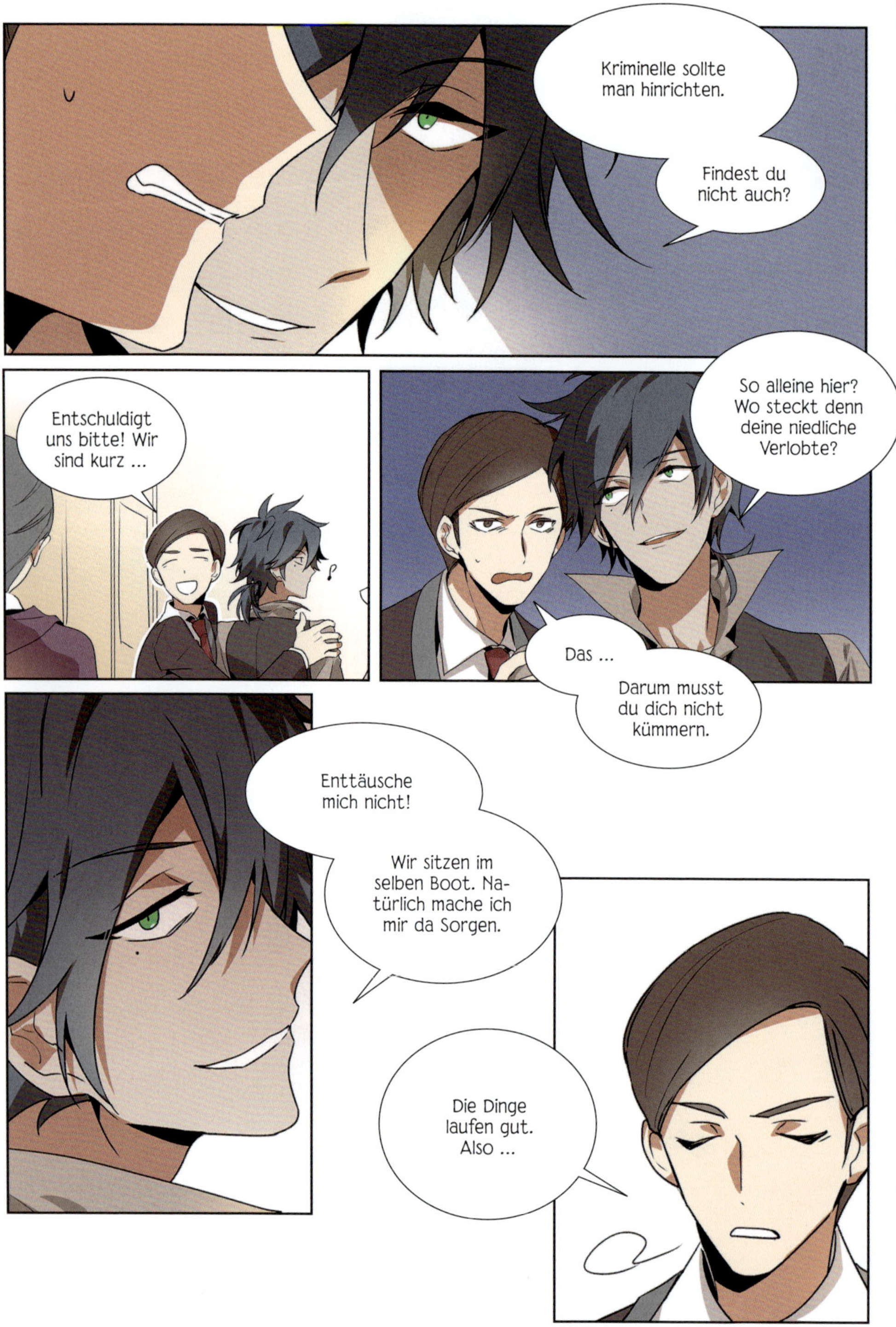
Kriminelle sollte man hinrichten.
Findest du nicht auch?
So alleine hier? Wo steckt denn deine niedliche Verlobte?
Entschuldigt uns bitte! Wir sind kurz ...
Das ...
Darum musst du dich nicht kümmern.
Enttäusche mich nicht!
Wir sitzen im selben Boot. Natürlich mache ich mir da Sorgen.
Die Dinge laufen gut. Also ...

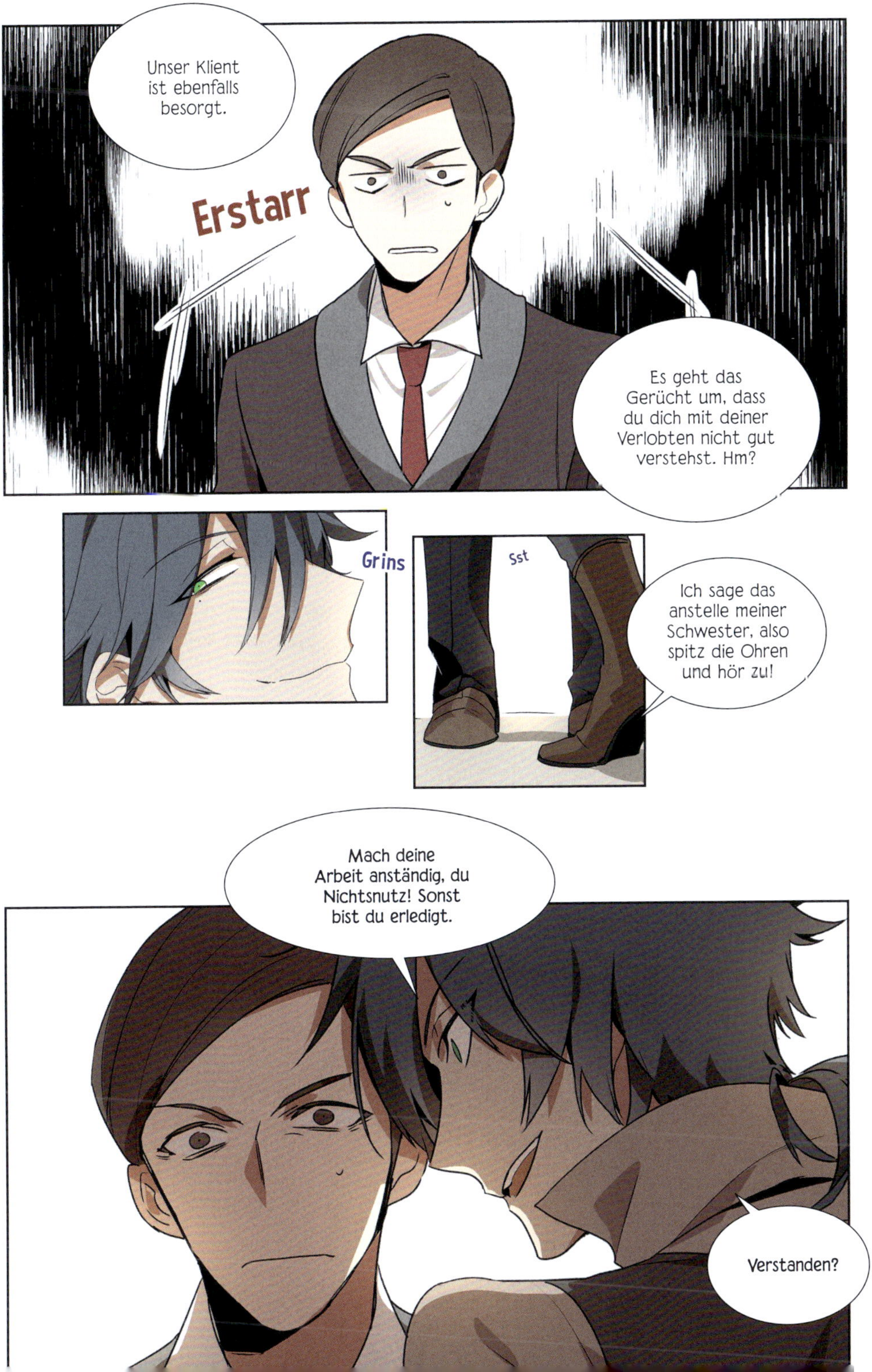
Unser Klient ist ebenfalls besorgt.
Erstarr
Es geht das Gerücht um, dass du dich mit deiner Verlobten nicht gut verstehst. Hm?
Grins
Sst
Ich sage das anstelle meiner Schwester, also spitz die Ohren und hör zu!
Mach deine Arbeit anständig, du Nichtsnutz! Sonst bist du erledigt.
Verstanden?

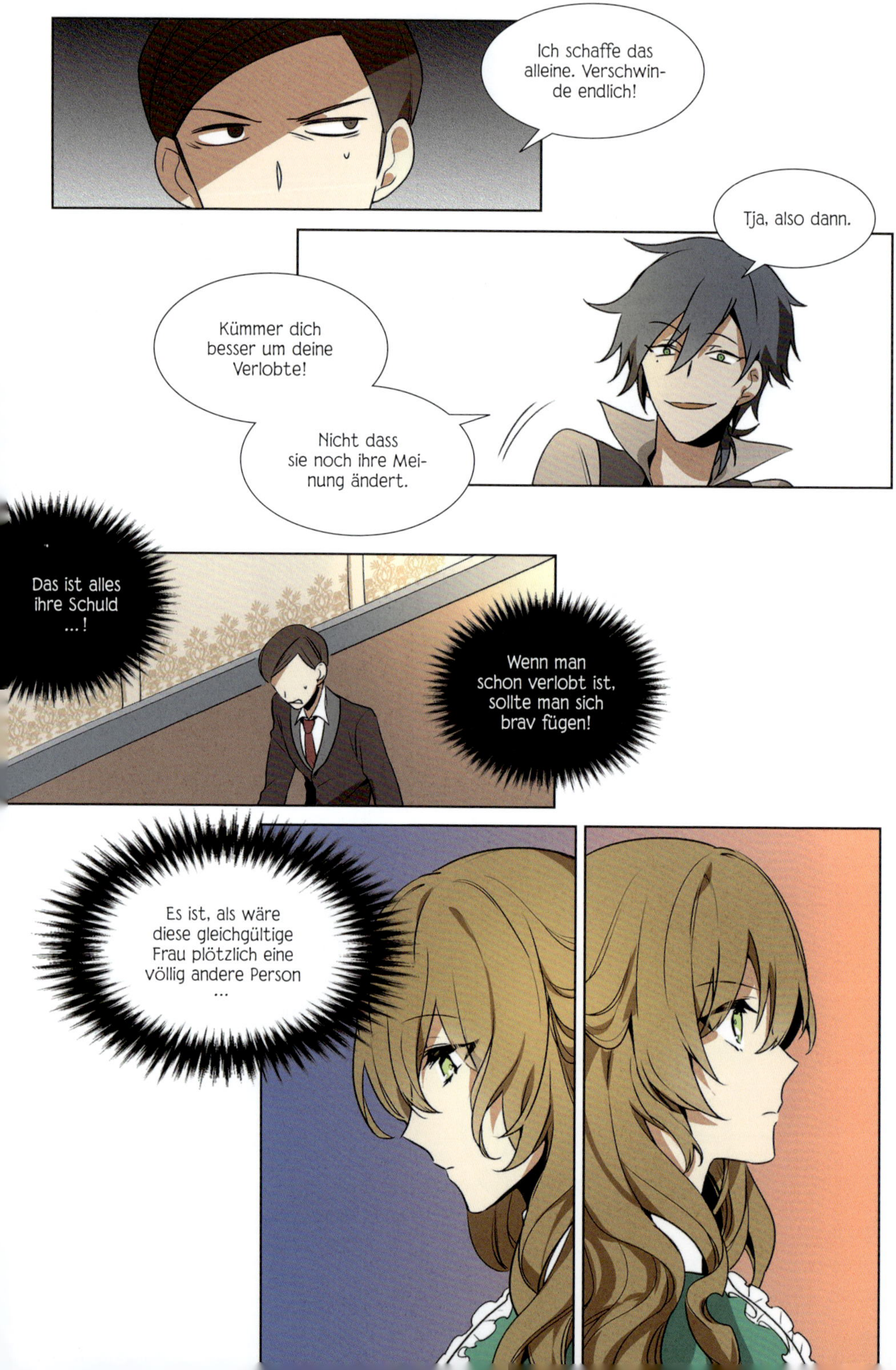
Ich schaffe das alleine. Verschwinde endlich!
Tja, also dann.
Kümmer dich besser um deine Verlobte!
Nicht dass sie noch ihre Meinung ändert.
Das ist alles ihre Schuld ...!
Wenn man schon verlobt ist, sollte man sich brav fügen!
Es ist, als wäre diese gleichgültige Frau plötzlich eine völlig andere Person ...

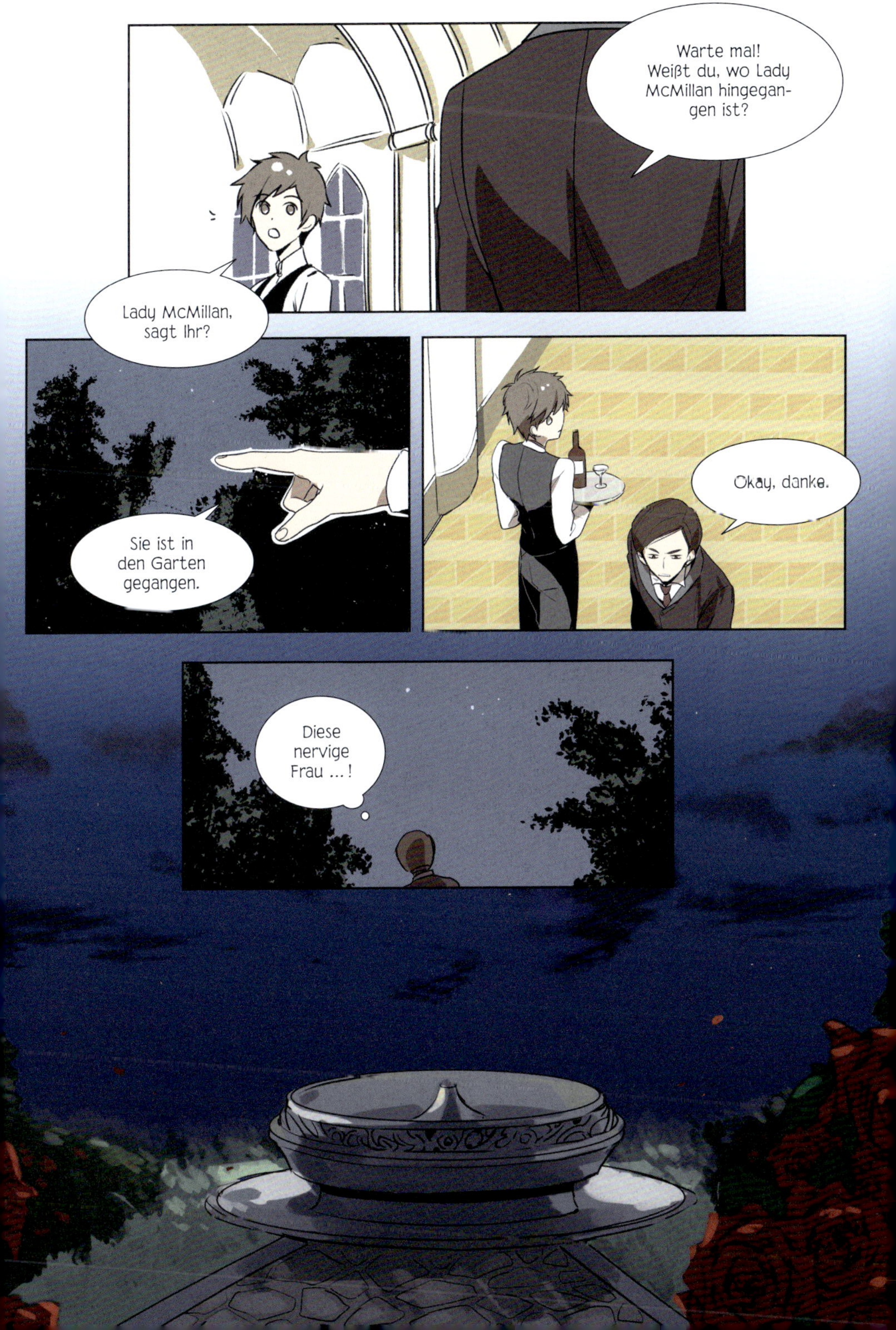
Warte mal! Weißt du, wo Lady McMillan hingegangen ist?
Lady McMillan, sagt Ihr?
Sie ist in den Garten gegangen.
Okay, danke.
Diese nervige Frau ... !

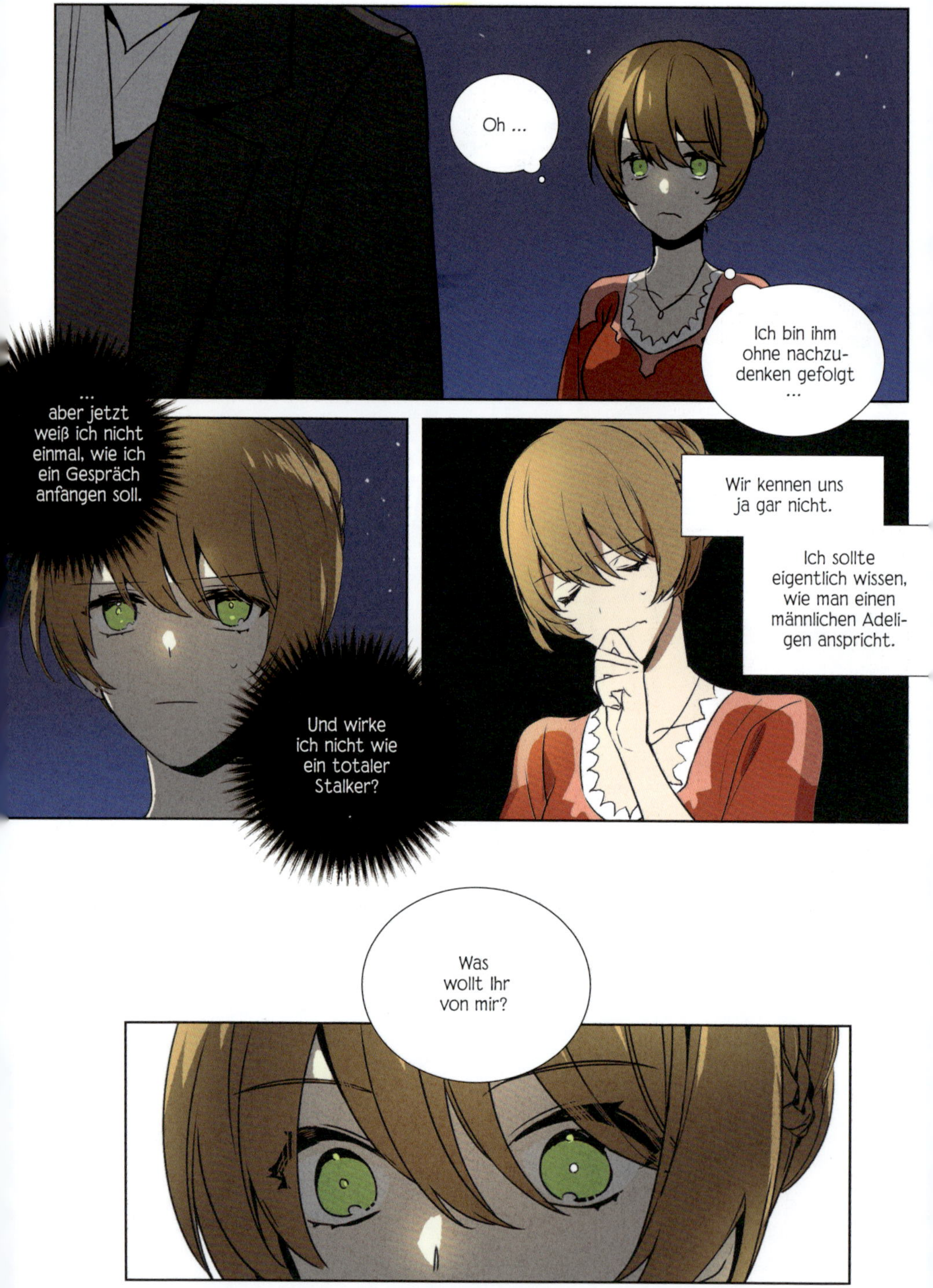
Oh ...
Ich bin ihm ohne nachzu-denken gefolgt ...
... aber jetzt weiß ich nicht einmal, wie ich ein Gespräch anfangen soll.
Wir kennen uns ja gar nicht.
Ich sollte eigentlich wissen, wie man einen männlichen Adeli-gen anspricht.
Und wirke ich nicht wie ein totaler Stalker?
Was wollt Ihr von mir?

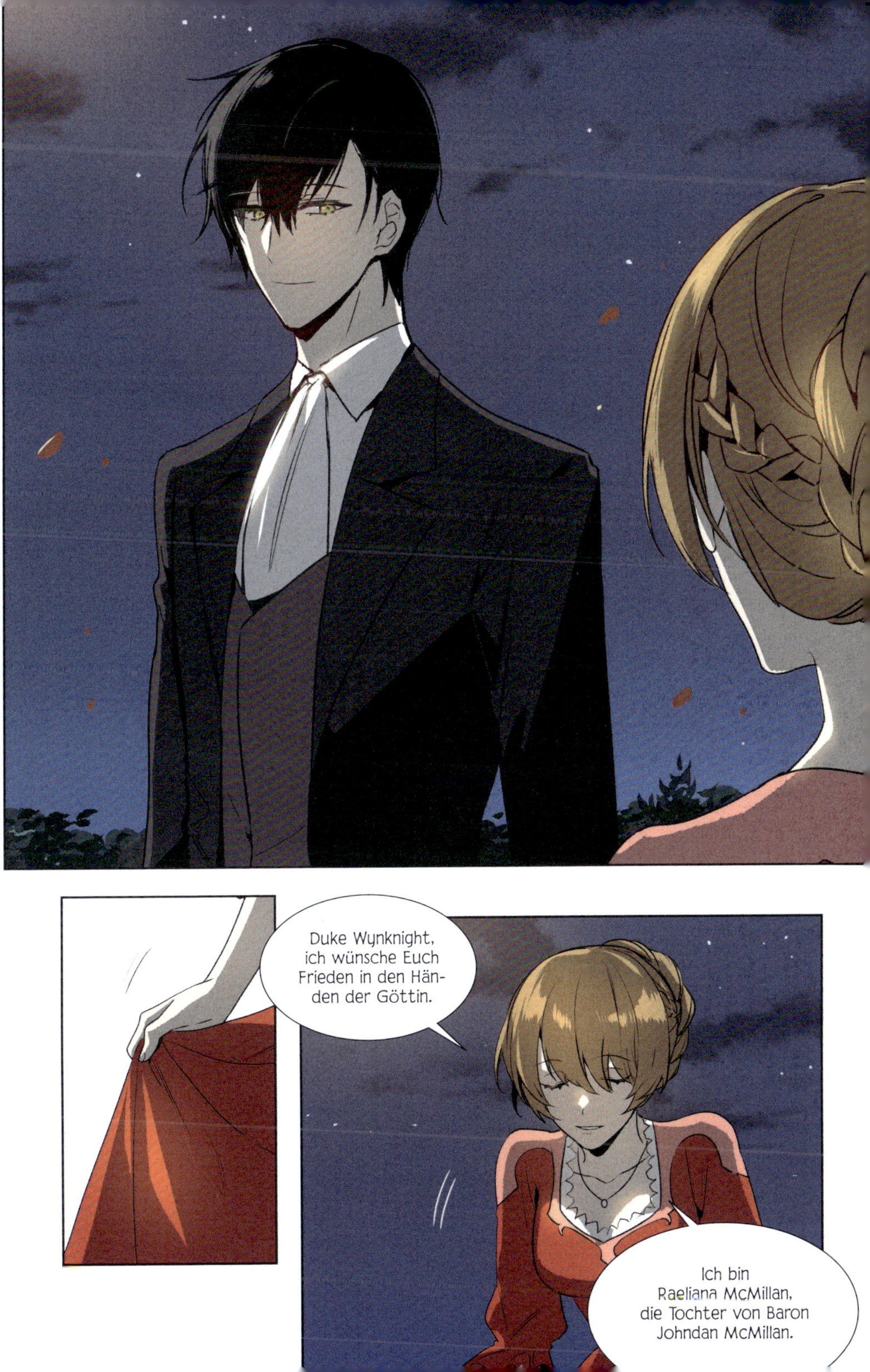
Duke Wynknight, ich wünsche Euch Frieden in den Händen der Göttin.
Ich bin Raeliana McMillan, die Tochter von Baron Johndan McMillan.

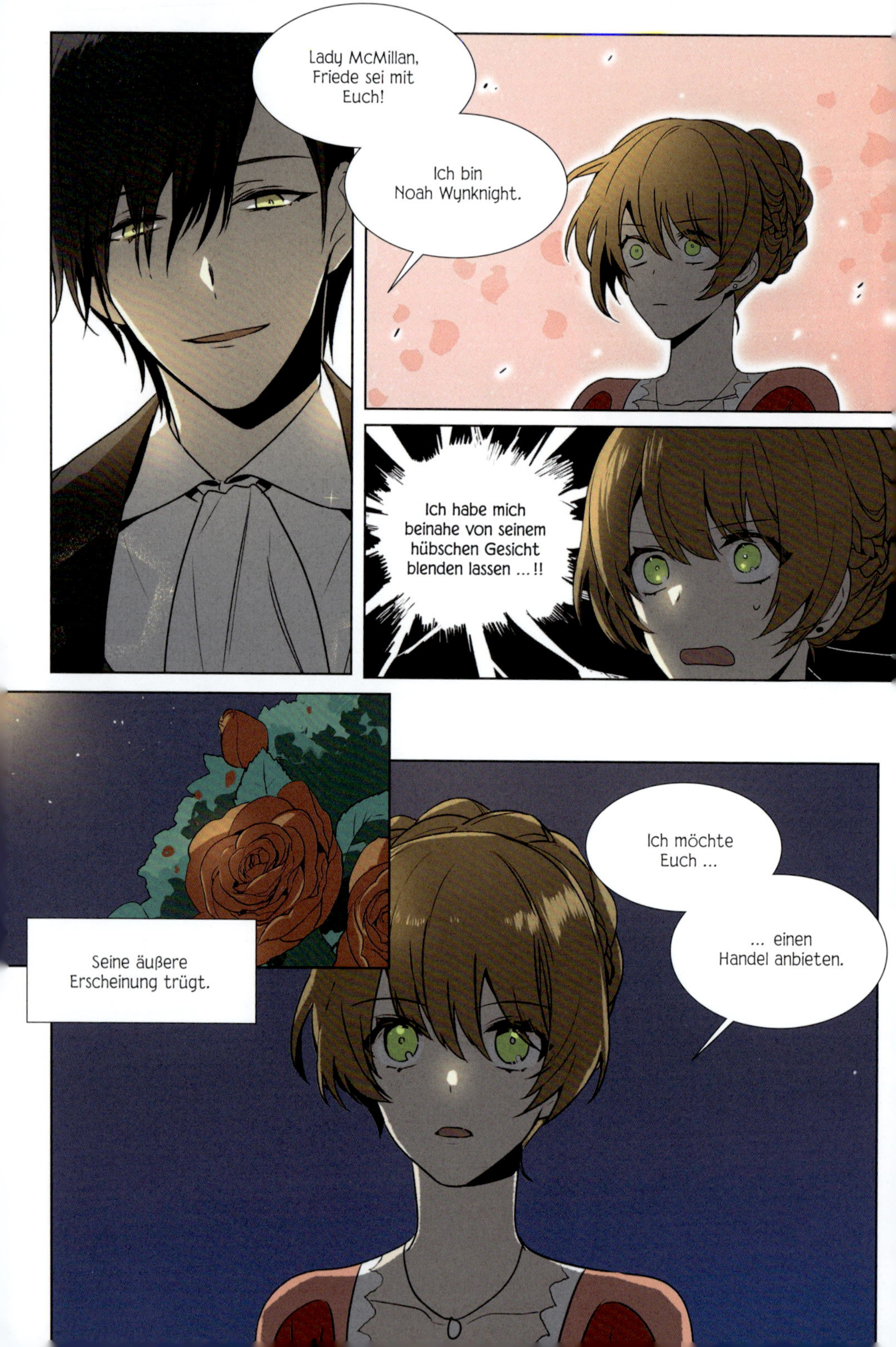
Lady McMillan, Friede sei mit Euch!
Ich bin Noah Wynknight.
Ich habe mich beinahe von seinem hübschen Gesicht blenden lassen ...!!
Seine äußere Erscheinung trügt.
Ich möchte Euch ...
... einen Handel anbieten.

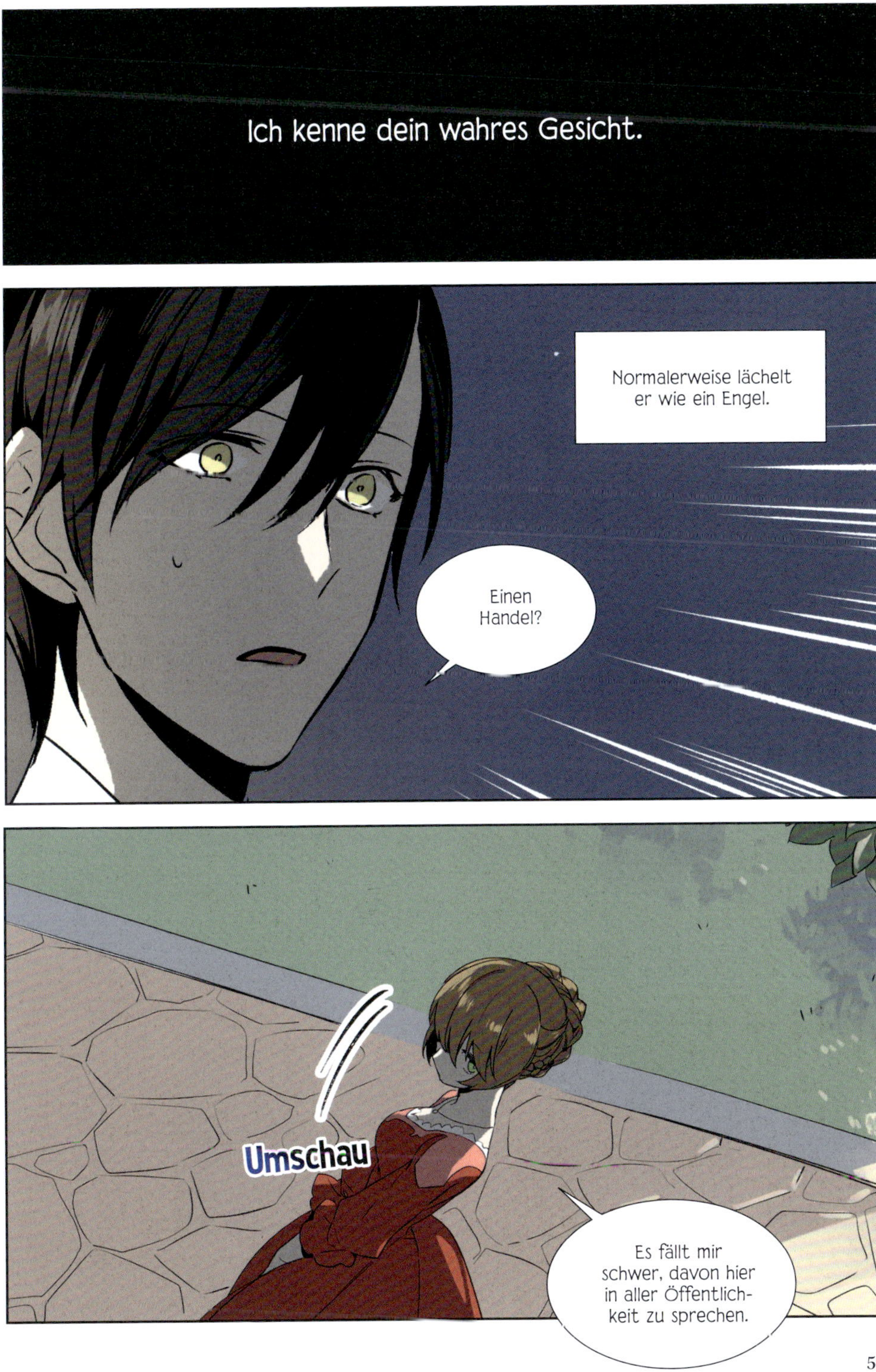
Ich kenne dein wahres Gesicht.
Normalerweise lächelt er wie ein Engel.
Einen Handel?
Umschau
Es fällt mir schwer, davon hier in aller Öffentlichkeit zu sprechen.

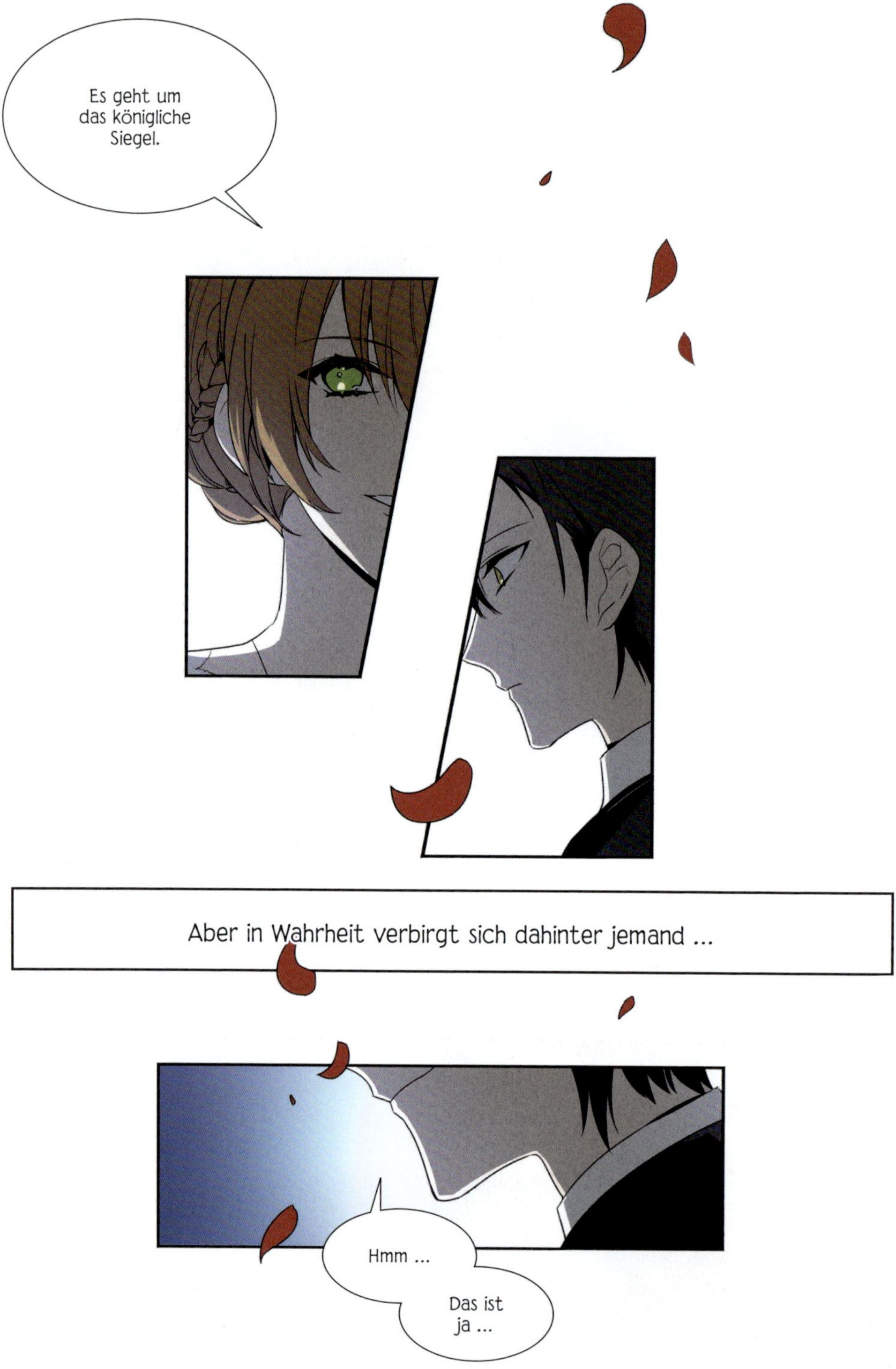
Es geht um das königliche Siegel.
Aber in Wahrheit verbirgt sich dahinter jemand ...
Hmm ...
Das ist ja ...

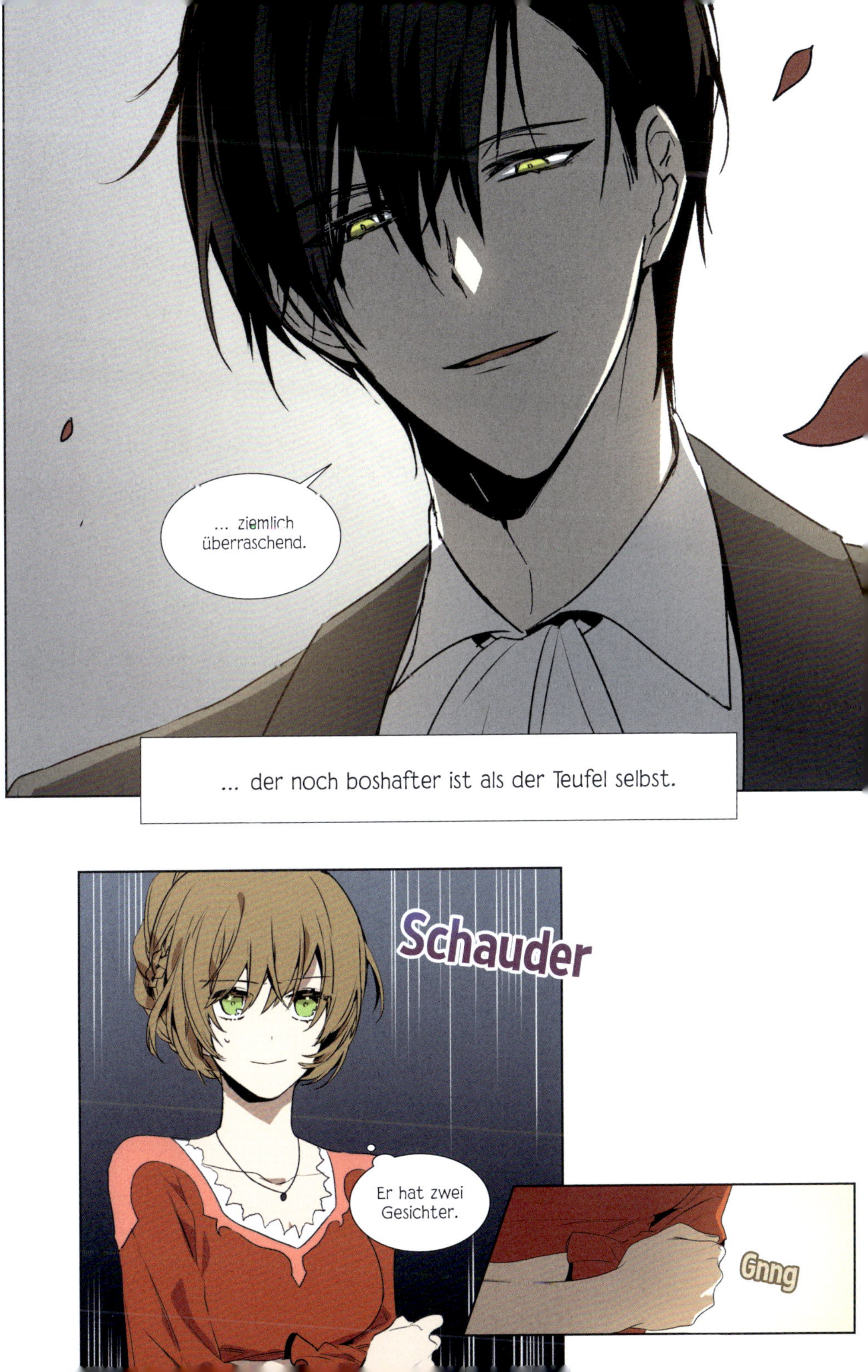

... ziemlich überraschend.
... der noch boshafter ist als der Teufel selbst.
Schauder
Er hat zwei Gesichter.
Gnng

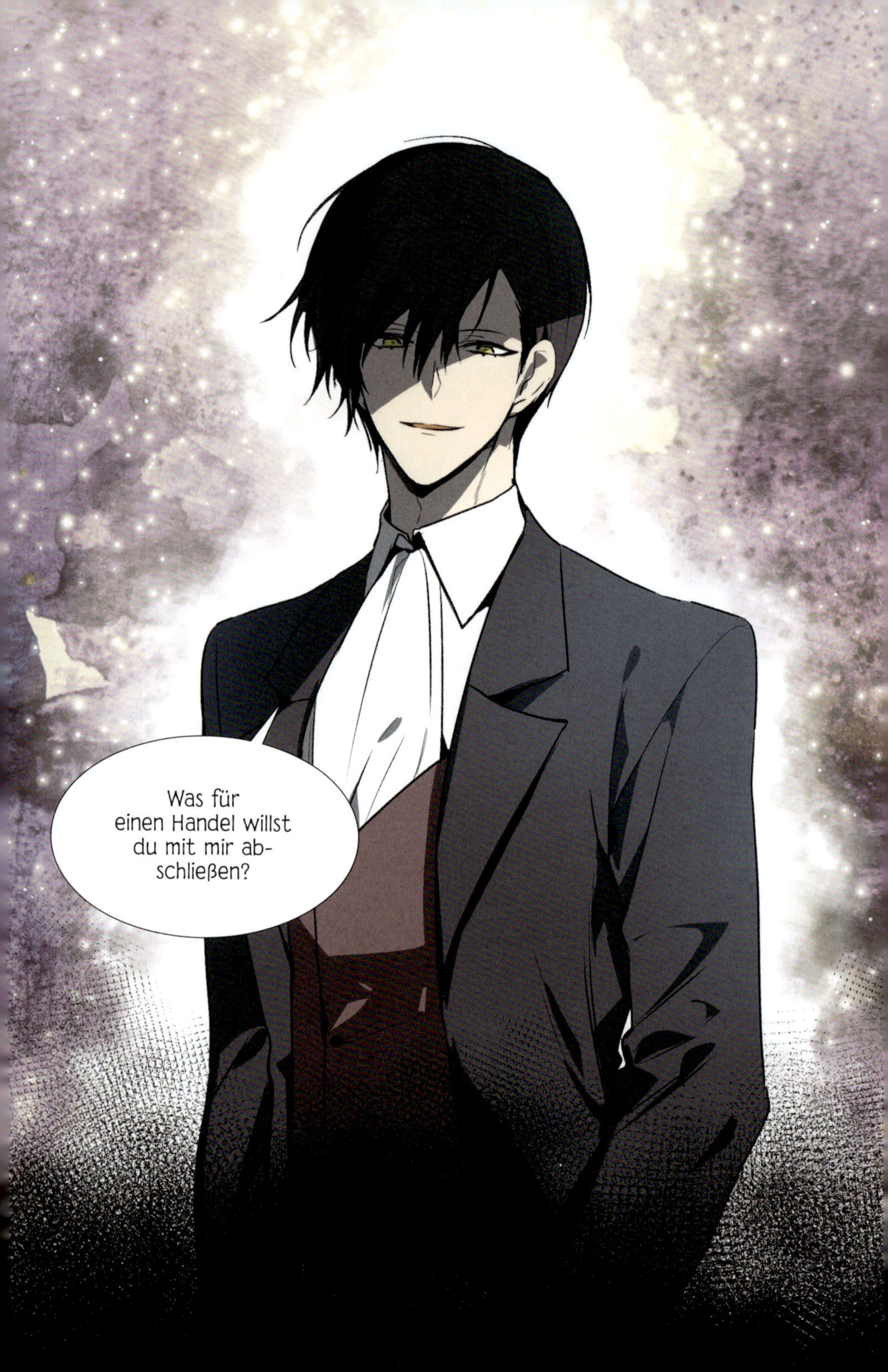
Was für einen Handel willst du mit mir abschließen?

RAELIANA

Warum sie die Verlobte des Dukes wurde

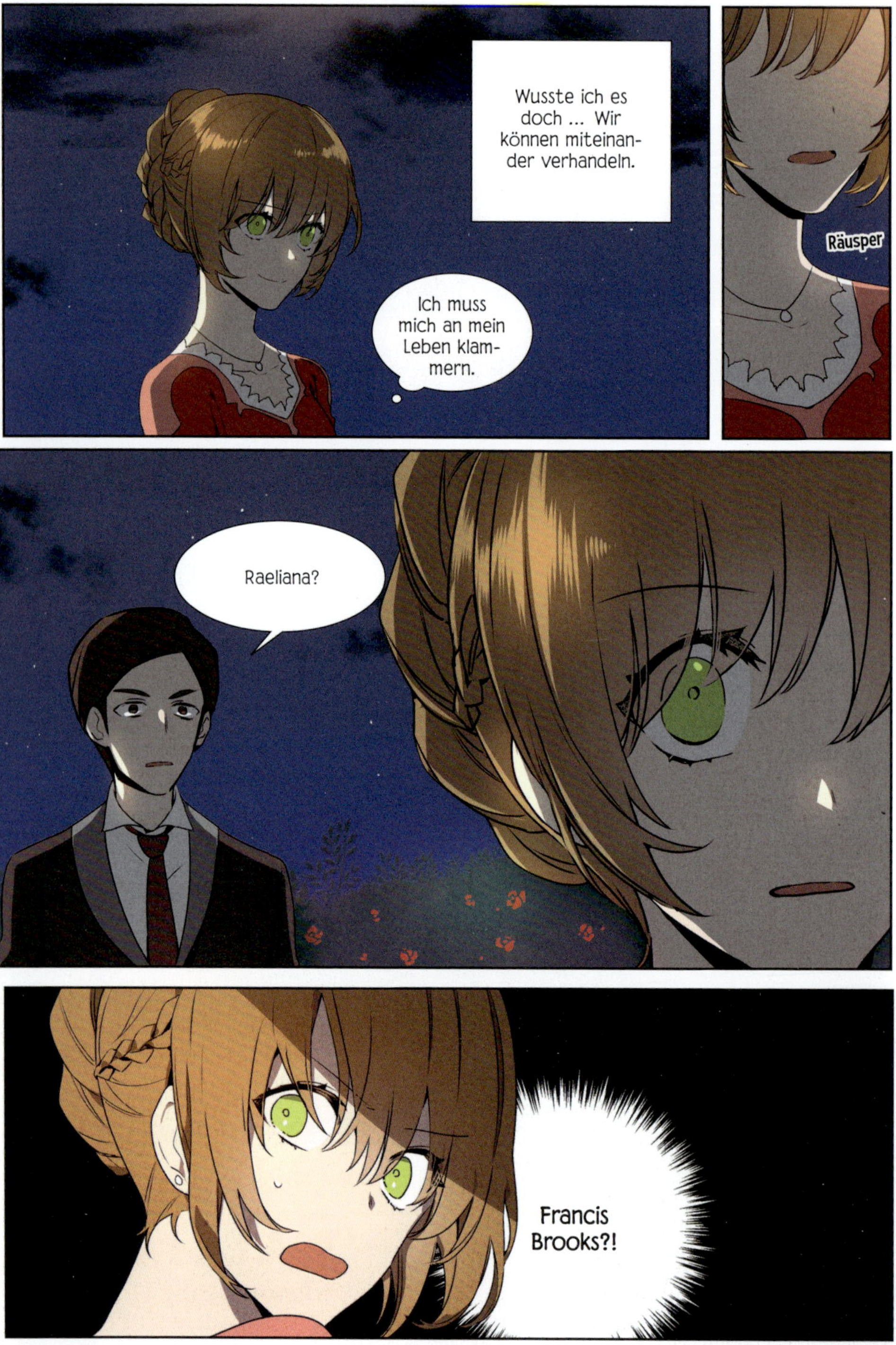
Wusste ich es doch ... Wir können miteinander verhandeln.
Ich muss mich an mein Leben klammern.
Räusper
Raeliana?
Francis Brooks?!

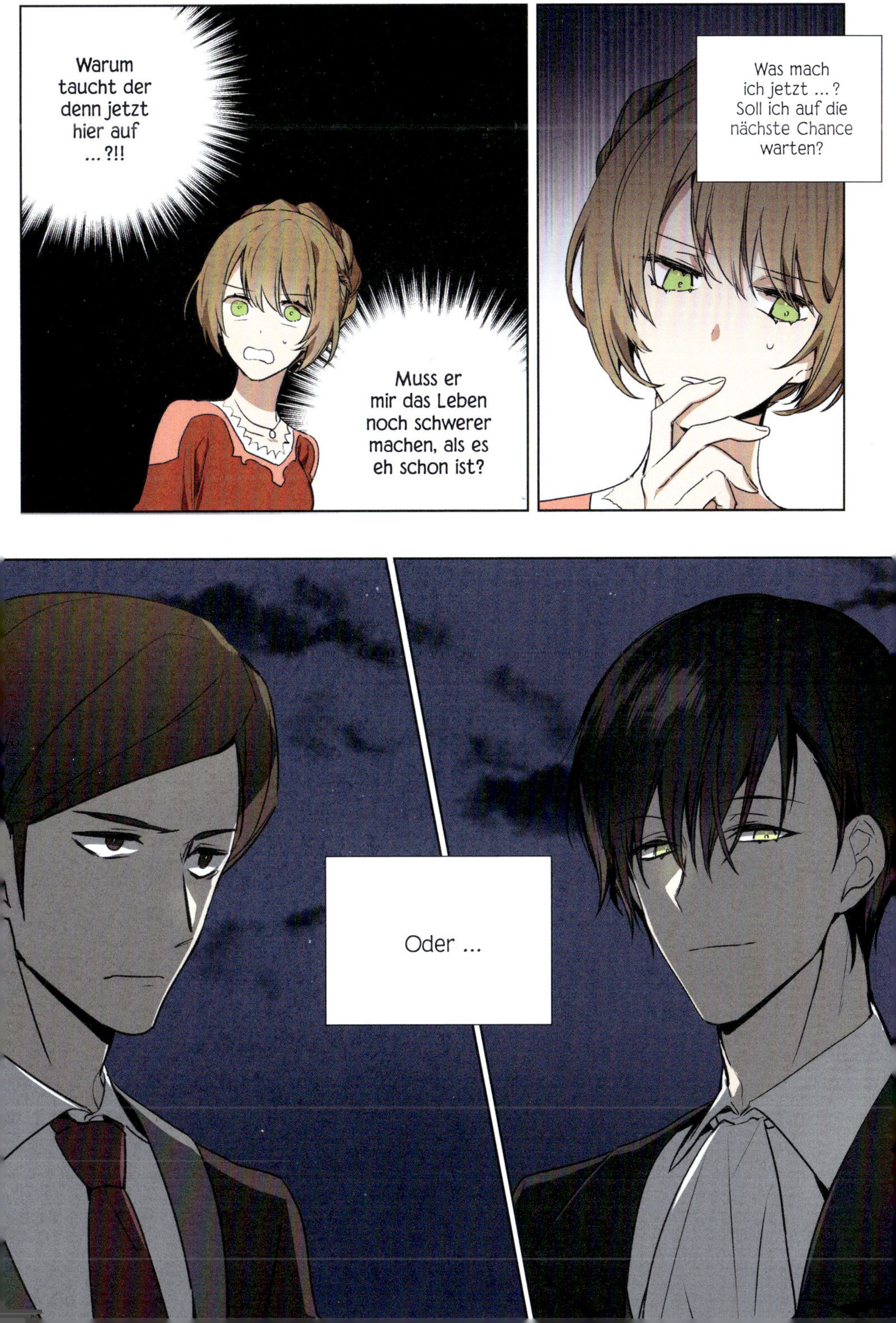
Warum taucht der denn jetzt hier auf ...?!!
Muss er mir das Leben noch schwerer machen, als es eh schon ist?
Was mach ich jetzt ...? Soll ich auf die nächste Chance warten?
Oder ...

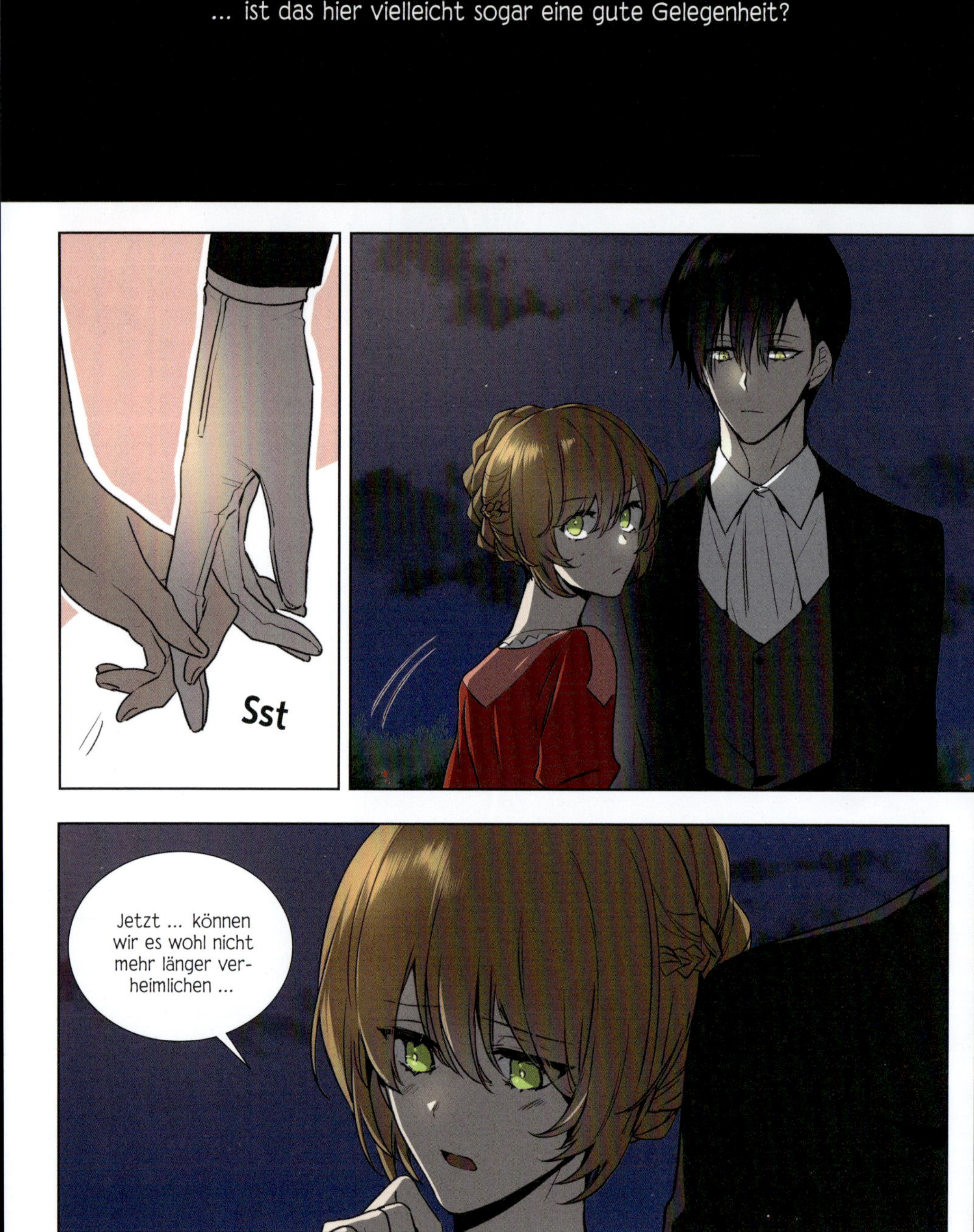
… ist das hier vielleicht sogar eine gute Gelegenheit?
Sst
Jetzt … können wir es wohl nicht mehr länger verheimlichen …

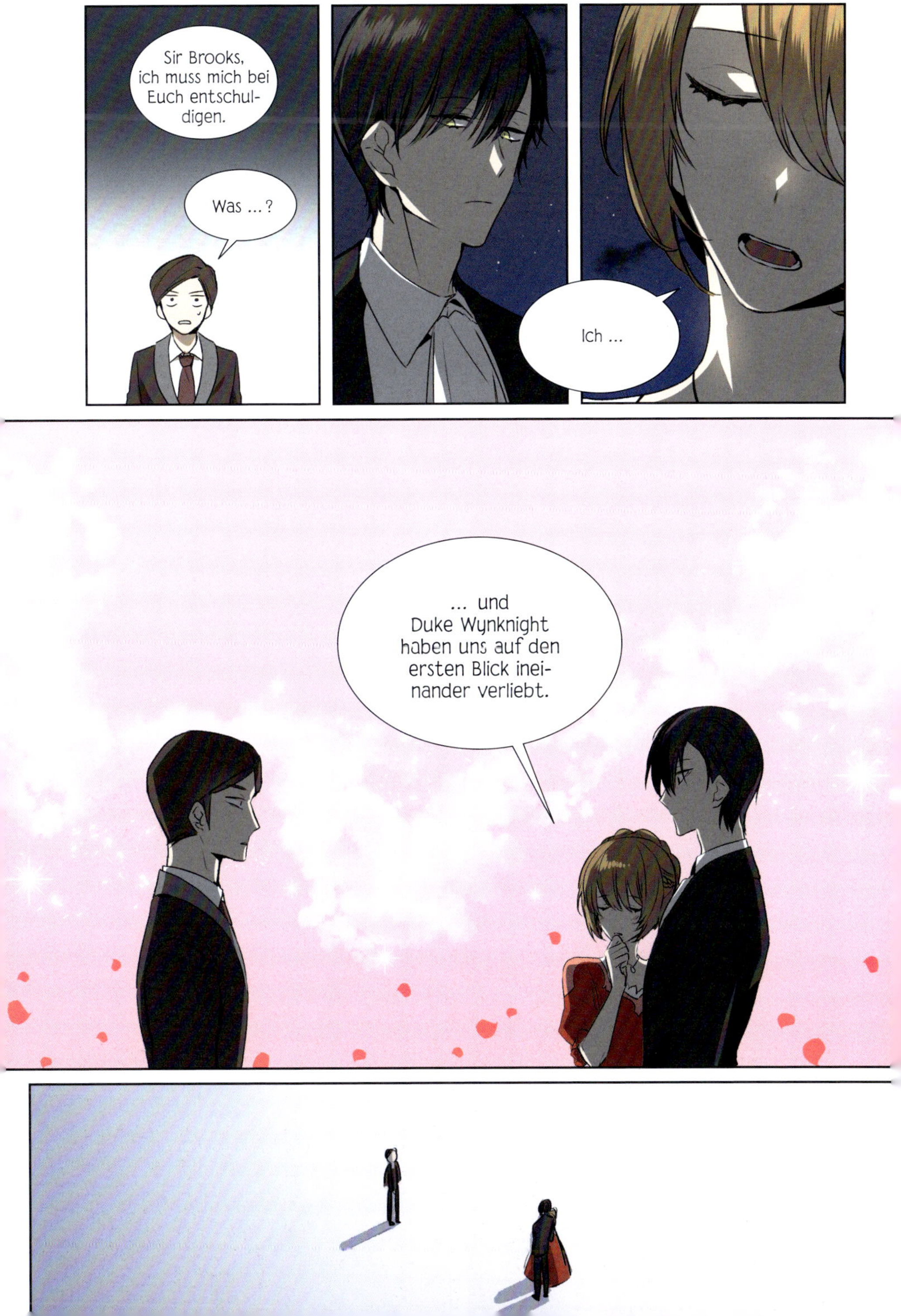
Sir Brooks, ich muss mich bei Euch entschuldigen.
Was ...?
Ich ...
... und Duke Wynknight haben uns auf den ersten Blick ineinander verliebt.

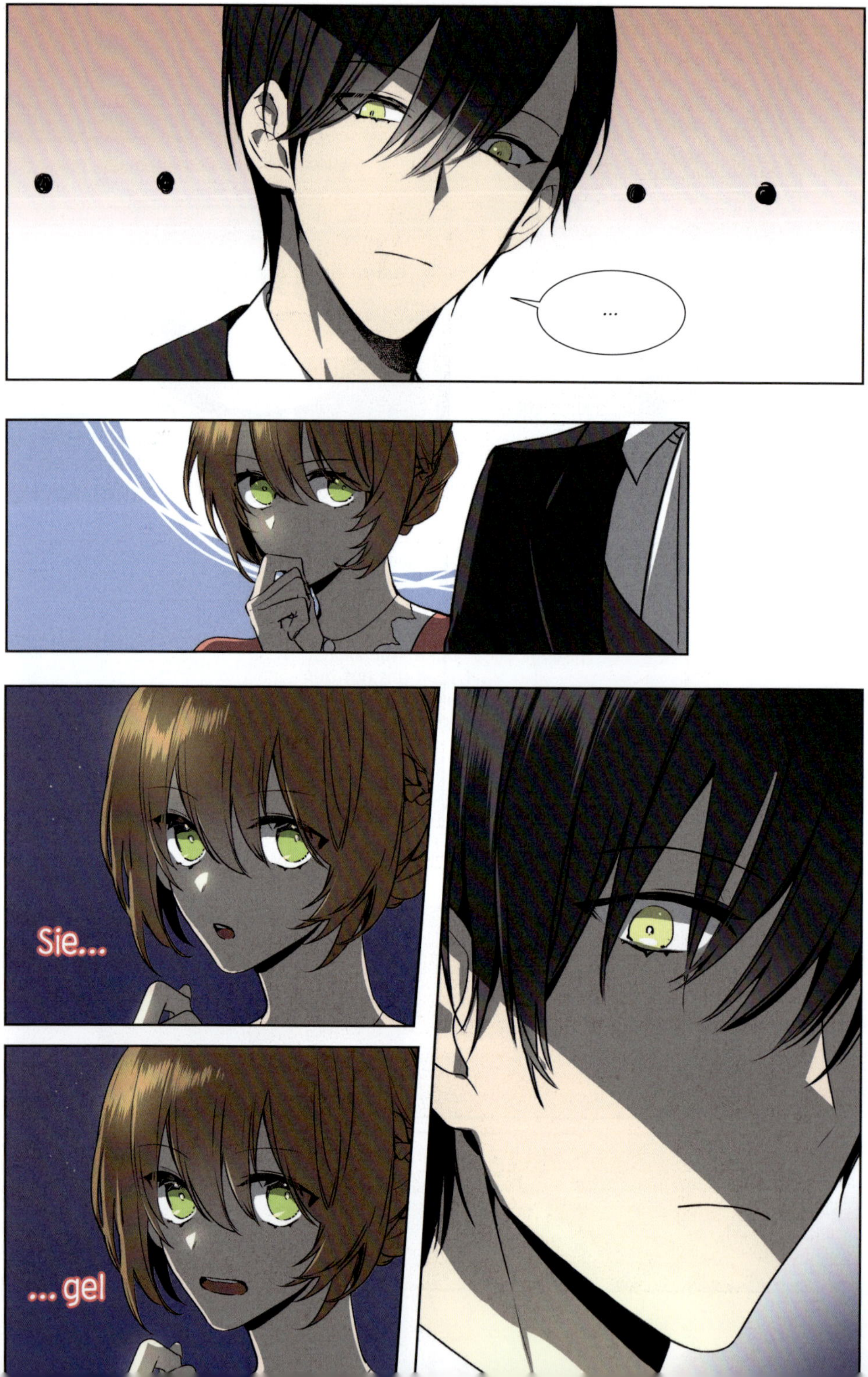
...
Sie...
... gel

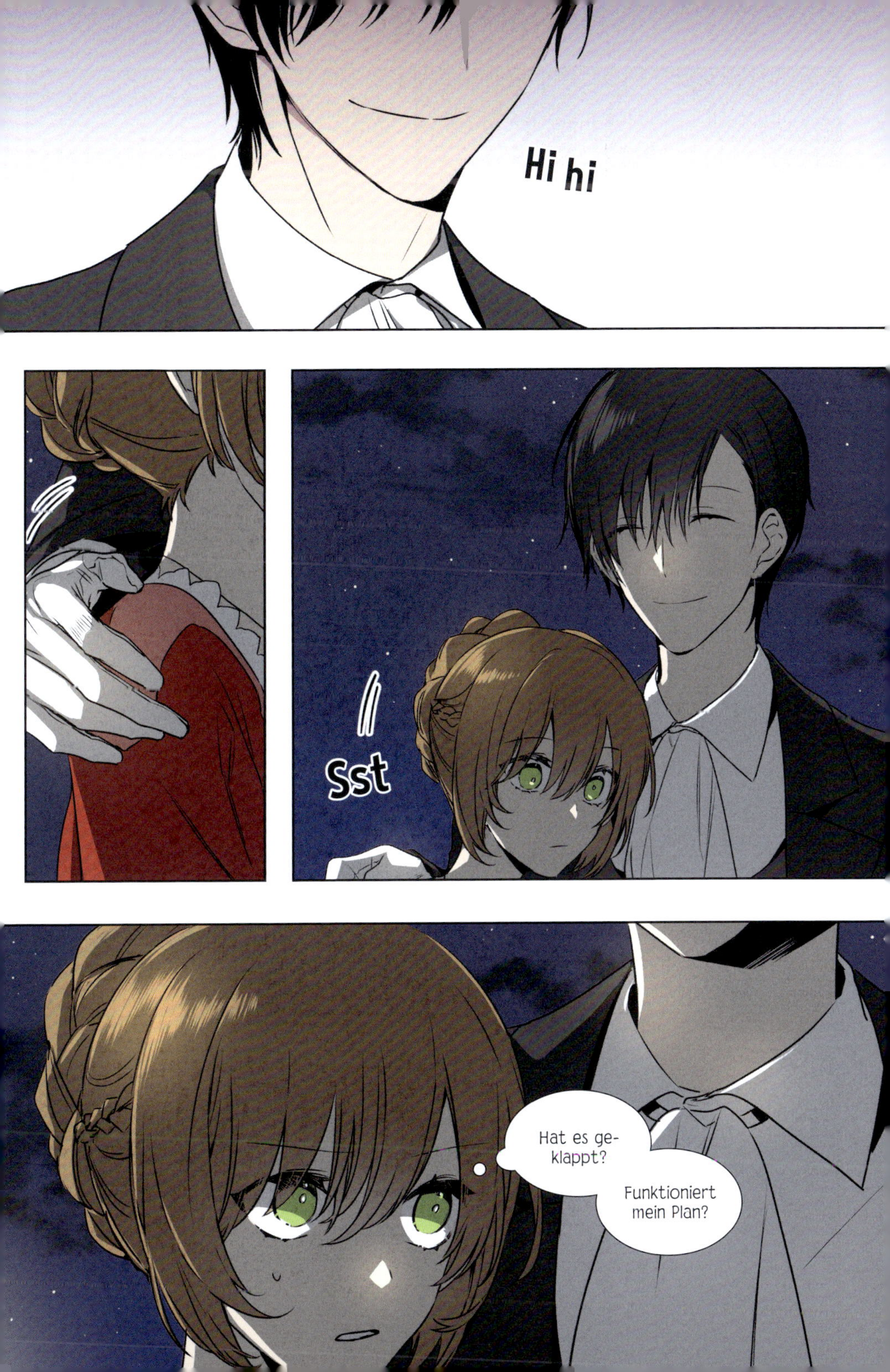
Hi hi
Sst
Hat es ge-
klappt?
Funktioniert
mein Plan?

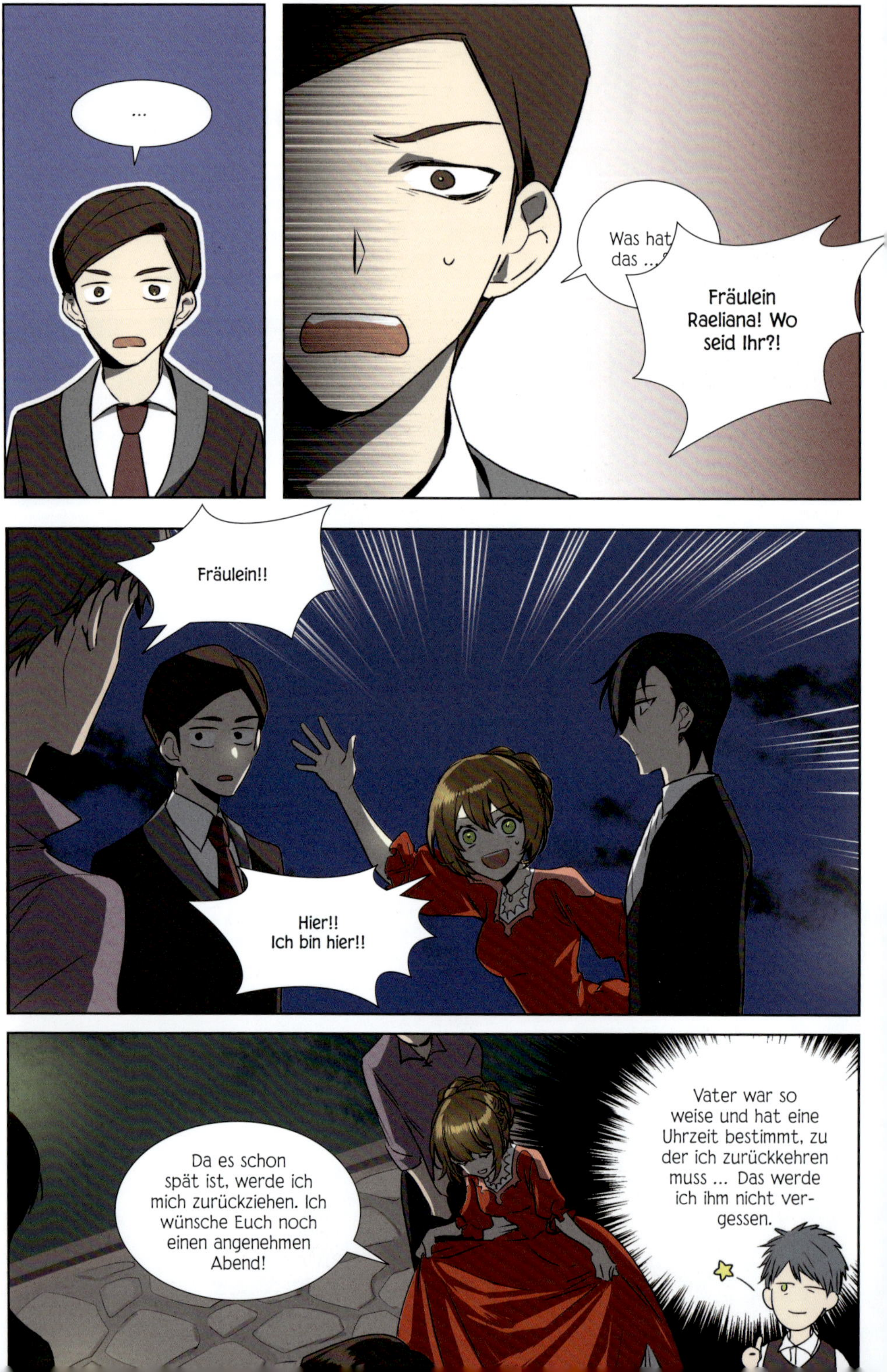
...
Was hat das ...
Fräulein Raeliana! Wo seid Ihr?!
Fräulein!!
Hier!! Ich bin hier!!
Vater war so weise und hat eine Uhrzeit bestimmt, zu der ich zurückkehren muss ... Das werde ich ihm nicht vergessen.
Da es schon spät ist, werde ich mich zurückziehen. Ich wünsche Euch noch einen angenehmen Abend!

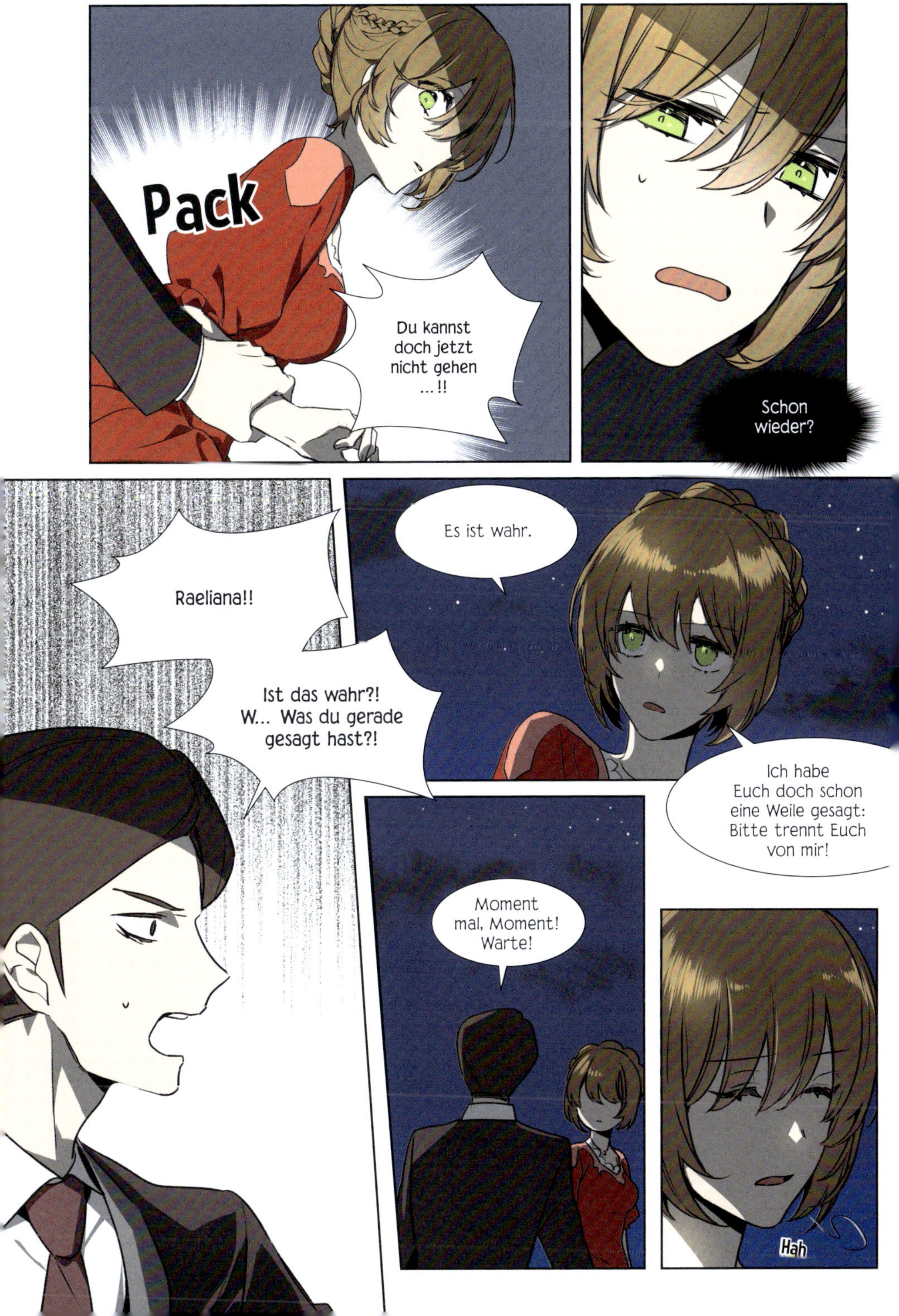
Pack
Du kannst doch jetzt nicht gehen ...!!
Schon wieder?
Raeliana!!
Ist das wahr?! W... Was du gerade gesagt hast?!
Es ist wahr.
Ich habe Euch doch schon eine Weile gesagt: Bitte trennt Euch von mir!
Moment mal, Moment! Warte!
Hah

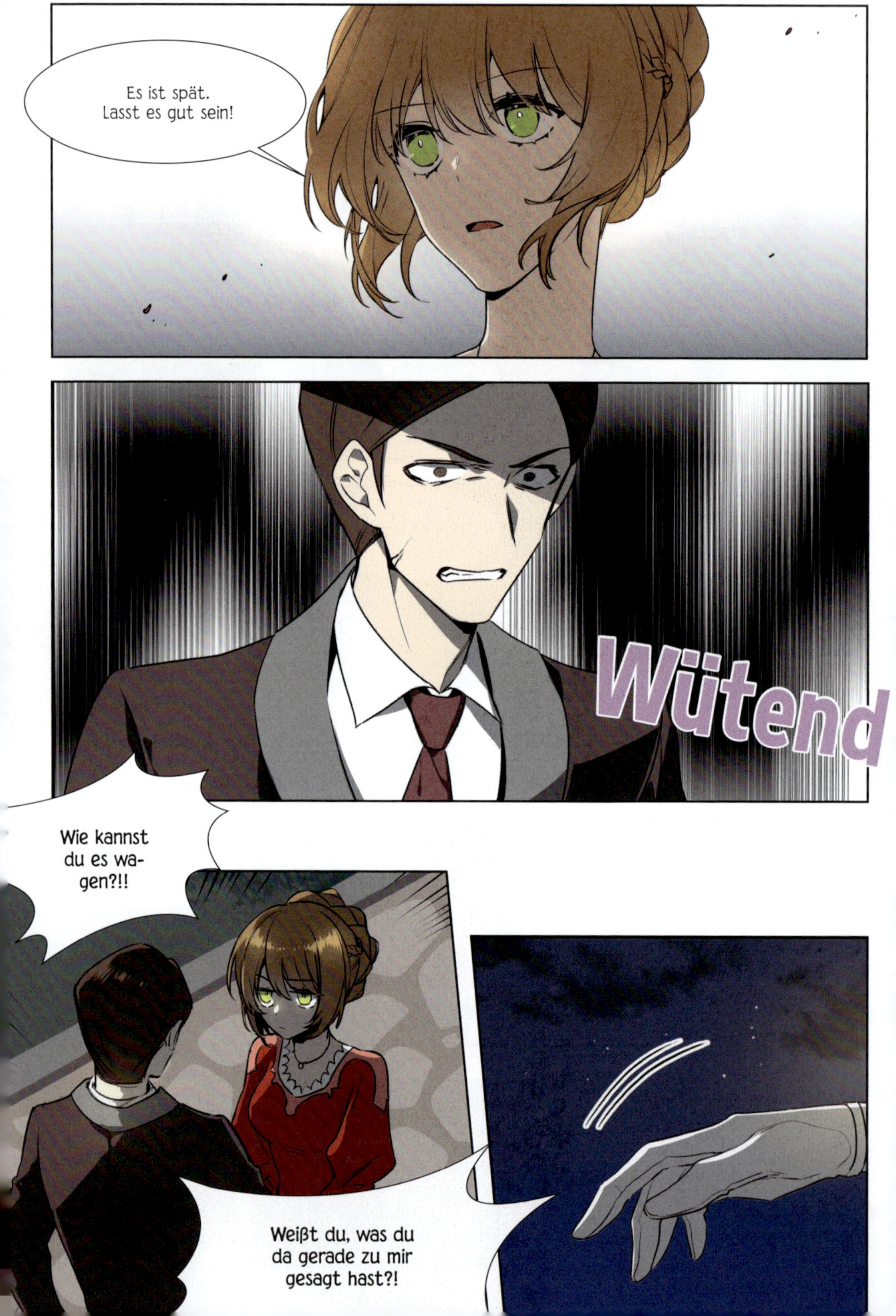
Es ist spät. Lasst es gut sein!
Wütend
Wie kannst du es wa-gen?!!
Weißt du, was du da gerade zu mir gesagt hast?!

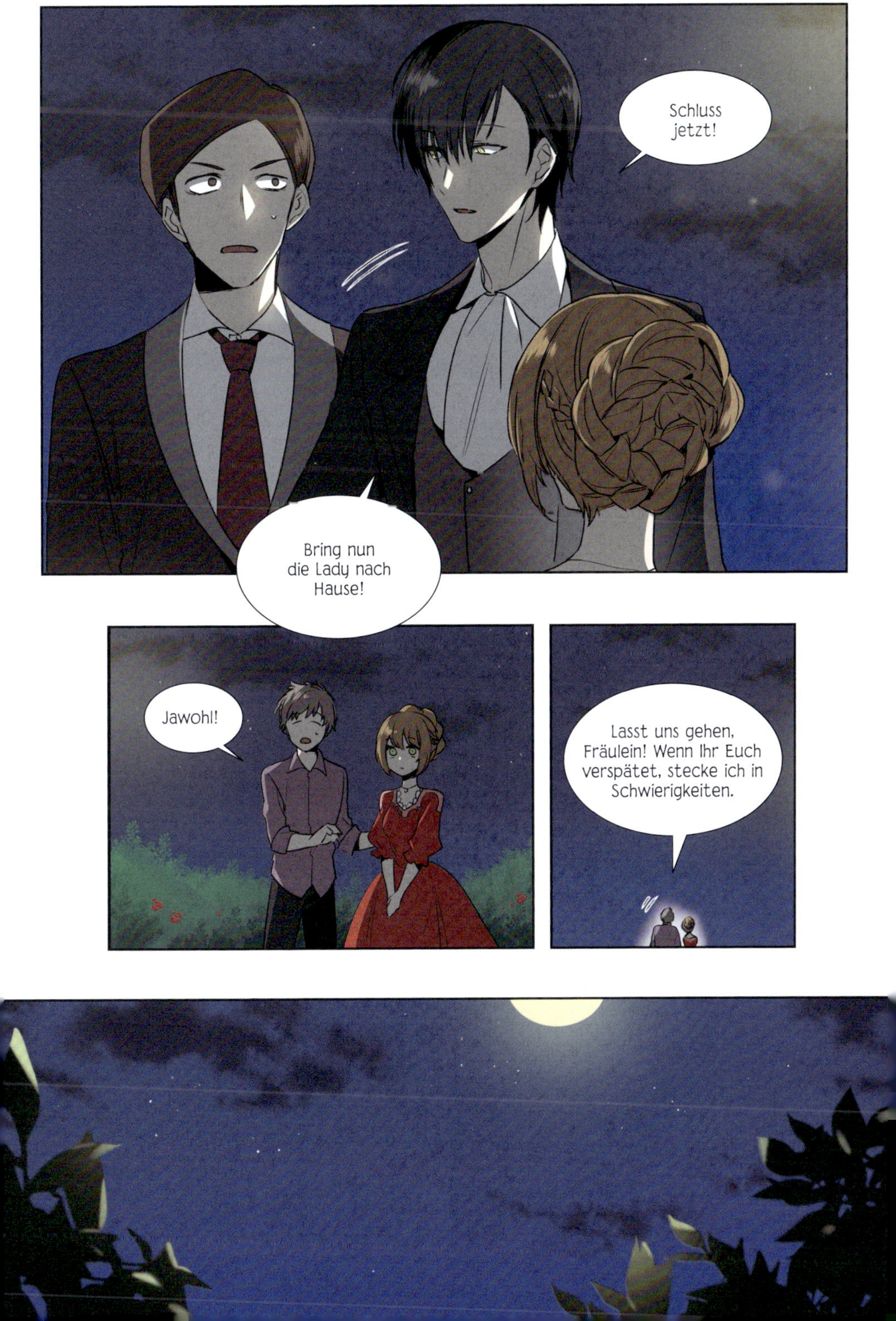
Schluss jetzt!
Bring nun die Lady nach Hause!
Jawohl!
Lasst uns gehen, Fräulein! Wenn Ihr Euch verspätet, stecke ich in Schwierigkeiten.

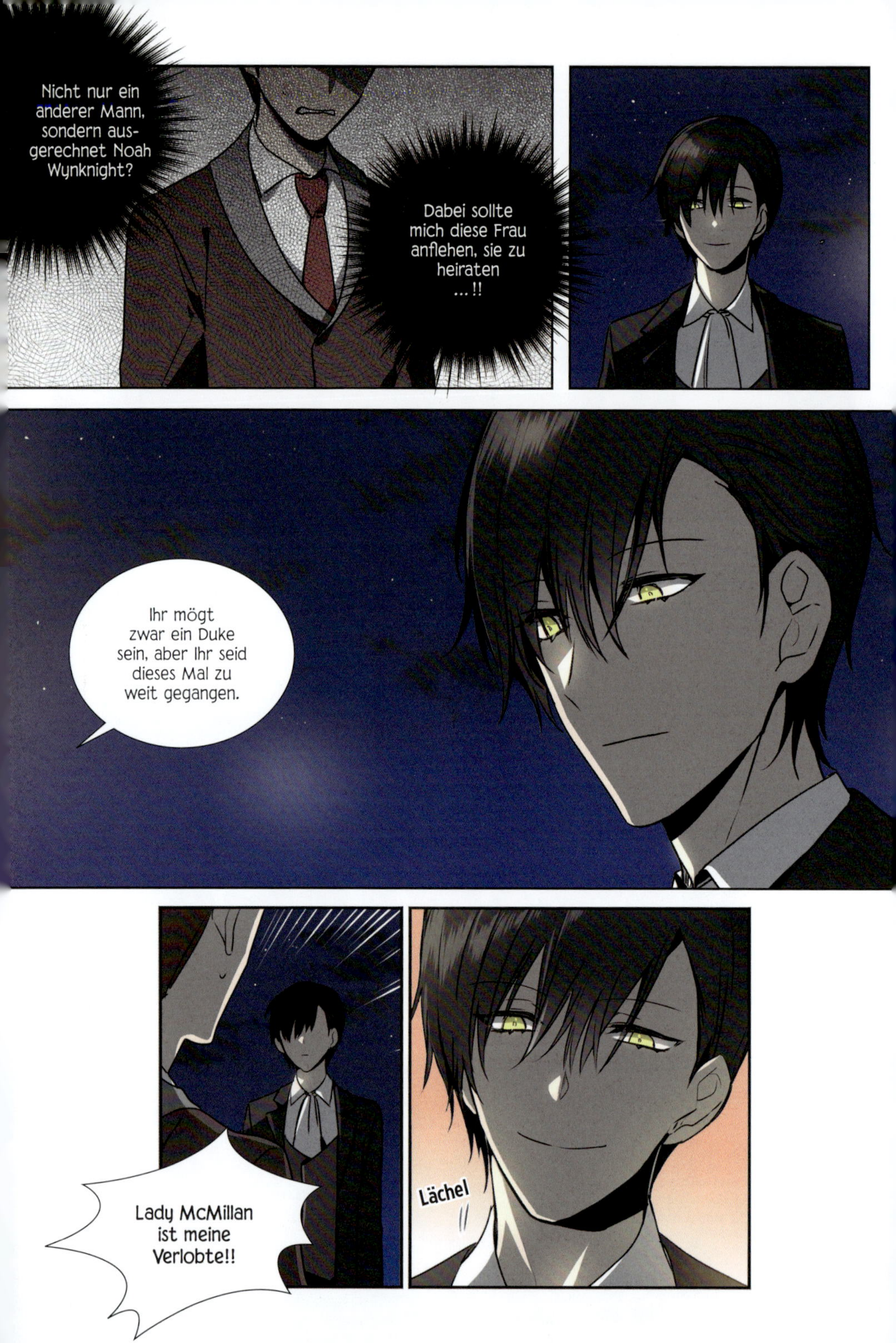
Nicht nur ein anderer Mann, sondern ausgerechnet Noah Wynknight?
Dabei sollte mich diese Frau anflehen, sie zu heiraten ...!!
Ihr mögt zwar ein Duke sein, aber Ihr seid dieses Mal zu weit gegangen.
Lady McMillan ist meine Verlobte!!
Lächel

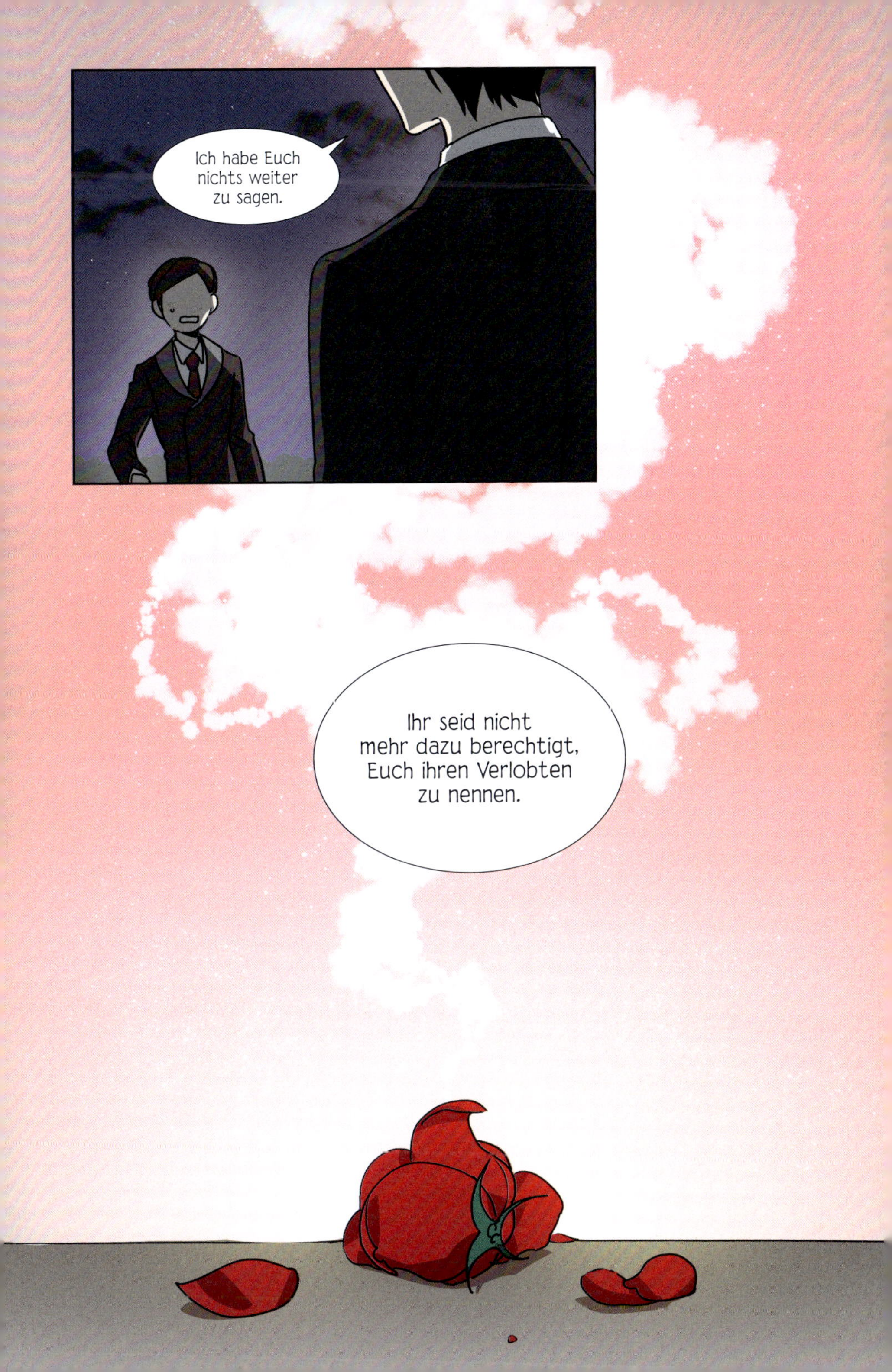
Ich habe Euch nichts weiter zu sagen.
Ihr seid nicht mehr dazu berechtigt, Euch ihren Verlobten zu nennen.

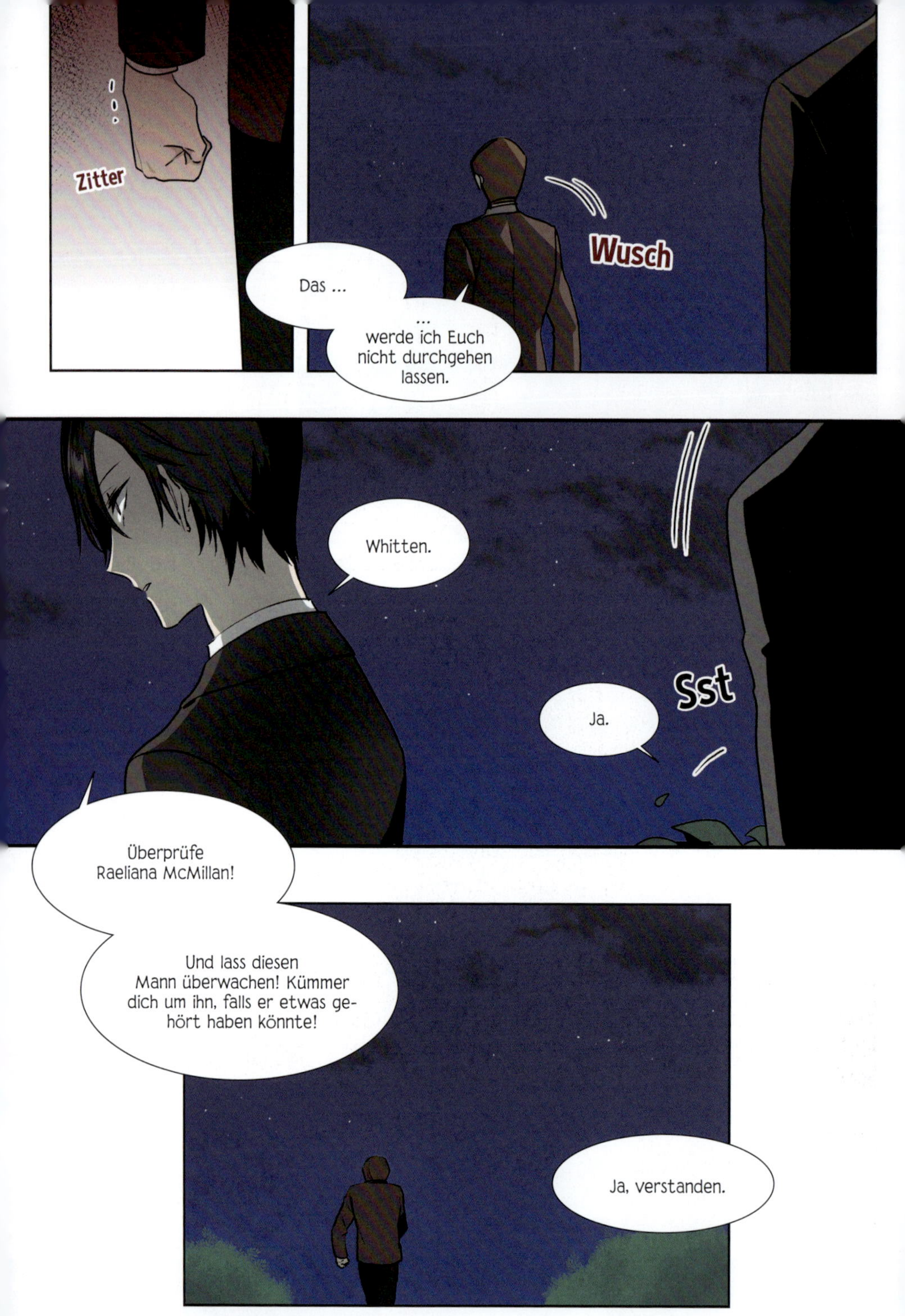

Zitter
Wusch
Das ...
... werde ich Euch nicht durchgehen lassen.
Whitten.
Sst
Ja.
Überprüfe Raeliana McMillan!
Und lass diesen Mann überwachen! Kümmer dich um ihn, falls er etwas gehört haben könnte!
Ja, verstanden.

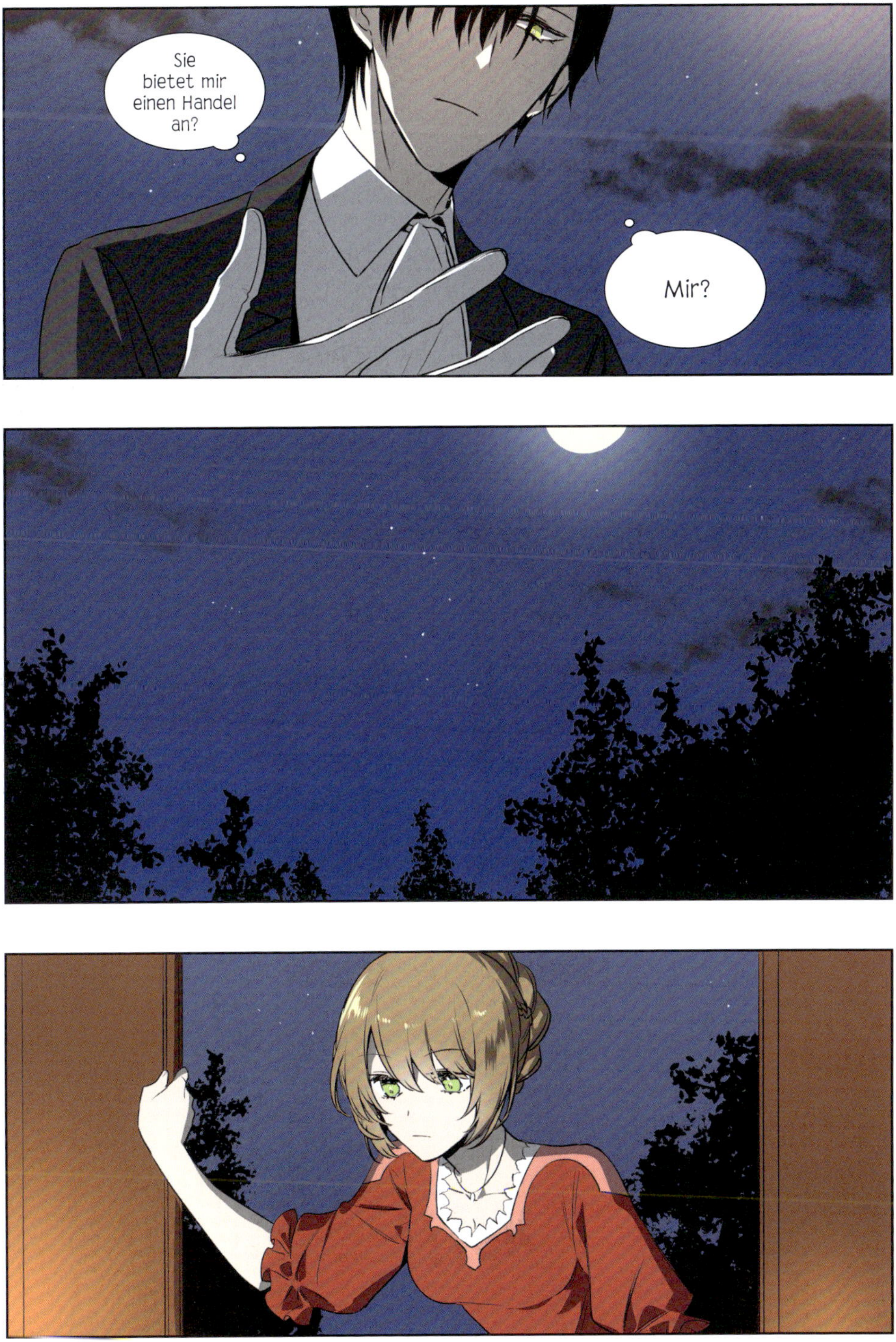
Sie bietet mir einen Handel an?
Mir?

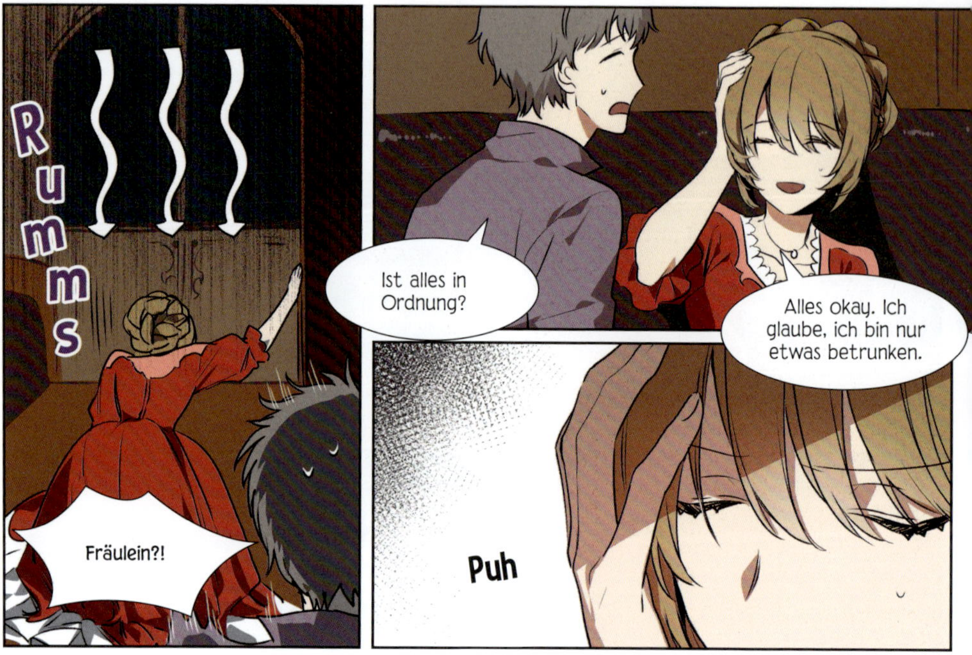

Ich muss verrückt sein ...

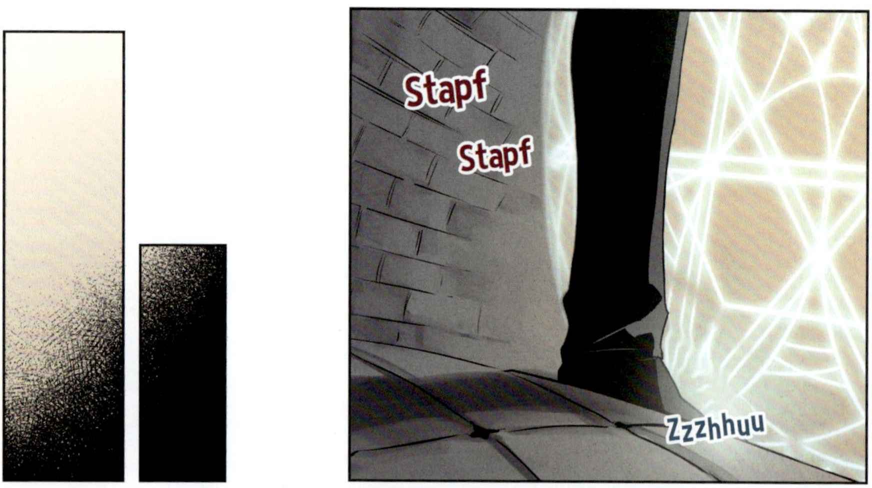

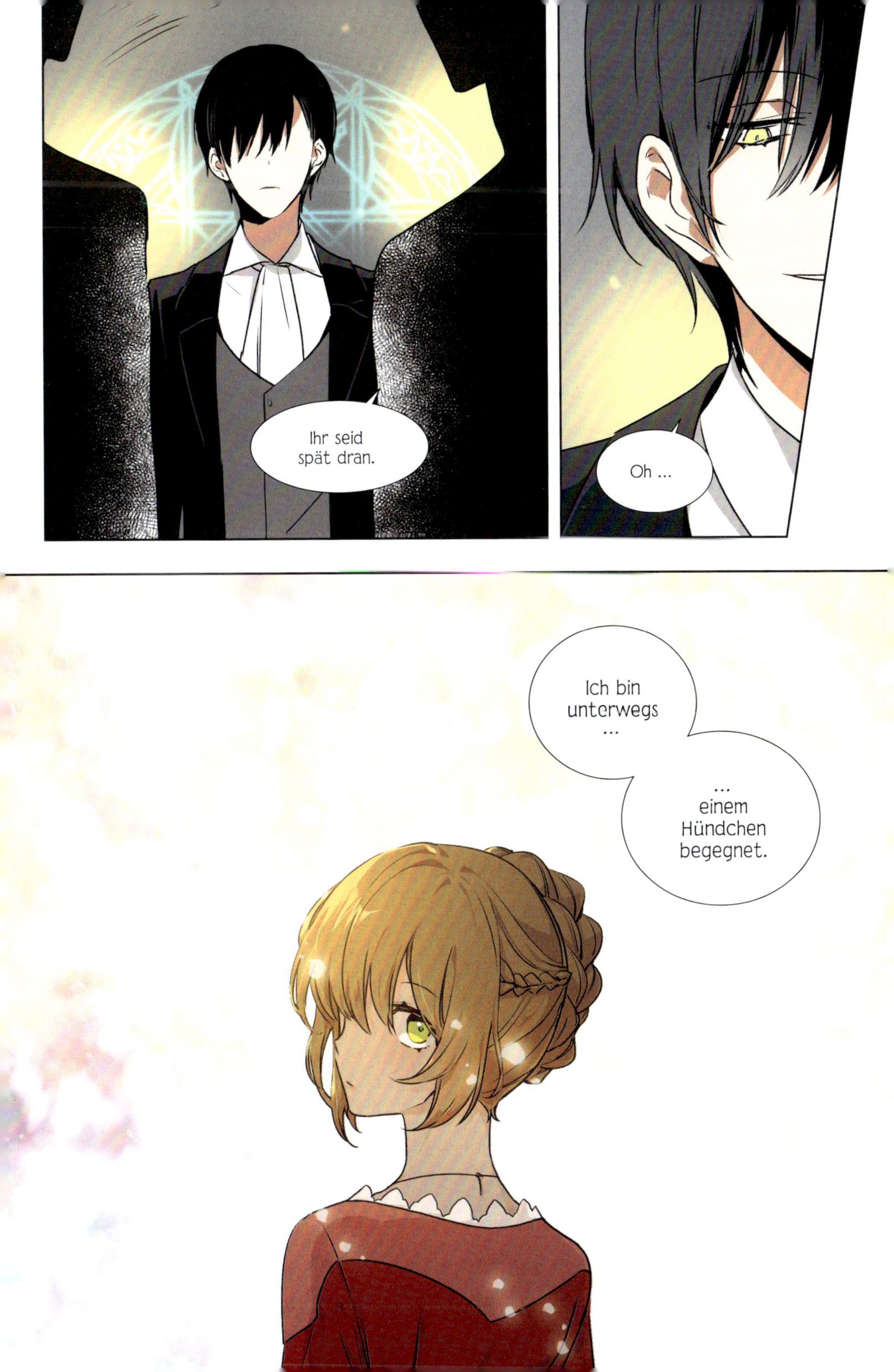
Ihr seid
spät dran.
Oh ...
Ich bin
unterwegs
...
...
einem
Hündchen
begegnet.

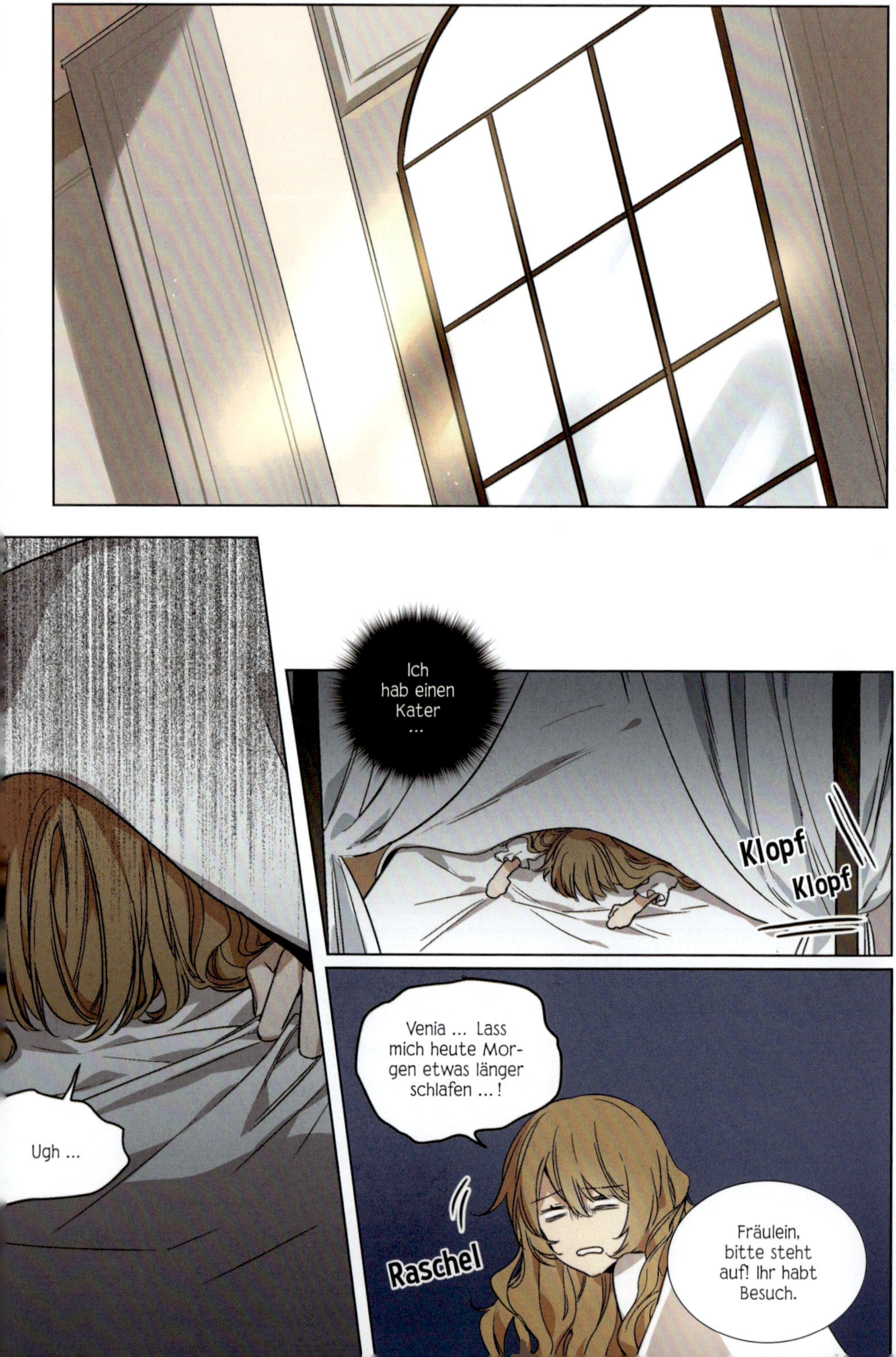

Ich hab einen Kater …
Klopf
Klopf
Ugh …
Venia … Lass mich heute Morgen etwas länger schlafen … !
Raschel
Fräulein, bitte steht auf! Ihr habt Besuch.

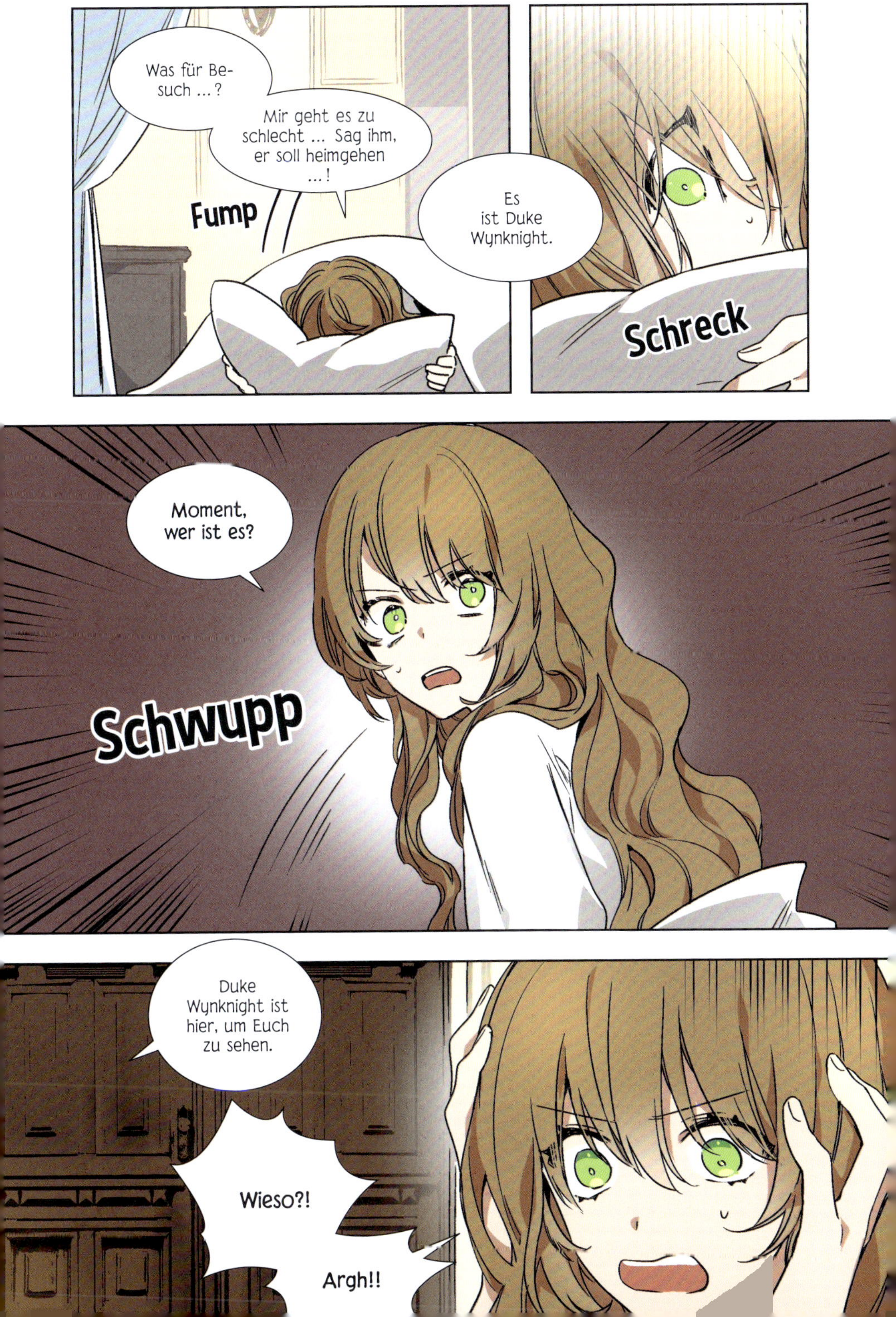
Was für Be-
such ...?
Mir geht es zu schlecht ... Sag ihm, er soll heimgehen ...!
Fump
Es ist Duke Wynknight.
Schreck
Moment, wer ist es?
Schwupp
Duke Wynknight ist hier, um Euch zu sehen.
Wieso?!
Argh!!

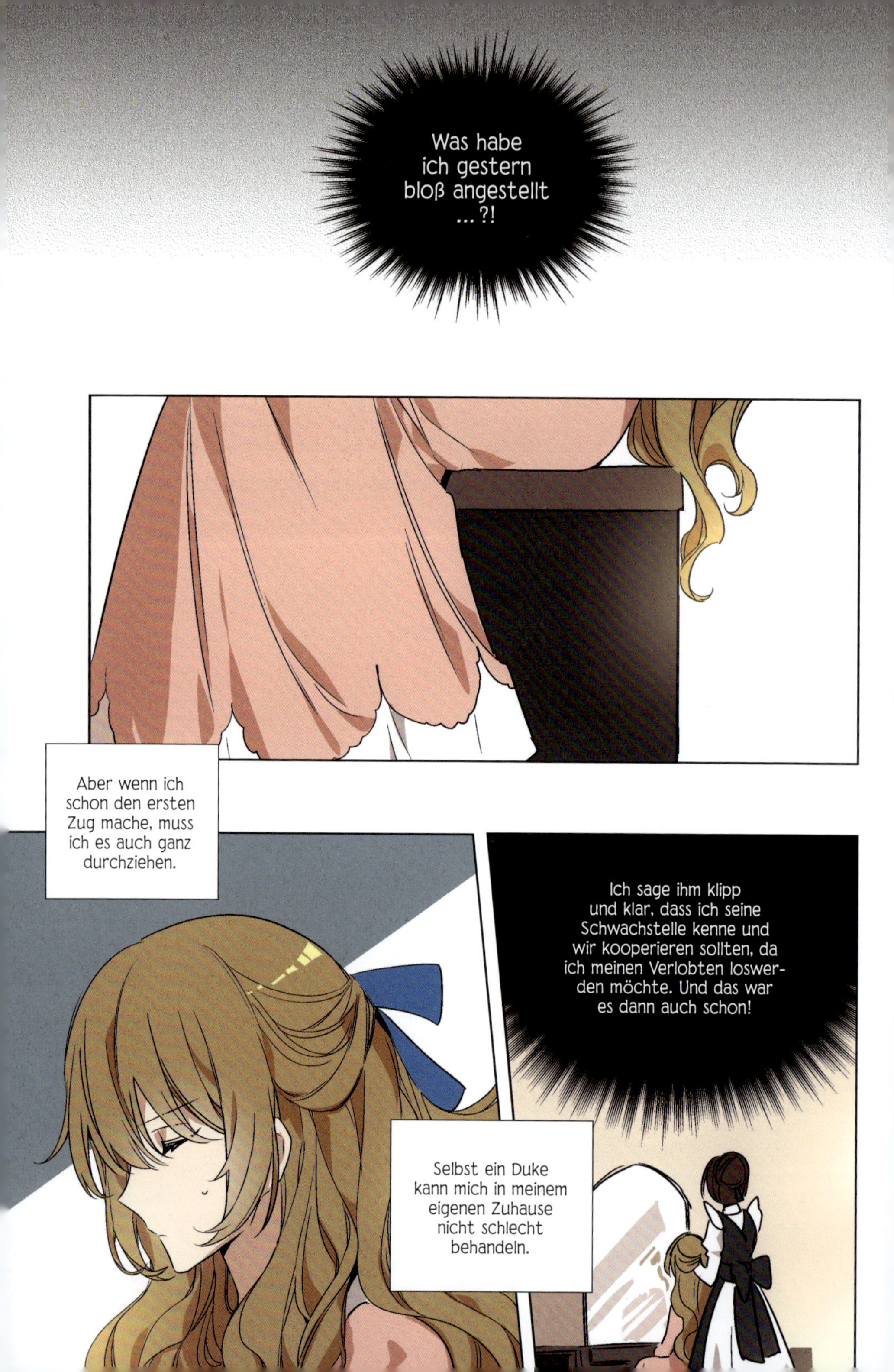
Was habe ich gestern bloß angestellt ...?!
Aber wenn ich schon den ersten Zug mache, muss ich es auch ganz durchziehen.
Ich sage ihm klipp und klar, dass ich seine Schwachstelle kenne und wir kooperieren sollten, da ich meinen Verlobten loswerden möchte. Und das war es dann auch schon!
Selbst ein Duke kann mich in meinem eigenen Zuhause nicht schlecht behandeln.

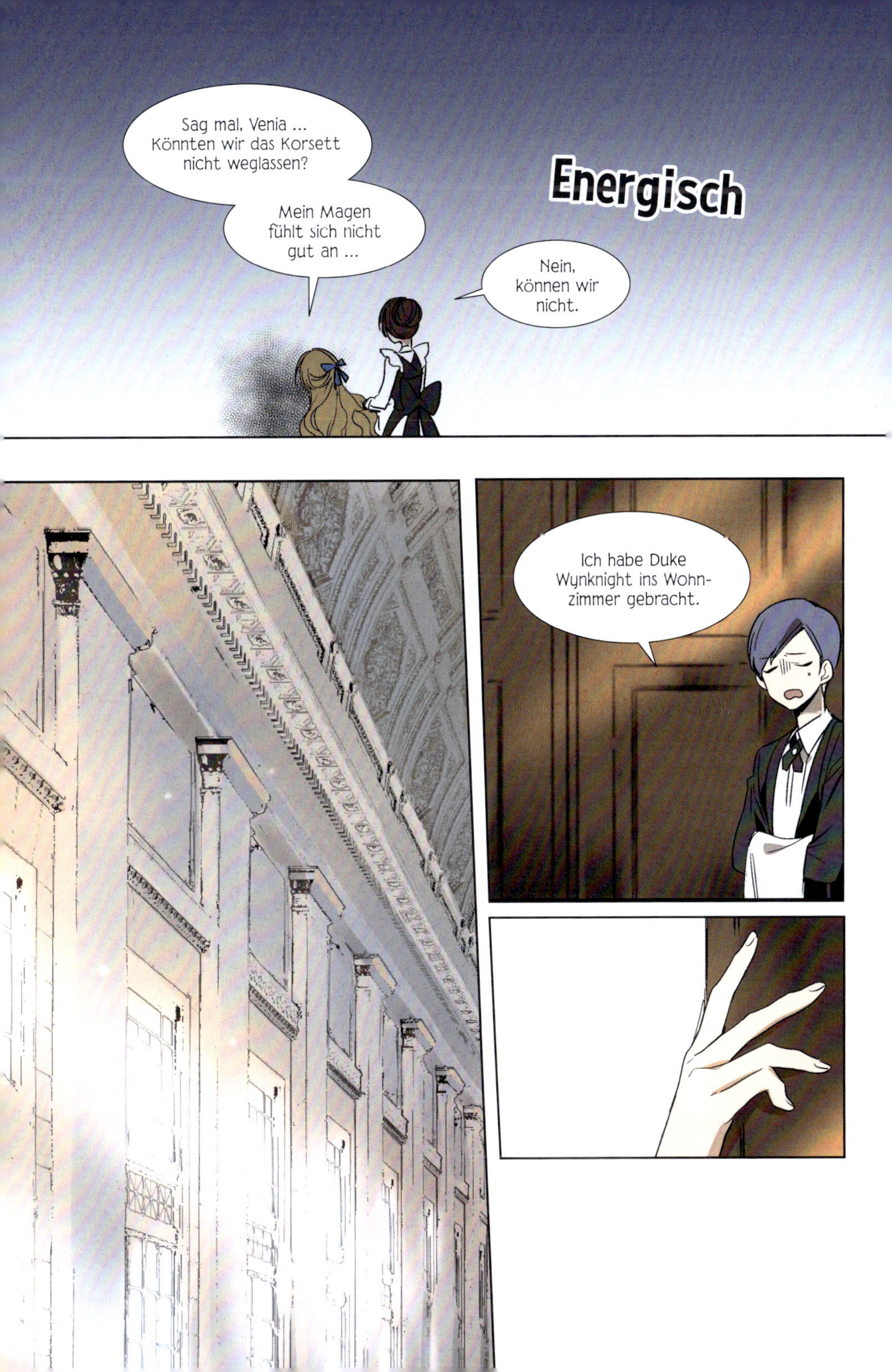
Sag mal, Venia ... Könnten wir das Korsett nicht weglassen?
Mein Magen fühlt sich nicht gut an ...
Energisch
Nein, können wir nicht.
Ich habe Duke Wynknight ins Wohnzimmer gebracht.

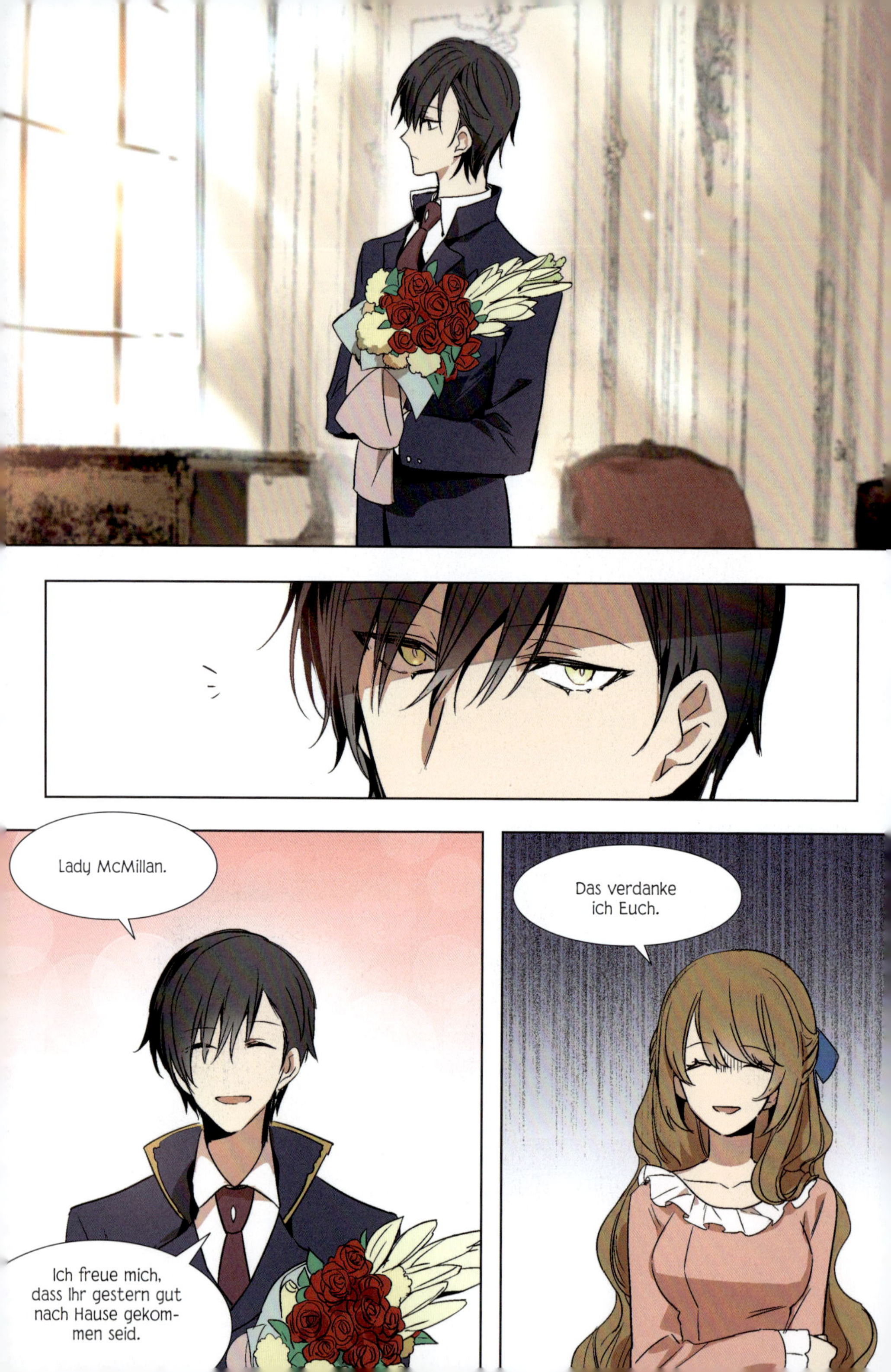
Lady McMillan.
Ich freue mich, dass Ihr gestern gut nach Hause gekommen seid.
Das verdanke ich Euch.

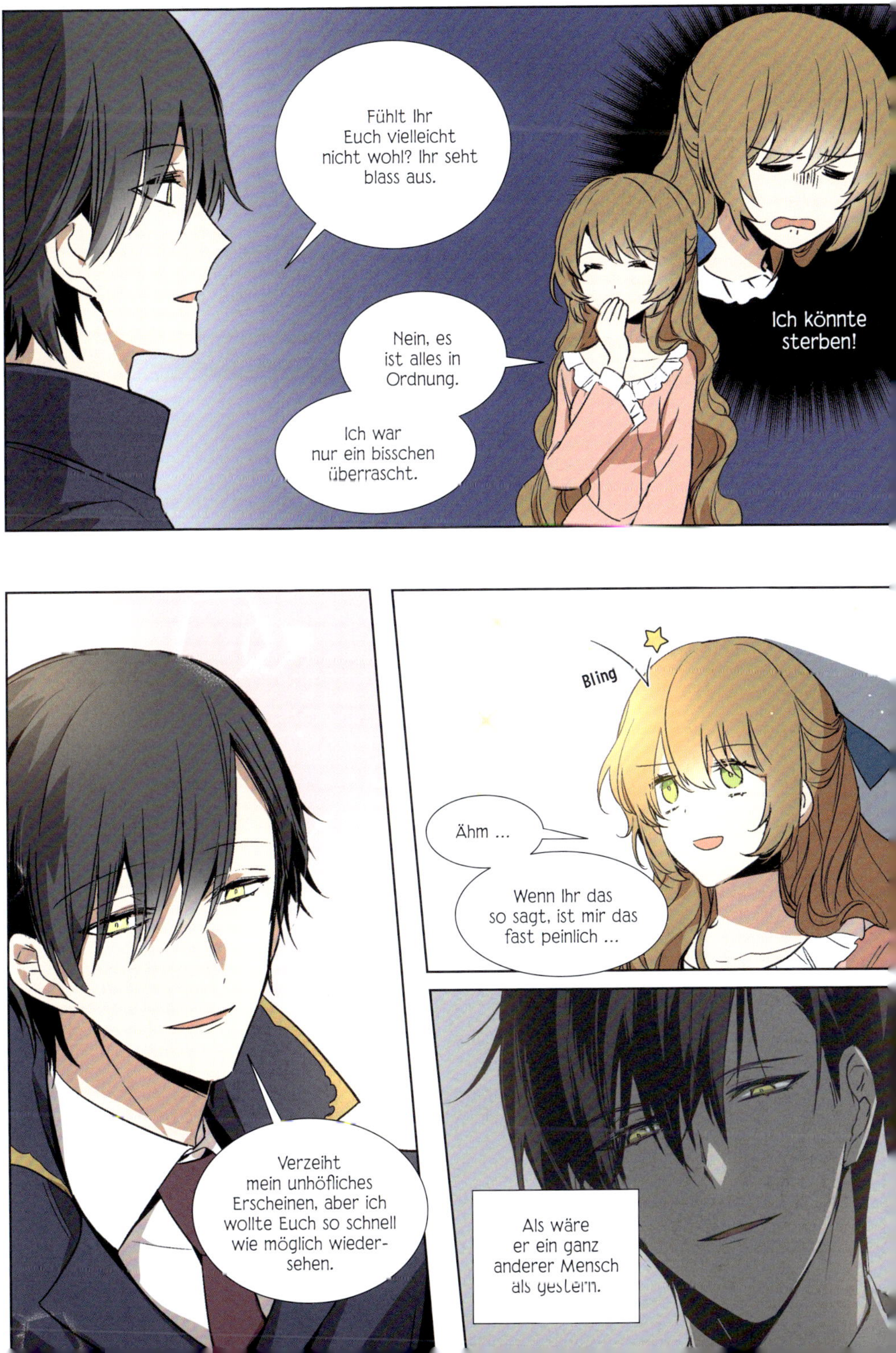
Fühlt Ihr Euch vielleicht nicht wohl? Ihr seht blass aus.
Nein, es ist alles in Ordnung.
Ich war nur ein bisschen überrascht.
Ich könnte sterben!
Verzeiht mein unhöfliches Erscheinen, aber ich wollte Euch so schnell wie möglich wiedersehen.
Bling
Ähm ...
Wenn Ihr das so sagt, ist mir das fast peinlich ...
Als wäre er ein ganz anderer Mensch als gestern.

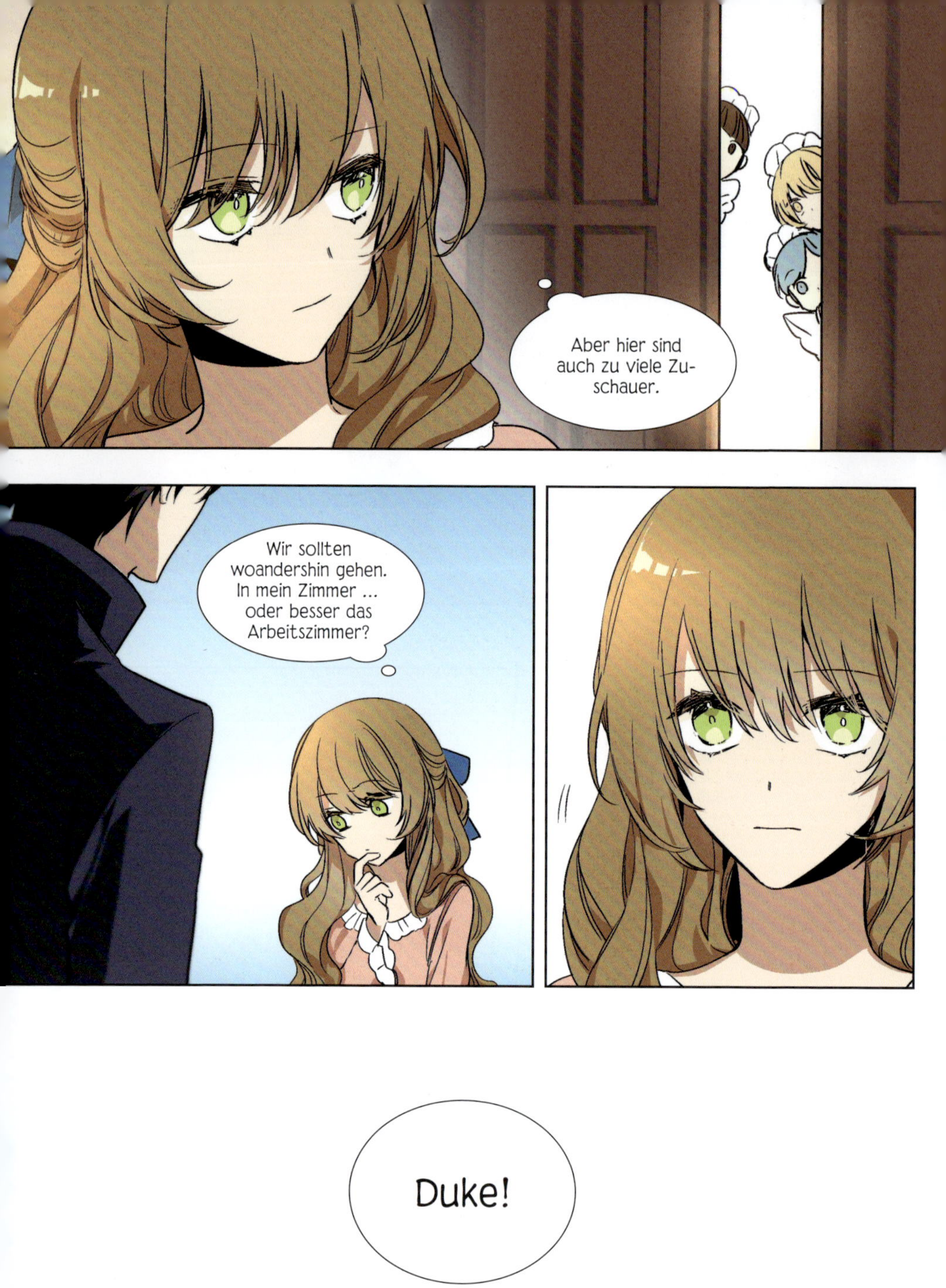
Aber hier sind auch zu viele Zuschauer.
Wir sollten woandershin gehen. In mein Zimmer ... oder besser das Arbeitszimmer?
Duke!

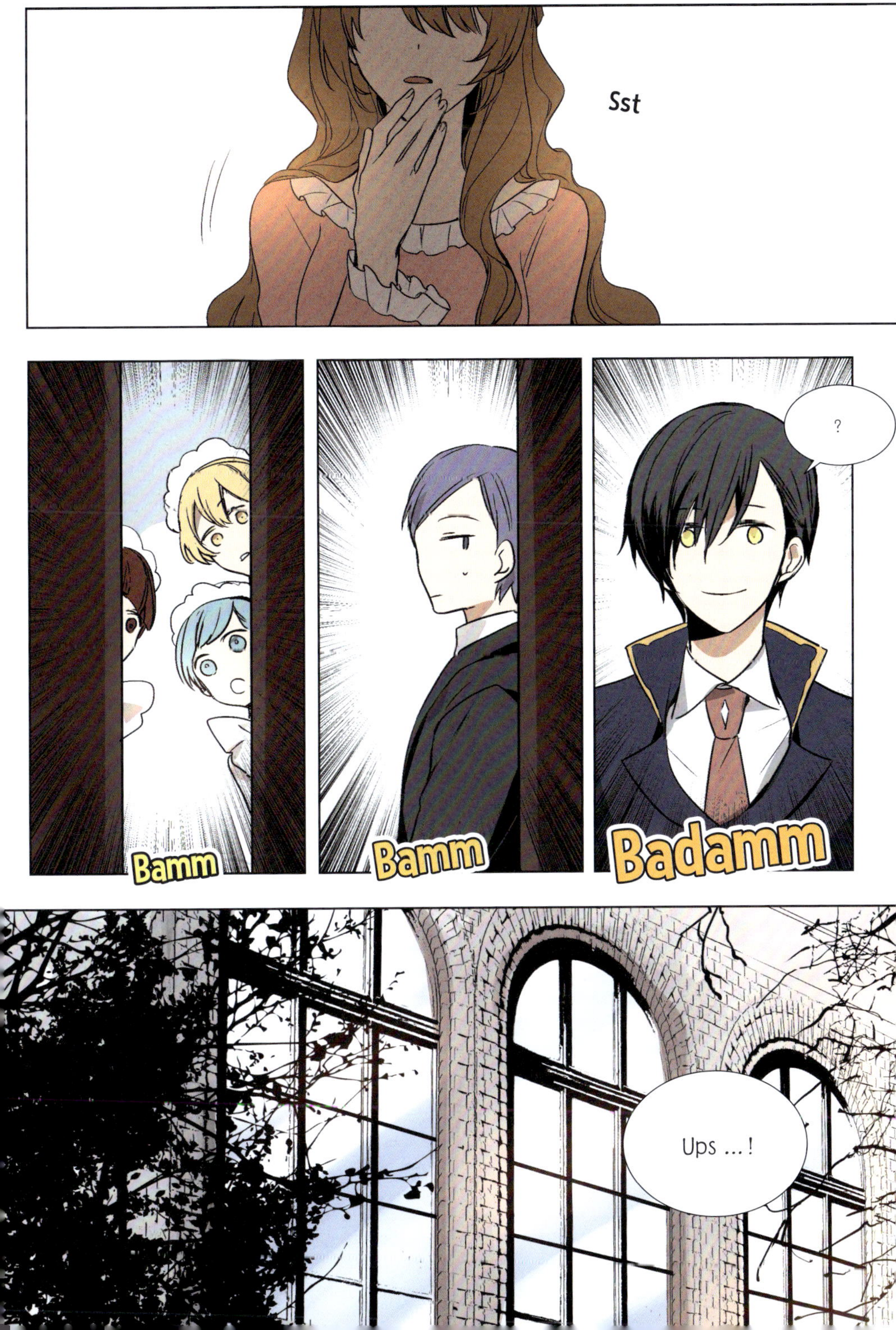
Sst
Bamm
Bamm
Badamm
?
Ups ...!

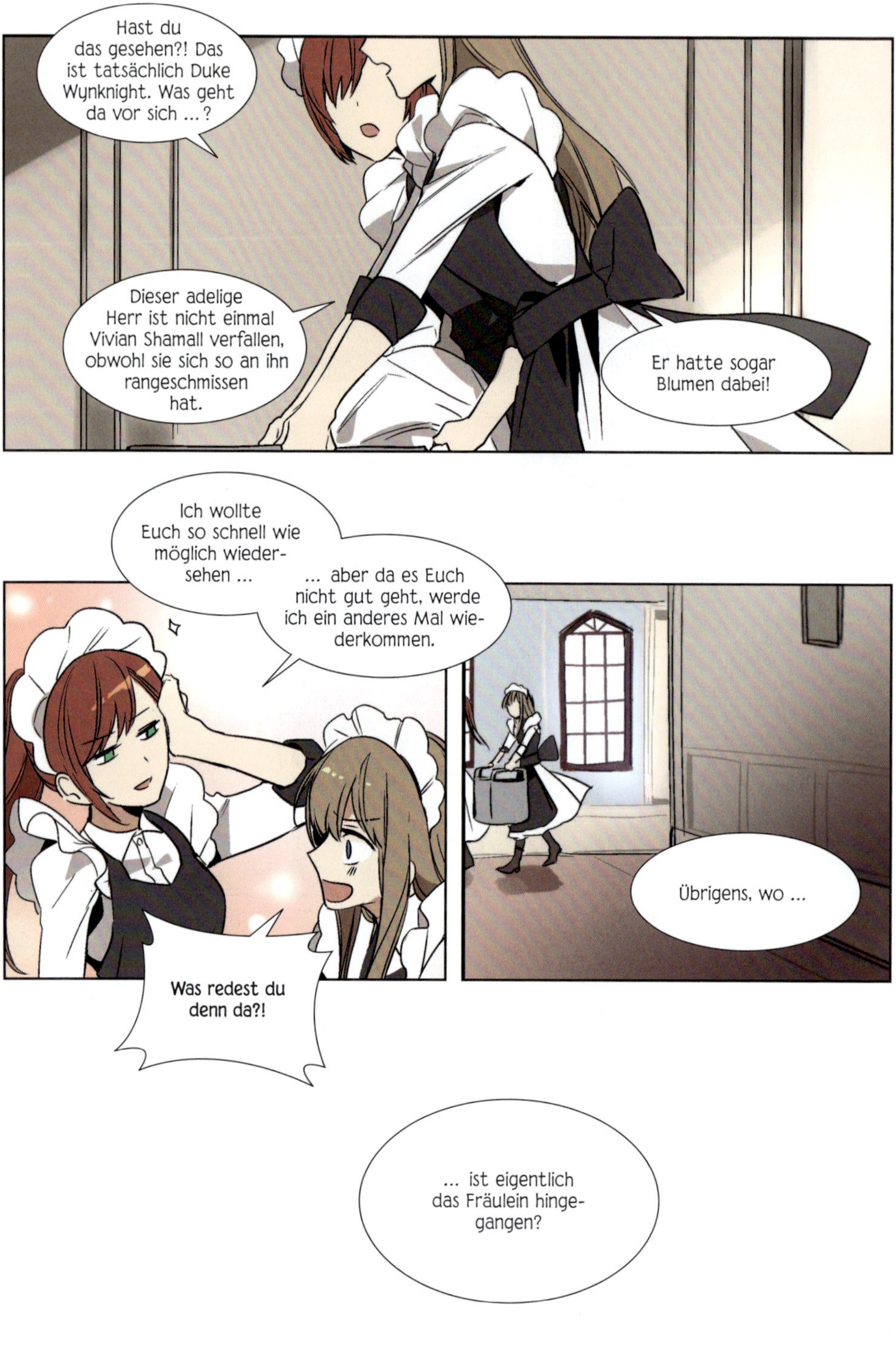
Hast du das gesehen?! Das ist tatsächlich Duke Wynknight. Was geht da vor sich ...?
Dieser adelige Herr ist nicht einmal Vivian Shamall verfallen, obwohl sie sich so an ihn rangeschmissen hat.
Er hatte sogar Blumen dabei!
Ich wollte Euch so schnell wie möglich wieder-sehen ...
... aber da es Euch nicht gut geht, werde ich ein anderes Mal wie-derkommen.
Was redest du denn da?!
Übrigens, wo ...
... ist eigentlich das Fräulein hinge-gangen?

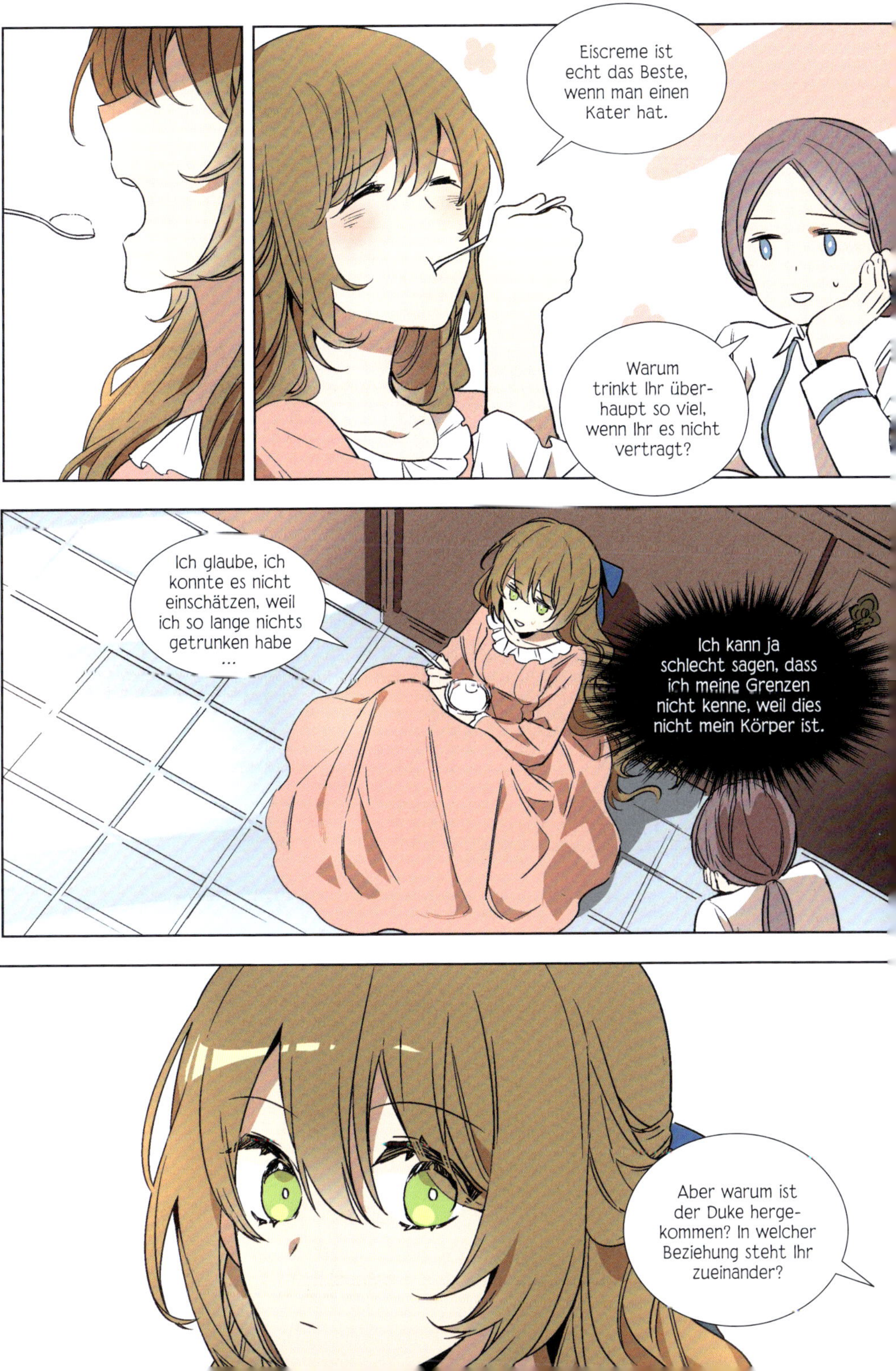
Eiscreme ist echt das Beste, wenn man einen Kater hat.
Warum trinkt Ihr überhaupt so viel, wenn Ihr es nicht vertragt?
Ich glaube, ich konnte es nicht einschätzen, weil ich so lange nichts getrunken habe ...
Ich kann ja schlecht sagen, dass ich meine Grenzen nicht kenne, weil dies nicht mein Körper ist.
Aber warum ist der Duke hergekommen? In welcher Beziehung steht Ihr zueinander?

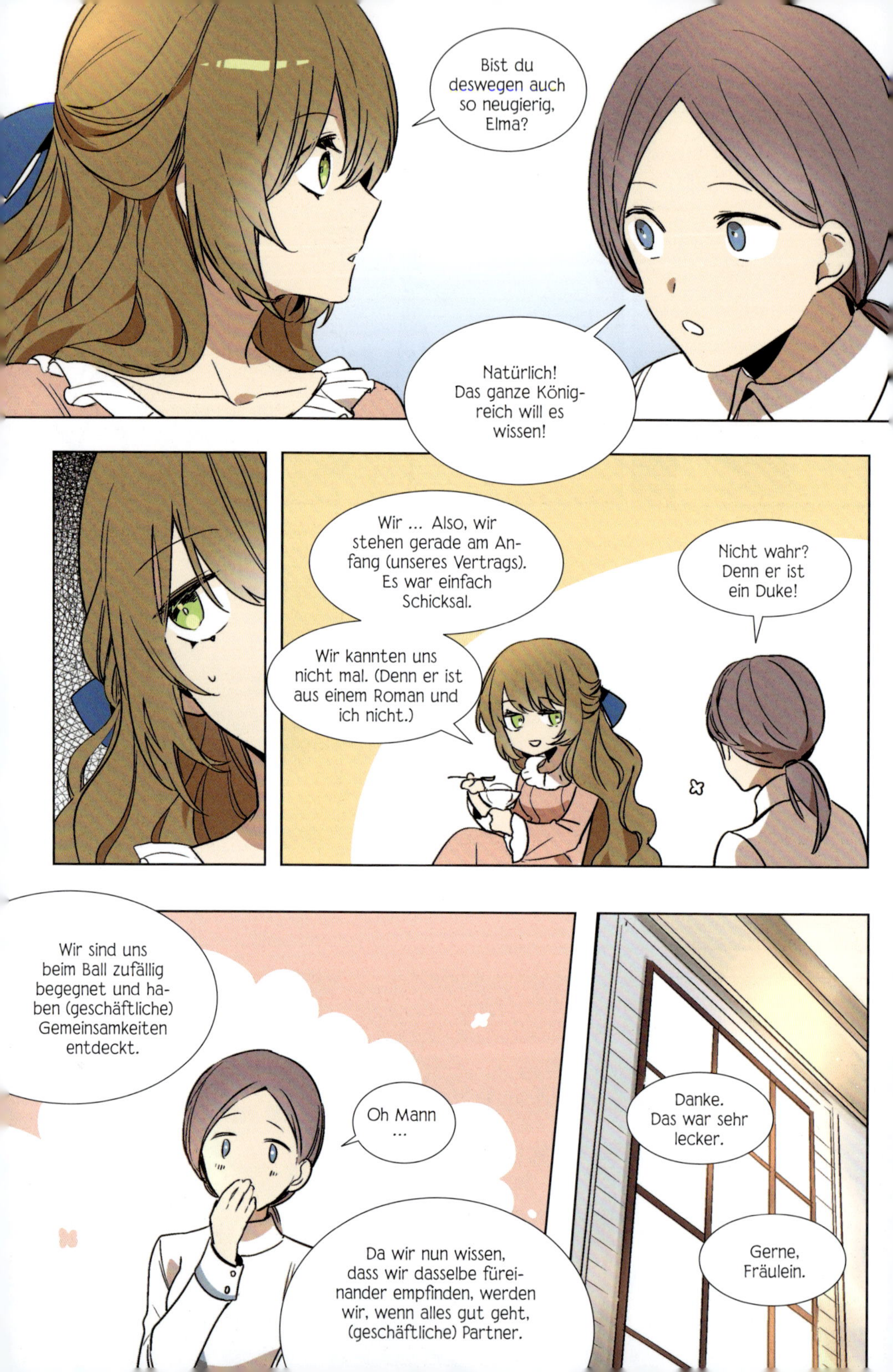
Bist du deswegen auch so neugierig, Elma?
Natürlich! Das ganze Königreich will es wissen!
Wir ... Also, wir stehen gerade am Anfang (unseres Vertrags). Es war einfach Schicksal.
Wir kannten uns nicht mal. (Denn er ist aus einem Roman und ich nicht.)
Nicht wahr? Denn er ist ein Duke!
Wir sind uns beim Ball zufällig begegnet und haben (geschäftliche) Gemeinsamkeiten entdeckt.
Oh Mann ...
Da wir nun wissen, dass wir dasselbe füreinander empfinden, werden wir, wenn alles gut geht, (geschäftliche) Partner.
Danke. Das war sehr lecker.
Gerne, Fräulein.

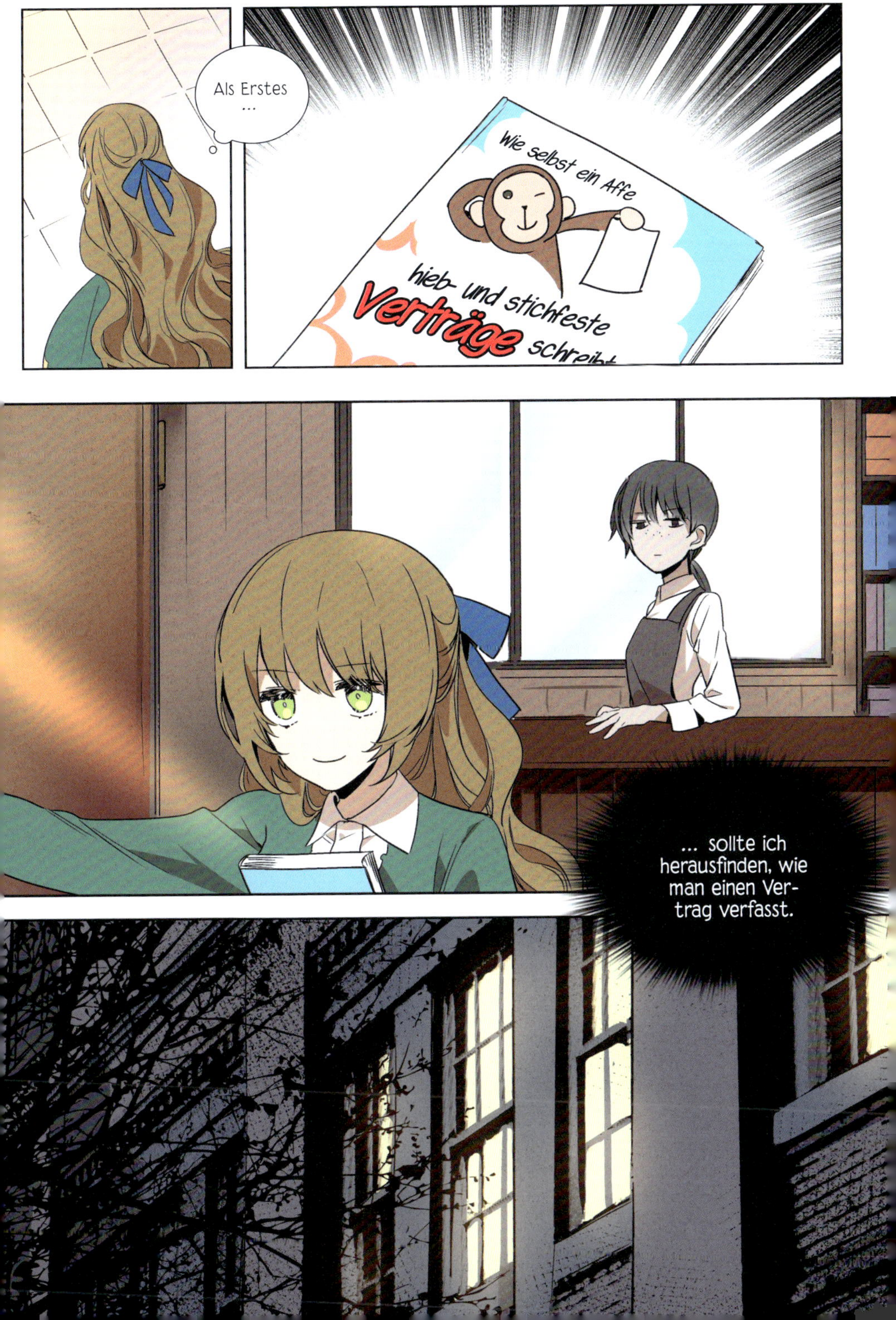

Als Erstes …
Wie selbst ein Affe hieb- und stichfeste Verträge schreibt
… sollte ich herausfinden, wie man einen Vertrag verfasst.

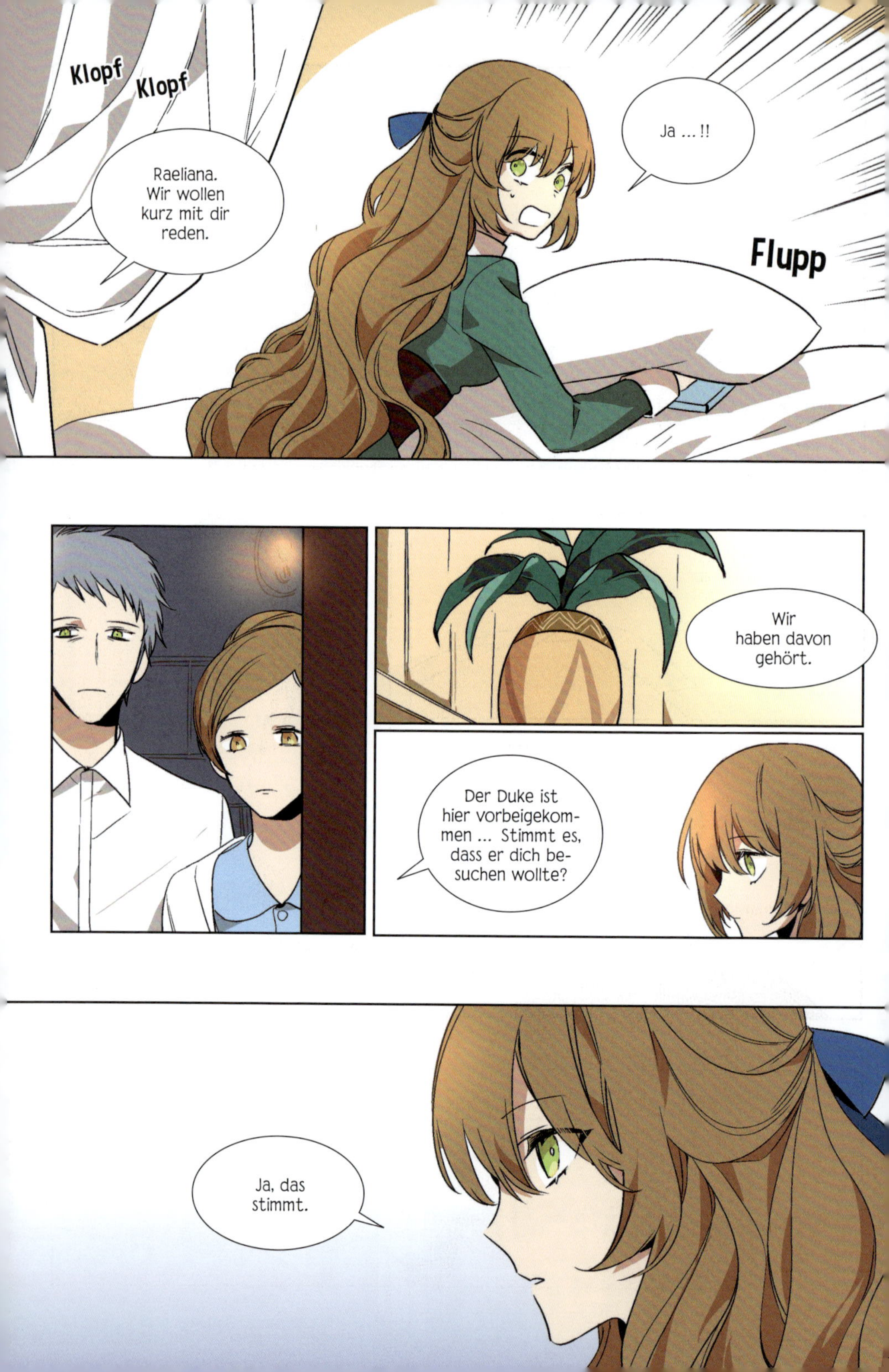
Klopf
Klopf
Raeliana. Wir wollen kurz mit dir reden.
Ja ... !!
Flupp
Wir haben davon gehört.
Der Duke ist hier vorbeigekommen ... Stimmt es, dass er dich besuchen wollte?
Ja, das stimmt.

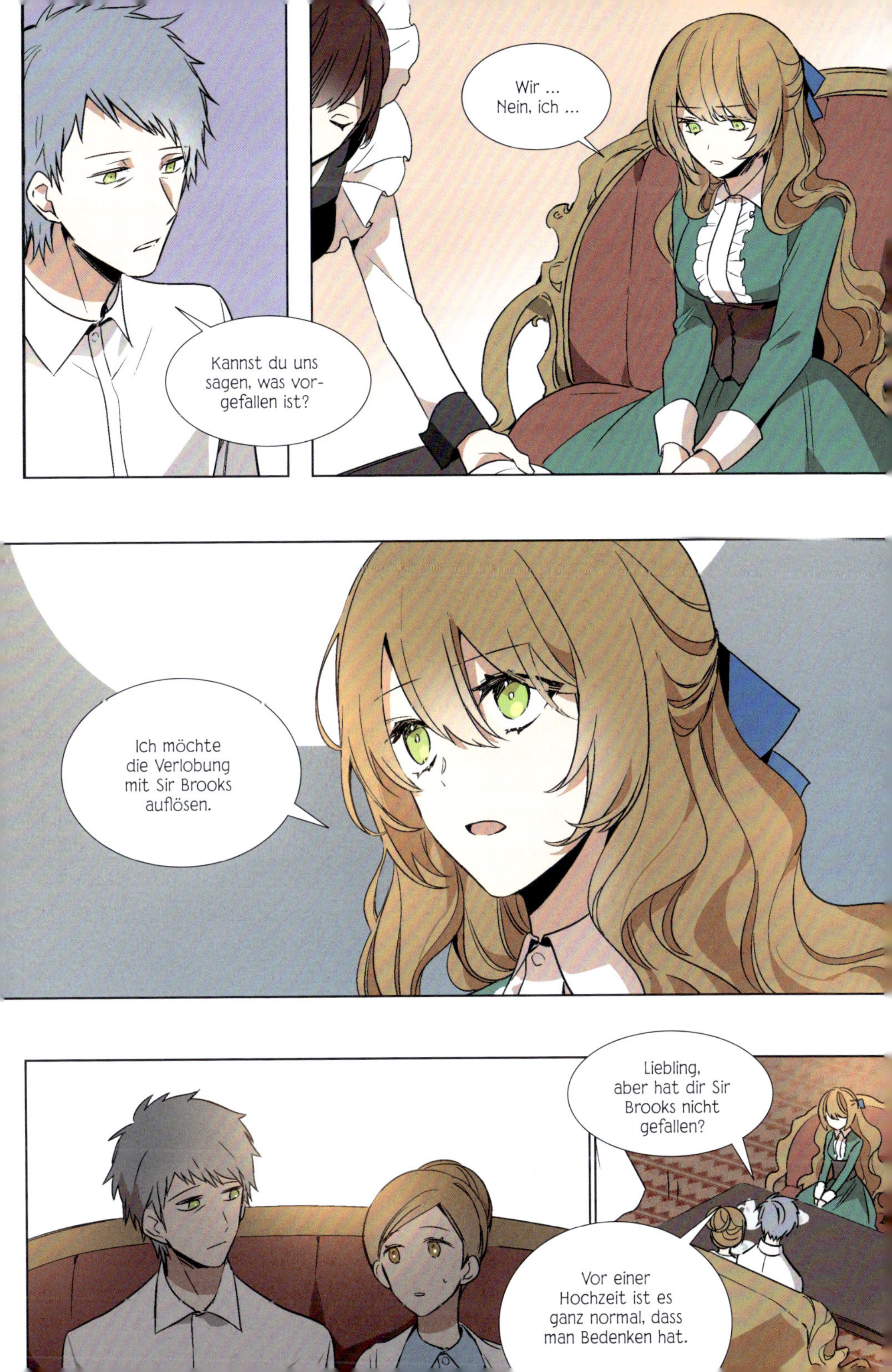
Wir ...
Nein, ich ...
Kannst du uns sagen, was vorgefallen ist?
Ich möchte die Verlobung mit Sir Brooks auflösen.
Liebling, aber hat dir Sir Brooks nicht gefallen?
Vor einer Hochzeit ist es ganz normal, dass man Bedenken hat.

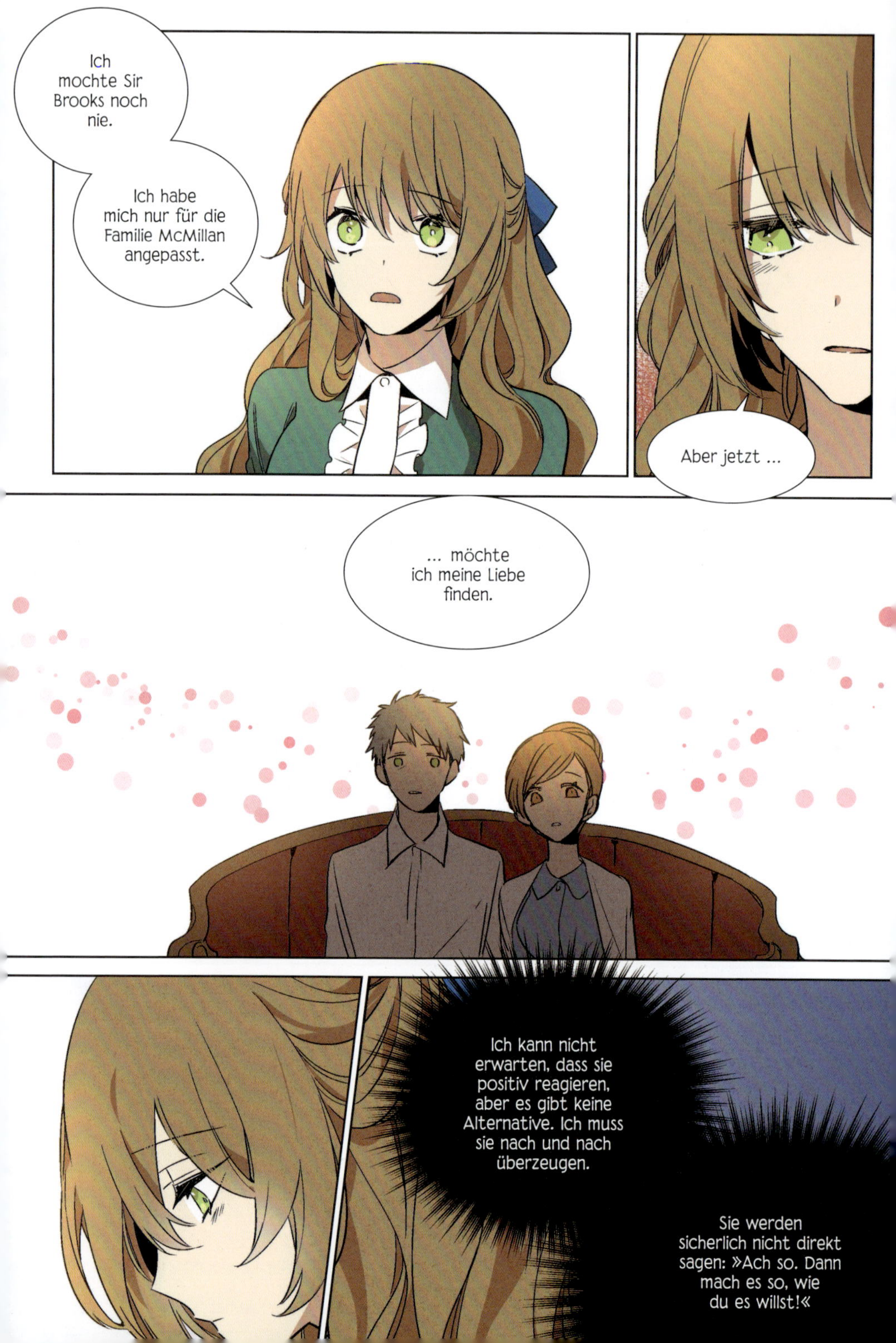
Ich mochte Sir Brooks noch nie.
Ich habe mich nur für die Familie McMillan angepasst.
Aber jetzt ...
... möchte ich meine Liebe finden.
Ich kann nicht erwarten, dass sie positiv reagieren, aber es gibt keine Alternative. Ich muss sie nach und nach überzeugen.
Sie werden sicherlich nicht direkt sagen: »Ach so. Dann mach es so, wie du es willst!«

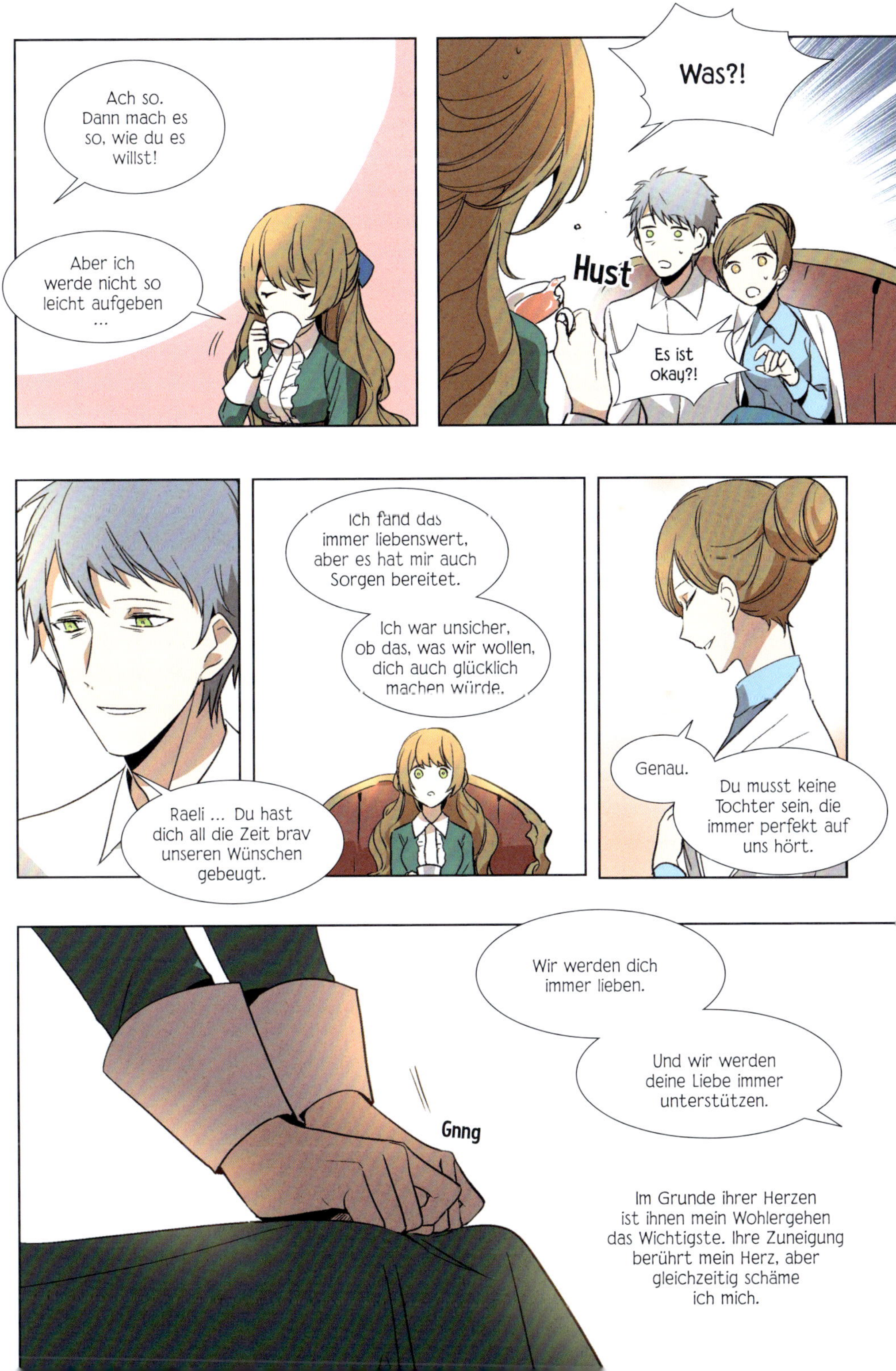
Ach so. Dann mach es so, wie du es willst!
Aber ich werde nicht so leicht aufgeben …
Was?!
Hust
Es ist okay?!
Ich fand das immer liebenswert, aber es hat mir auch Sorgen bereitet.
Ich war unsicher, ob das, was wir wollen, dich auch glücklich machen würde.
Raeli … Du hast dich all die Zeit brav unseren Wünschen gebeugt.
Genau.
Du musst keine Tochter sein, die immer perfekt auf uns hört.
Wir werden dich immer lieben.
Und wir werden deine Liebe immer unterstützen.
Gnng
Im Grunde ihrer Herzen ist ihnen mein Wohlergehen das Wichtigste. Ihre Zuneigung berührt mein Herz, aber gleichzeitig schäme ich mich.

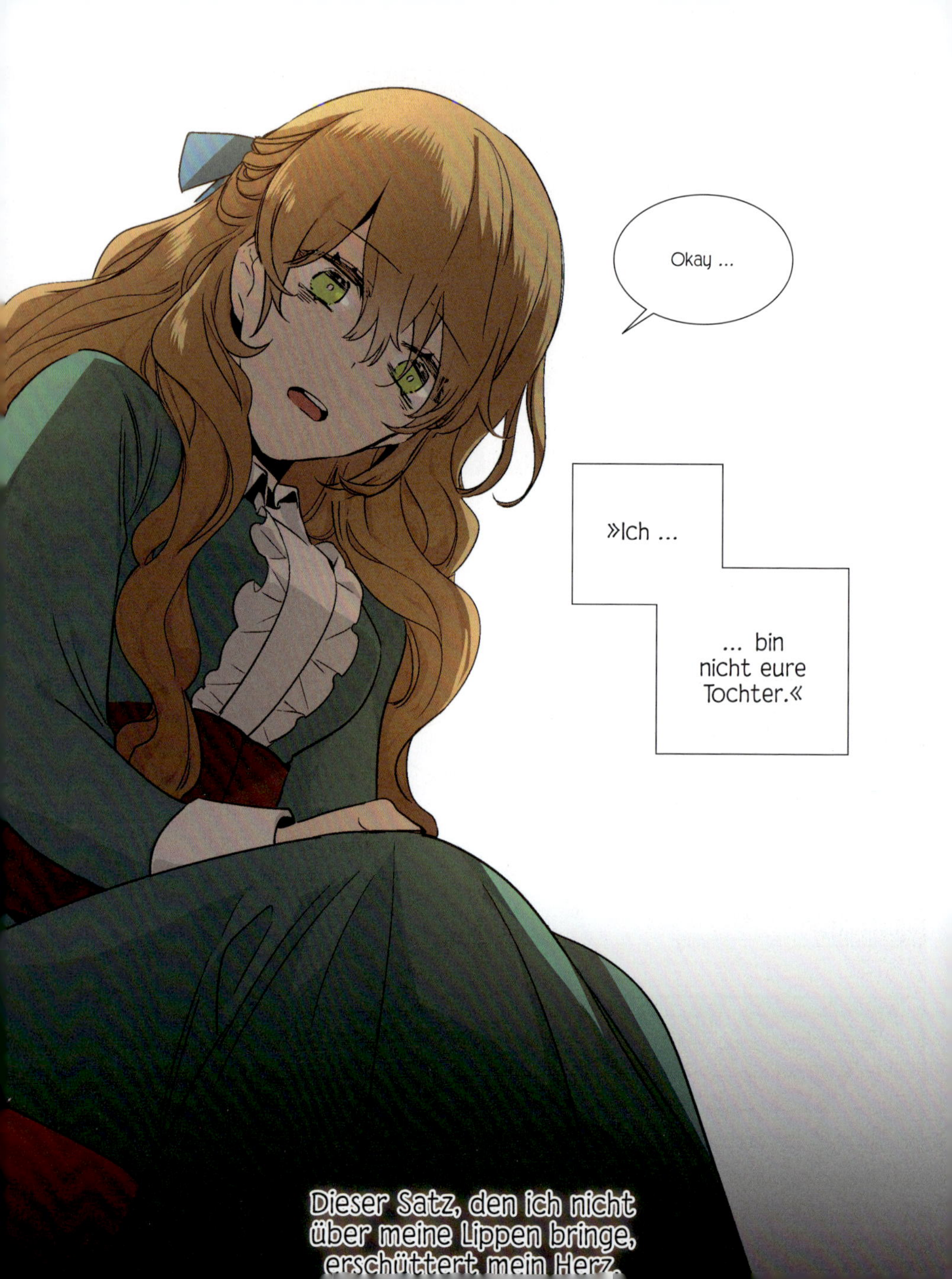
Okay ...
»Ich ...
... bin nicht eure Tochter.«
Dieser Satz, den ich nicht über meine Lippen bringe, erschüttert mein Herz.

Raeliana

Warum sie die Verlobte des Dukes wurde

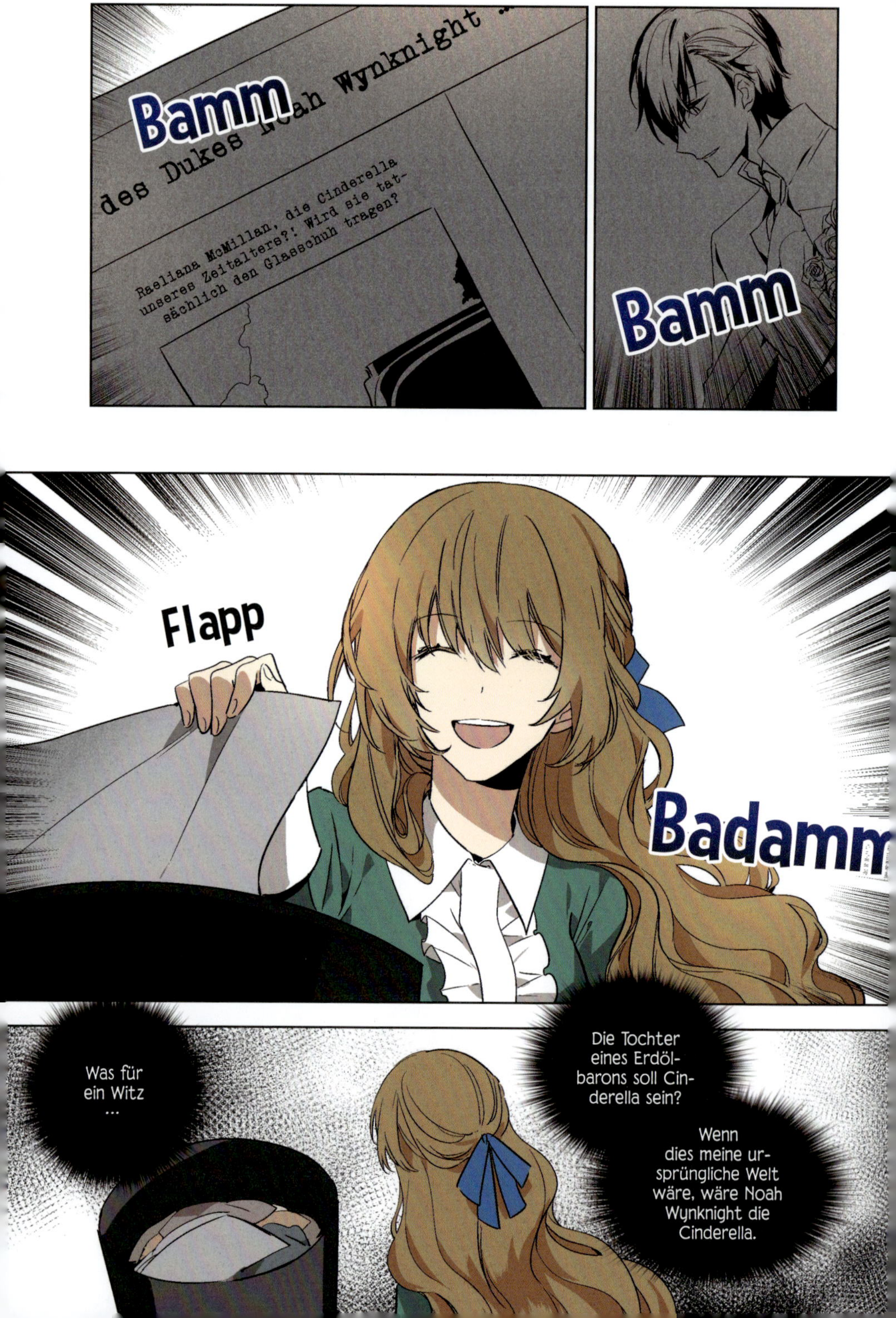

des Dukes Noah Wynknight ...
Raeliana McMillan, die Cinderella unseres Zeitalters?! Wird sie tatsächlich den Glasschuh tragen?
Bamm
Bamm
Flapp
Badamm
Die Tochter eines Erdölbarons soll Cinderella sein?
Was für ein Witz ...
Wenn dies meine ursprüngliche Welt wäre, wäre Noah Wynknight die Cinderella.

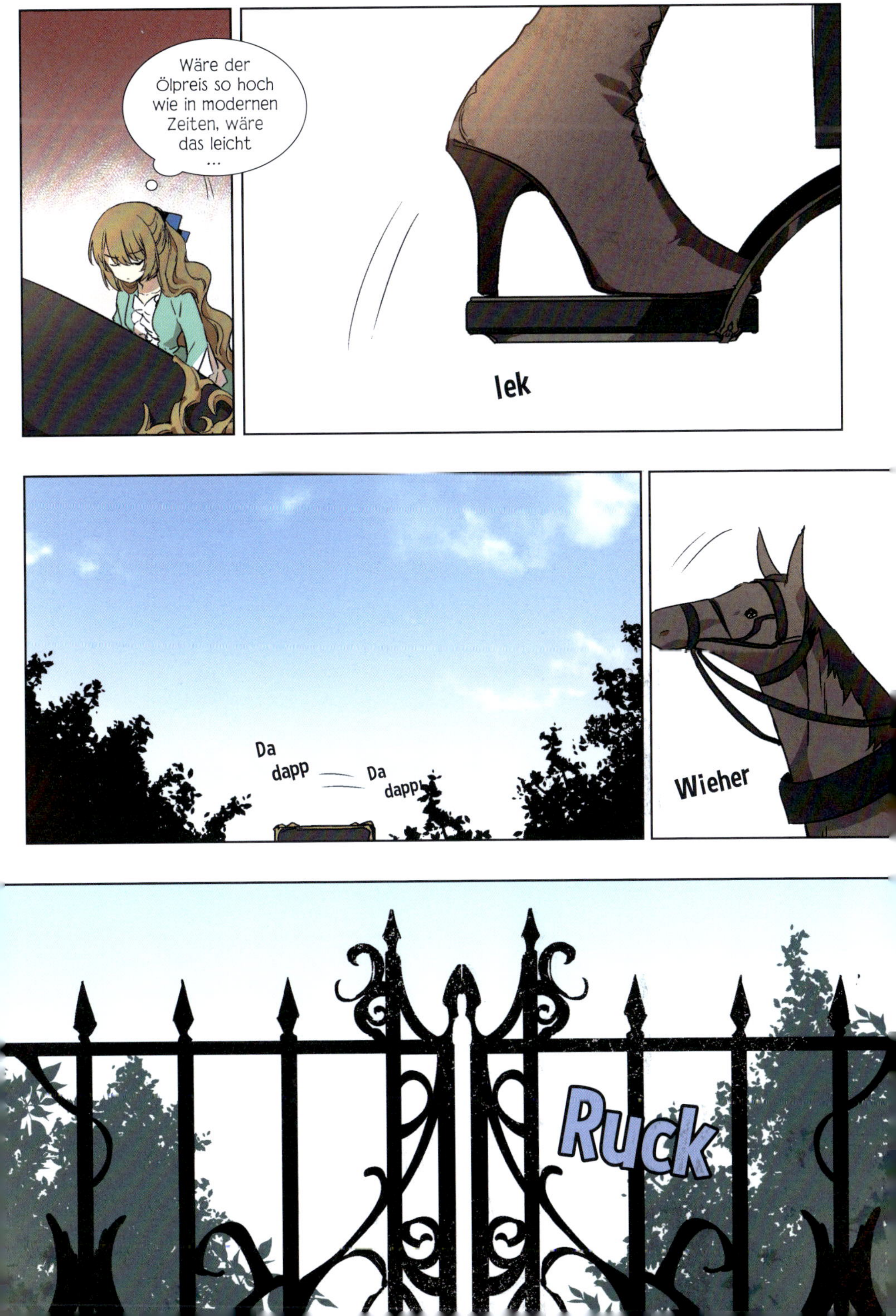

Wäre der Ölpreis so hoch wie in modernen Zeiten, wäre das leicht ...
Iek
Da dapp
Da dapp
Wieher
Ruck

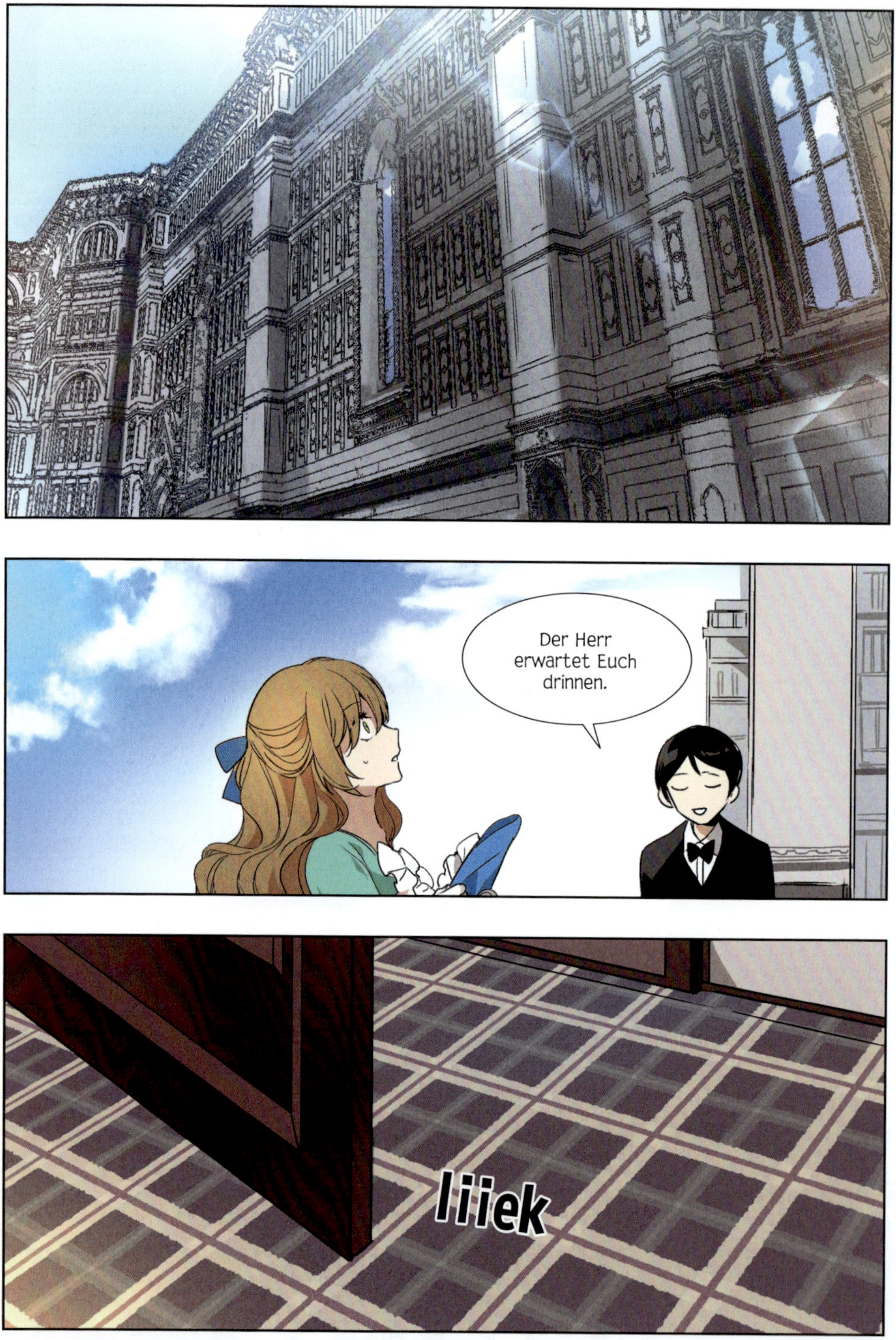
Der Herr erwartet Euch drinnen.
Iiiek

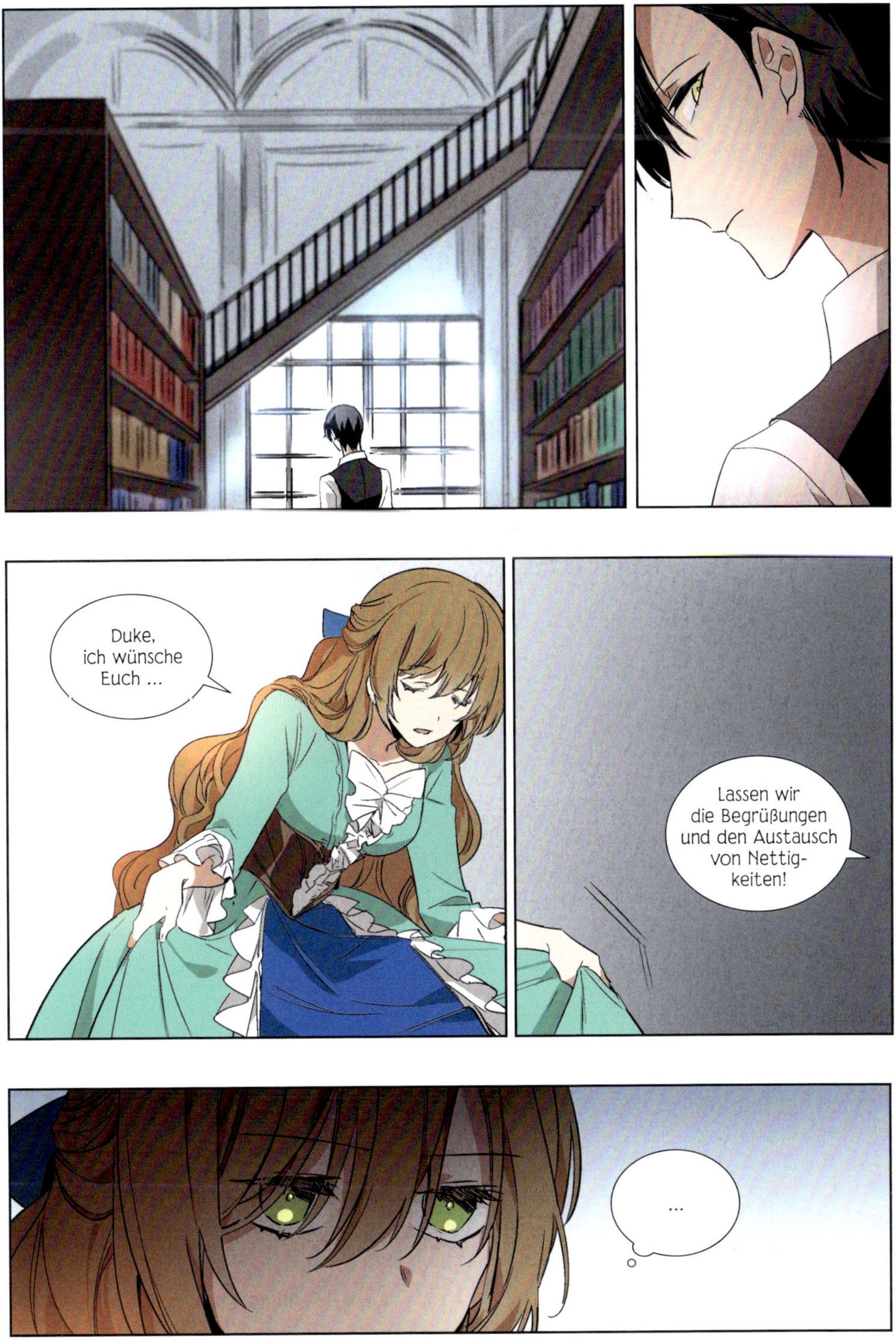
Duke, ich wünsche Euch ...
Lassen wir die Begrüßungen und den Austausch von Nettig-keiten!
...

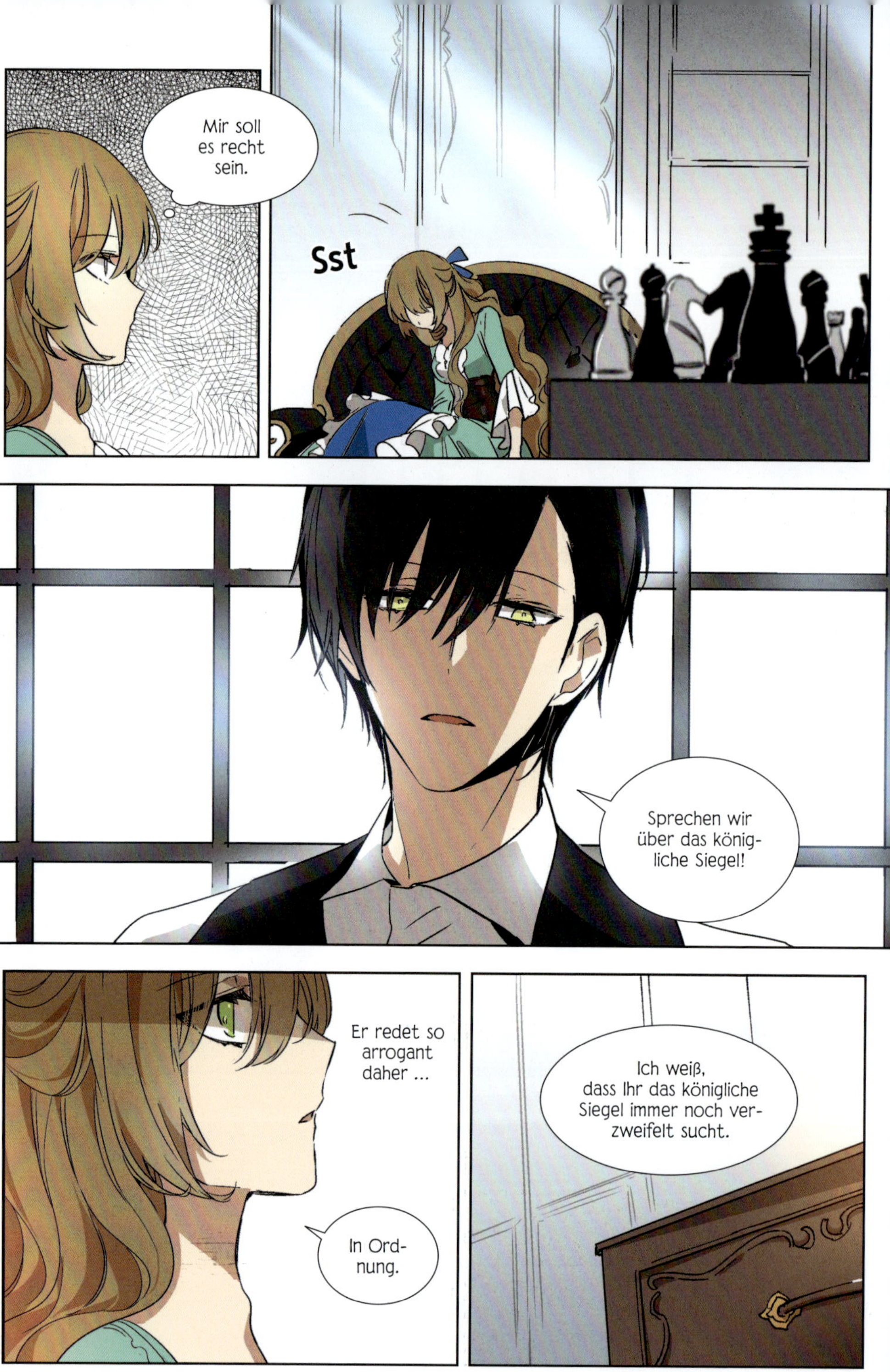
Mir soll es recht sein.
Sst
Sprechen wir über das königliche Siegel!
Er redet so arrogant daher …
In Ordnung.
Ich weiß, dass Ihr das königliche Siegel immer noch verzweifelt sucht.

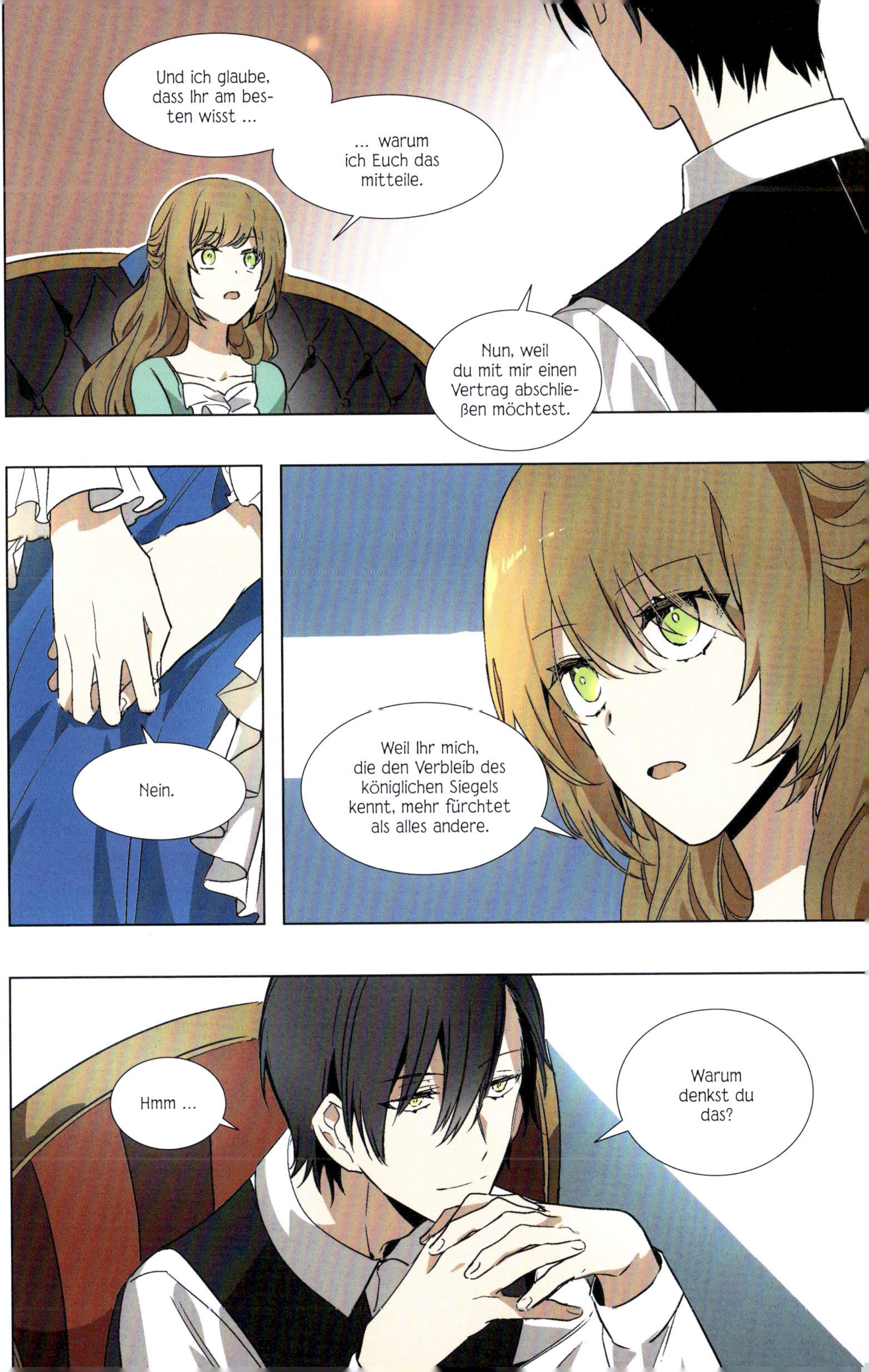
Und ich glaube, dass Ihr am besten wisst ...
... warum ich Euch das mitteile.
Nun, weil du mit mir einen Vertrag abschließen möchtest.
Nein.
Weil Ihr mich, die den Verbleib des königlichen Siegels kennt, mehr fürchtet als alles andere.
Hmm ...
Warum denkst du das?

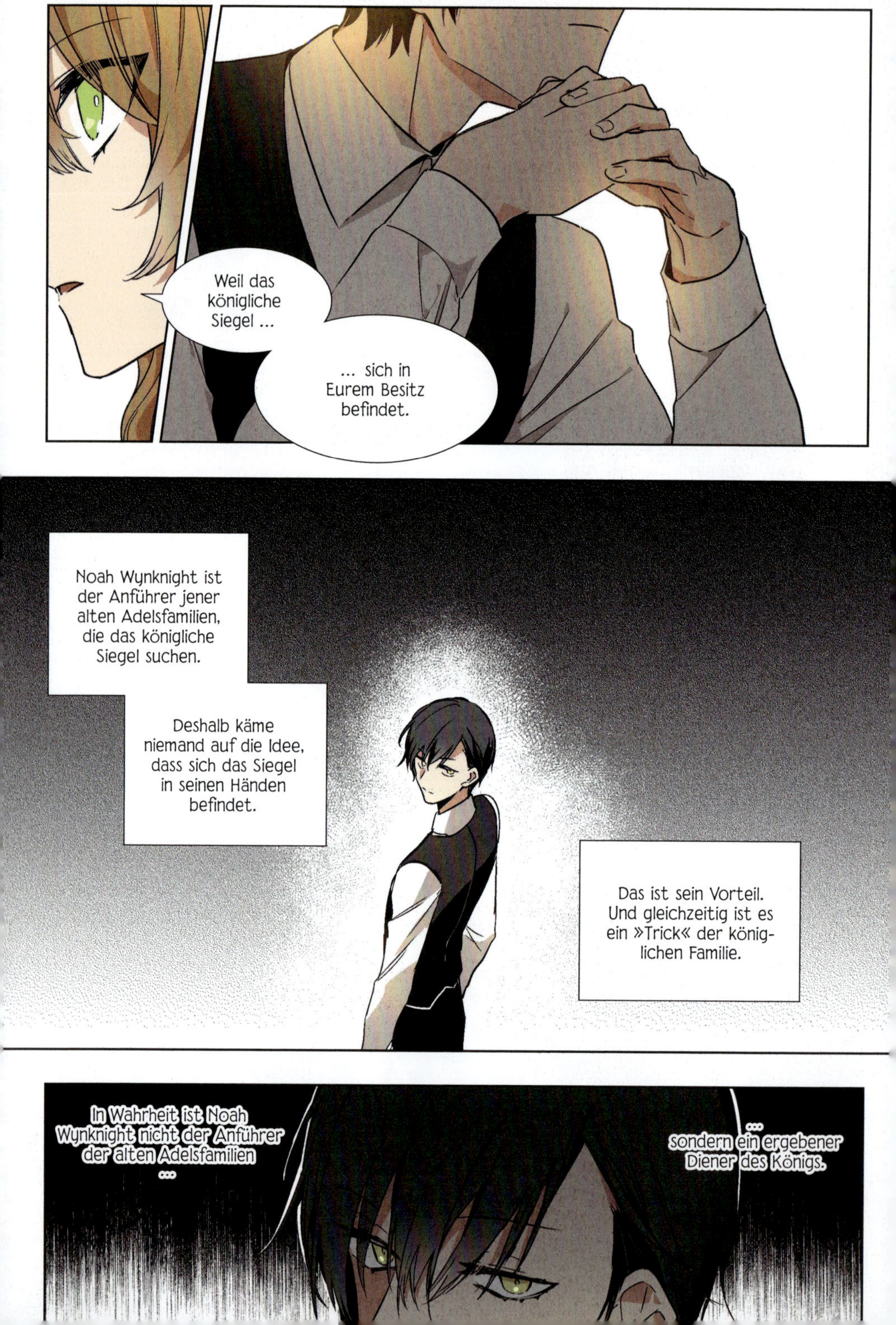
Weil das königliche Siegel ...
... sich in Eurem Besitz befindet.
Noah Wynknight ist der Anführer jener alten Adelsfamilien, die das königliche Siegel suchen.
Deshalb käme niemand auf die Idee, dass sich das Siegel in seinen Händen befindet.
Das ist sein Vorteil. Und gleichzeitig ist es ein »Trick« der königlichen Familie.
In Wahrheit ist Noah Wynknight nicht der Anführer der alten Adelsfamilien ...
... sondern ein ergebener Diener des Königs.

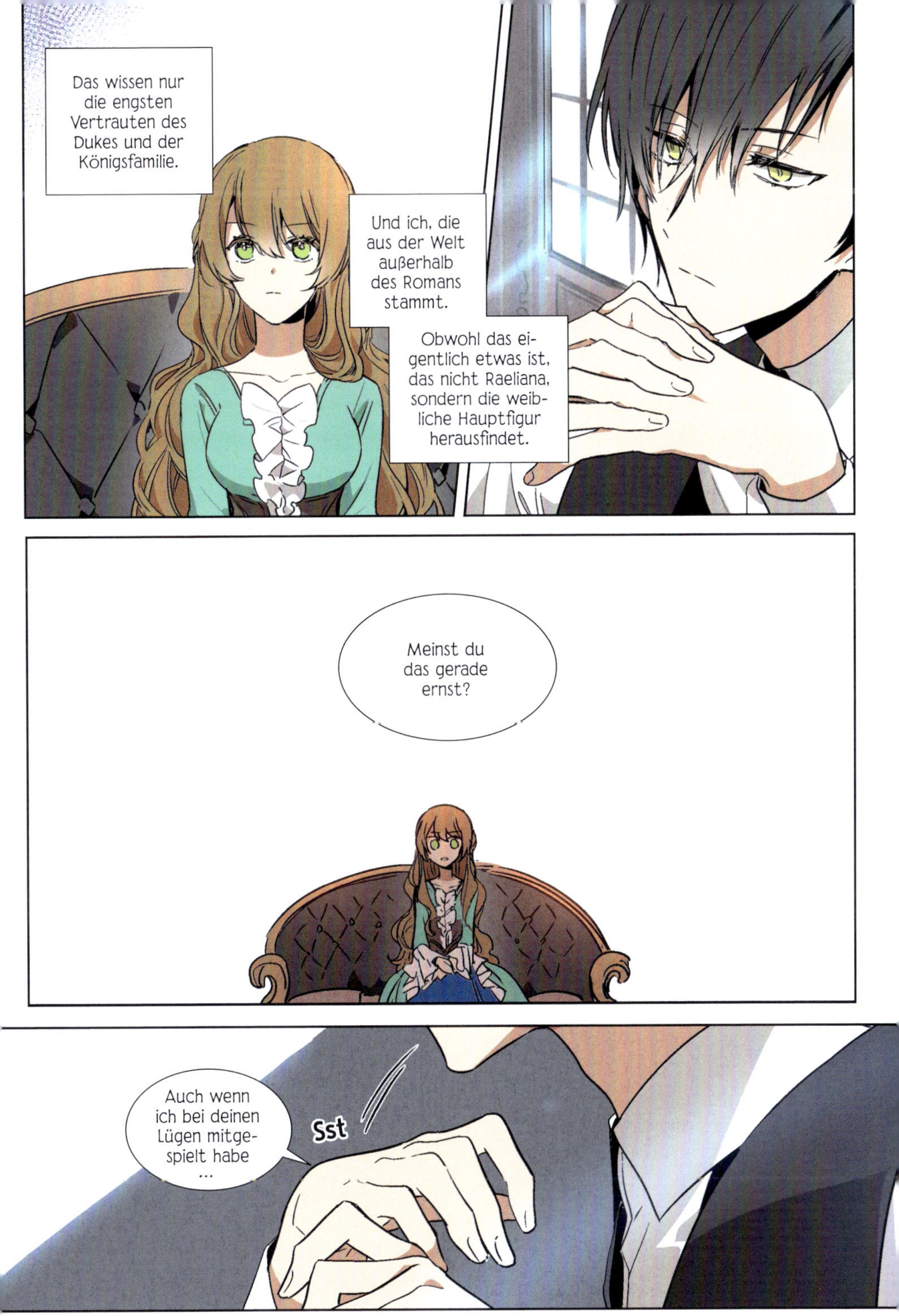
Das wissen nur die engsten Vertrauten des Dukes und der Königsfamilie.
Und ich, die aus der Welt außerhalb des Romans stammt.
Obwohl das eigentlich etwas ist, das nicht Raeliana, sondern die weibliche Hauptfigur herausfindet.
Meinst du das gerade ernst?
Auch wenn ich bei deinen Lügen mitgespielt habe ...
Sst

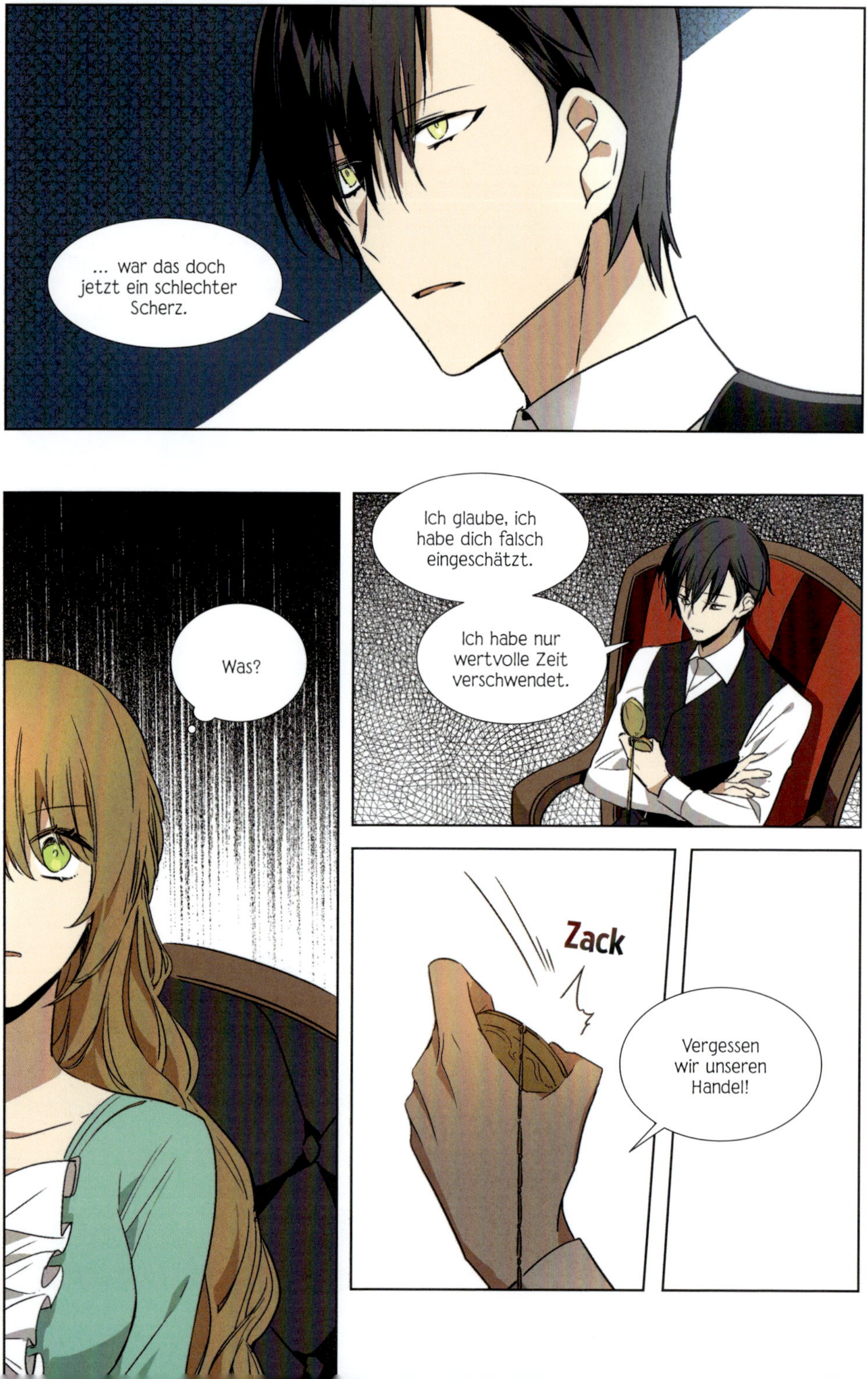
... war das doch jetzt ein schlechter Scherz.
Was?
Ich glaube, ich habe dich falsch eingeschätzt.
Ich habe nur wertvolle Zeit verschwendet.
Zack
Vergessen wir unseren Handel!

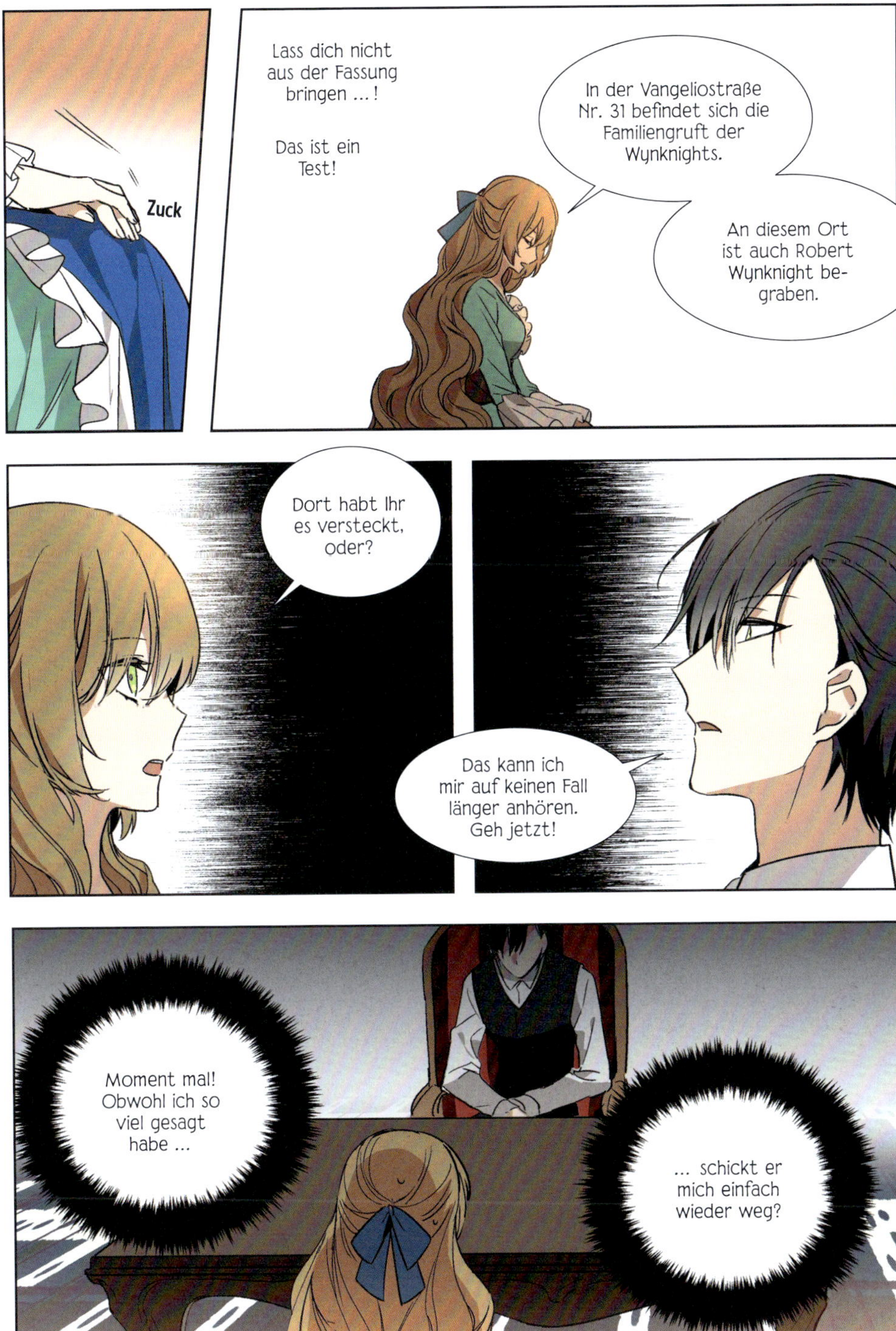
Zuck
Lass dich nicht aus der Fassung bringen ...!
Das ist ein Test!
In der Vangeliostraße Nr. 31 befindet sich die Familiengruft der Wynknights.
An diesem Ort ist auch Robert Wynknight begraben.
Dort habt Ihr es versteckt, oder?
Das kann ich mir auf keinen Fall länger anhören. Geh jetzt!
Moment mal! Obwohl ich so viel gesagt habe ...
... schickt er mich einfach wieder weg?

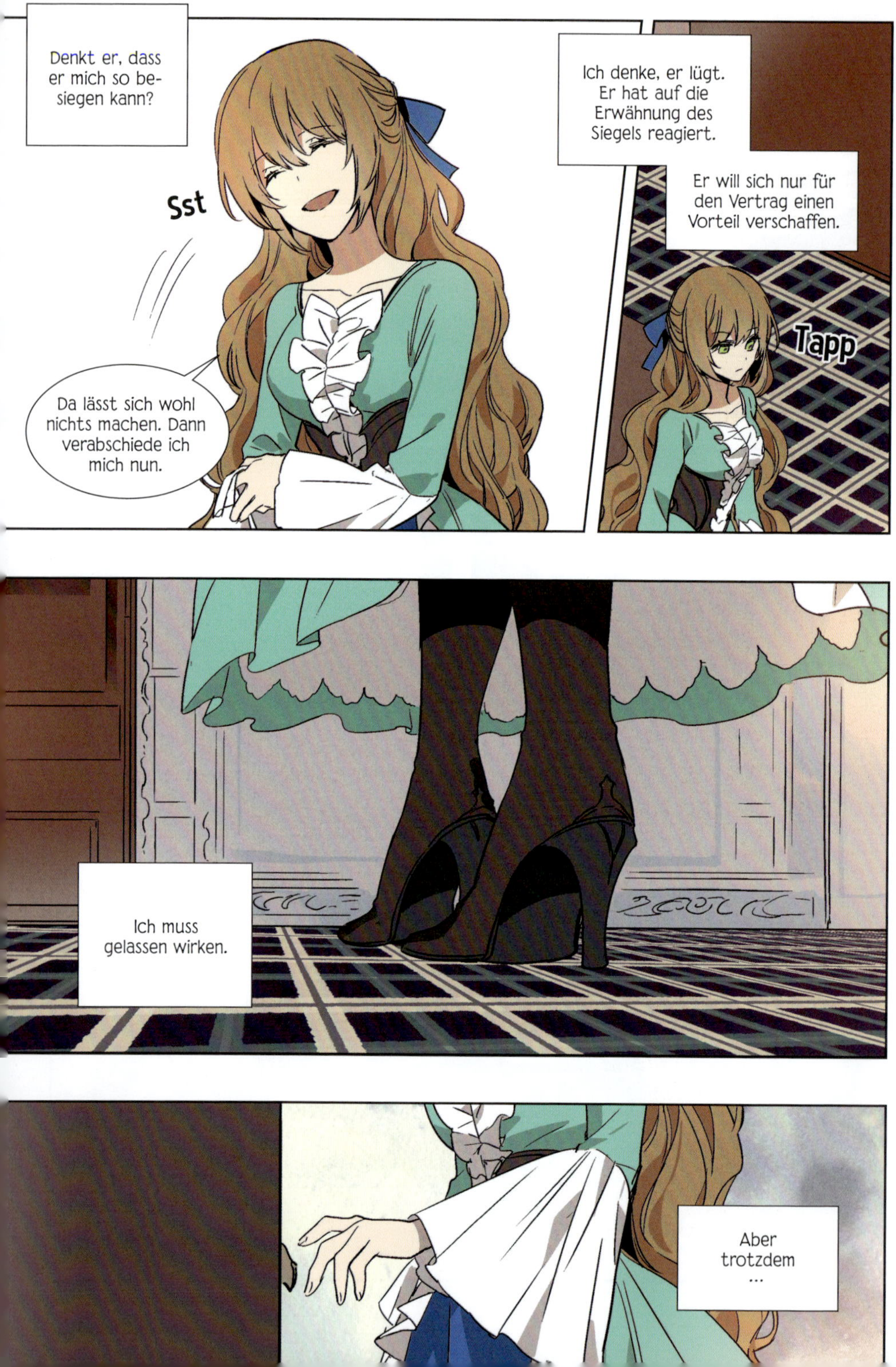
Denkt er, dass er mich so besiegen kann?
Sst
Da lässt sich wohl nichts machen. Dann verabschiede ich mich nun.
Ich denke, er lügt. Er hat auf die Erwähnung des Siegels reagiert.
Er will sich nur für den Vertrag einen Vorteil verschaffen.
Tapp
Ich muss gelassen wirken.
Aber trotzdem ...

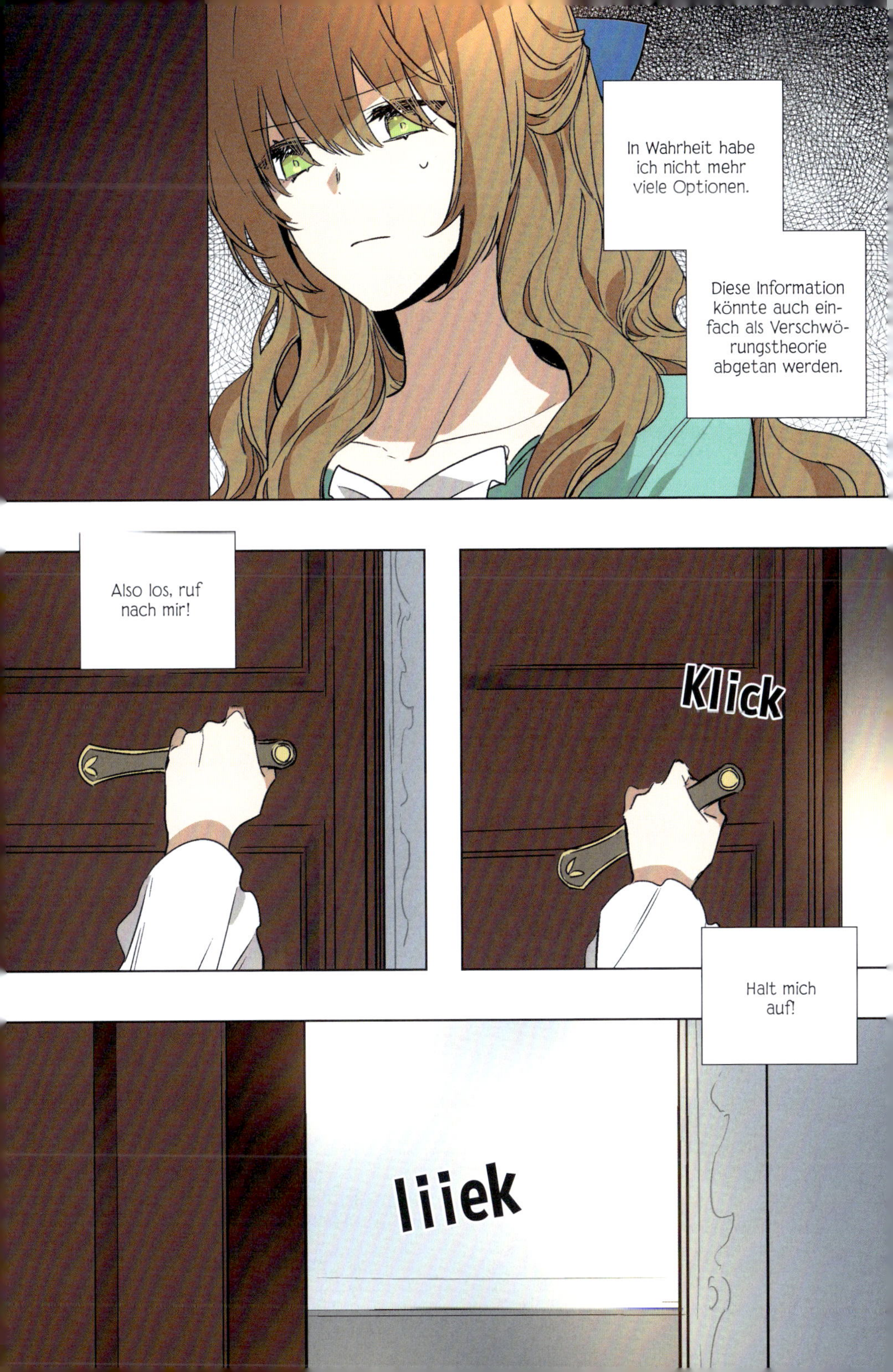
In Wahrheit habe ich nicht mehr viele Optionen.
Diese Information könnte auch einfach als Verschwörungstheorie abgetan werden.
Also los, ruf nach mir!
Klick
Halt mich auf!
Iiiek

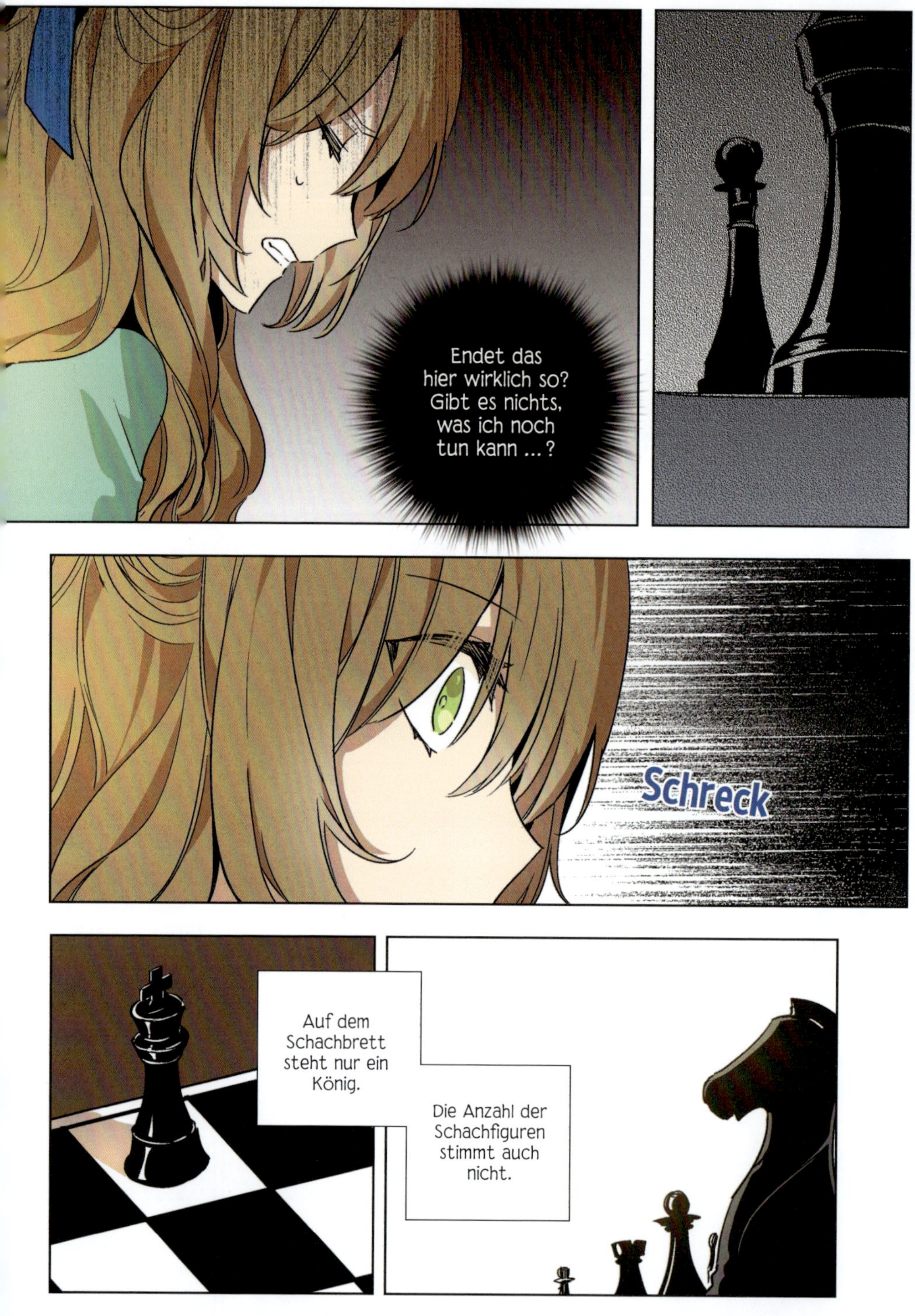
Endet das hier wirklich so? Gibt es nichts, was ich noch tun kann …?
Schreck
Auf dem Schachbrett steht nur ein König.
Die Anzahl der Schachfiguren stimmt auch nicht.

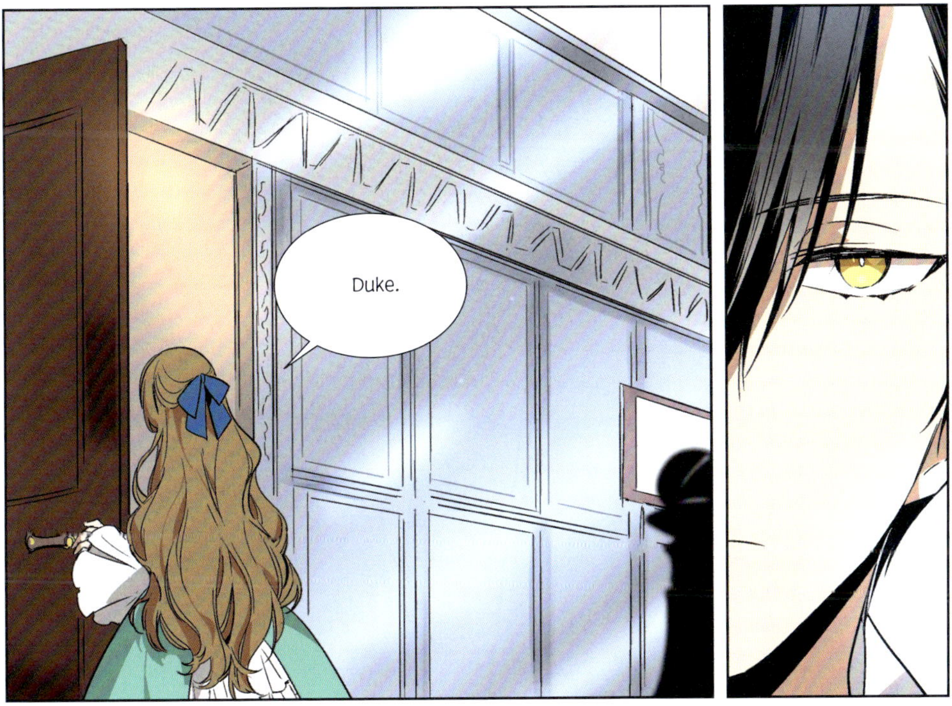
Duke.

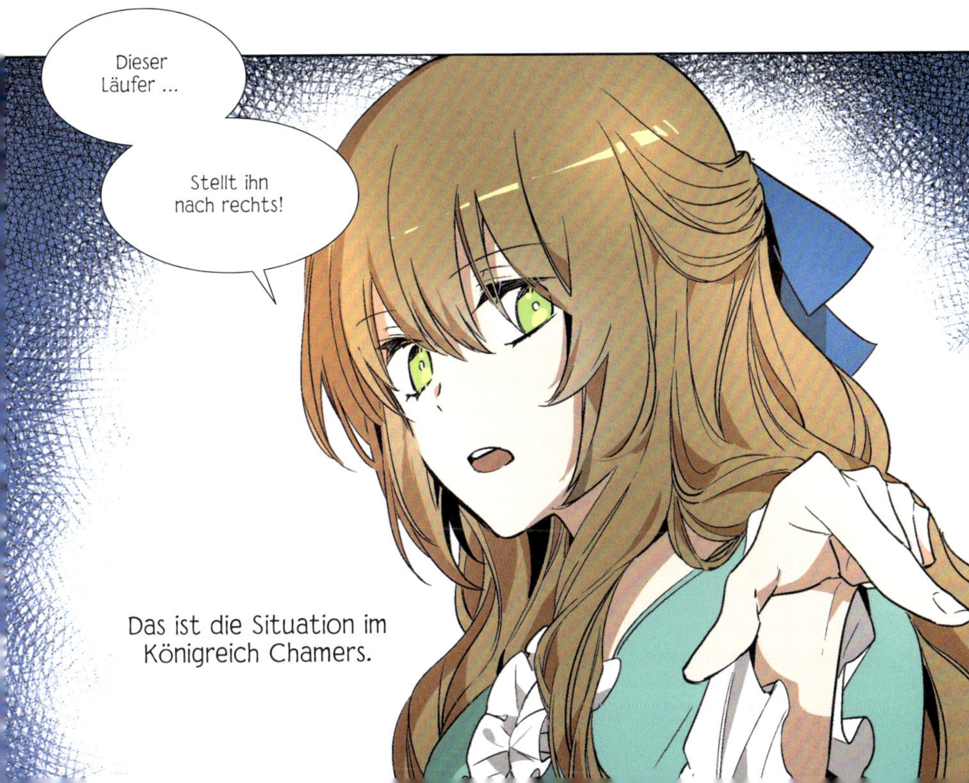
Dieser Läufer ...
Stellt ihn nach rechts!
Das ist die Situation im Königreich Chamers.

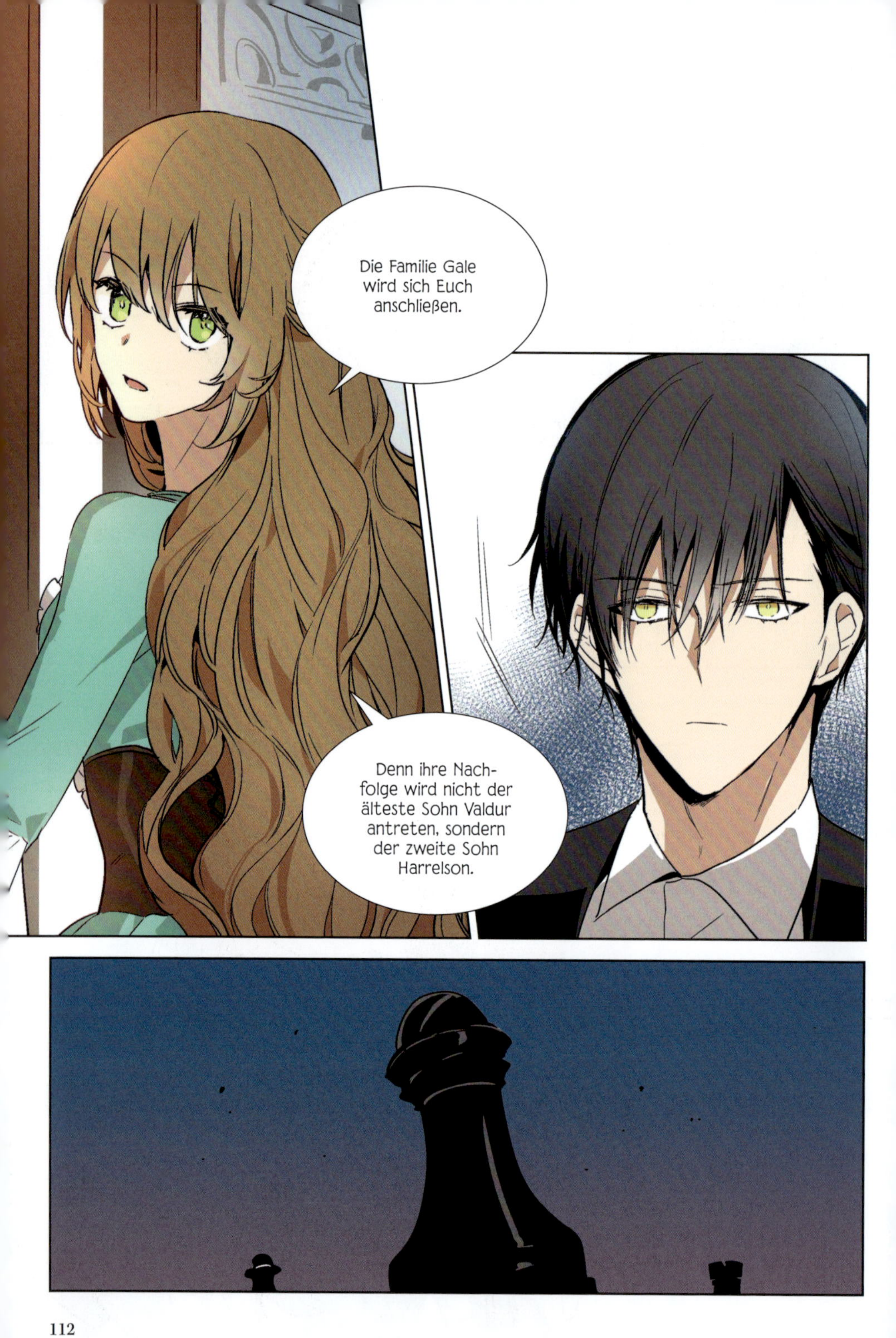
Die Familie Gale wird sich Euch anschließen.
Denn ihre Nachfolge wird nicht der älteste Sohn Valdur antreten, sondern der zweite Sohn Harrelson.

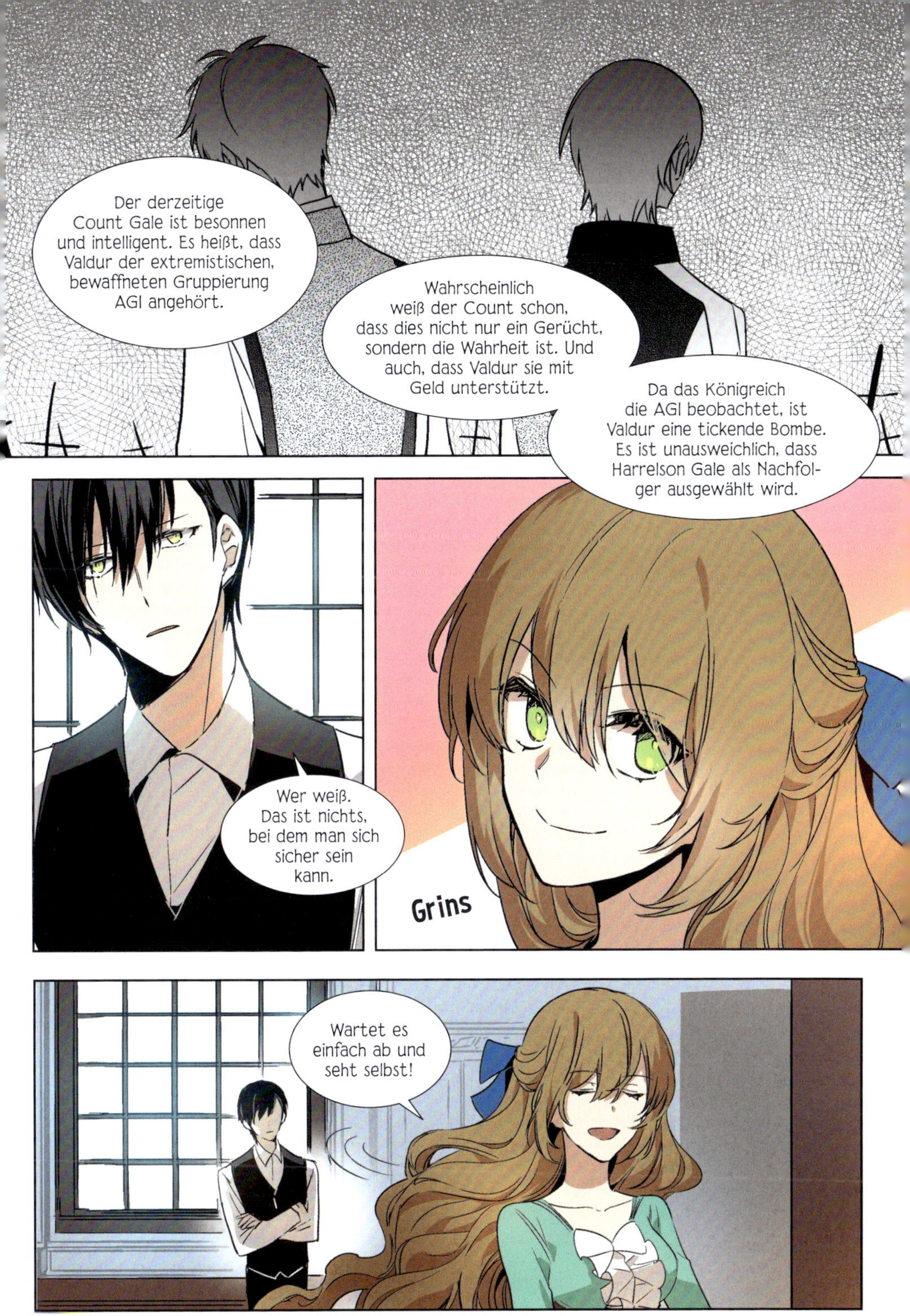
Der derzeitige Count Gale ist besonnen und intelligent. Es heißt, dass Valdur der extremistischen, bewaffneten Gruppierung AGI angehört.
Wahrscheinlich weiß der Count schon, dass dies nicht nur ein Gerücht, sondern die Wahrheit ist. Und auch, dass Valdur sie mit Geld unterstützt.
Da das Königreich die AGI beobachtet, ist Valdur eine tickende Bombe. Es ist unausweichlich, dass Harrelson Gale als Nachfolger ausgewählt wird.
Wer weiß. Das ist nichts, bei dem man sich sicher sein kann.
Grins
Wartet es einfach ab und seht selbst!

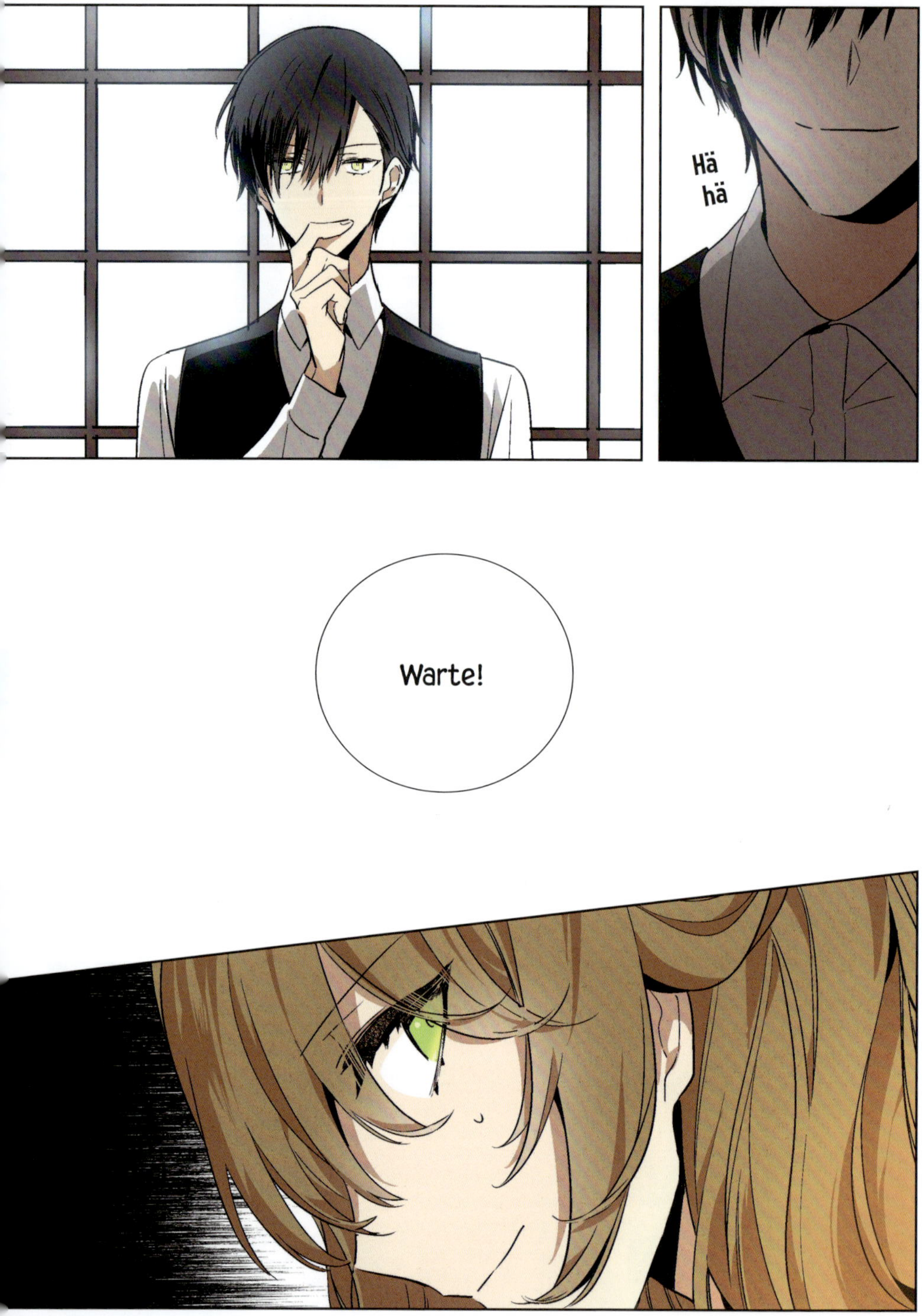
Hä
hä
Warte!

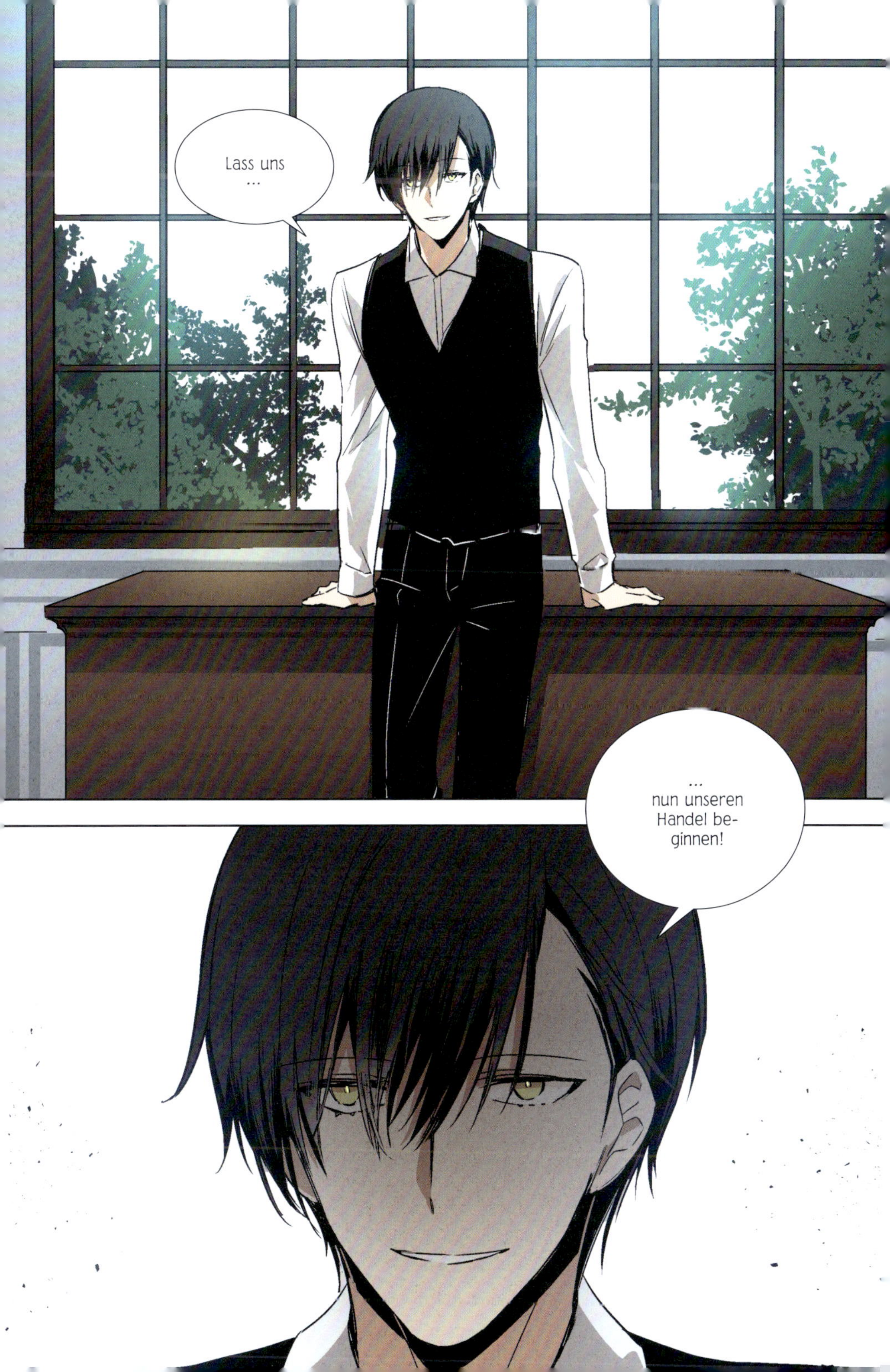
Lass uns
...
... nun unseren Handel beginnen!

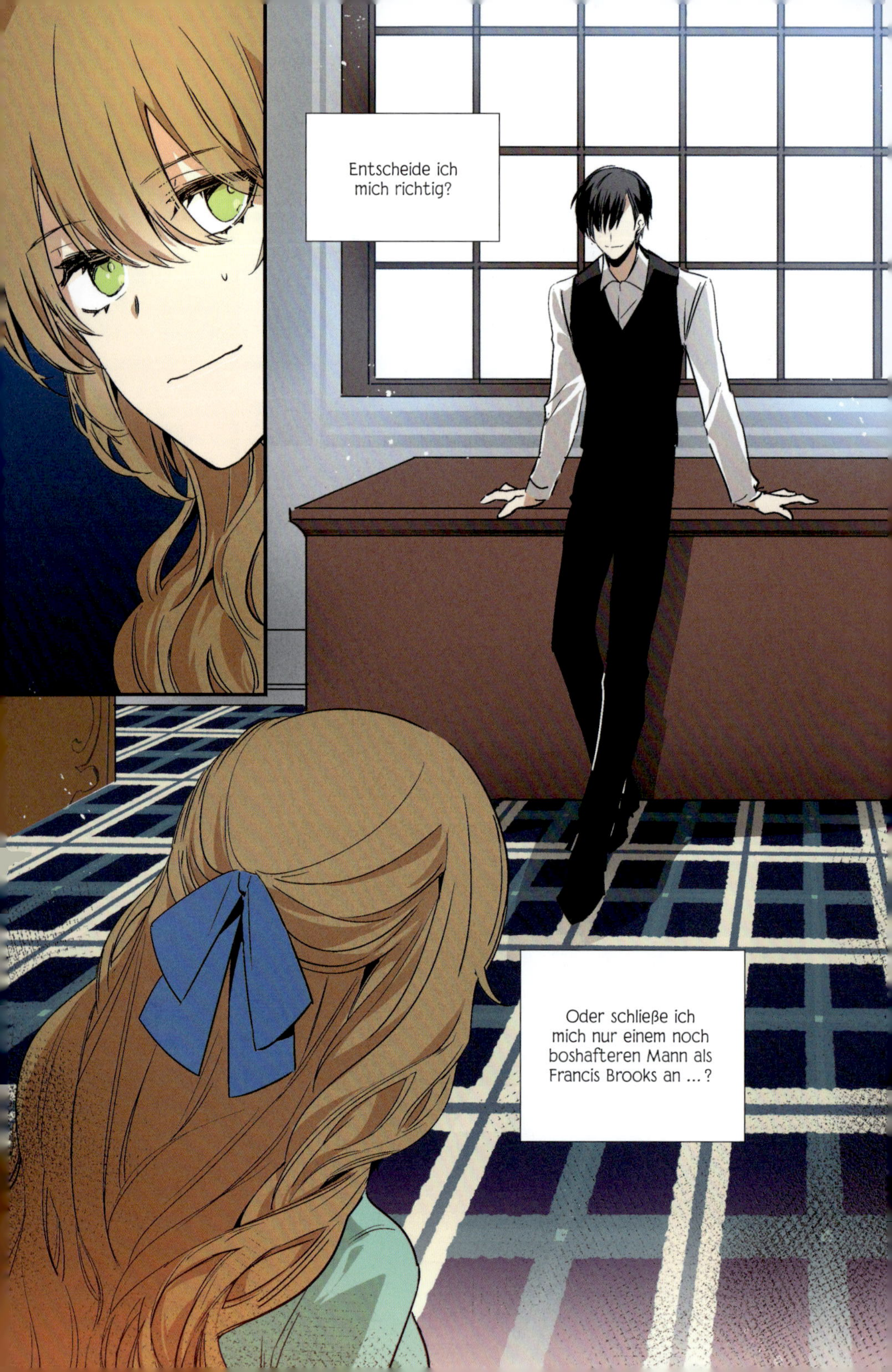
Entscheide ich mich richtig?
Oder schließe ich mich nur einem noch boshafteren Mann als Francis Brooks an ...?

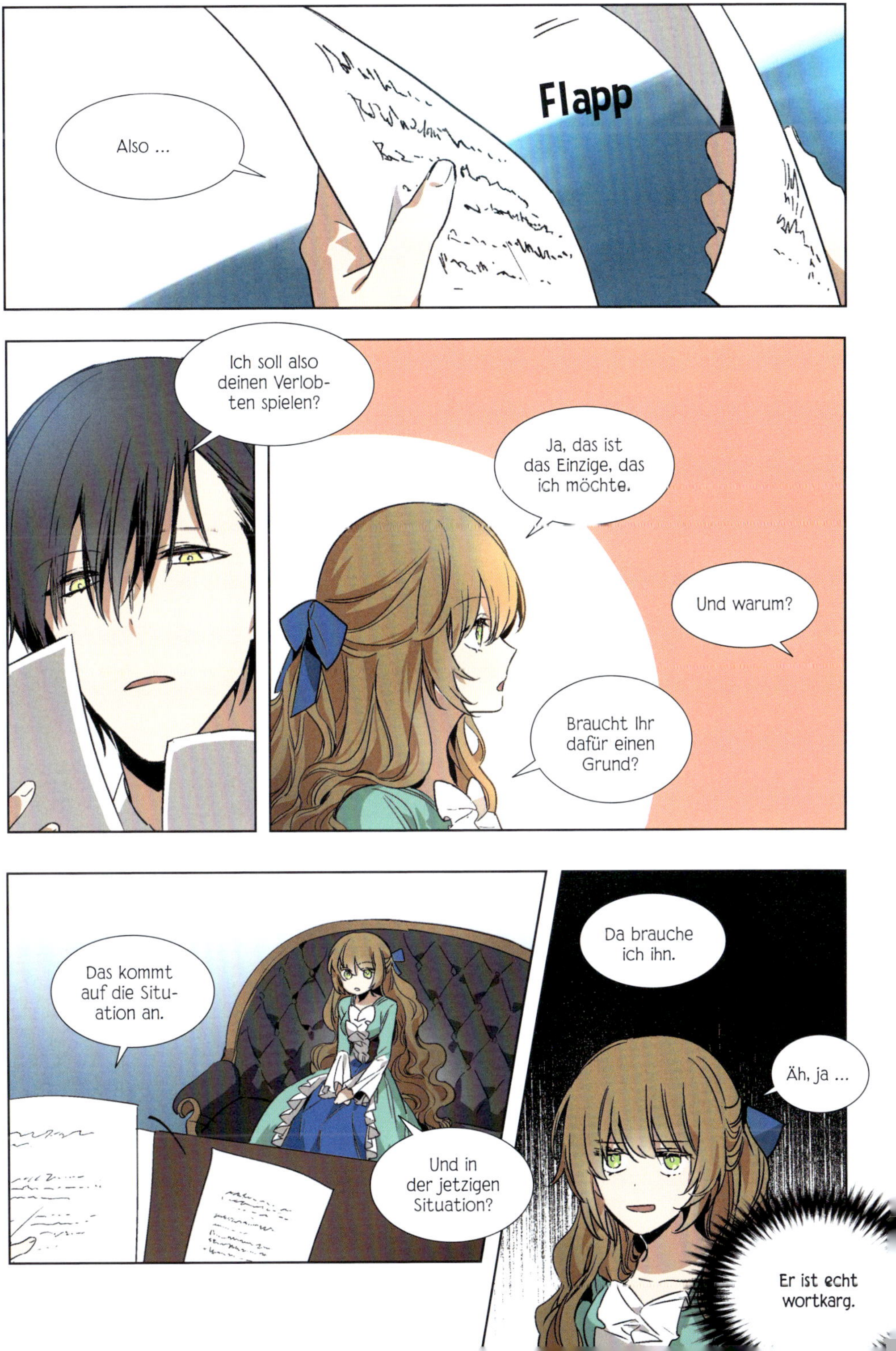
Flapp
Also ...
Ich soll also deinen Verlobten spielen?
Ja, das ist das Einzige, das ich möchte.
Und warum?
Braucht Ihr dafür einen Grund?
Das kommt auf die Situation an.
Und in der jetzigen Situation?
Da brauche ich ihn.
Äh, ja ...
Er ist echt wortkarg.

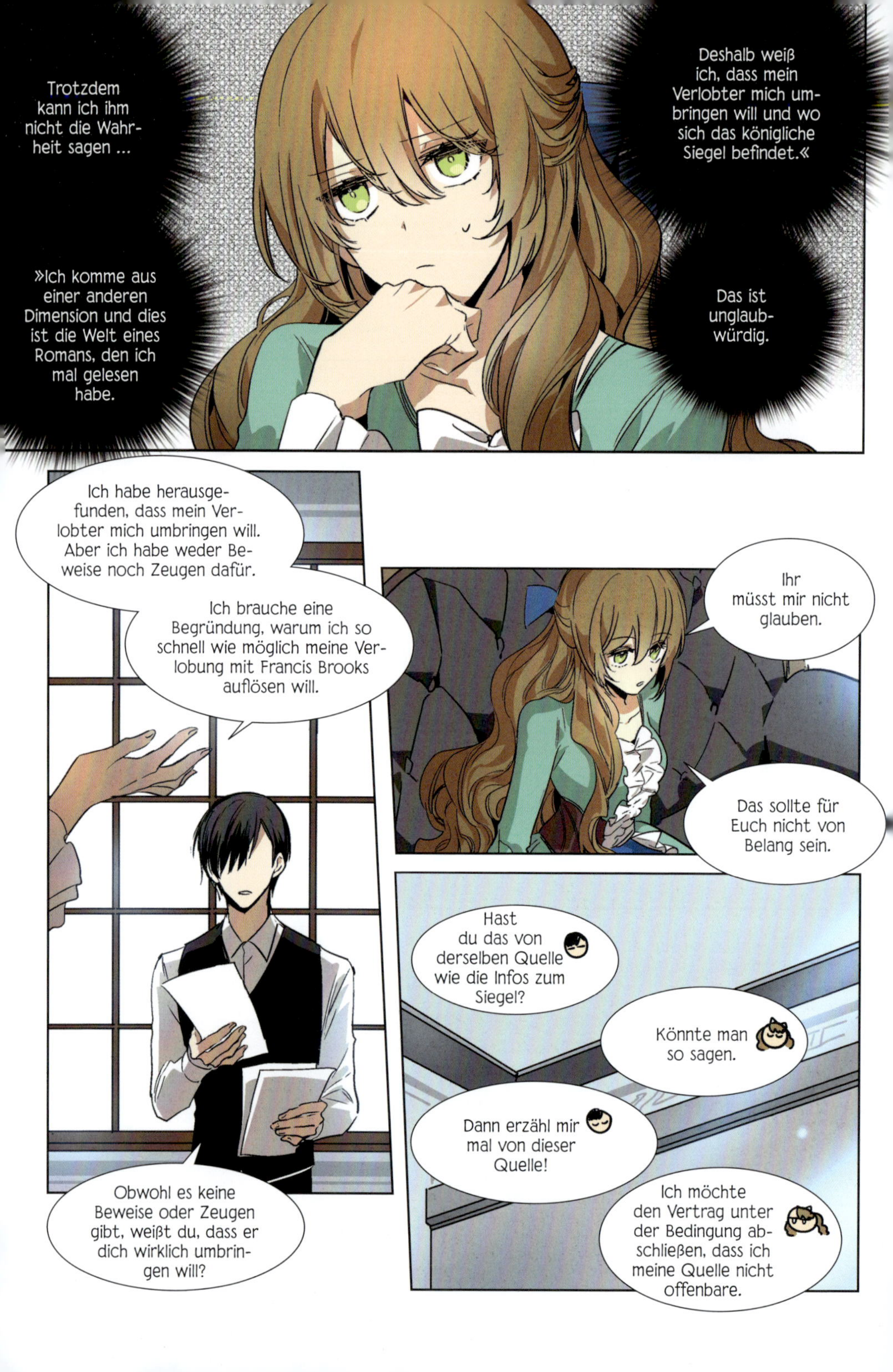
Trotzdem kann ich ihm nicht die Wahrheit sagen ...
»Ich komme aus einer anderen Dimension und dies ist die Welt eines Romans, den ich mal gelesen habe.
Deshalb weiß ich, dass mein Verlobter mich umbringen will und wo sich das königliche Siegel befindet.«
Das ist unglaubwürdig.
Ich habe herausgefunden, dass mein Verlobter mich umbringen will. Aber ich habe weder Beweise noch Zeugen dafür.
Ich brauche eine Begründung, warum ich so schnell wie möglich meine Verlobung mit Francis Brooks auflösen will.
Ihr müsst mir nicht glauben.
Das sollte für Euch nicht von Belang sein.
Obwohl es keine Beweise oder Zeugen gibt, weißt du, dass er dich wirklich umbringen will?
Hast du das von derselben Quelle wie die Infos zum Siegel?
Könnte man so sagen.
Dann erzähl mir mal von dieser Quelle!
Ich möchte den Vertrag unter der Bedingung abschließen, dass ich meine Quelle nicht offenbare.

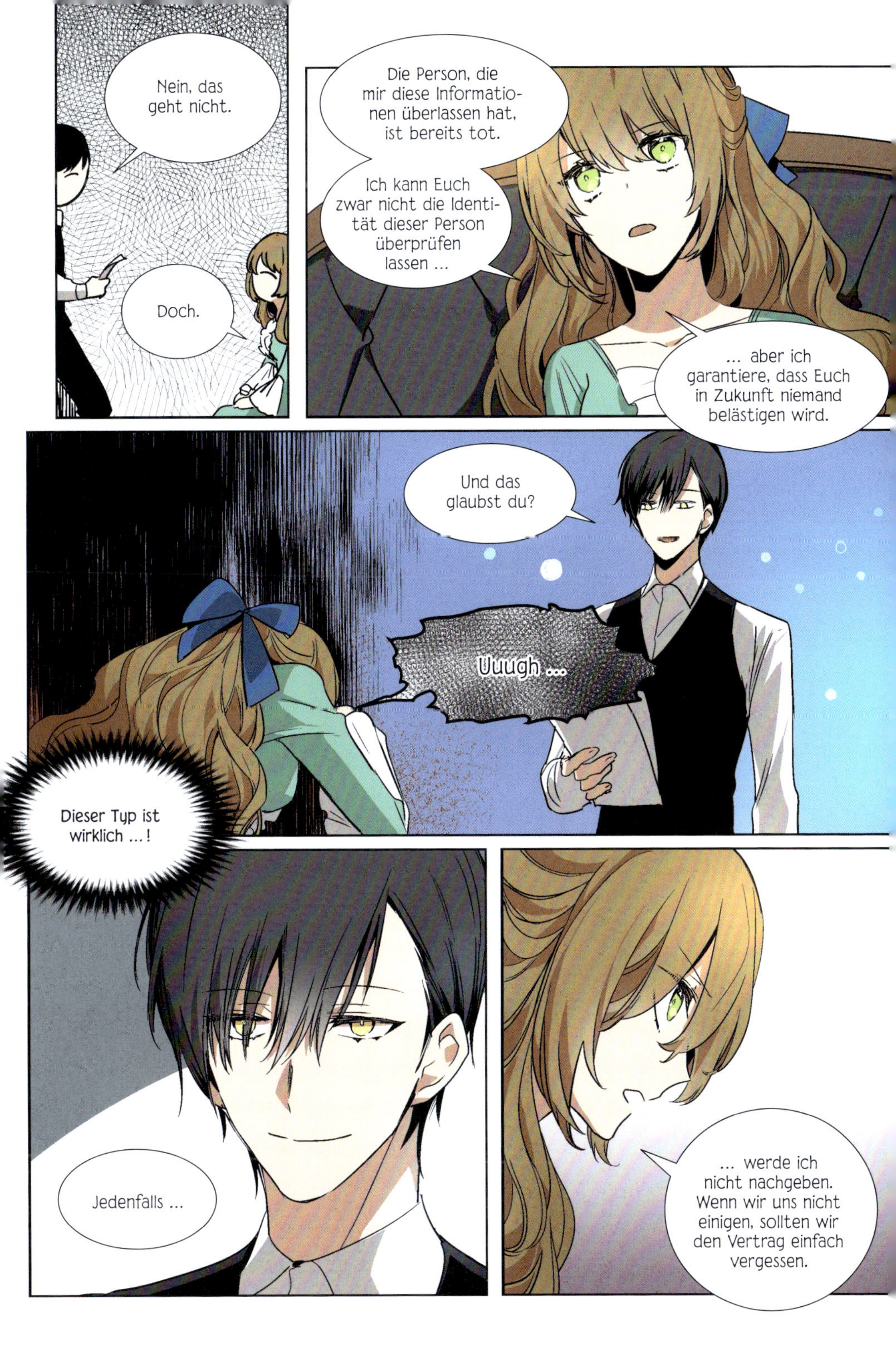
Nein, das geht nicht.
Doch.
Die Person, die mir diese Informationen überlassen hat, ist bereits tot.
Ich kann Euch zwar nicht die Identität dieser Person überprüfen lassen ...
... aber ich garantiere, dass Euch in Zukunft niemand belästigen wird.
Und das glaubst du?
Uuugh ...
Dieser Typ ist wirklich ...!
Jedenfalls ...
... werde ich nicht nachgeben. Wenn wir uns nicht einigen, sollten wir den Vertrag einfach vergessen.

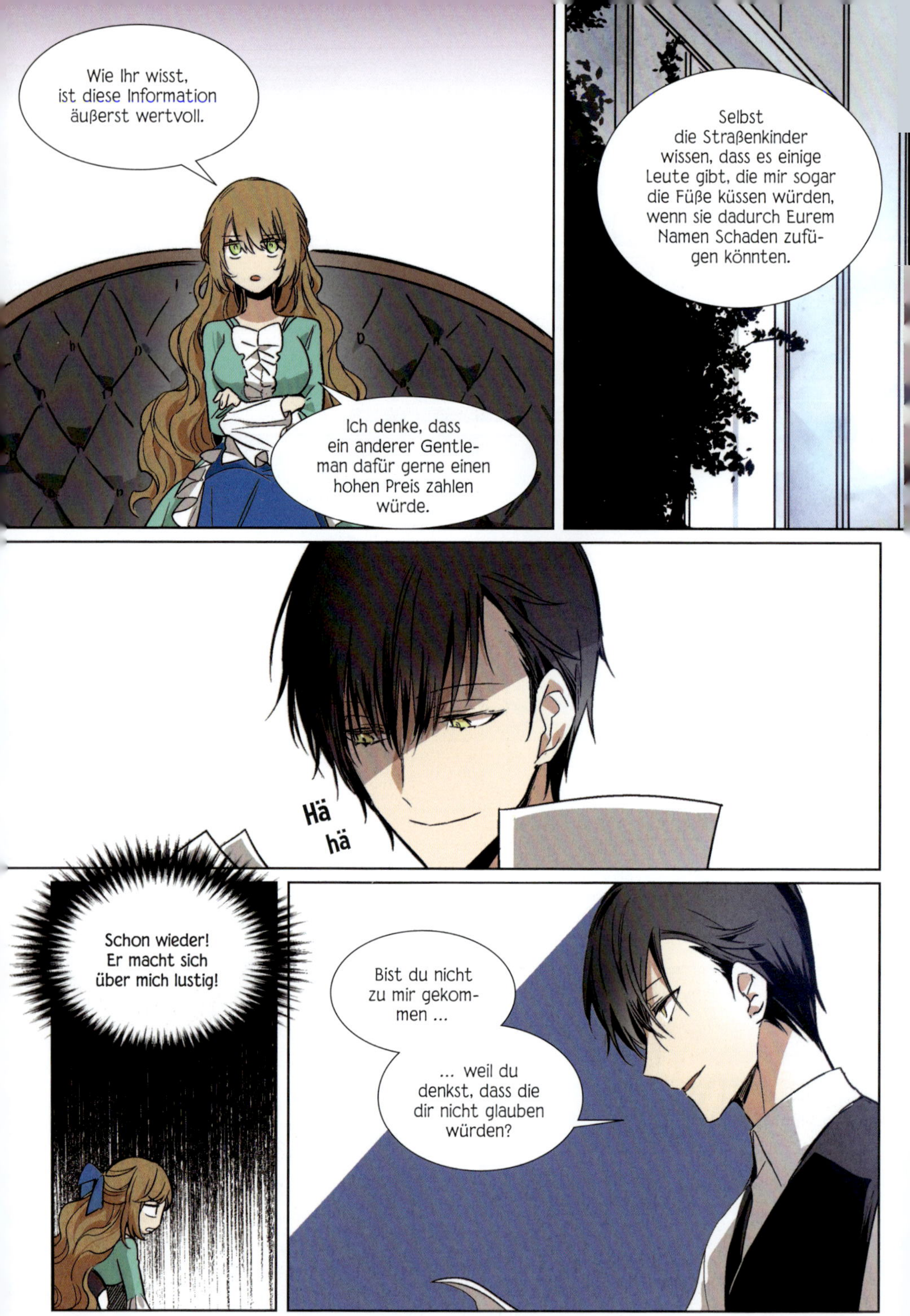
Wie Ihr wisst, ist diese Information äußerst wertvoll.
Ich denke, dass ein anderer Gentleman dafür gerne einen hohen Preis zahlen würde.
Selbst die Straßenkinder wissen, dass es einige Leute gibt, die mir sogar die Füße küssen würden, wenn sie dadurch Eurem Namen Schaden zufügen könnten.
Hä hä
Schon wieder! Er macht sich über mich lustig!
Bist du nicht zu mir gekommen ...
... weil du denkst, dass die dir nicht glauben würden?

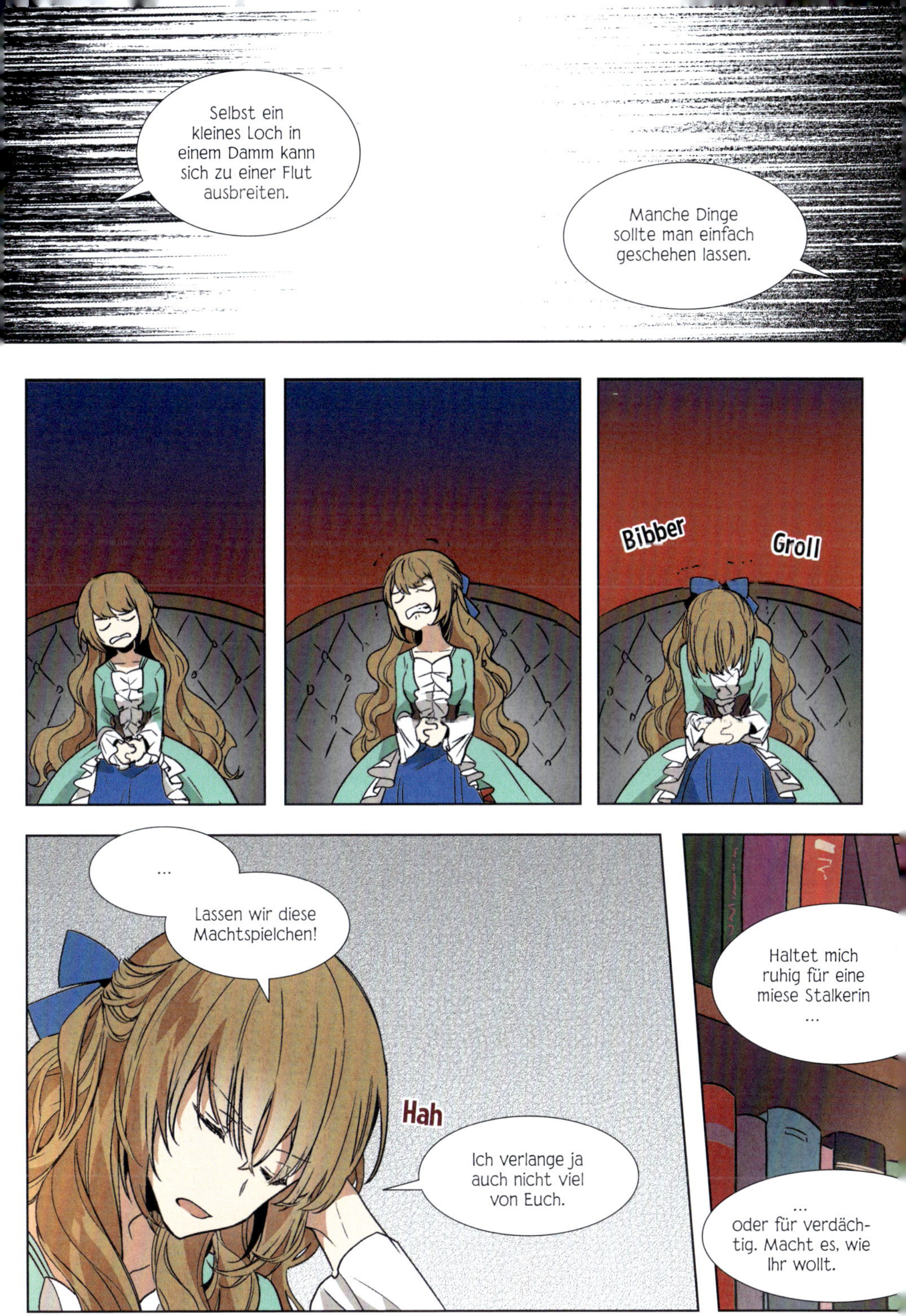
Selbst ein kleines Loch in einem Damm kann sich zu einer Flut ausbreiten.
Manche Dinge sollte man einfach geschehen lassen.
Bibber
Groll
...
Lassen wir diese Machtspielchen!
Hah
Ich verlange ja auch nicht viel von Euch.
Haltet mich ruhig für eine miese Stalkerin ...
... oder für verdächtig. Macht es, wie Ihr wollt.

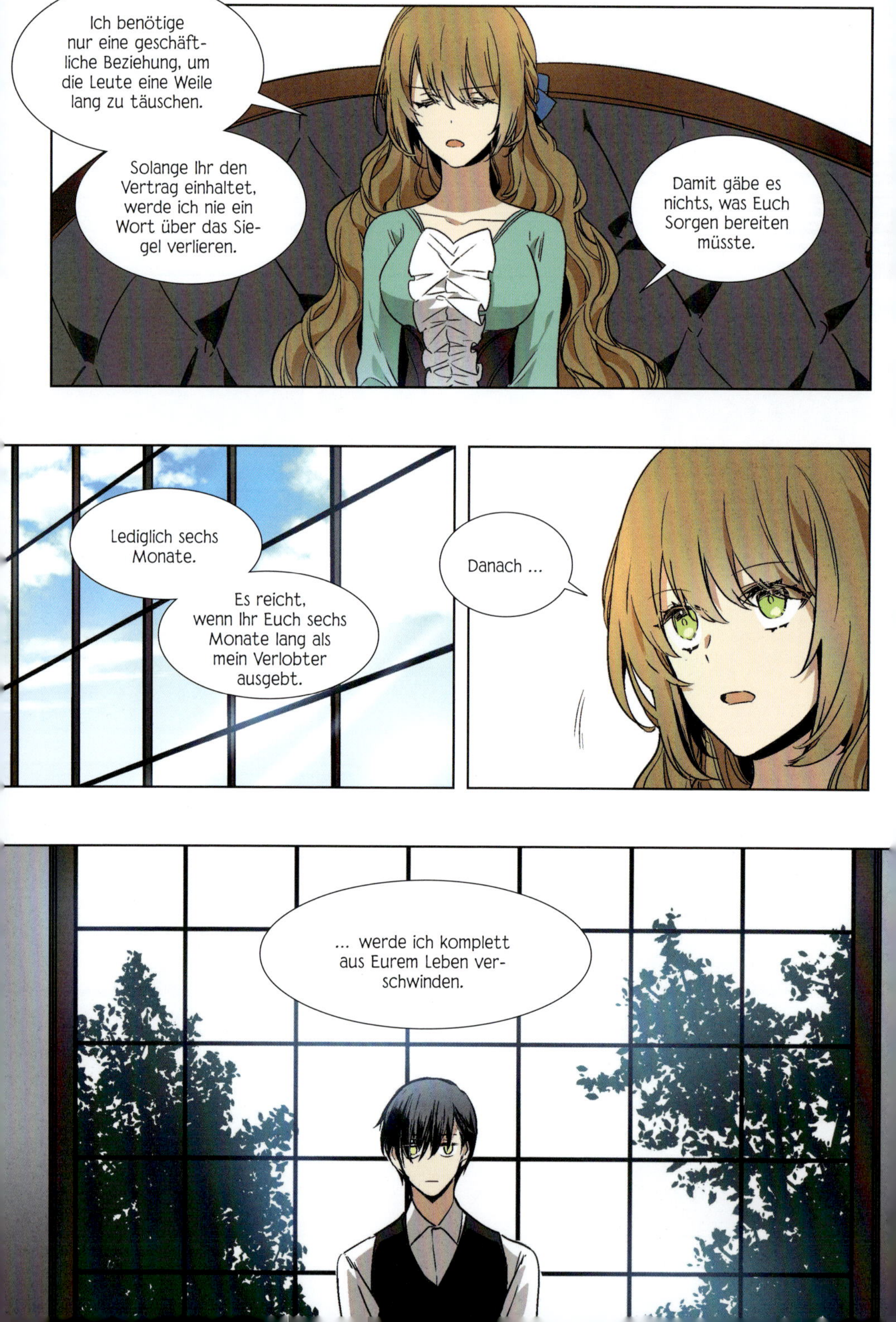
Ich benötige nur eine geschäftliche Beziehung, um die Leute eine Weile lang zu täuschen.
Solange Ihr den Vertrag einhaltet, werde ich nie ein Wort über das Siegel verlieren.
Damit gäbe es nichts, was Euch Sorgen bereiten müsste.
Lediglich sechs Monate.
Es reicht, wenn Ihr Euch sechs Monate lang als mein Verlobter ausgebt.
Danach ...
... werde ich komplett aus Eurem Leben verschwinden.

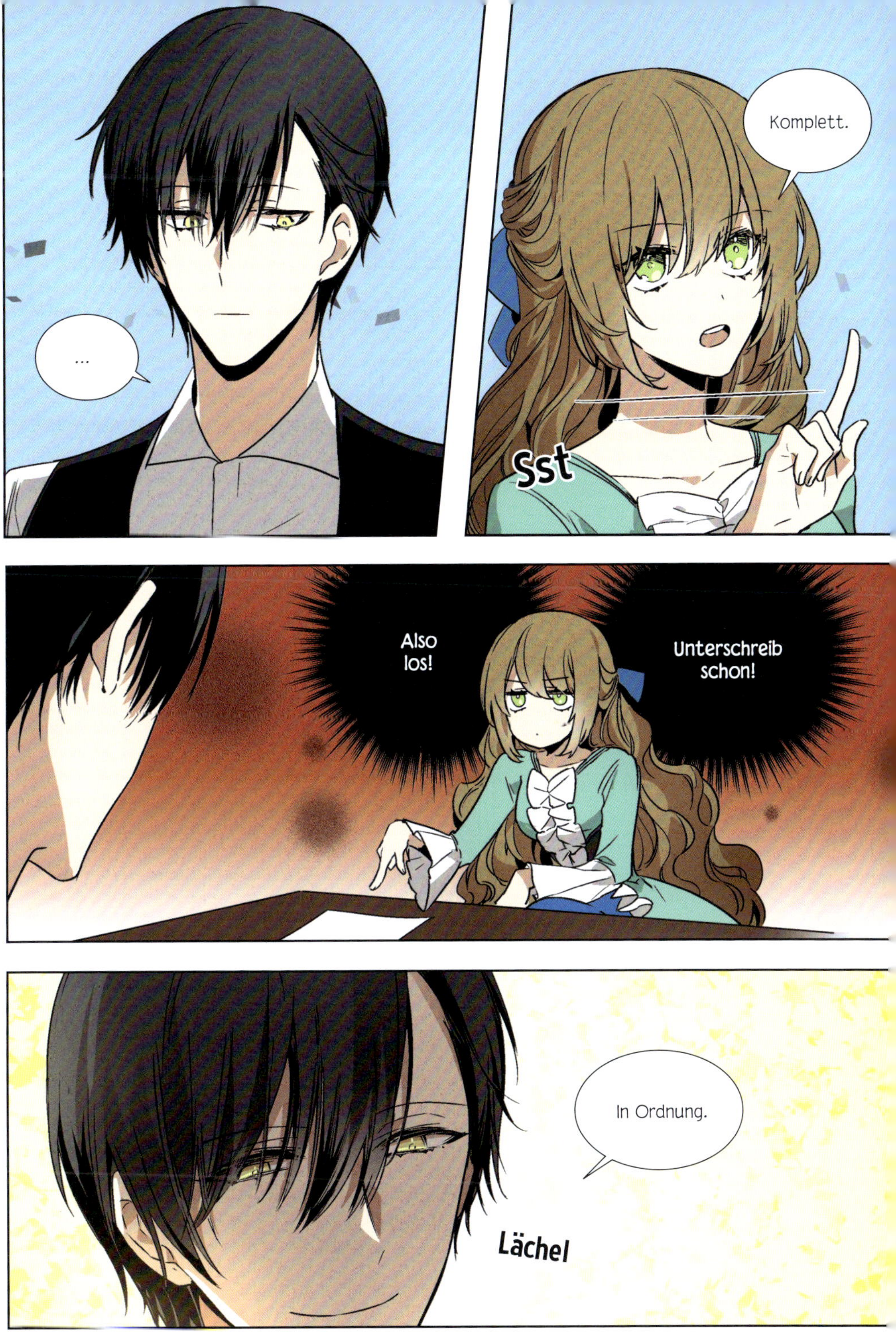

...
Komplett.
Sst
Also los!
Unterschreib schon!
In Ordnung.
Lächel

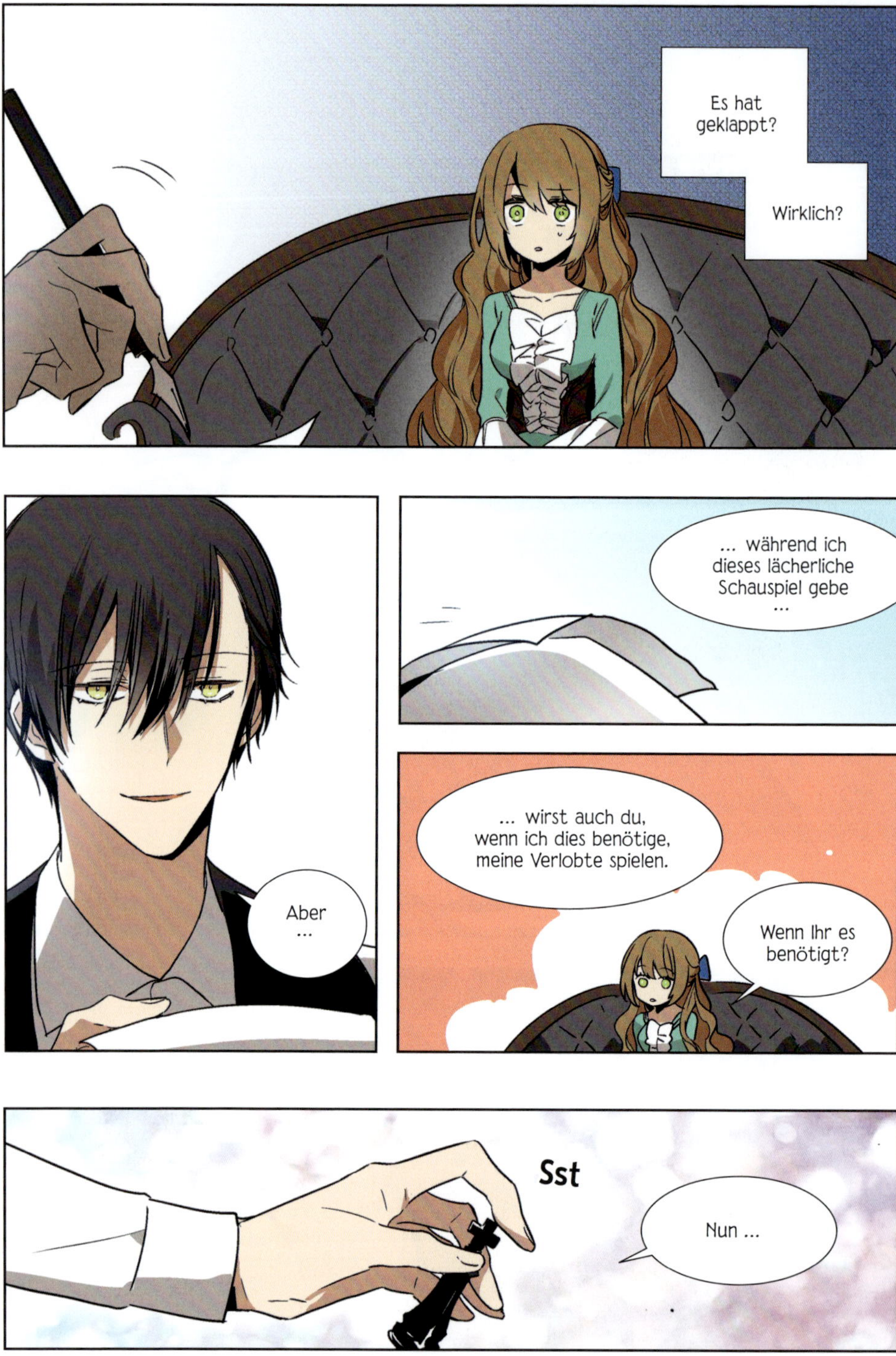
Es hat
geklappt?
Wirklich?
Aber
...
... während ich
dieses lächerliche
Schauspiel gebe
...
... wirst auch du,
wenn ich dies benötige,
meine Verlobte spielen.
Wenn Ihr es
benötigt?
Sst
Nun ...

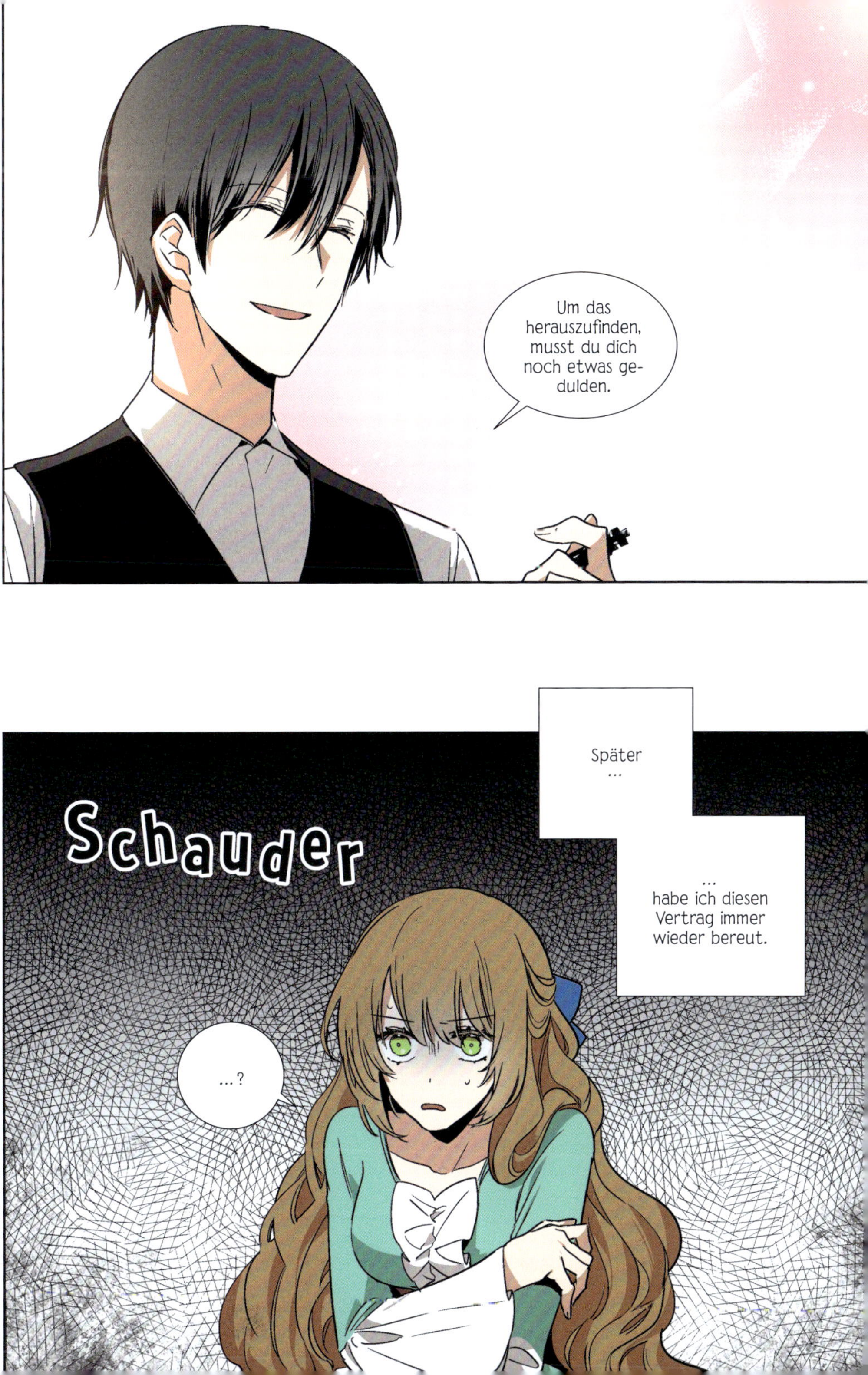
Um das herauszufinden, musst du dich noch etwas gedulden.
Später …
… habe ich diesen Vertrag immer wieder bereut.
Schauder
…?

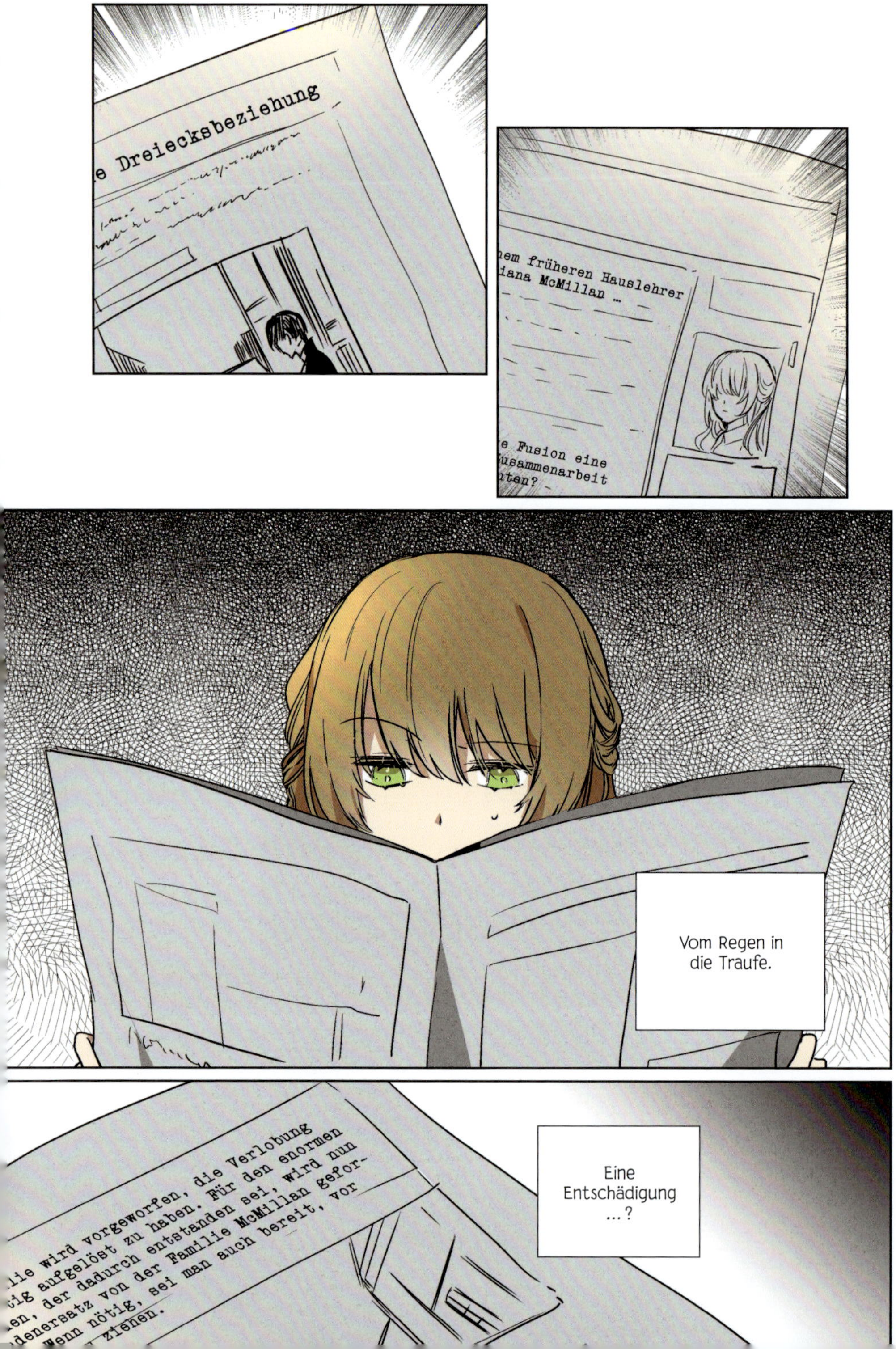

e Dreiecksbeziehung
em früheren Hauslehrer
iana McMillan ...
e Fusion eine
Zusammenarbeit
nten?
Vom Regen in die Traufe.
lie wird vorgeworfen, die Verlobung
ig aufgelöst zu haben. Für den enormen
en, der dadurch entstanden sei, wird nun
denersatz von der Familie McMillan gefor-
Wenn nötig, sei man auch bereit, vor
ziehen.
Eine Entschädigung ...?

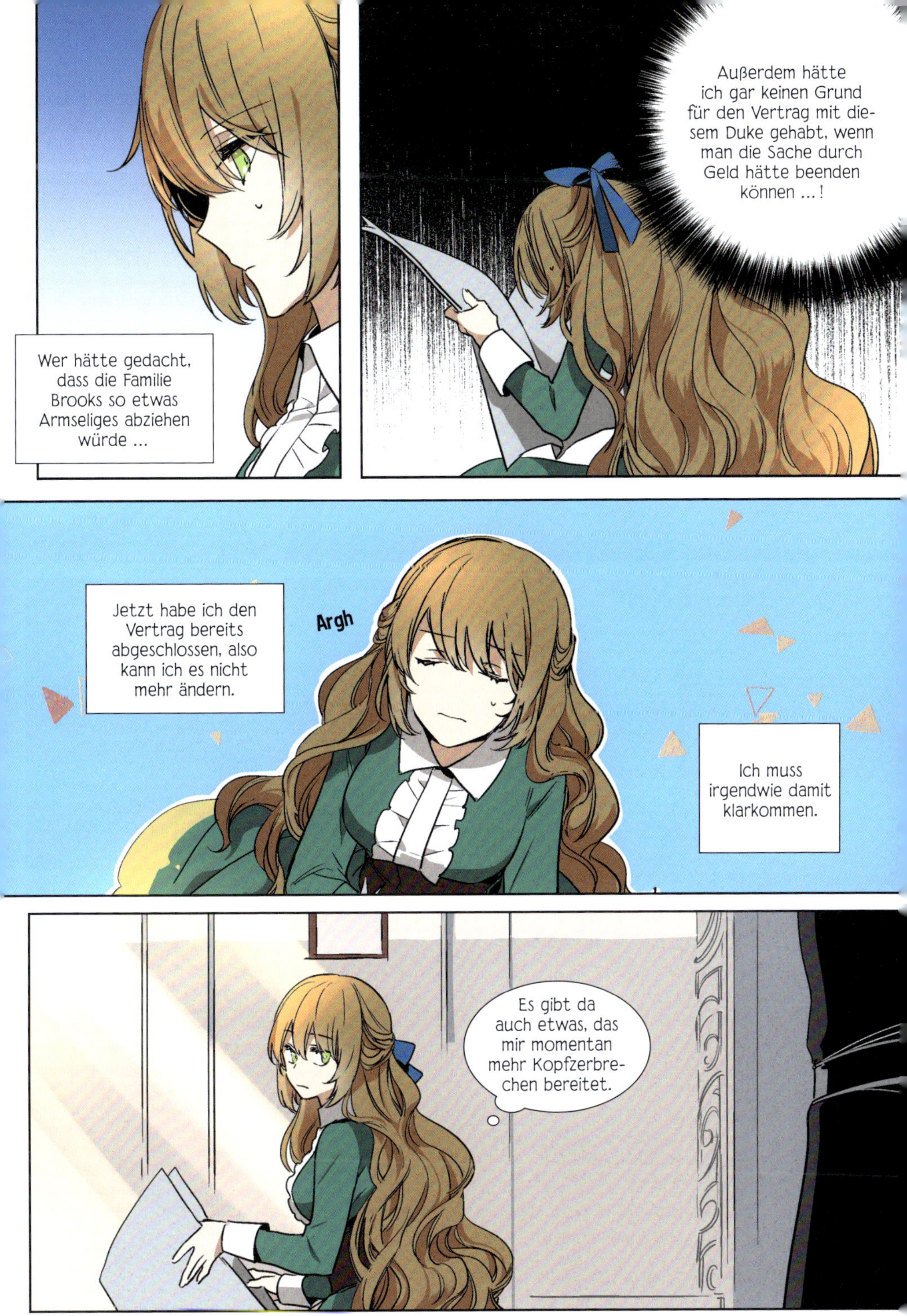
Außerdem hätte ich gar keinen Grund für den Vertrag mit diesem Duke gehabt, wenn man die Sache durch Geld hätte beenden können ...!
Wer hätte gedacht, dass die Familie Brooks so etwas Armseliges abziehen würde ...
Jetzt habe ich den Vertrag bereits abgeschlossen, also kann ich es nicht mehr ändern.
Argh
Ich muss irgendwie damit klarkommen.
Es gibt da auch etwas, das mir momentan mehr Kopfzerbrechen bereitet.

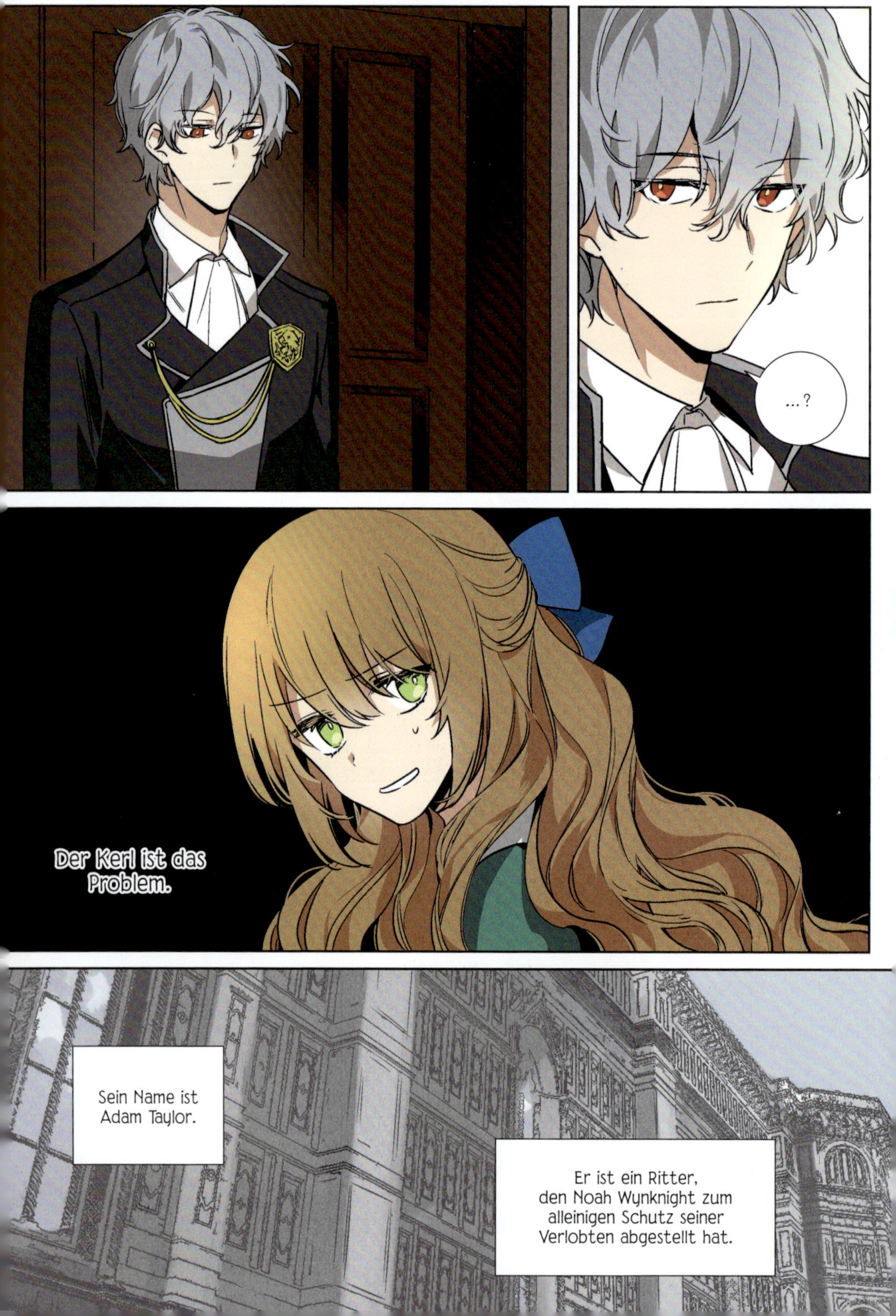
...?
Der Kerl ist das Problem.
Sein Name ist Adam Taylor.
Er ist ein Ritter, den Noah Wynknight zum alleinigen Schutz seiner Verlobten abgestellt hat.

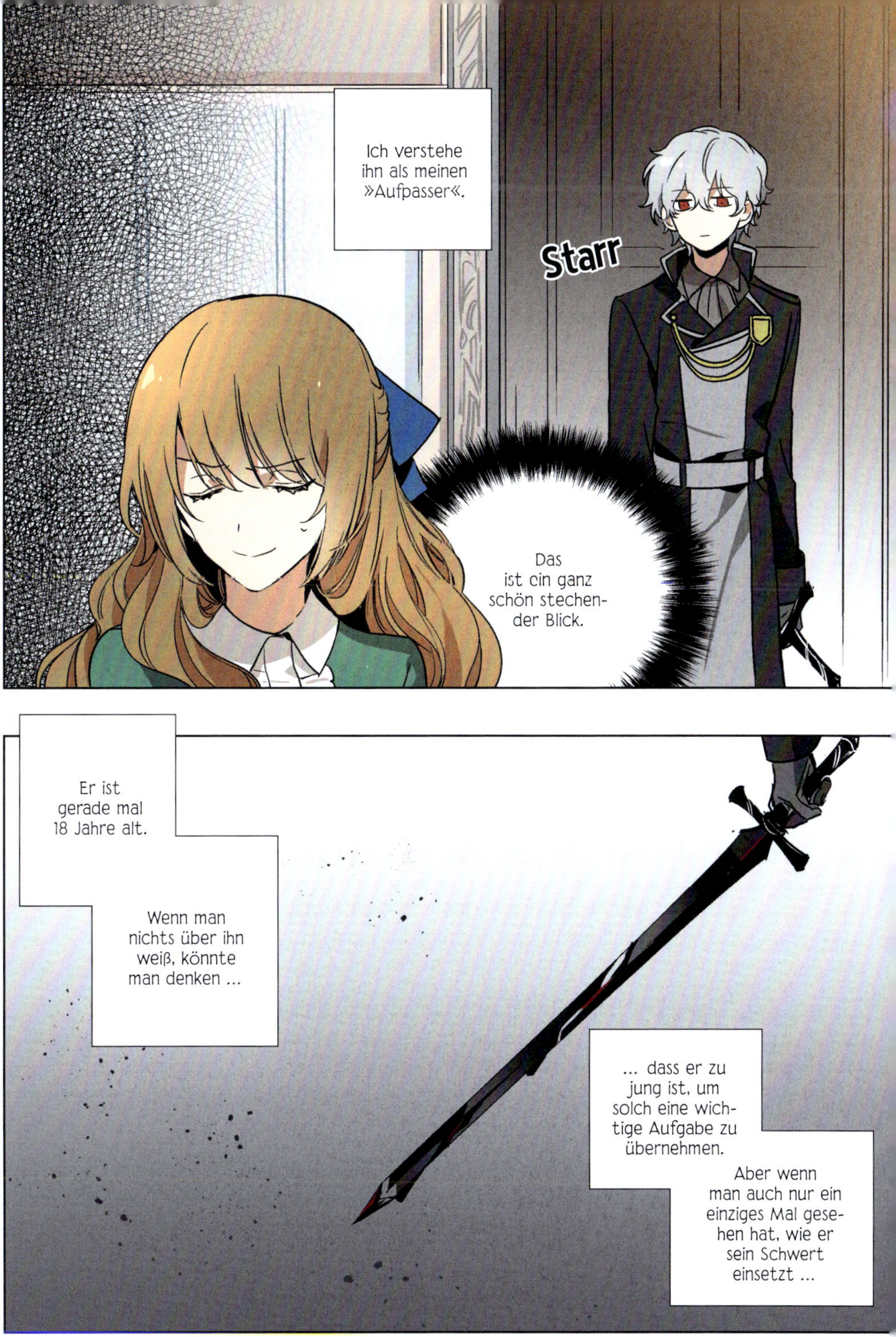
Ich verstehe ihn als meinen »Aufpasser«.
Starr
Das ist ein ganz schön stechender Blick.
Er ist gerade mal 18 Jahre alt.
Wenn man nichts über ihn weiß, könnte man denken …
… dass er zu jung ist, um solch eine wichtige Aufgabe zu übernehmen.
Aber wenn man auch nur ein einziges Mal gesehen hat, wie er sein Schwert einsetzt …

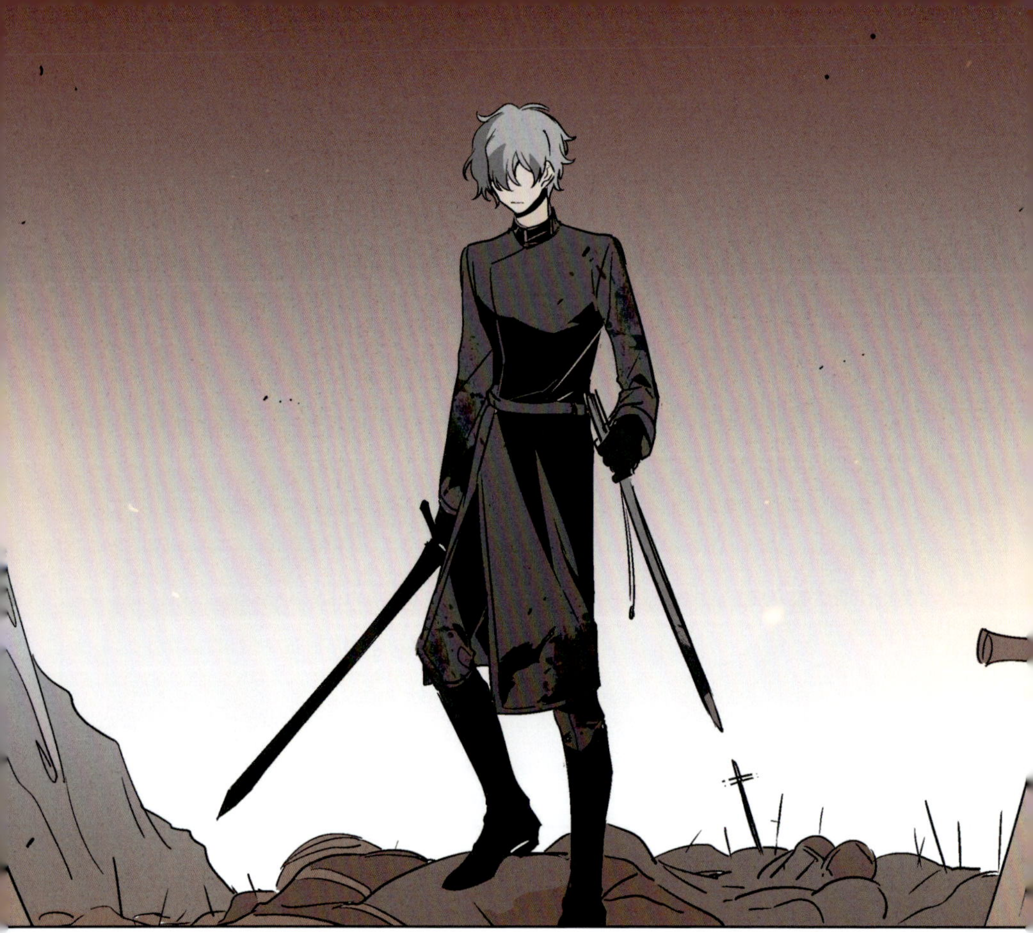

... würde man nicht mehr denken, dass er zu jung ist.

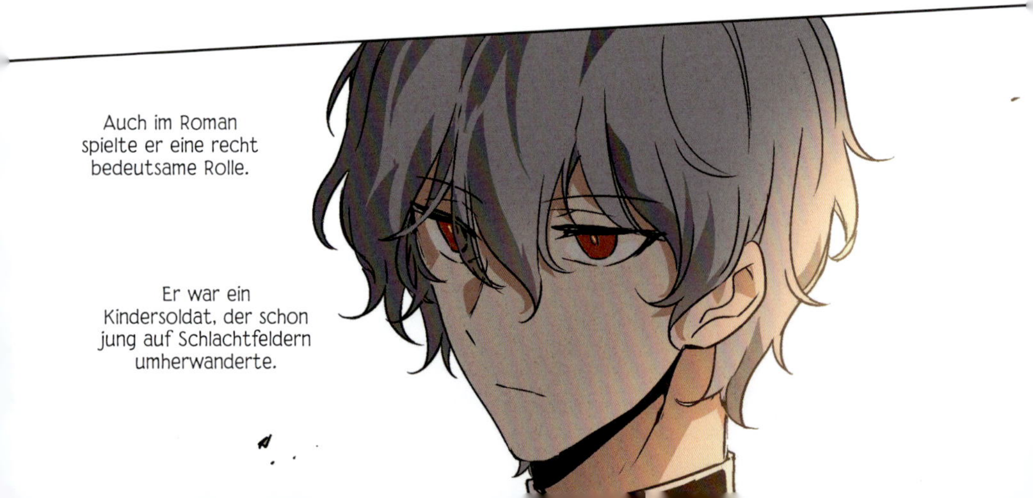

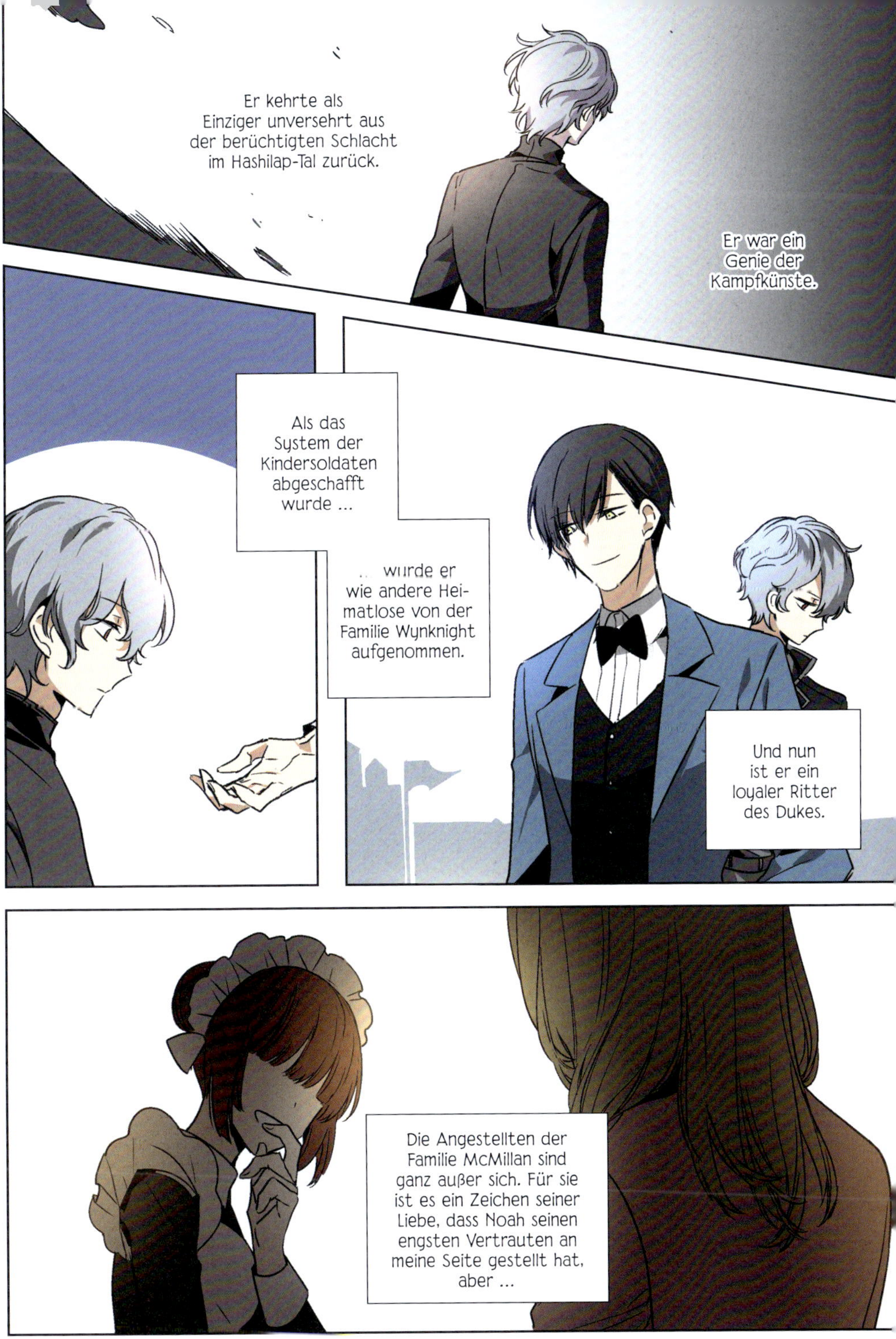

Er kehrte als Einziger unversehrt aus der berüchtigten Schlacht im Hashilap-Tal zurück.
Er war ein Genie der Kampfkünste.
Als das System der Kindersoldaten abgeschafft wurde ...
... wurde er wie andere Heimatlose von der Familie Wynknight aufgenommen.
Und nun ist er ein loyaler Ritter des Dukes.
Die Angestellten der Familie McMillan sind ganz außer sich. Für sie ist es ein Zeichen seiner Liebe, dass Noah seinen engsten Vertrauten an meine Seite gestellt hat, aber ...

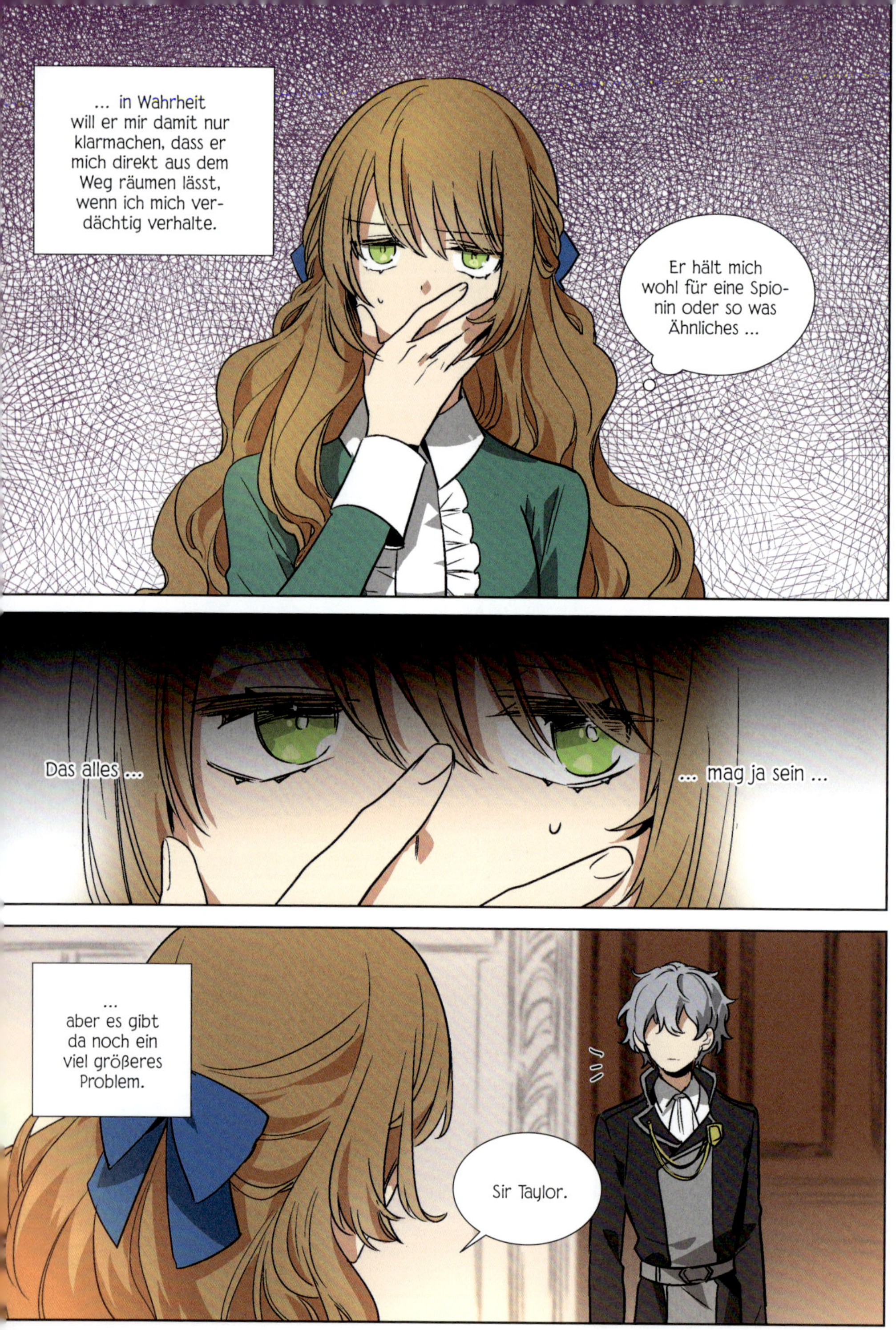
... in Wahrheit will er mir damit nur klarmachen, dass er mich direkt aus dem Weg räumen lässt, wenn ich mich verdächtig verhalte.
Er hält mich wohl für eine Spionin oder so was Ähnliches ...
Das alles ...
... mag ja sein ...
... aber es gibt da noch ein viel größeres Problem.
Sir Taylor.

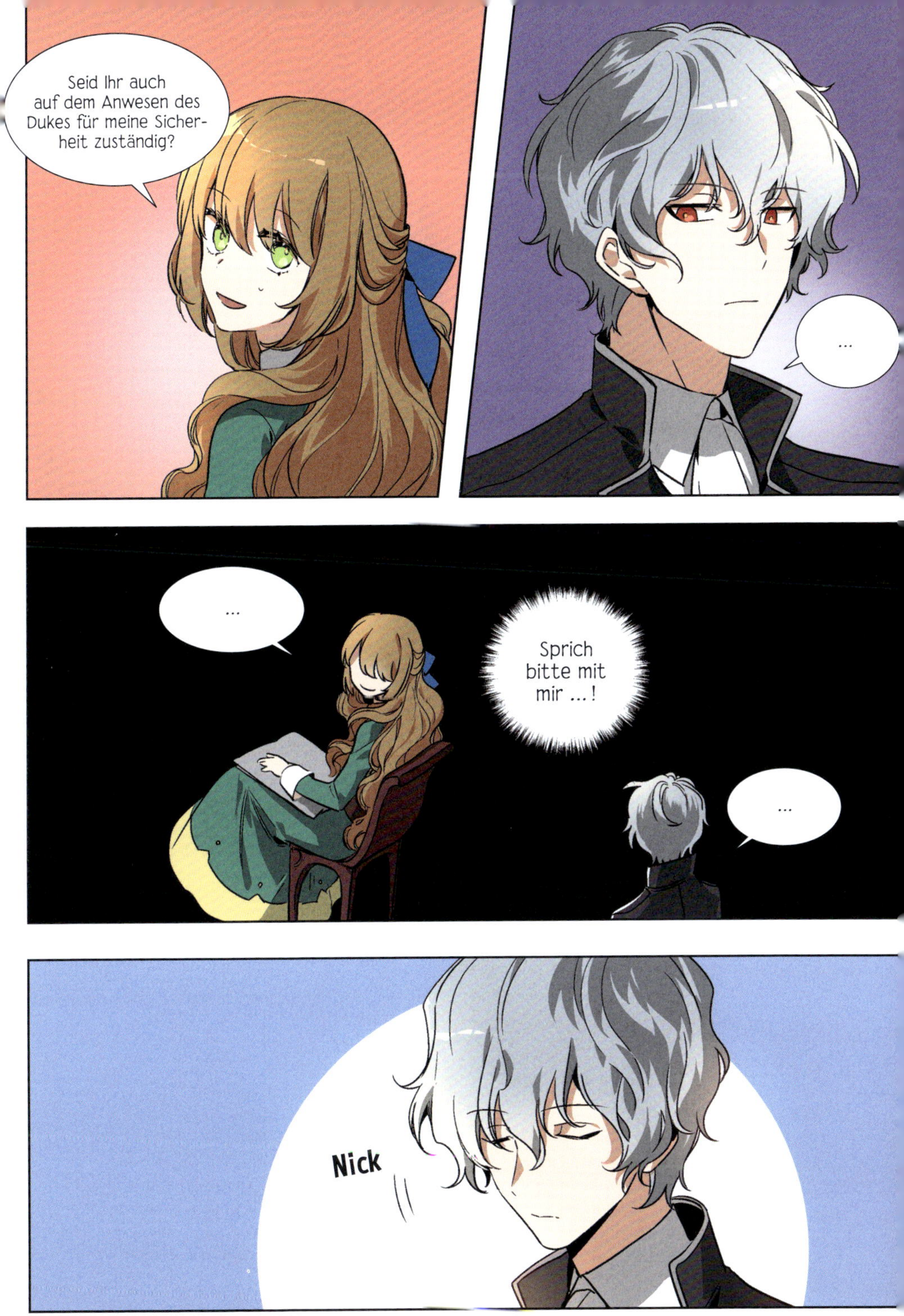
Seid Ihr auch auf dem Anwesen des Dukes für meine Sicherheit zuständig?
...
...
Sprich bitte mit mir ...!
...
Nick

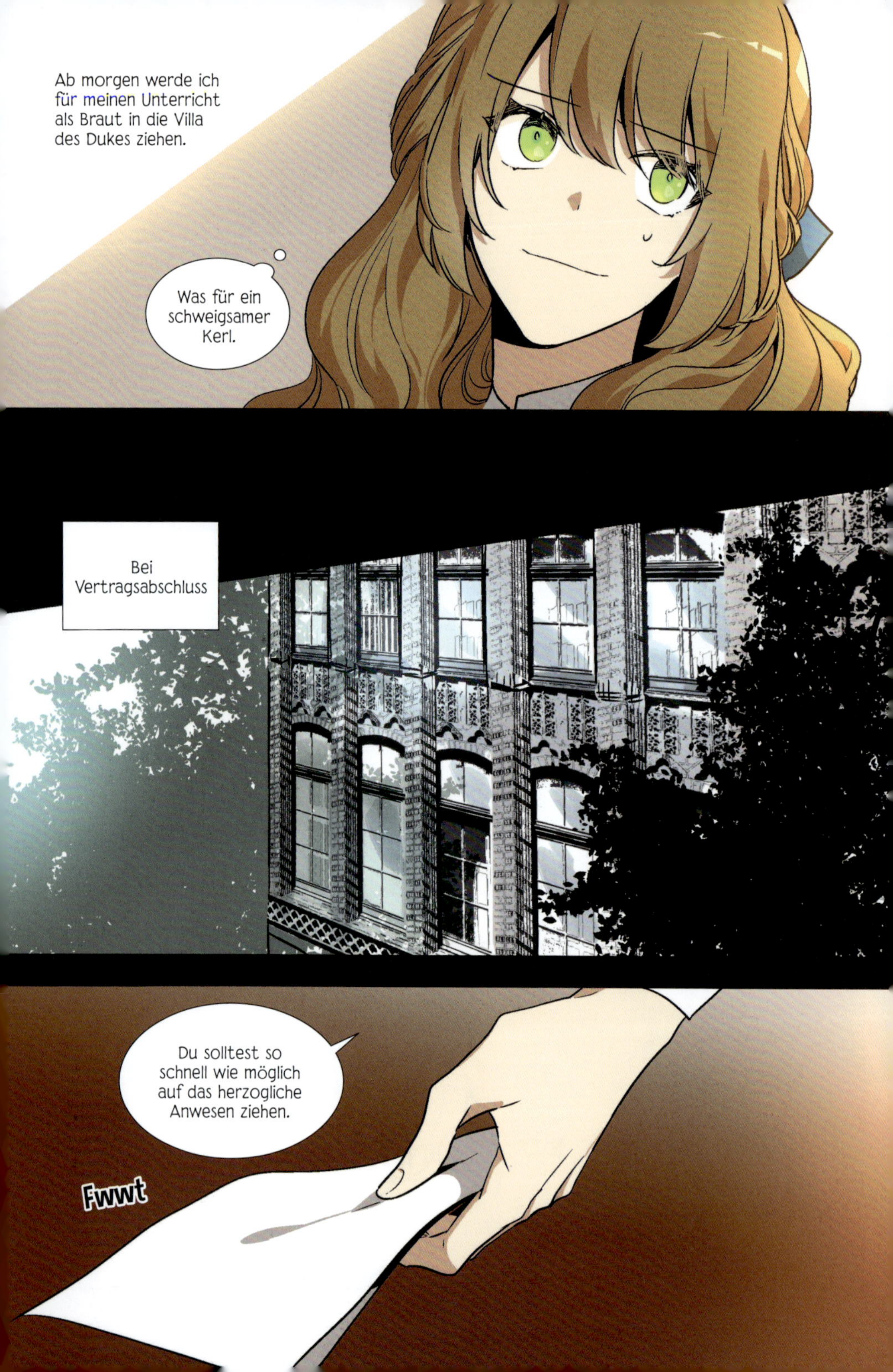
Ab morgen werde ich für meinen Unterricht als Braut in die Villa des Dukes ziehen.
Was für ein schweigsamer Kerl.
Bei Vertragsabschluss
Du solltest so schnell wie möglich auf das herzogliche Anwesen ziehen.
Fwwt

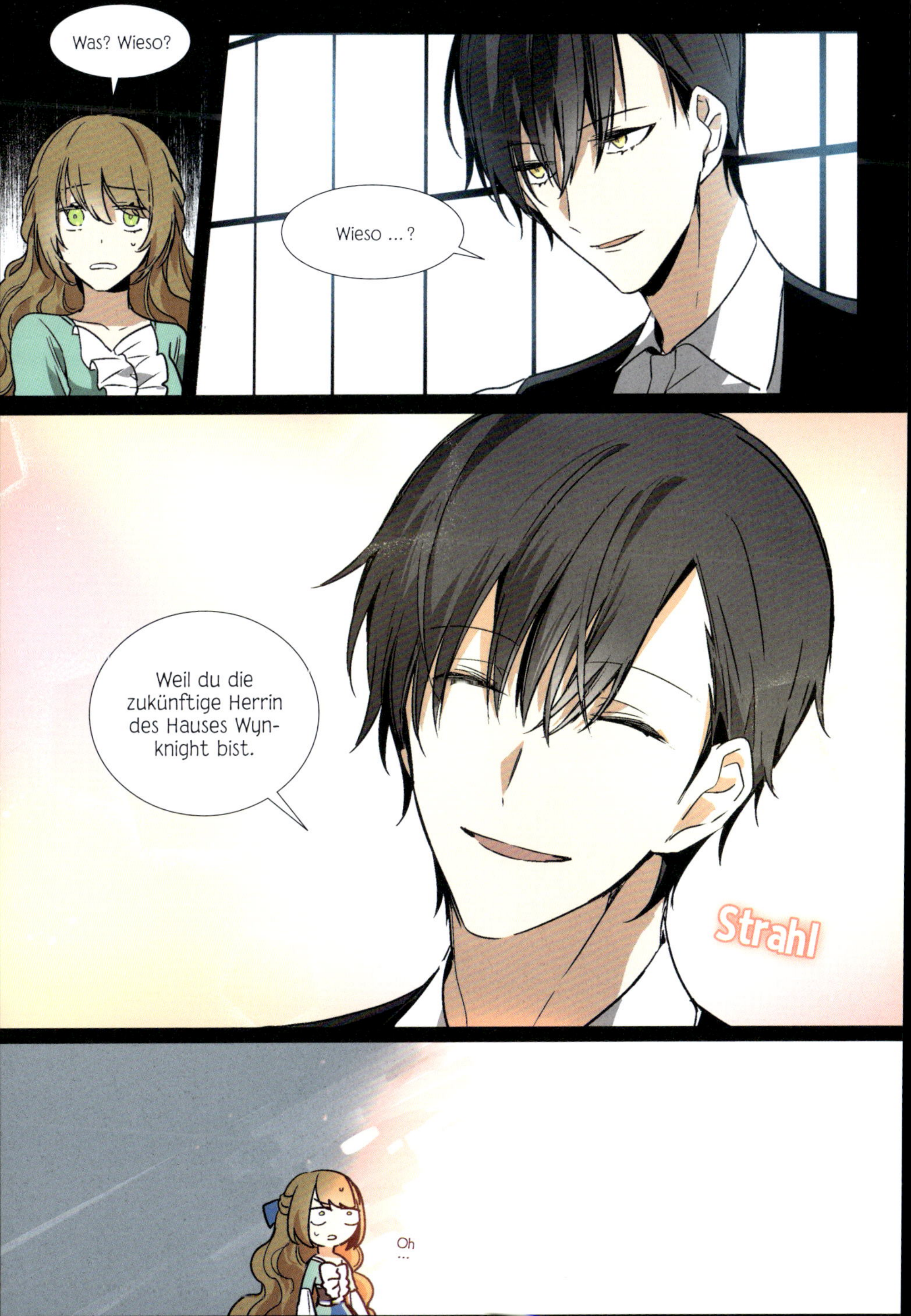
Was? Wieso?
Wieso ...?
Weil du die zukünftige Herrin des Hauses Wyn-knight bist.
Strahl
Oh ...

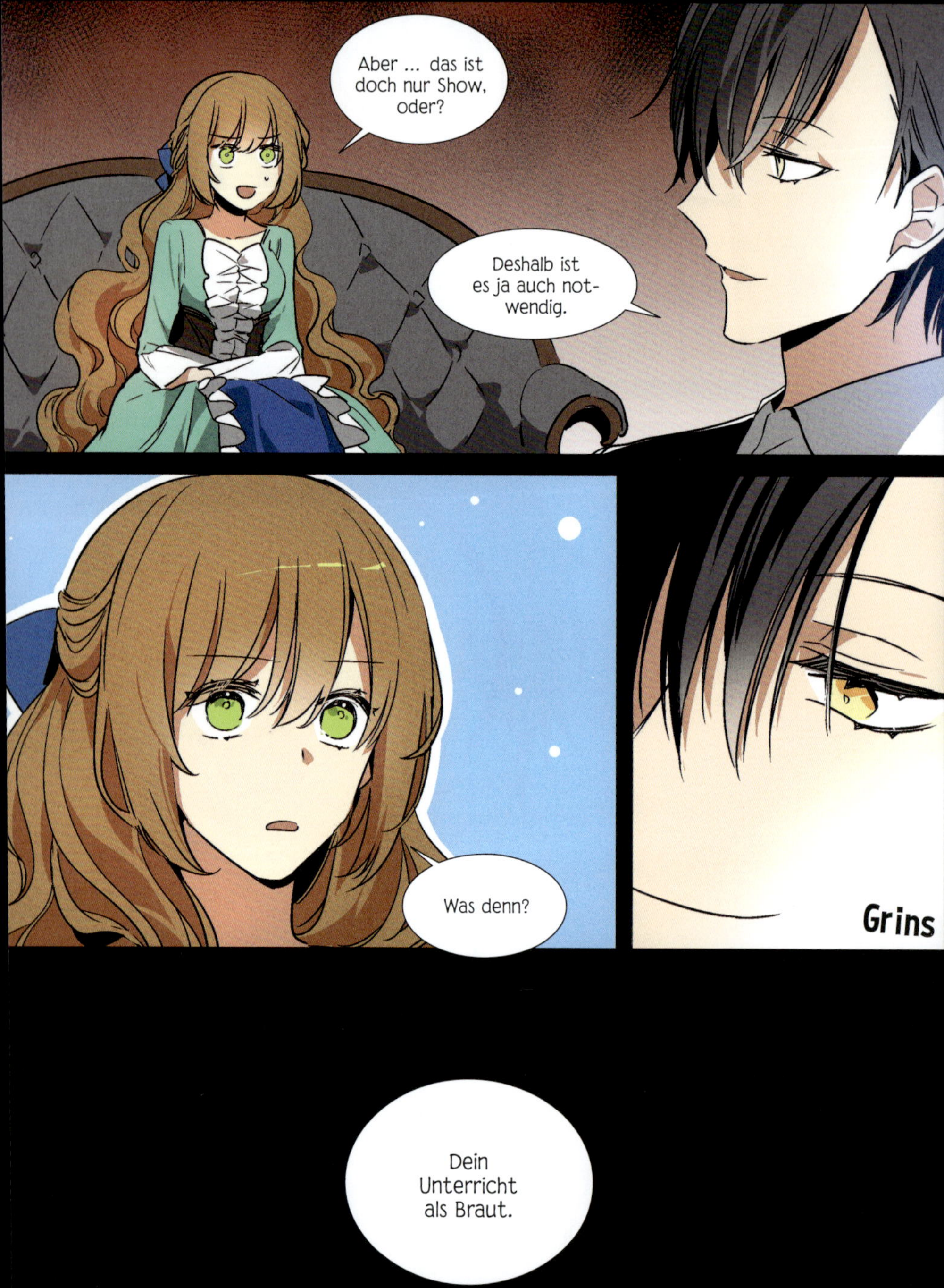
Aber ... das ist doch nur Show, oder?
Deshalb ist es ja auch notwendig.
Was denn?
Grins
Dein Unterricht als Braut.

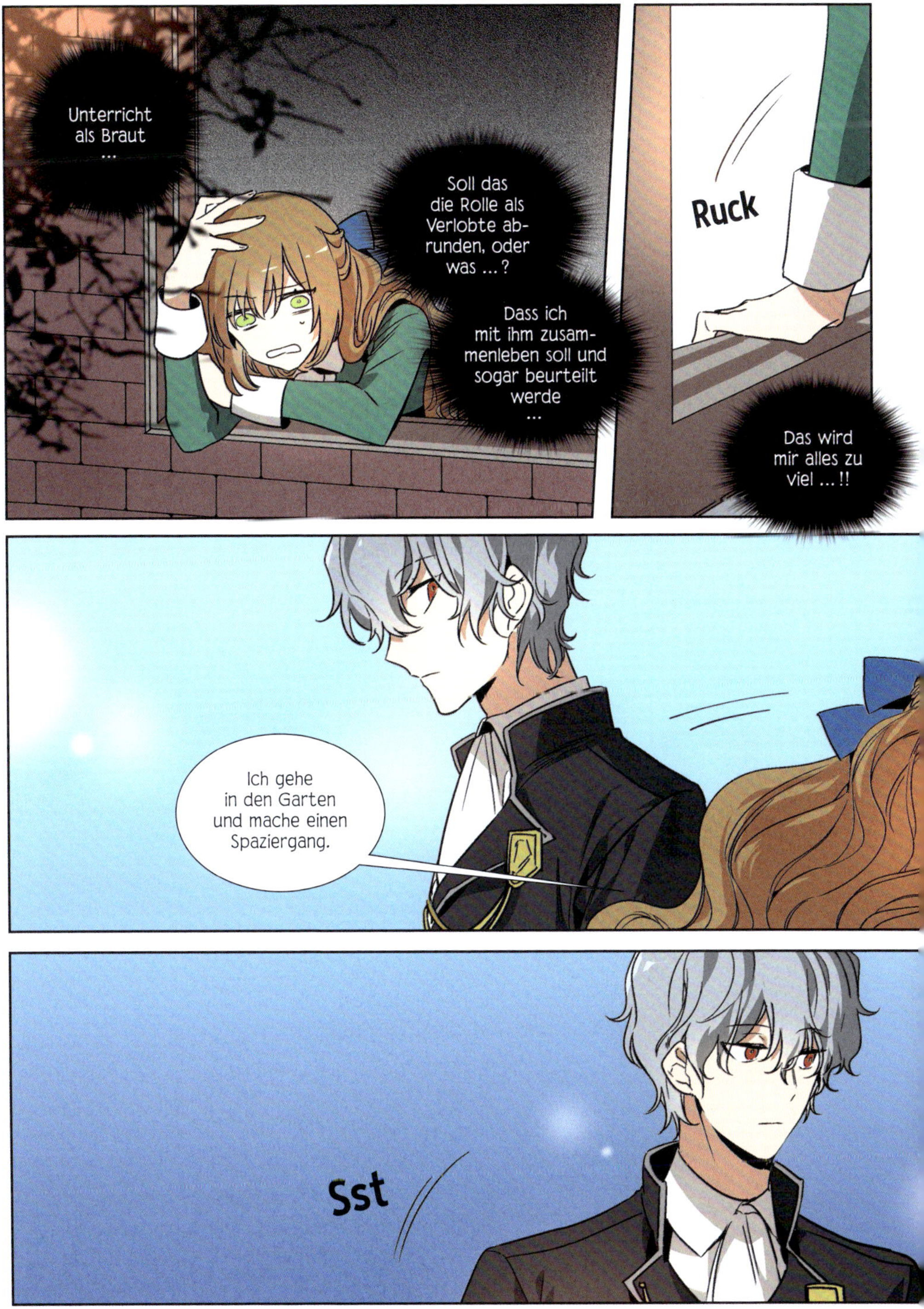
Unterricht als Braut …
Soll das die Rolle als Verlobte abrunden, oder was … ?
Dass ich mit ihm zusammenleben soll und sogar beurteilt werde …
Ruck
Das wird mir alles zu viel … !!
Ich gehe in den Garten und mache einen Spaziergang.
Sst

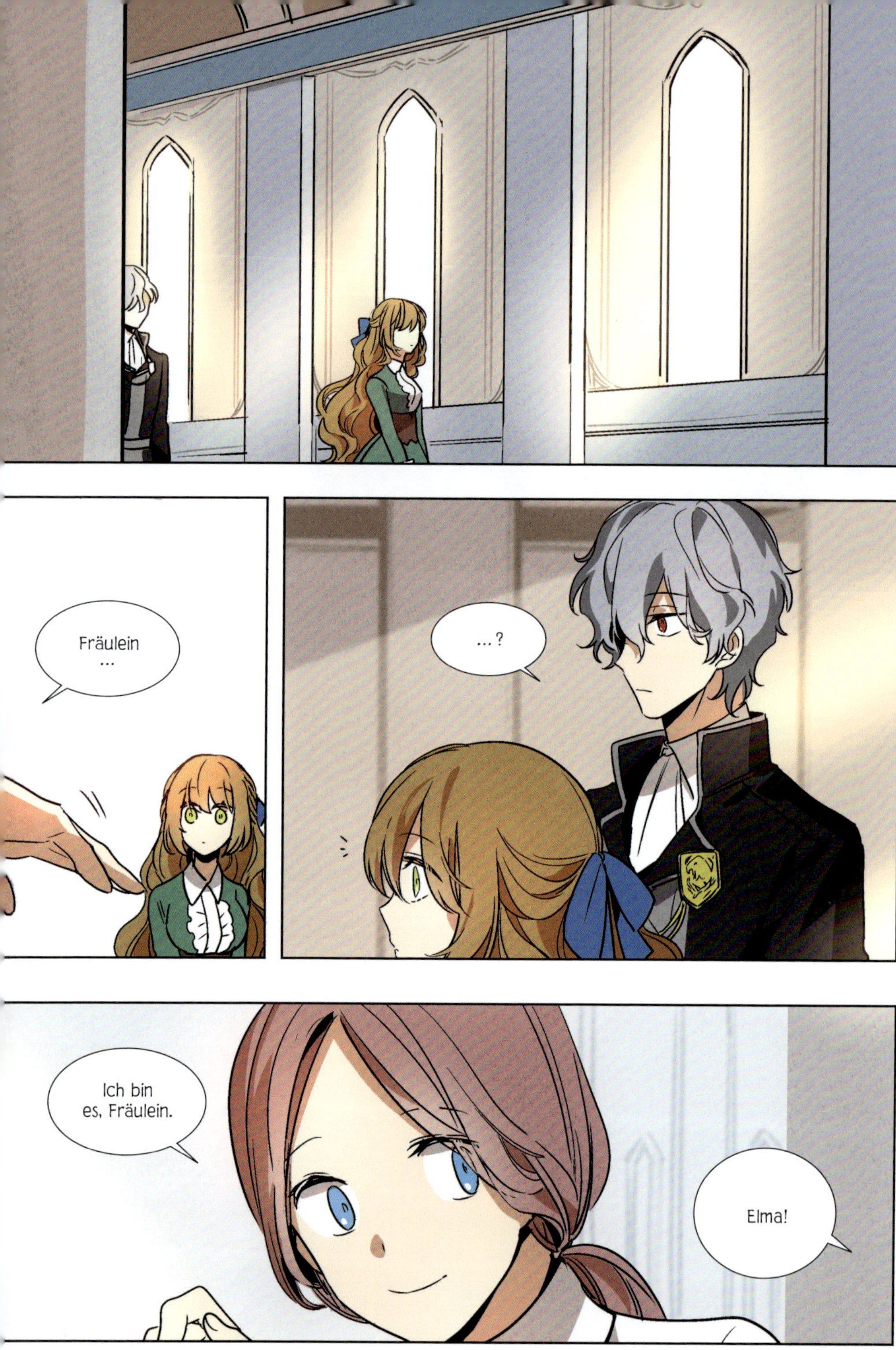
Fräulein
…
…?
Ich bin
es, Fräulein.
Elma!

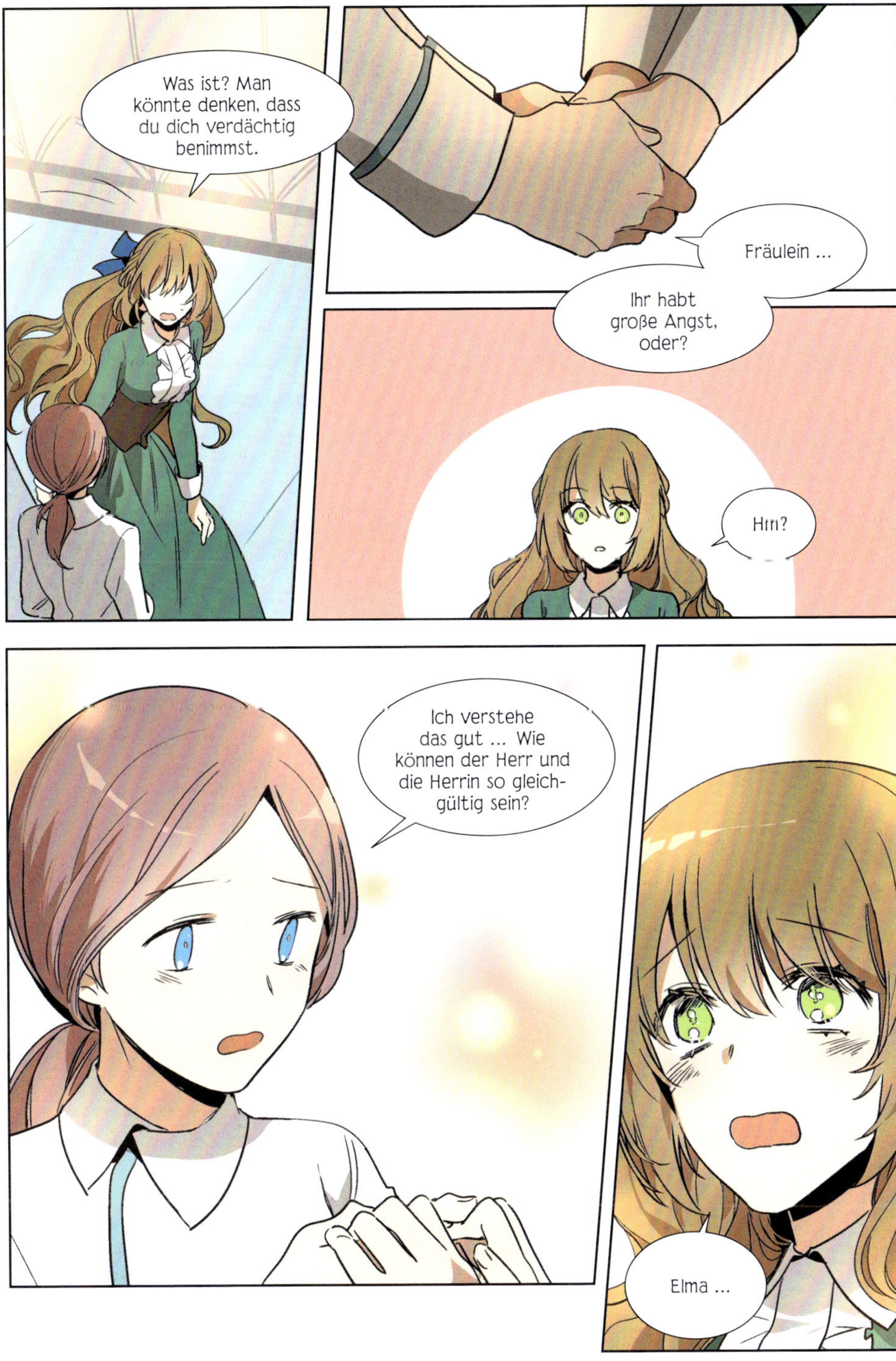
Was ist? Man könnte denken, dass du dich verdächtig benimmst.
Fräulein ...
Ihr habt große Angst, oder?
Hm?
Ich verstehe das gut ... Wie können der Herr und die Herrin so gleichgültig sein?
Elma ...

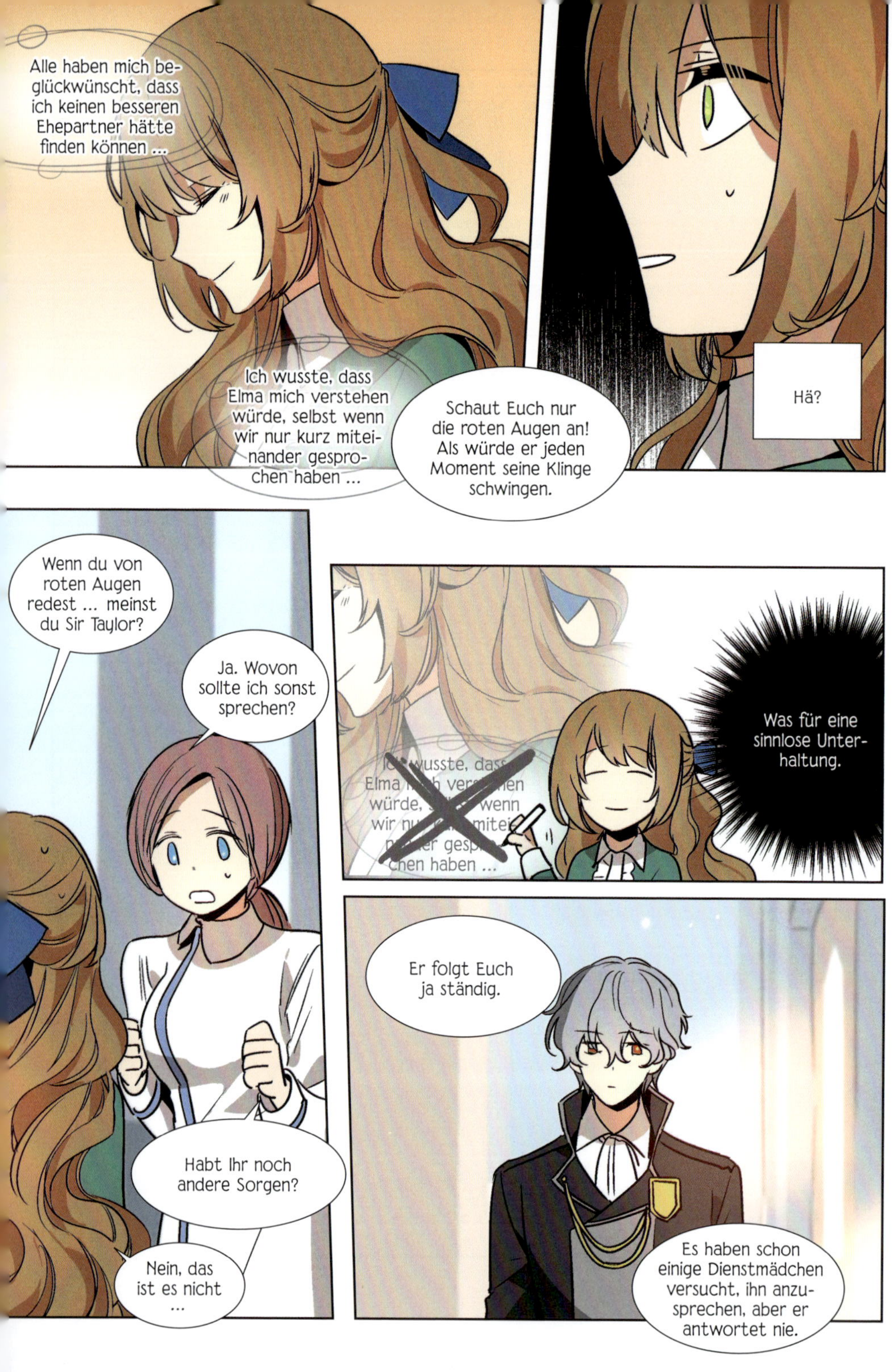
Alle haben mich beglückwünscht, dass ich keinen besseren Ehepartner hätte finden können ...
Ich wusste, dass Elma mich verstehen würde, selbst wenn wir nur kurz miteinander gesprochen haben ...
Schaut Euch nur die roten Augen an! Als würde er jeden Moment seine Klinge schwingen.
Hä?
Wenn du von roten Augen redest ... meinst du Sir Taylor?
Ja. Wovon sollte ich sonst sprechen?
Was für eine sinnlose Unterhaltung.
Er folgt Euch ja ständig.
Es haben schon einige Dienstmädchen versucht, ihn anzusprechen, aber er antwortet nie.
Habt Ihr noch andere Sorgen?
Nein, das ist es nicht ...

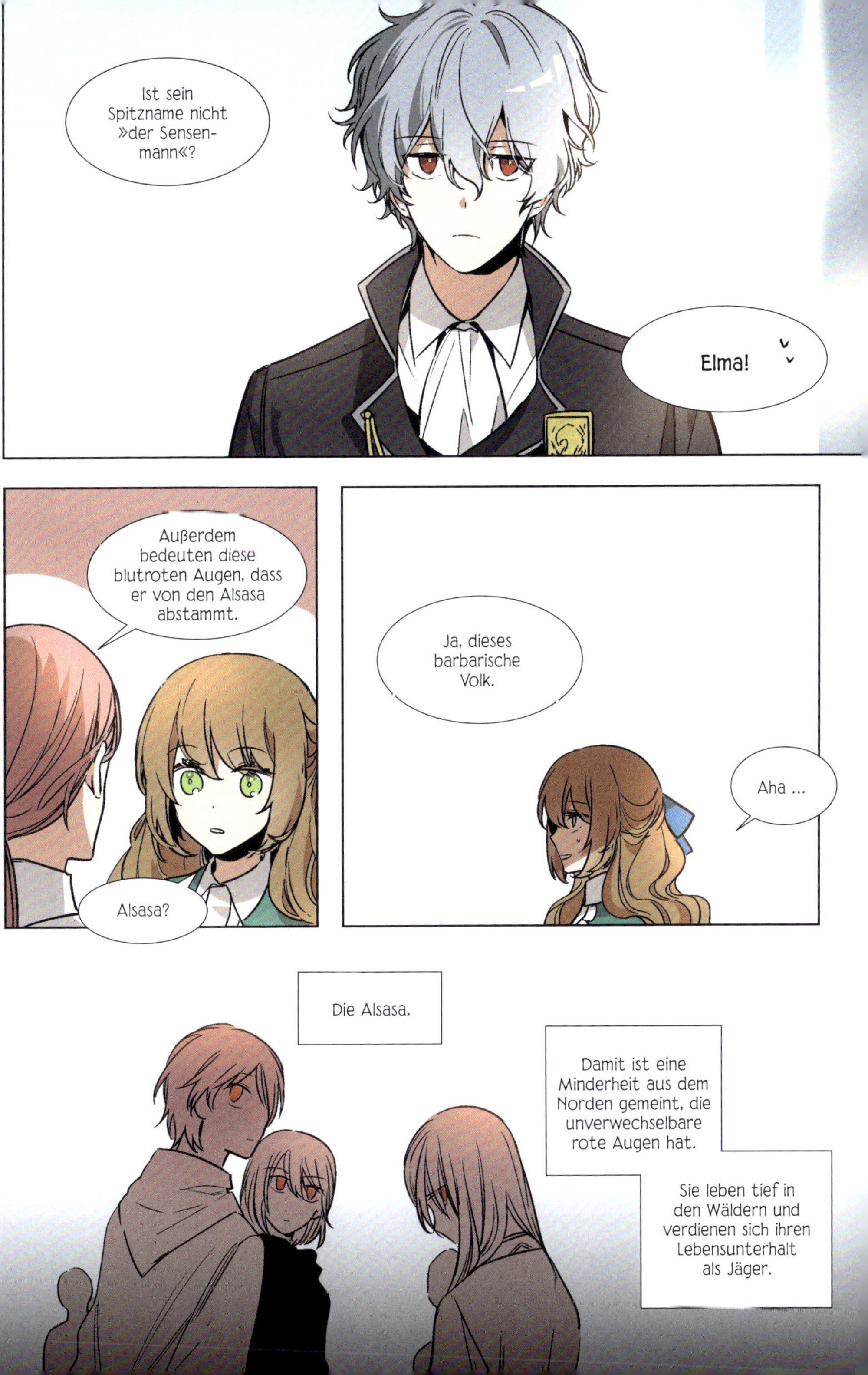
Ist sein Spitzname nicht »der Sensenmann«?
Elma!
Außerdem bedeuten diese blutroten Augen, dass er von den Alsasa abstammt.
Alsasa?
Ja, dieses barbarische Volk.
Aha ...
Die Alsasa.
Damit ist eine Minderheit aus dem Norden gemeint, die unverwechselbare rote Augen hat.
Sie leben tief in den Wäldern und verdienen sich ihren Lebensunterhalt als Jäger.

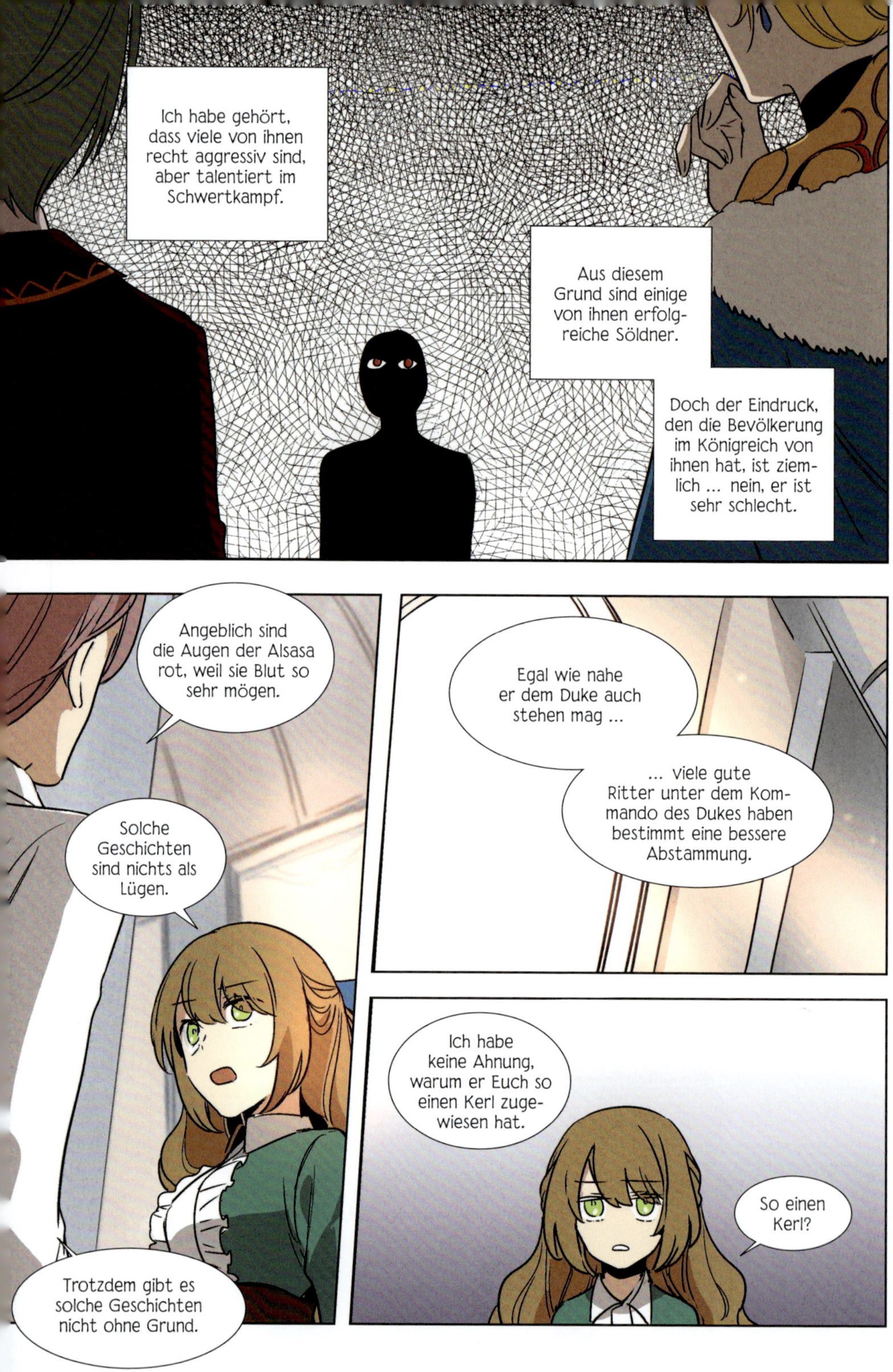
Ich habe gehört, dass viele von ihnen recht aggressiv sind, aber talentiert im Schwertkampf.
Aus diesem Grund sind einige von ihnen erfolgreiche Söldner.
Doch der Eindruck, den die Bevölkerung im Königreich von ihnen hat, ist ziemlich ... nein, er ist sehr schlecht.
Angeblich sind die Augen der Alsasa rot, weil sie Blut so sehr mögen.
Solche Geschichten sind nichts als Lügen.
Trotzdem gibt es solche Geschichten nicht ohne Grund.
Egal wie nahe er dem Duke auch stehen mag ...
... viele gute Ritter unter dem Kommando des Dukes haben bestimmt eine bessere Abstammung.
Ich habe keine Ahnung, warum er Euch so einen Kerl zugewiesen hat.
So einen Kerl?

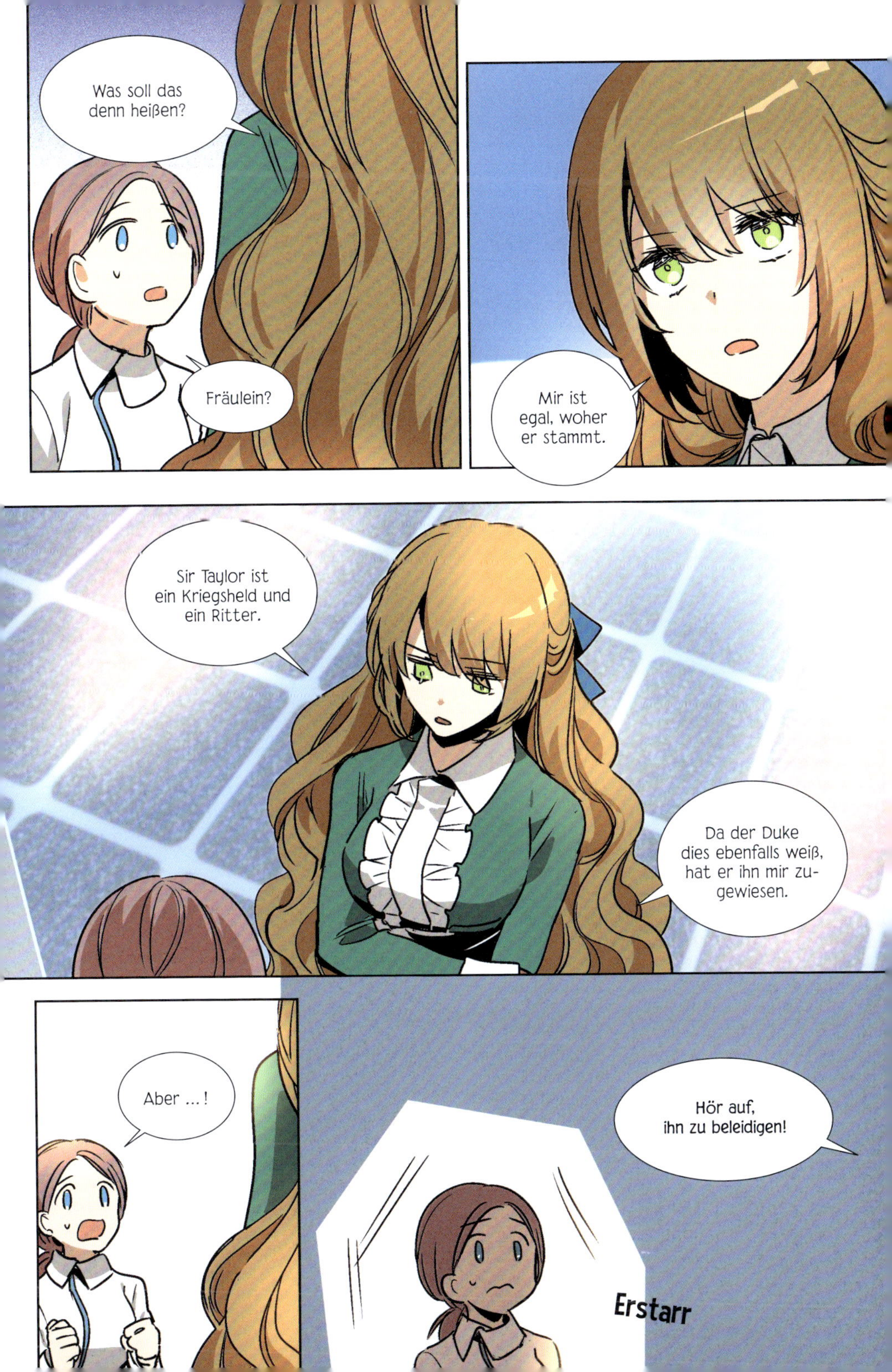
Was soll das denn heißen?
Fräulein?
Mir ist egal, woher er stammt.
Sir Taylor ist ein Kriegsheld und ein Ritter.
Da der Duke dies ebenfalls weiß, hat er ihn mir zugewiesen.
Aber ... !
Hör auf, ihn zu beleidigen!
Erstarr

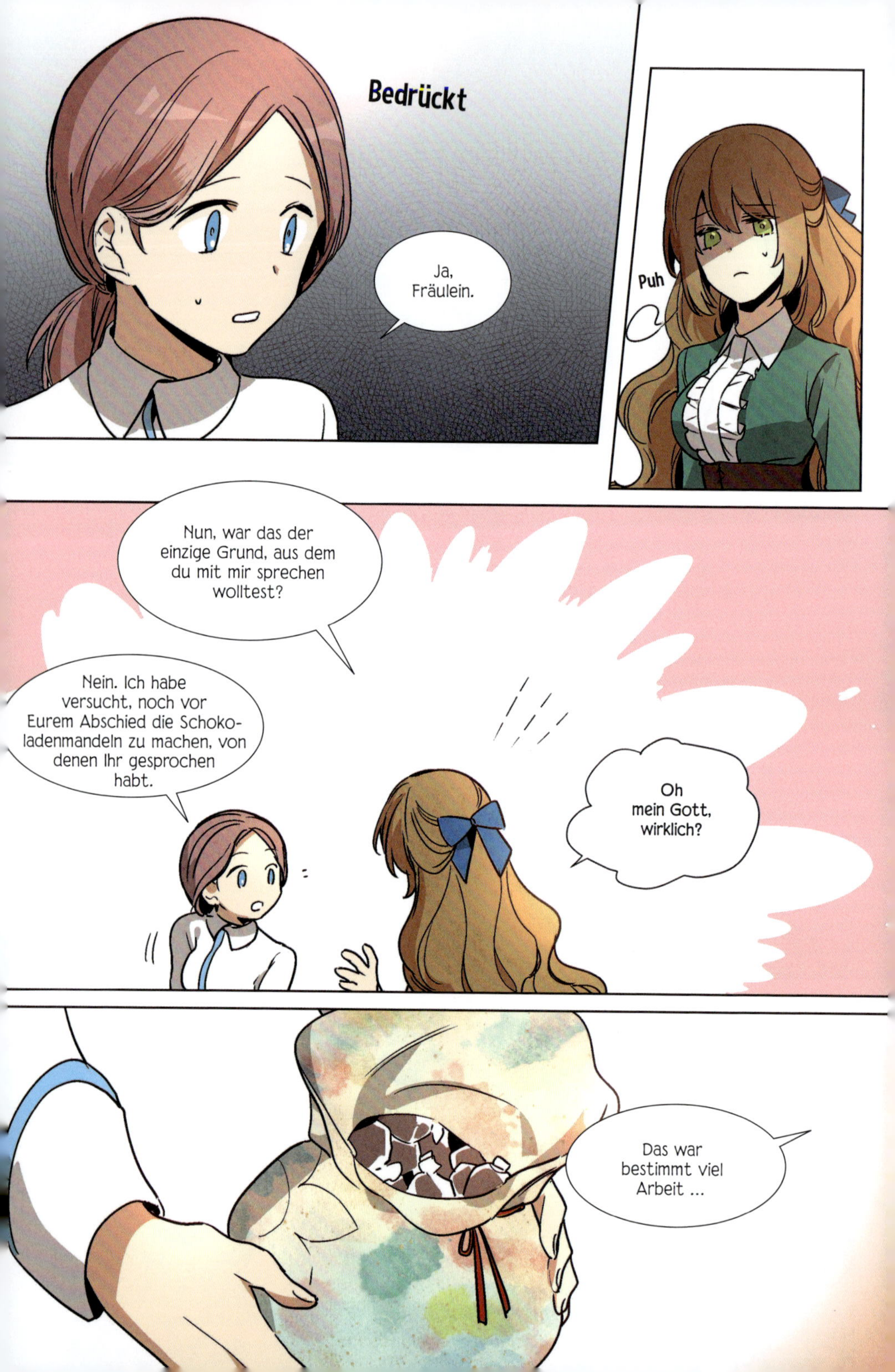
Bedrückt
Ja, Fräulein.
Puh
Nun, war das der einzige Grund, aus dem du mit mir sprechen wolltest?
Nein. Ich habe versucht, noch vor Eurem Abschied die Schokoladenmandeln zu machen, von denen Ihr gesprochen habt.
Oh mein Gott, wirklich?
Das war bestimmt viel Arbeit ...

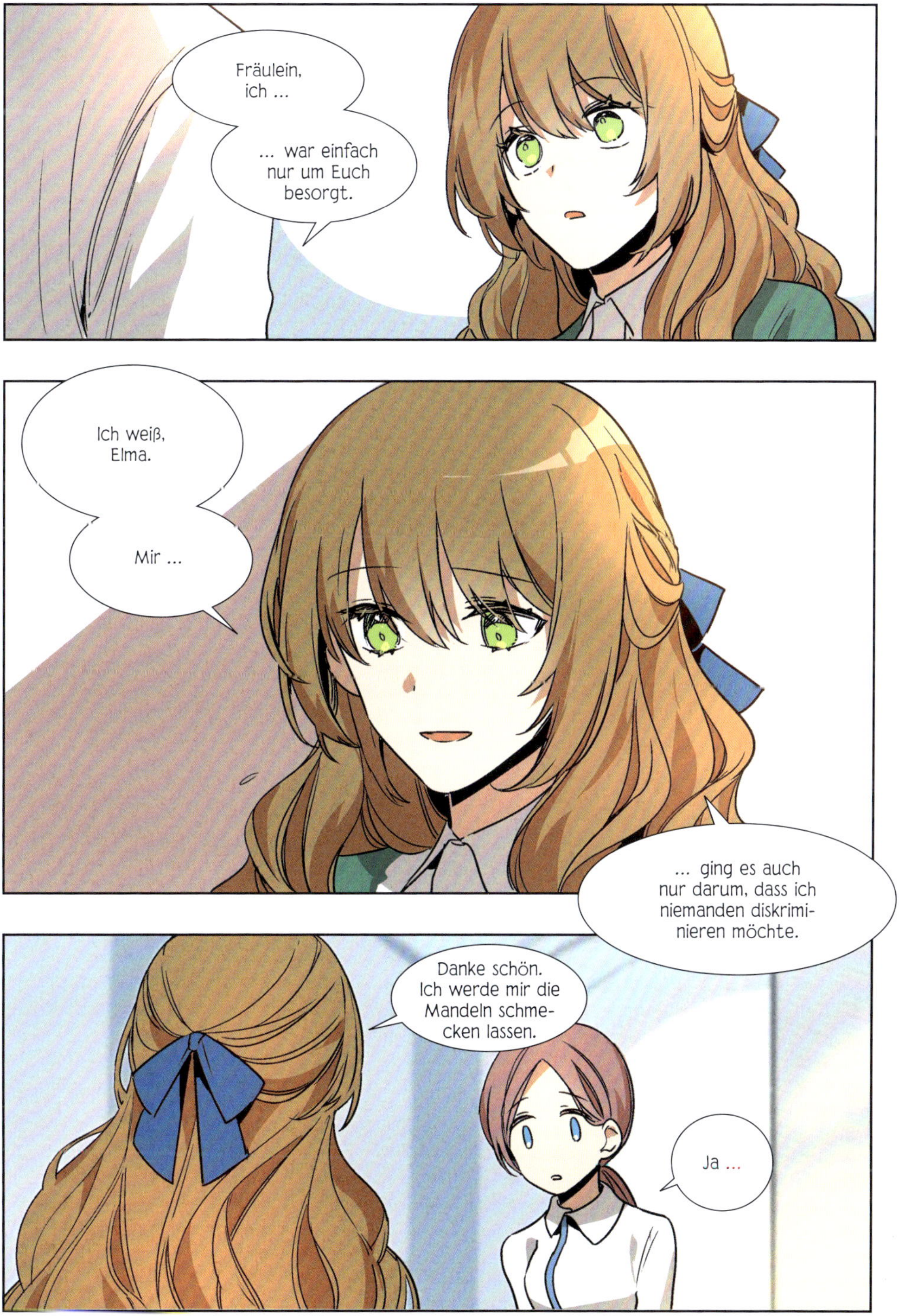
Fräulein, ich ...
... war einfach nur um Euch besorgt.
Ich weiß, Elma.
Mir ...
... ging es auch nur darum, dass ich niemanden diskriminieren möchte.
Danke schön. Ich werde mir die Mandeln schmecken lassen.
Ja ...

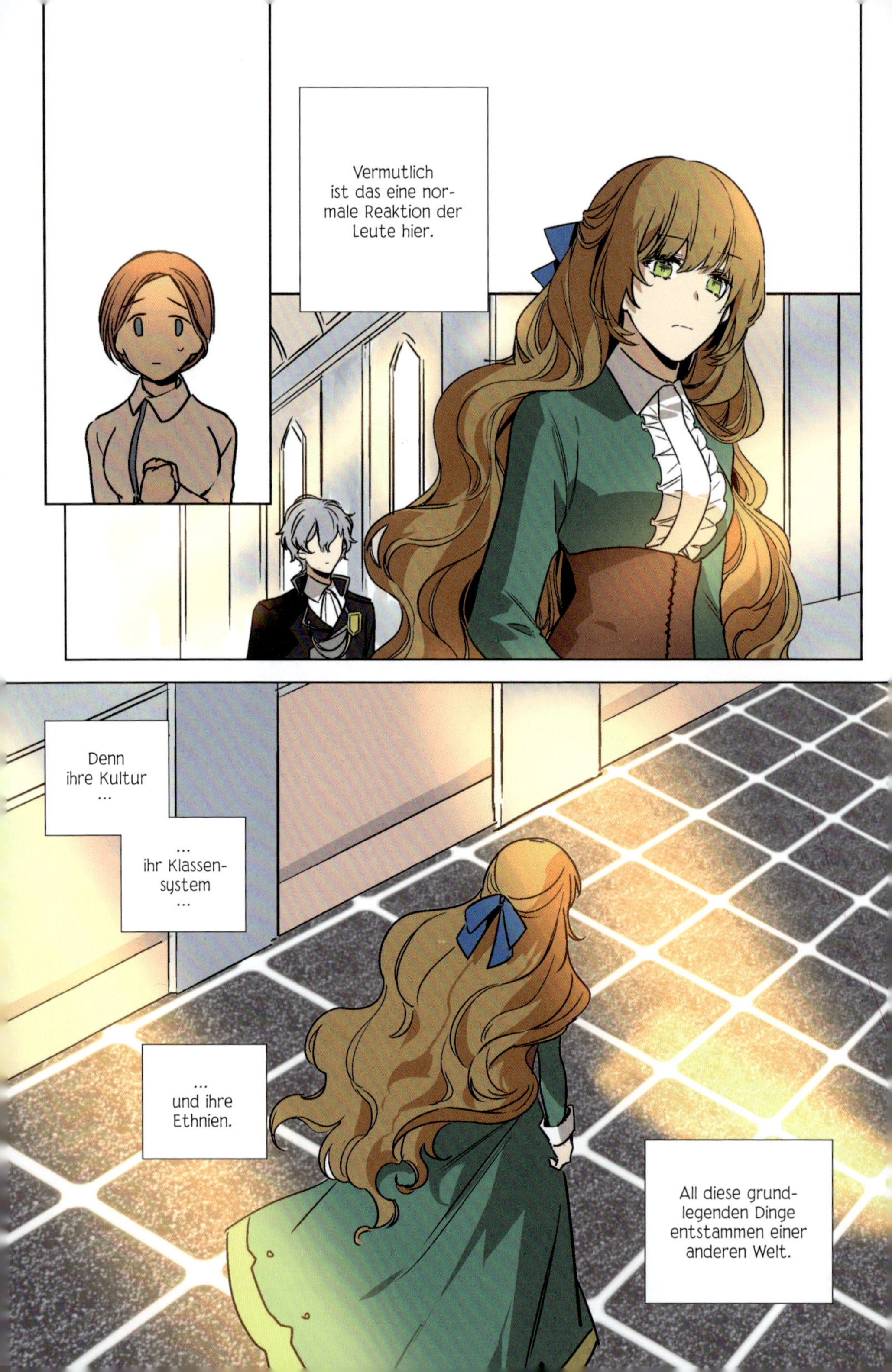
Vermutlich ist das eine normale Reaktion der Leute hier.
Denn ihre Kultur ...
... ihr Klassensystem ...
... und ihre Ethnien.
All diese grundlegenden Dinge entstammen einer anderen Welt.

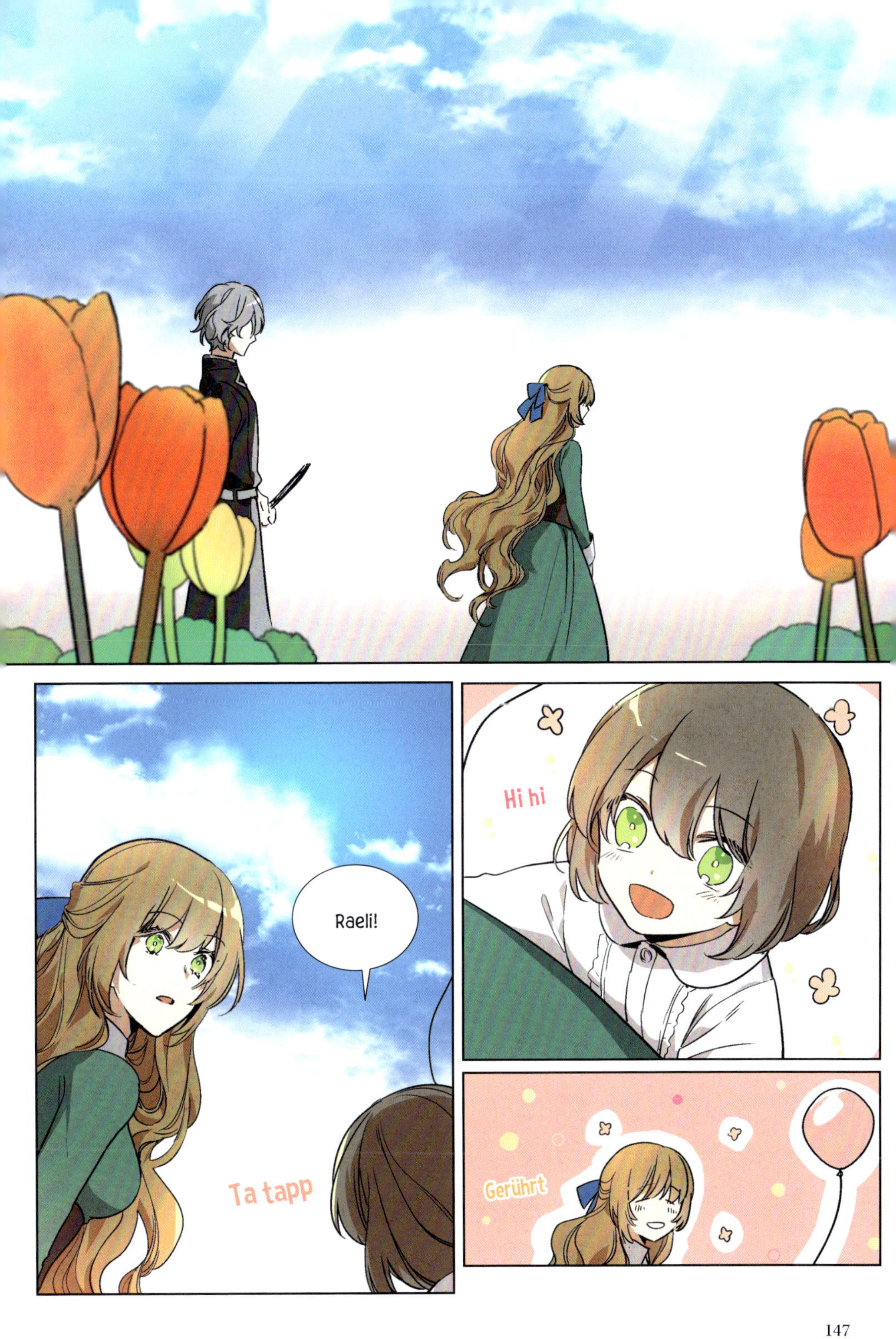
Raeli!
Ta tapp
Hi hi
Gerührt

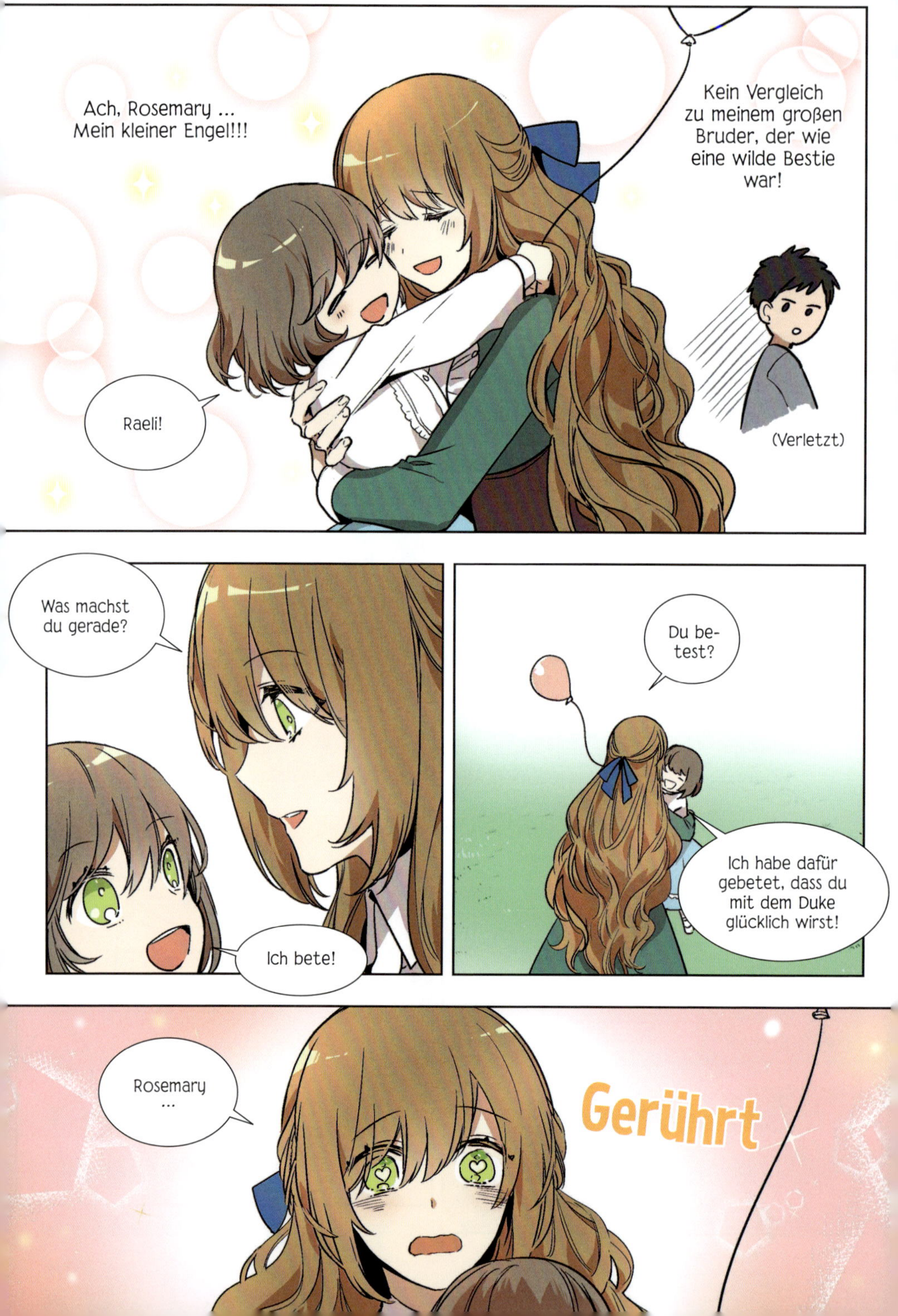
Ach, Rosemary ... Mein kleiner Engel!!!
Kein Vergleich zu meinem großen Bruder, der wie eine wilde Bestie war!
Raeli!
(Verletzt)
Was machst du gerade?
Ich bete!
Du be-test?
Ich habe dafür gebetet, dass du mit dem Duke glücklich wirst!
Rosemary ...
Gerührt

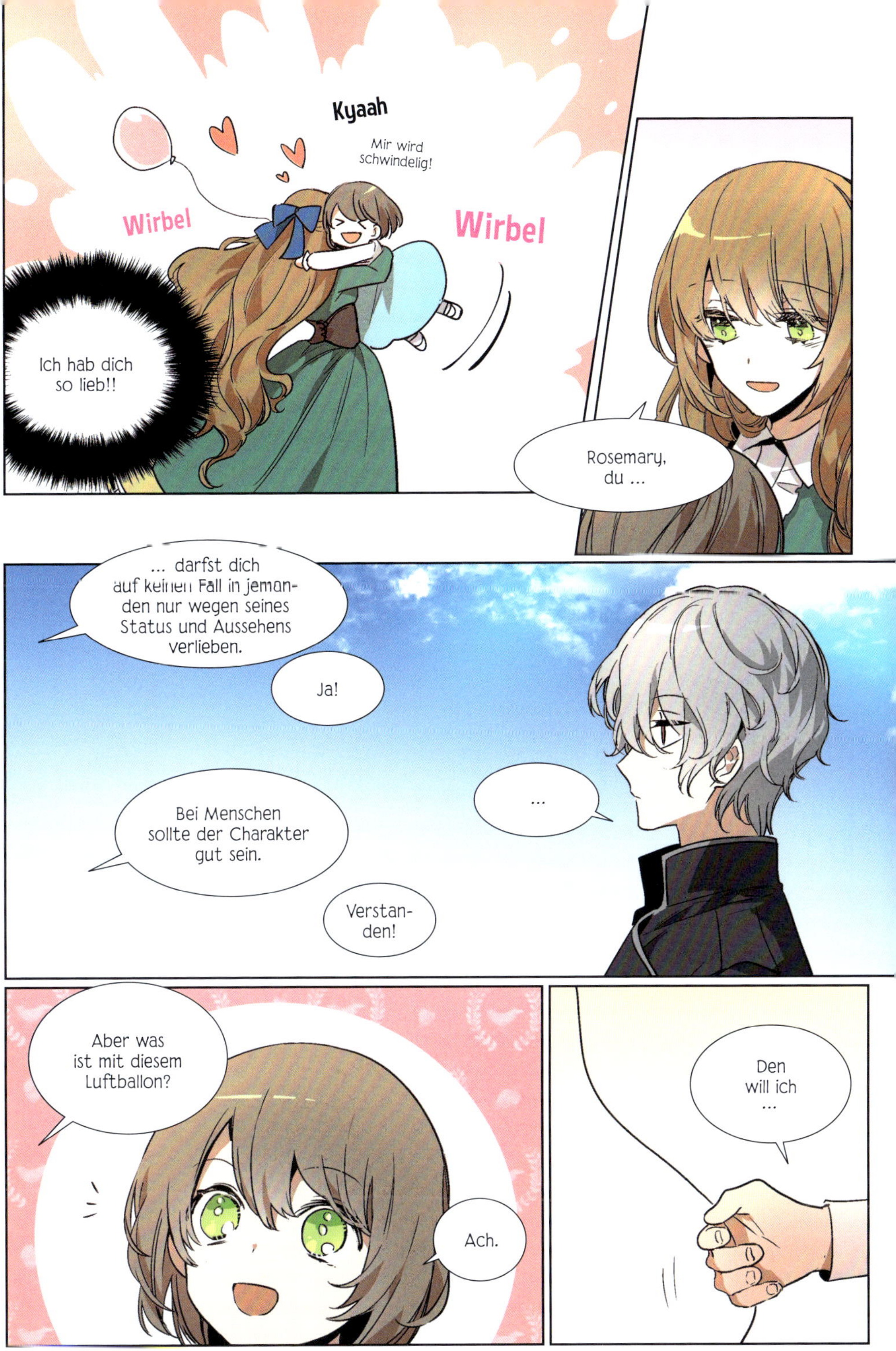
Kyaah
Mir wird schwindelig!
Wirbel
Wirbel
Ich hab dich so lieb!!
Rosemary, du ...
... darfst dich auf keinen Fall in jemanden nur wegen seines Status und Aussehens verlieben.
Ja!
...
Bei Menschen sollte der Charakter gut sein.
Verstanden!
Aber was ist mit diesem Luftballon?
Ach.
Den will ich ...

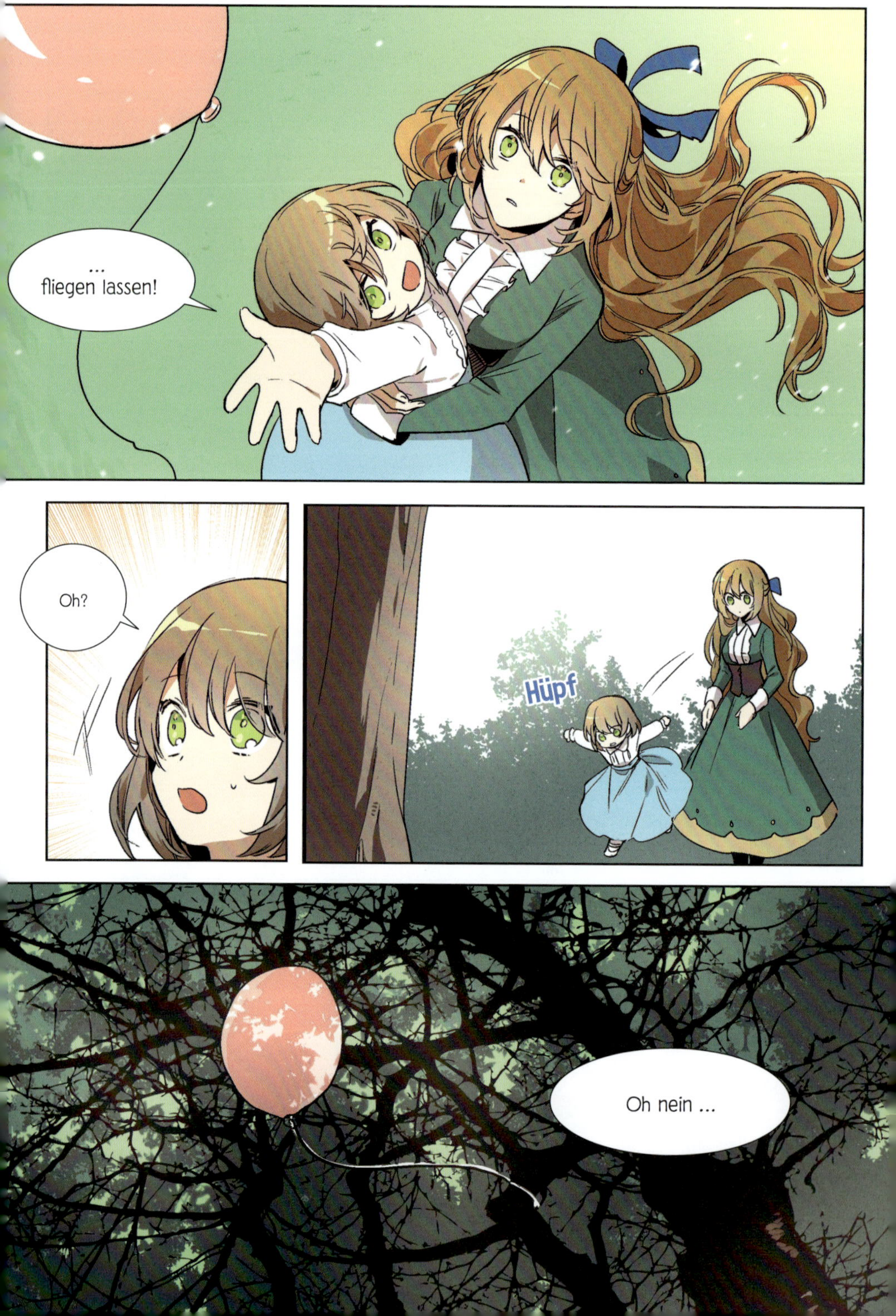
...
fliegen lassen!
Oh?
Hüpf
Oh nein ...

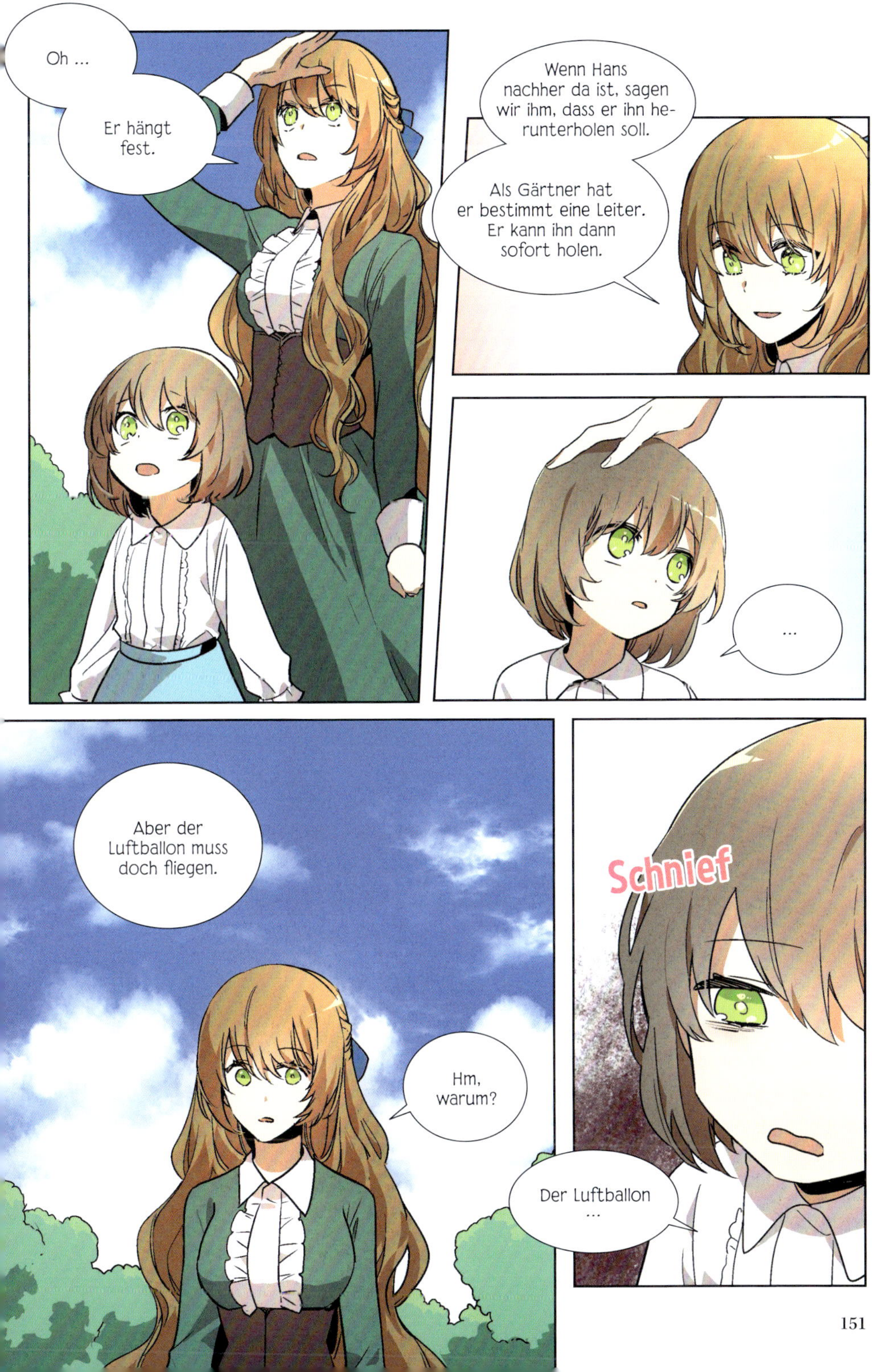
Oh ...
Er hängt fest.
Wenn Hans nachher da ist, sagen wir ihm, dass er ihn herunterholen soll.
Als Gärtner hat er bestimmt eine Leiter. Er kann ihn dann sofort holen.
...
Aber der Luftballon muss doch fliegen.
Hm, warum?
Schnief
Der Luftballon ...

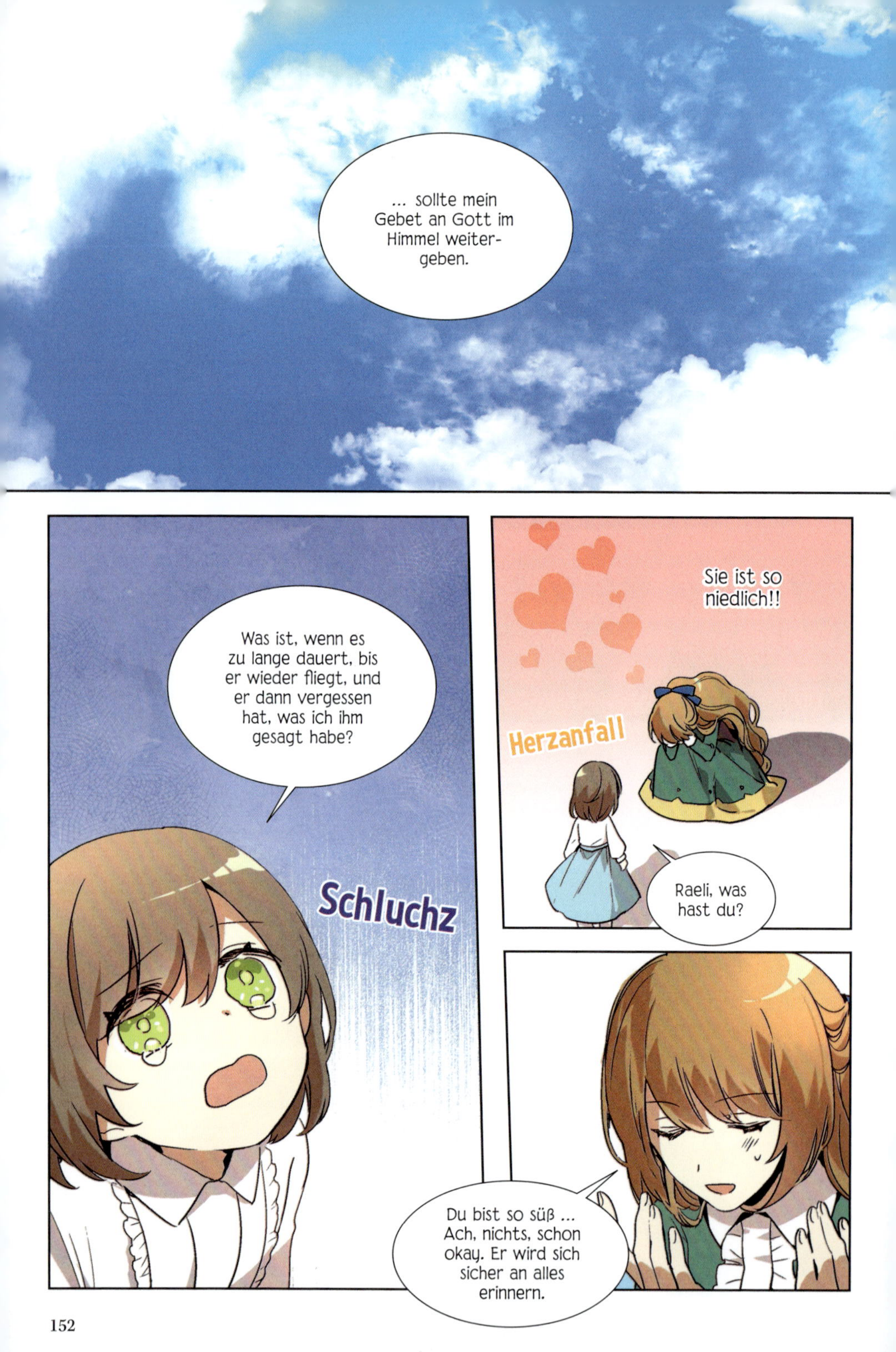
... sollte mein Gebet an Gott im Himmel weiter-geben.
Was ist, wenn es zu lange dauert, bis er wieder fliegt, und er dann vergessen hat, was ich ihm gesagt habe?
Schluchz
Sie ist so niedlich!!
Herzanfall
Raeli, was hast du?
Du bist so süß ... Ach, nichts, schon okay. Er wird sich sicher an alles erinnern.

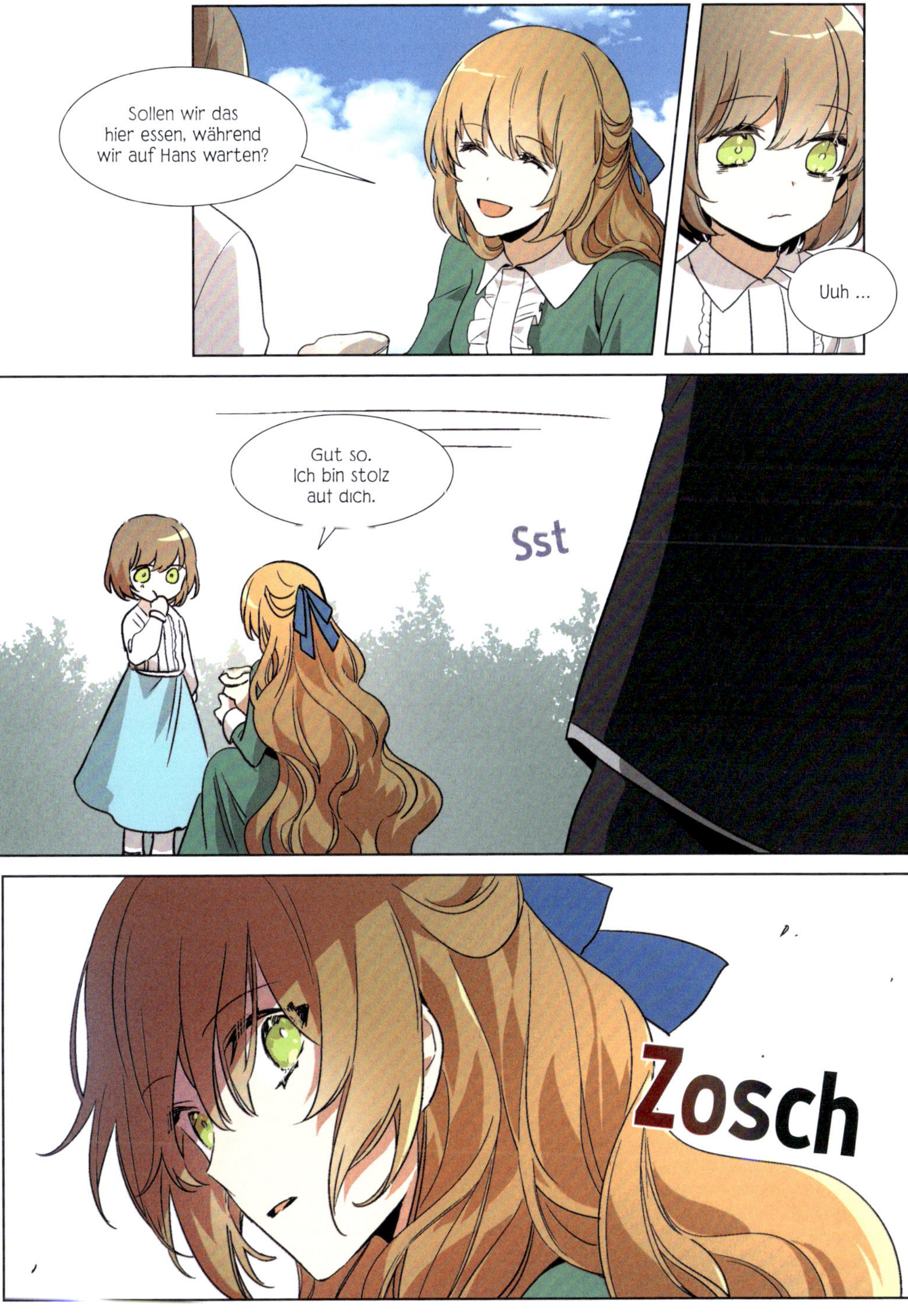
Sollen wir das hier essen, während wir auf Hans warten?
Uuh ...
Gut so. Ich bin stolz aut dich.
Sst
Zosch

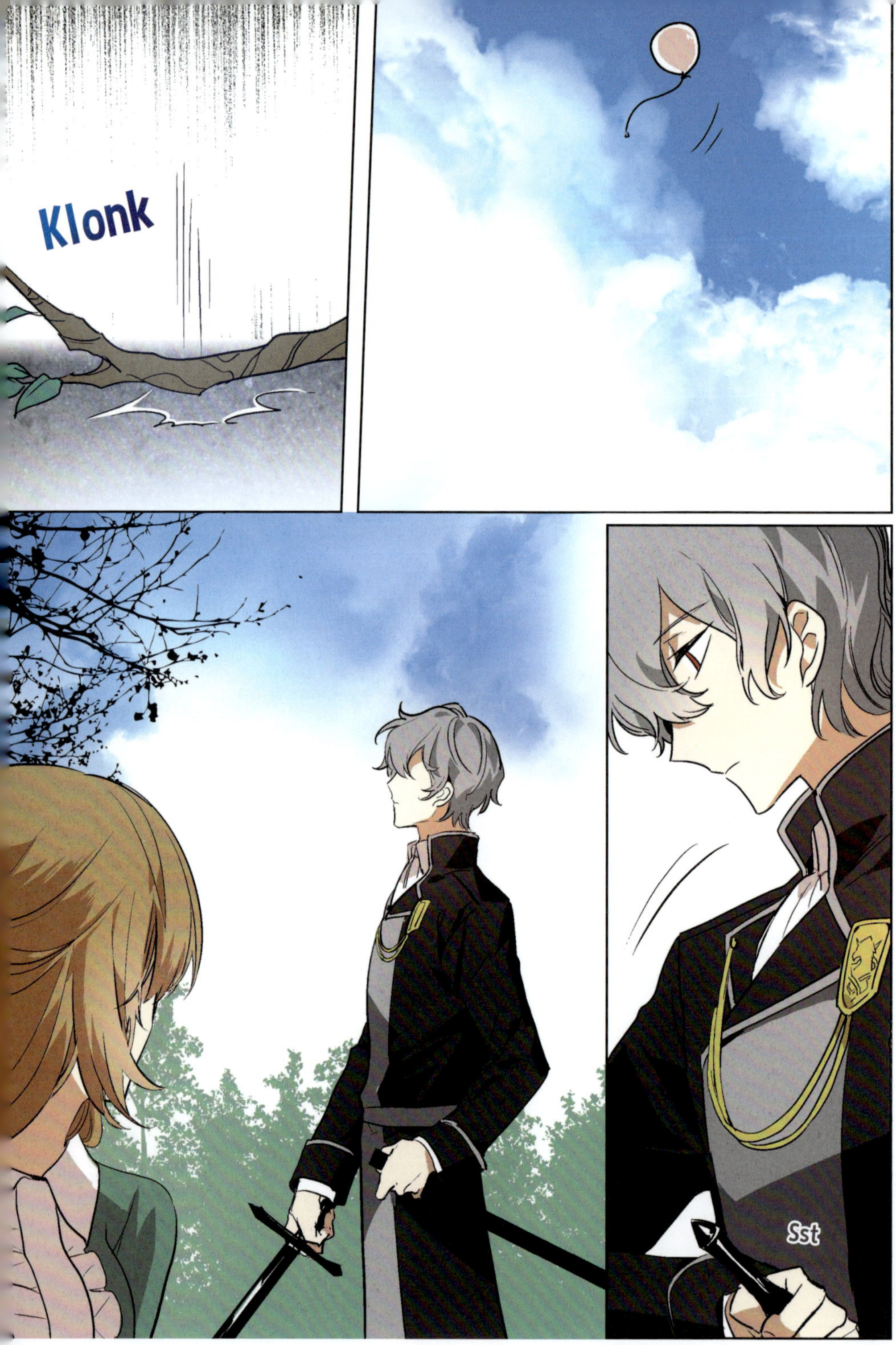
Klonk
Sst

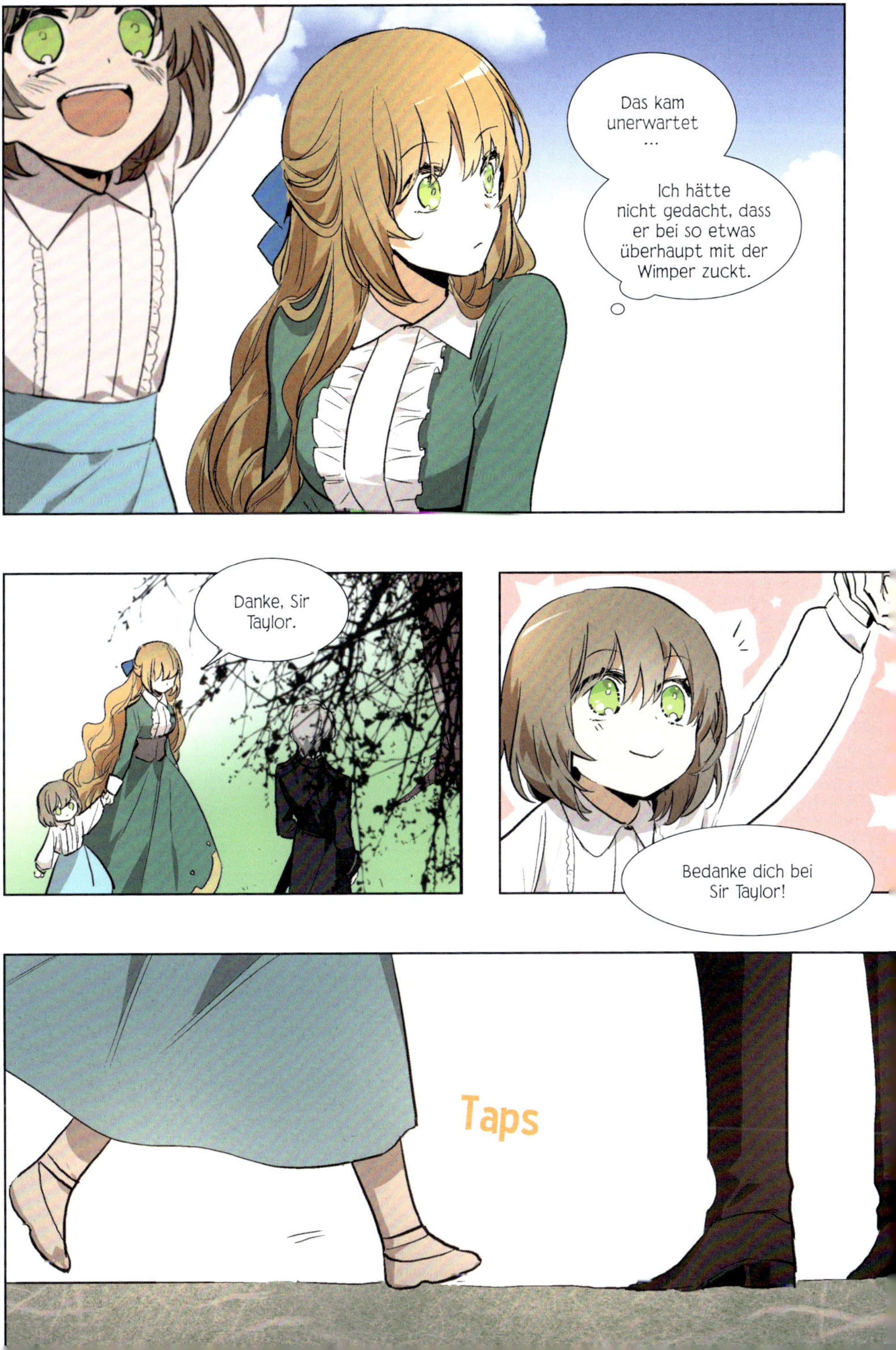

Das kam unerwartet …
Ich hätte nicht gedacht, dass er bei so etwas überhaupt mit der Wimper zuckt.
Danke, Sir Taylor.
Bedanke dich bei Sir Taylor!
Taps

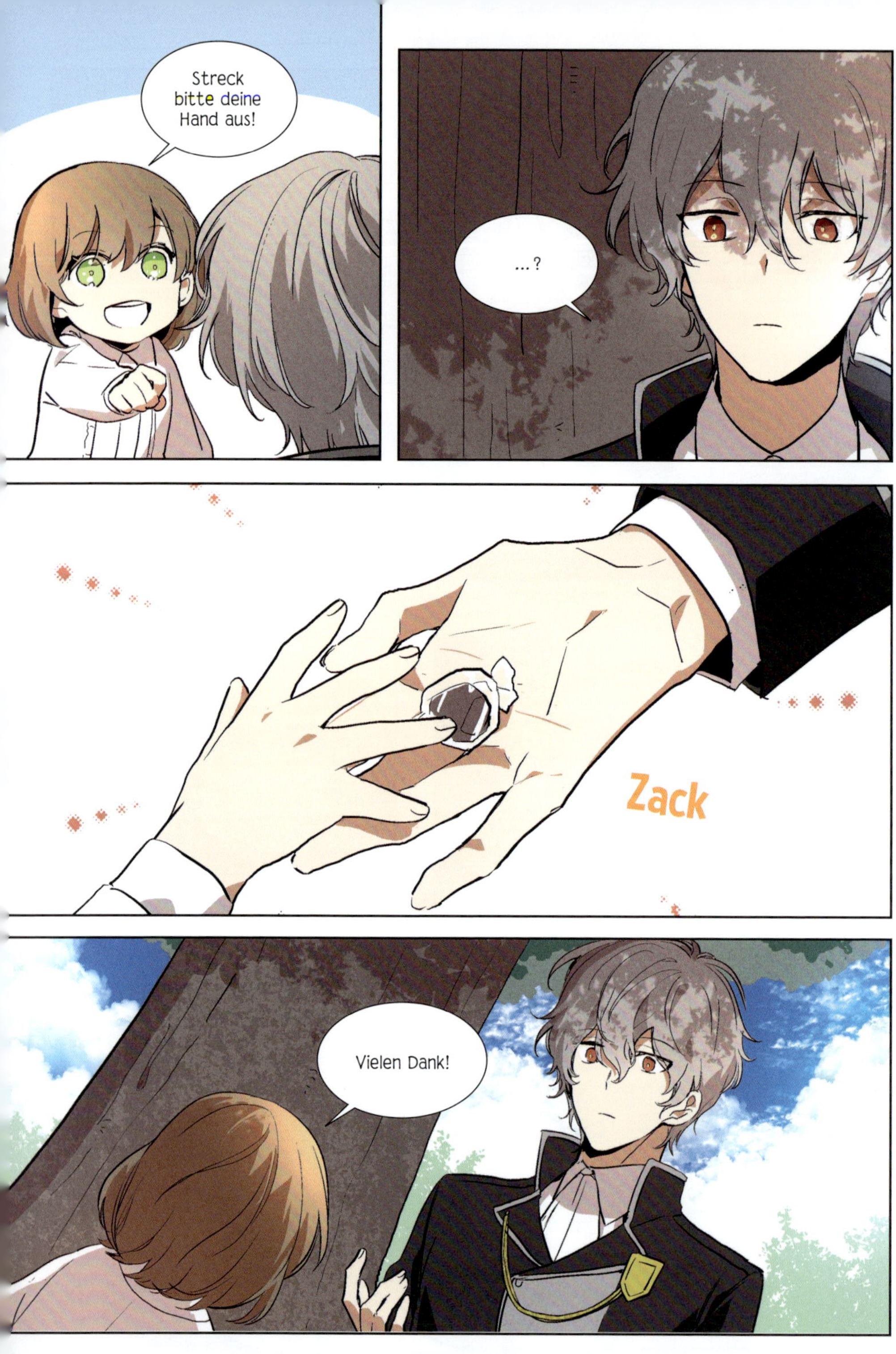
Streck bitte deine Hand aus!
...?
Zack
Vielen Dank!

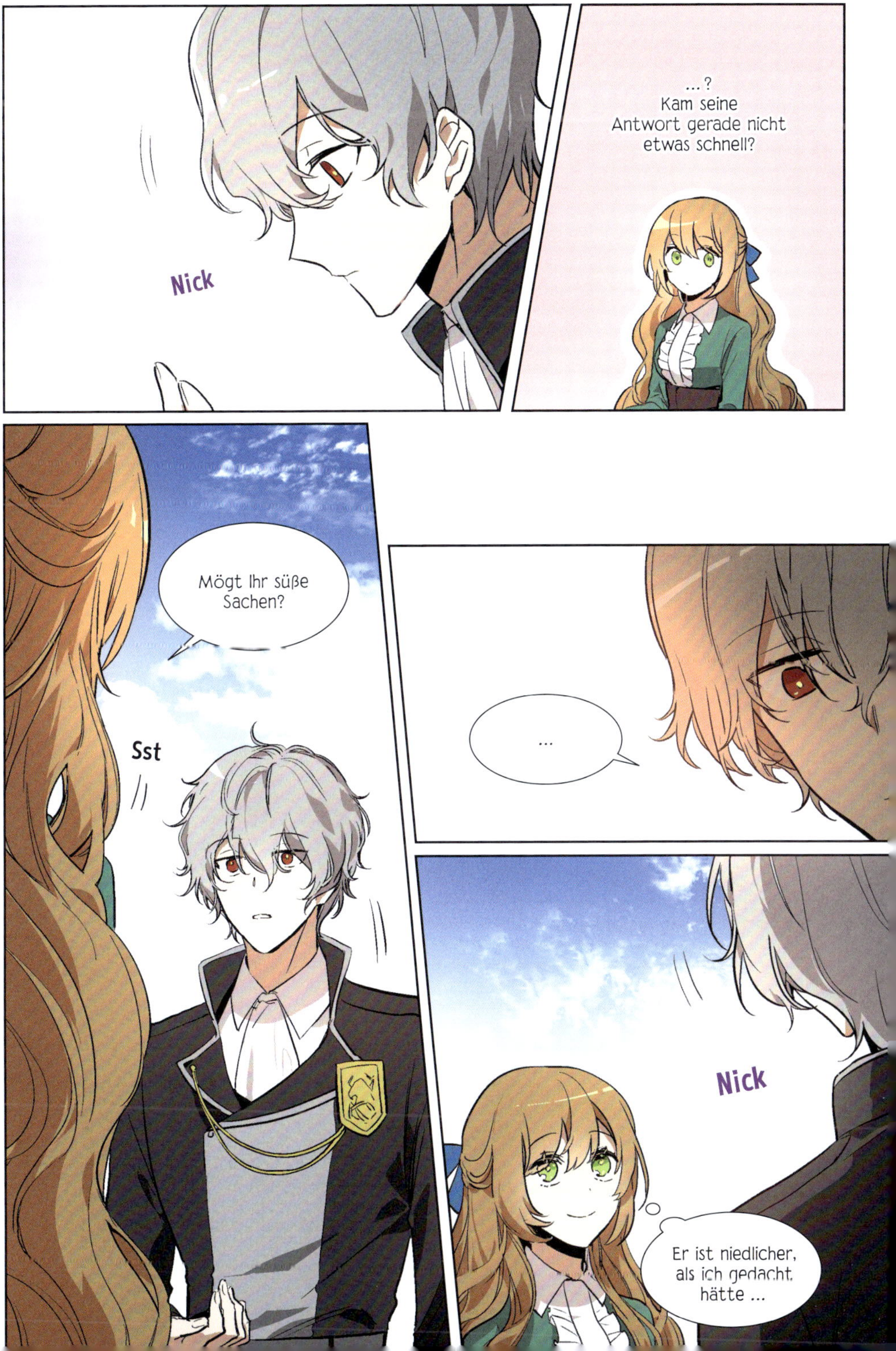
Nick
... ?
Kam seine Antwort gerade nicht etwas schnell?
Mögt Ihr süße Sachen?
Sst
...
Nick
Er ist niedlicher, als ich gedacht hätte ...

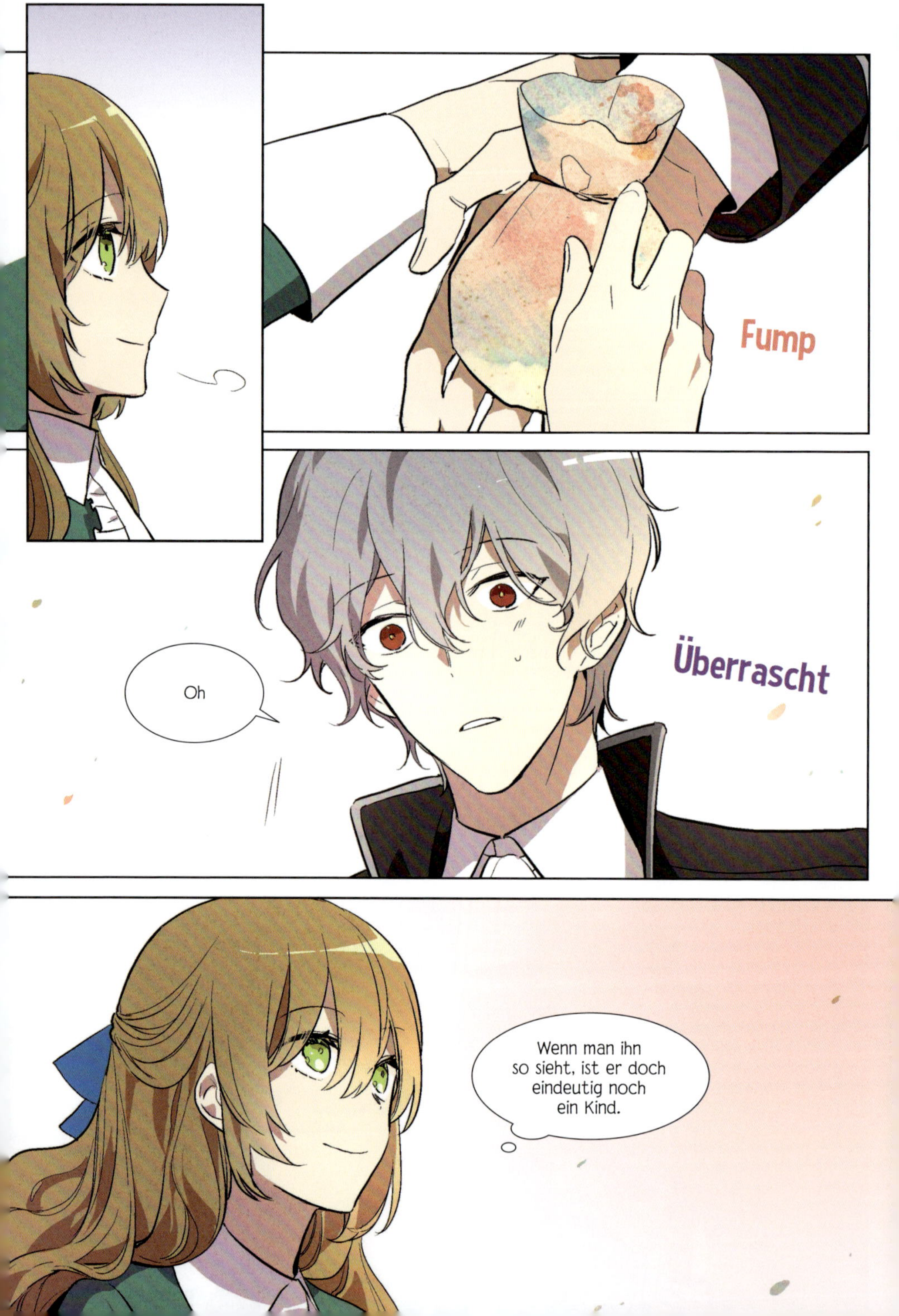
Fump
Oh
Überrascht
Wenn man ihn so sieht, ist er doch eindeutig noch ein Kind.

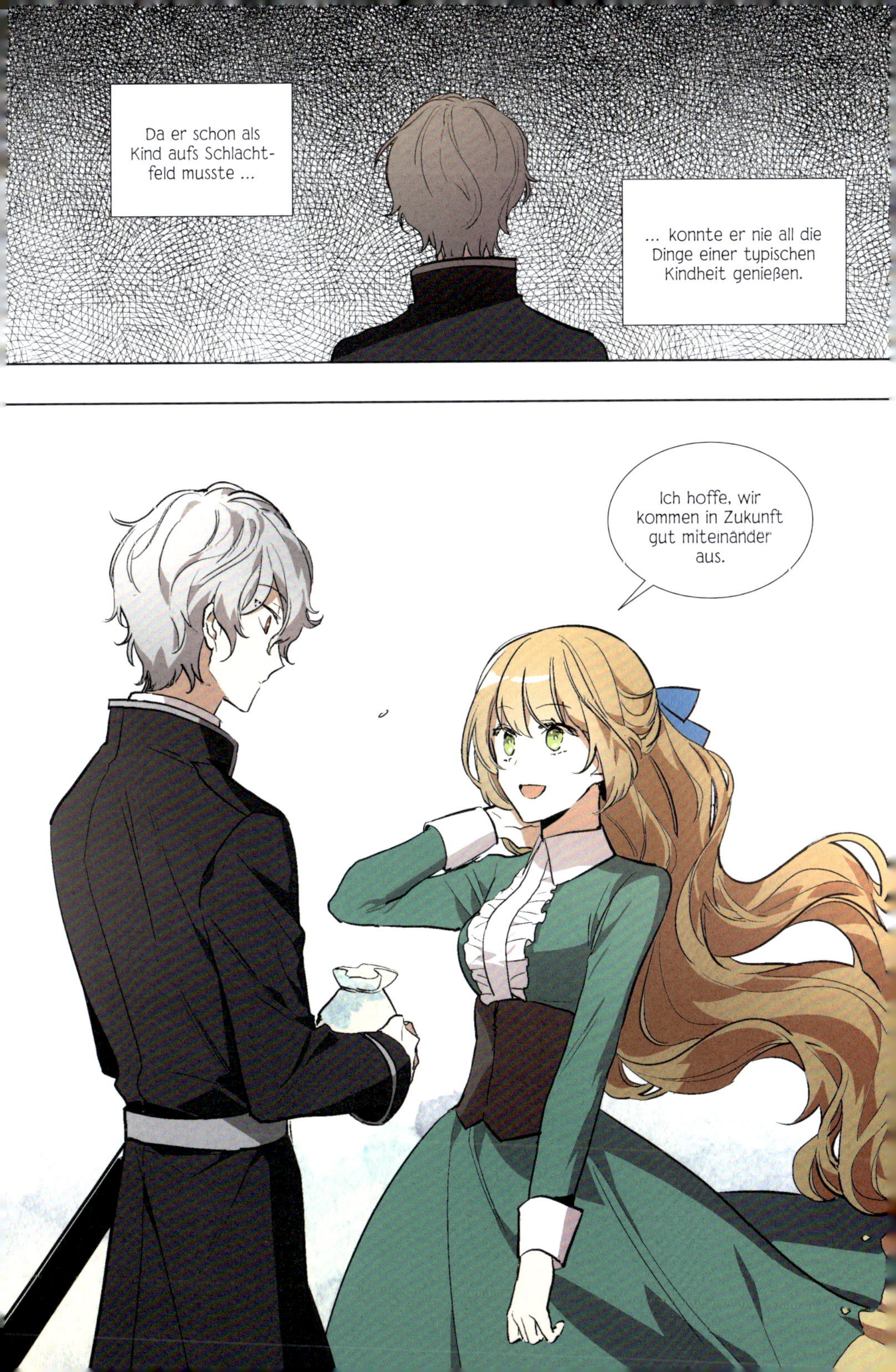
Da er schon als Kind aufs Schlacht-feld musste ...
... konnte er nie all die Dinge einer typischen Kindheit genießen.
Ich hoffe, wir kommen in Zukunft gut miteinander aus.

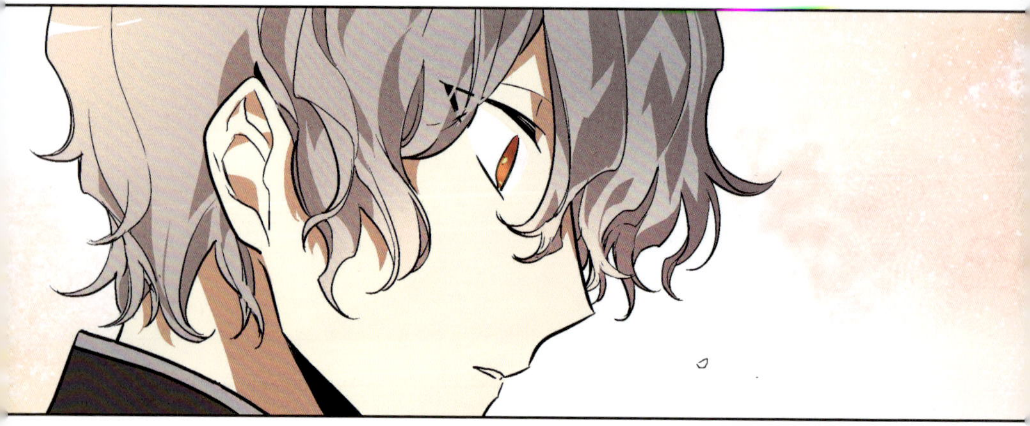

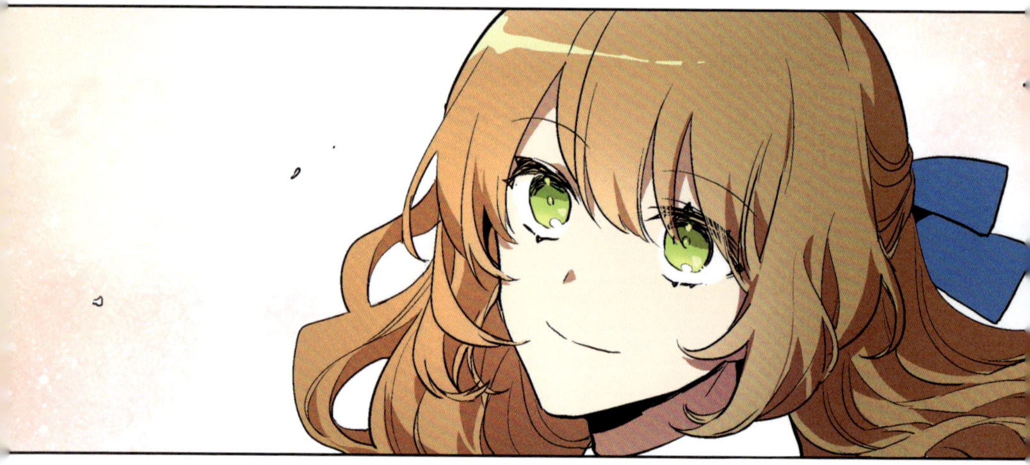

Ich sollte Elma bitten,
noch mehr zu machen,
bevor ich zum Duke ziehe.

Kapitel 2

Auf zur Villa des Dukes

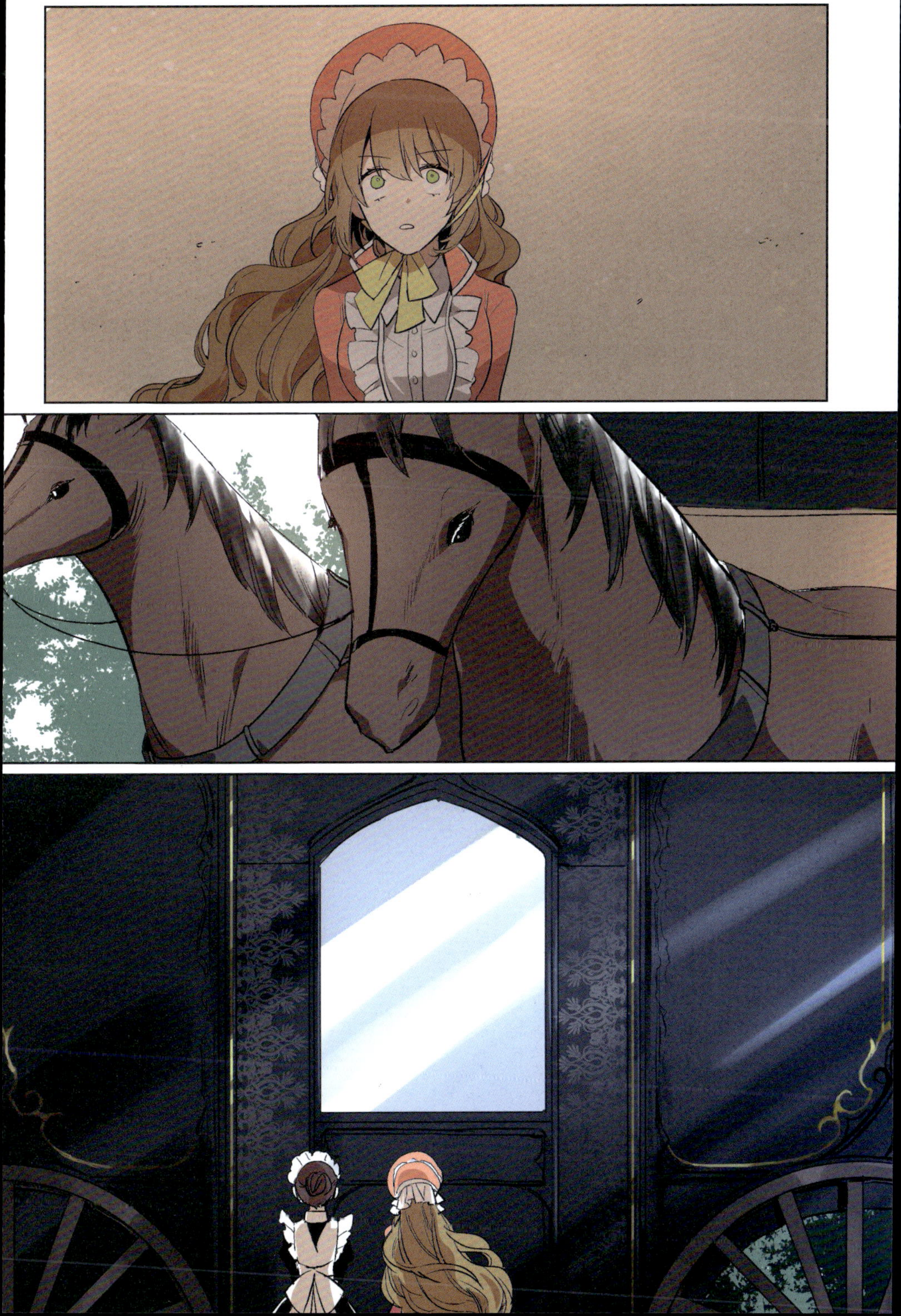

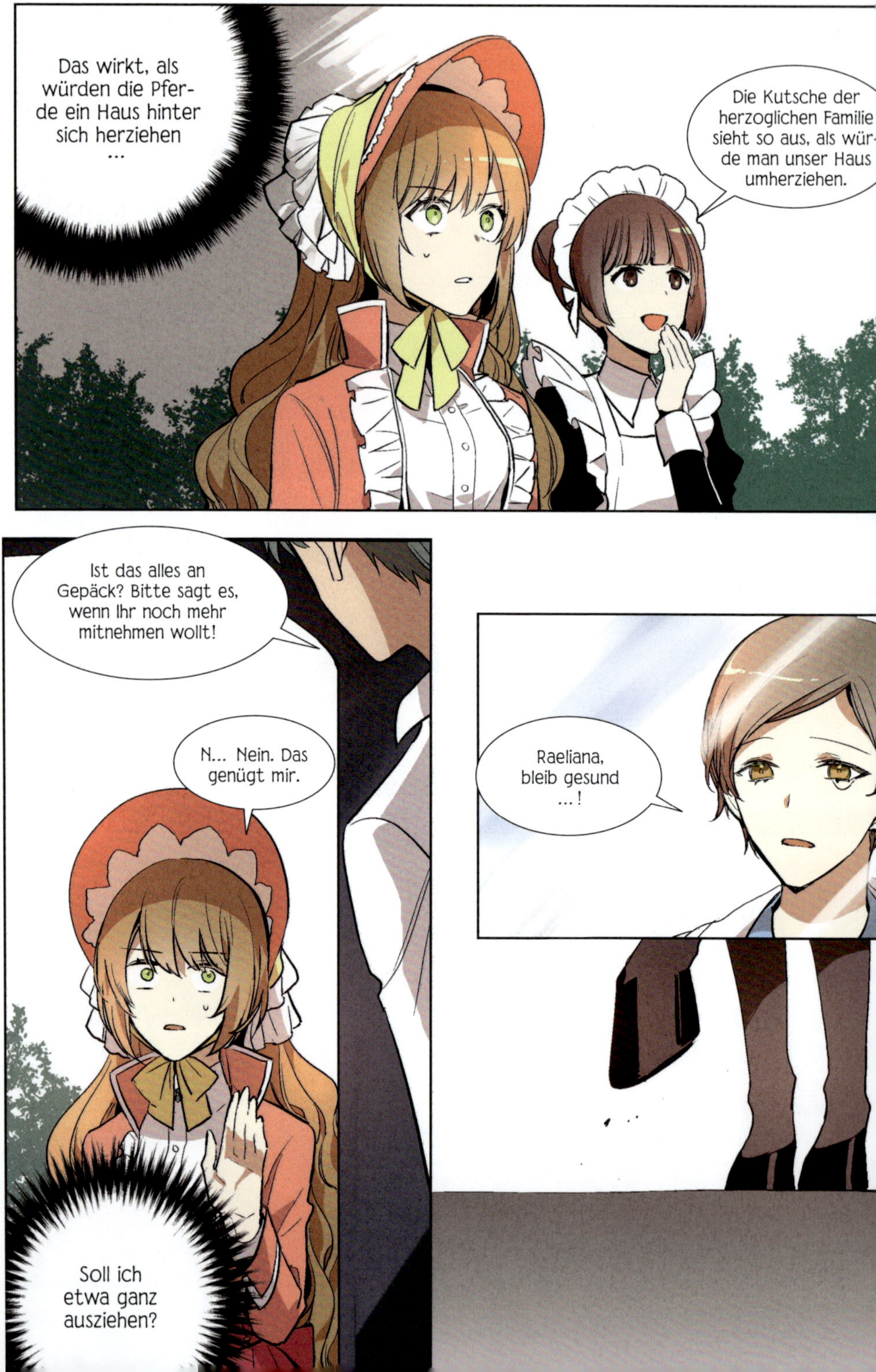
Das wirkt, als würden die Pfer- de ein Haus hinter sich herziehen …
Die Kutsche der herzoglichen Familie sieht so aus, als wür- de man unser Haus umherziehen.
Ist das alles an Gepäck? Bitte sagt es, wenn Ihr noch mehr mitnehmen wollt!
N… Nein. Das genügt mir.
Soll ich etwa ganz ausziehen?
Raeliana, bleib gesund …!

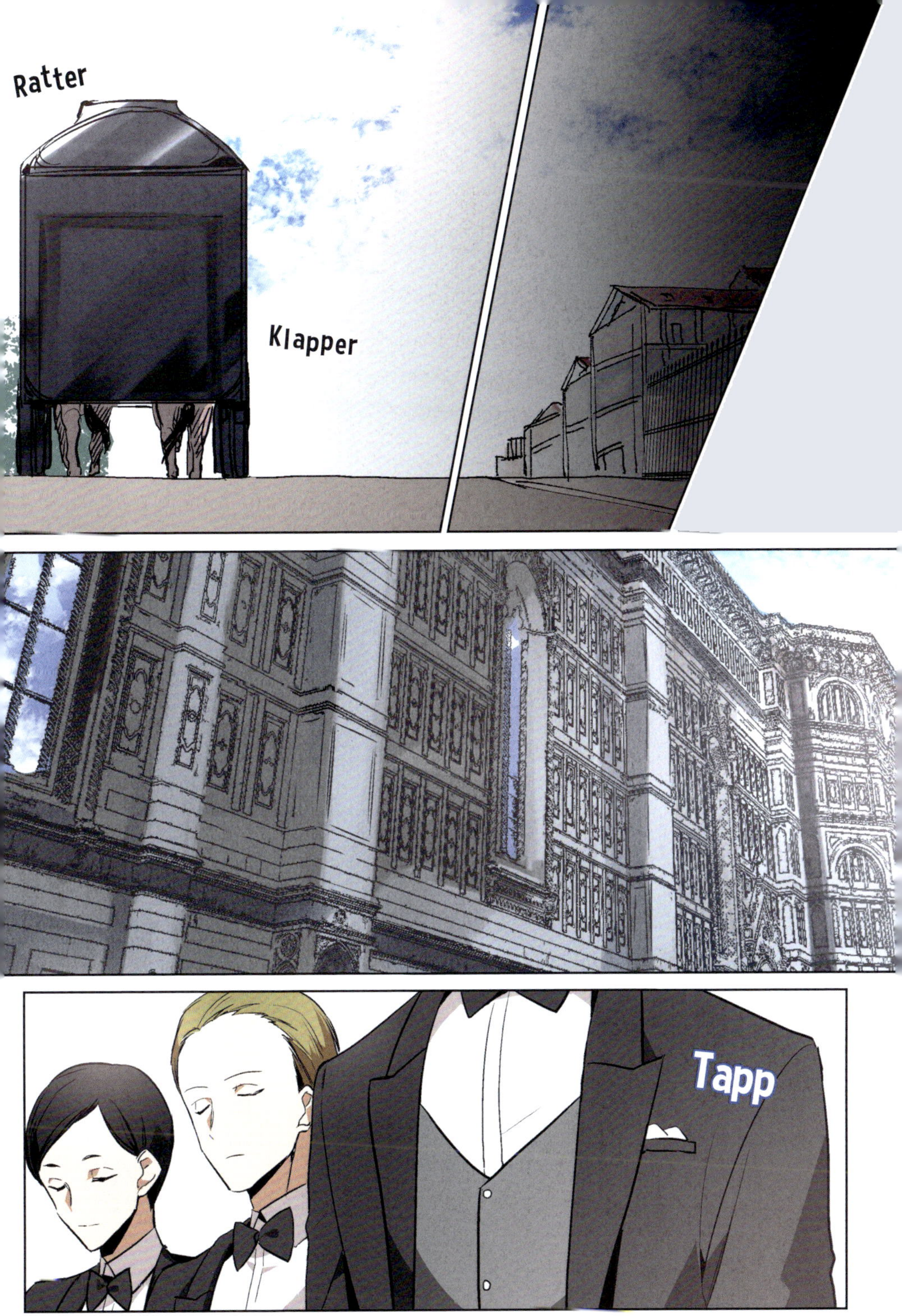
Ratter
Klapper
Tapp

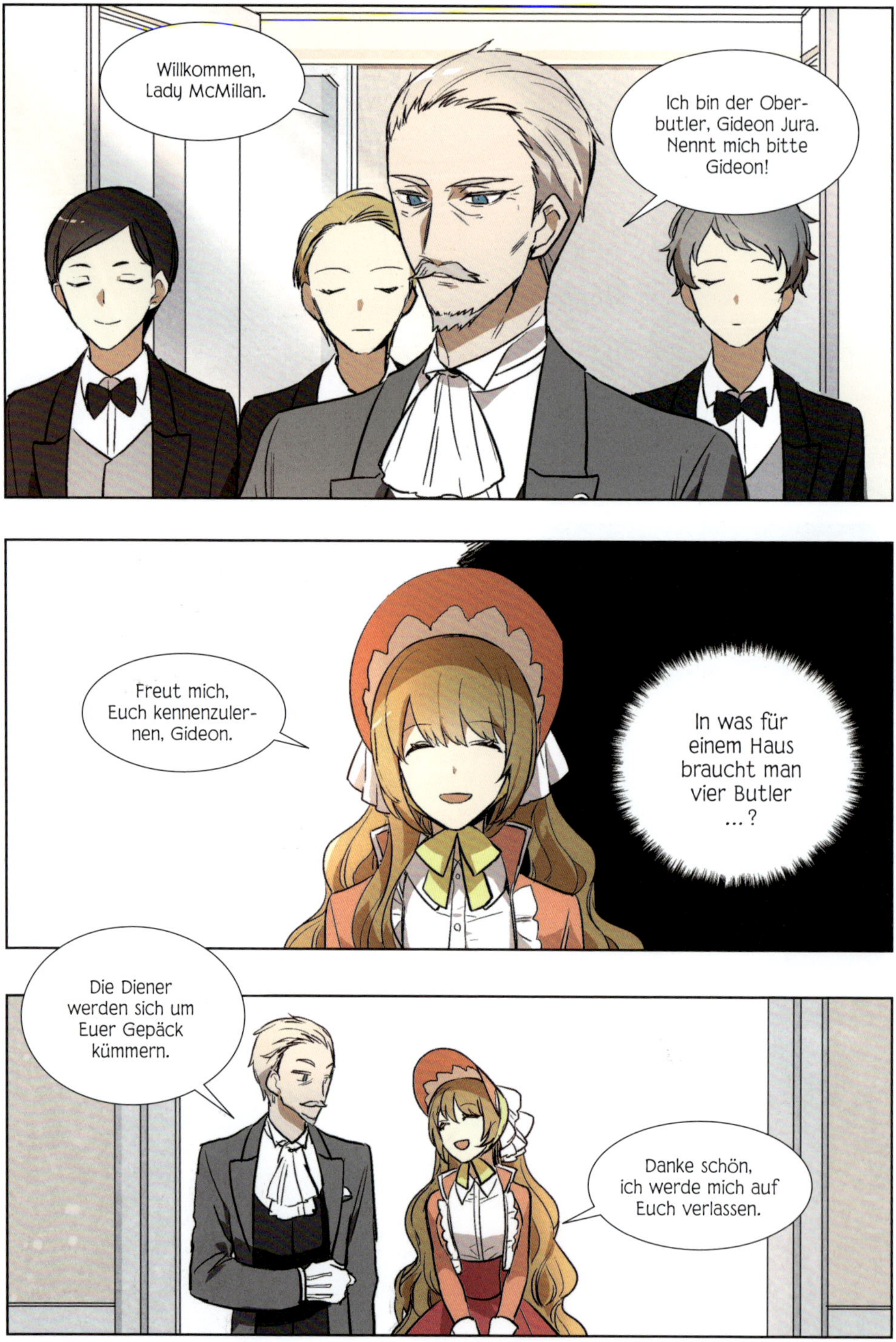
Willkommen, Lady McMillan.
Ich bin der Ober-butler, Gideon Jura. Nennt mich bitte Gideon!
Freut mich, Euch kennenzuler-nen, Gideon.
In was für einem Haus braucht man vier Butler ...?
Die Diener werden sich um Euer Gepäck kümmern.
Danke schön, ich werde mich auf Euch verlassen.

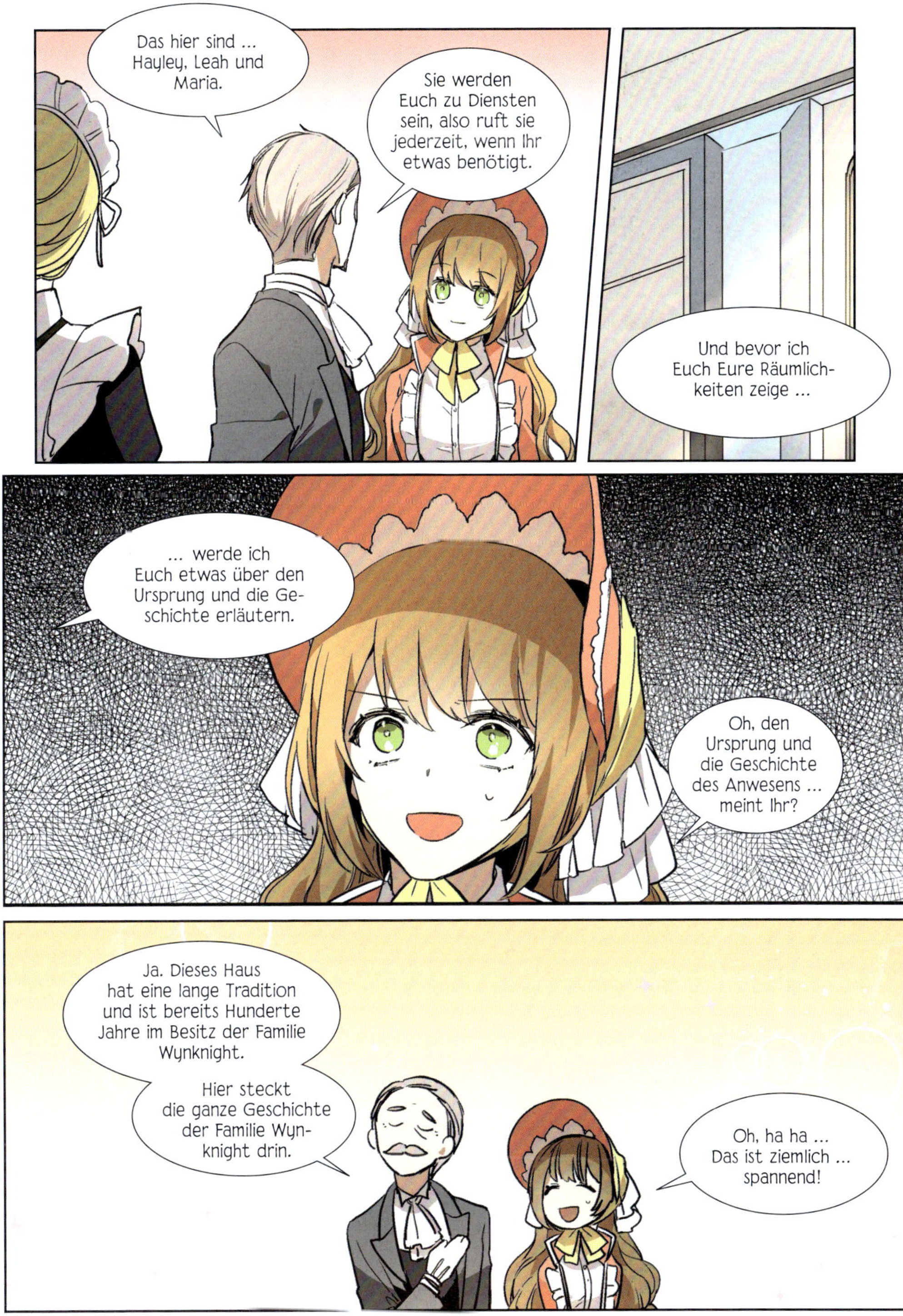
Das hier sind … Hayley, Leah und Maria.
Sie werden Euch zu Diensten sein, also ruft sie jederzeit, wenn Ihr etwas benötigt.
Und bevor ich Euch Eure Räumlichkeiten zeige …
… werde ich Euch etwas über den Ursprung und die Geschichte erläutern.
Oh, den Ursprung und die Geschichte des Anwesens … meint Ihr?
Ja. Dieses Haus hat eine lange Tradition und ist bereits Hunderte Jahre im Besitz der Familie Wynknight.
Hier steckt die ganze Geschichte der Familie Wynknight drin.
Oh, ha ha … Das ist ziemlich … spannend!

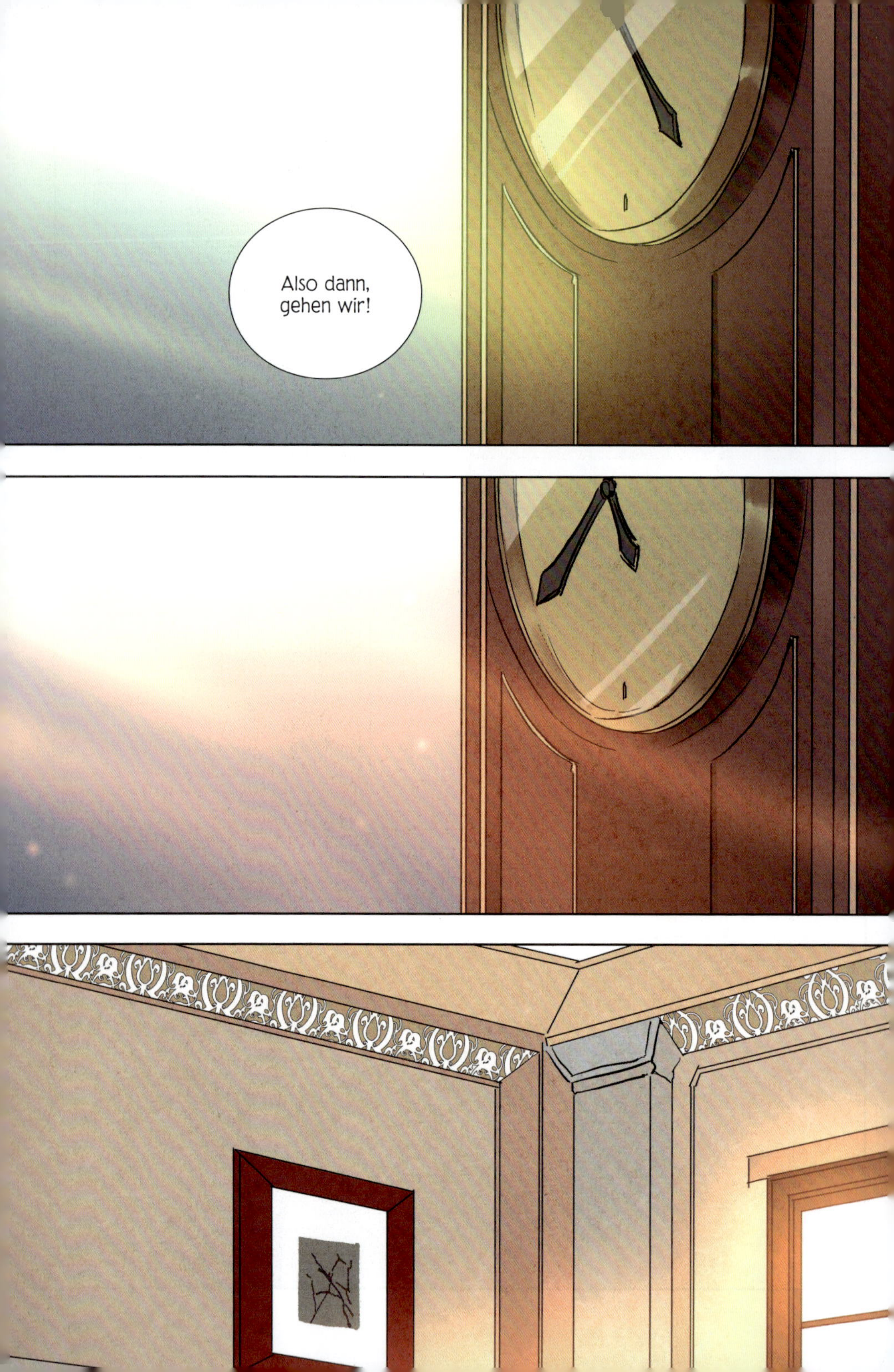
Also dann, gehen wir!

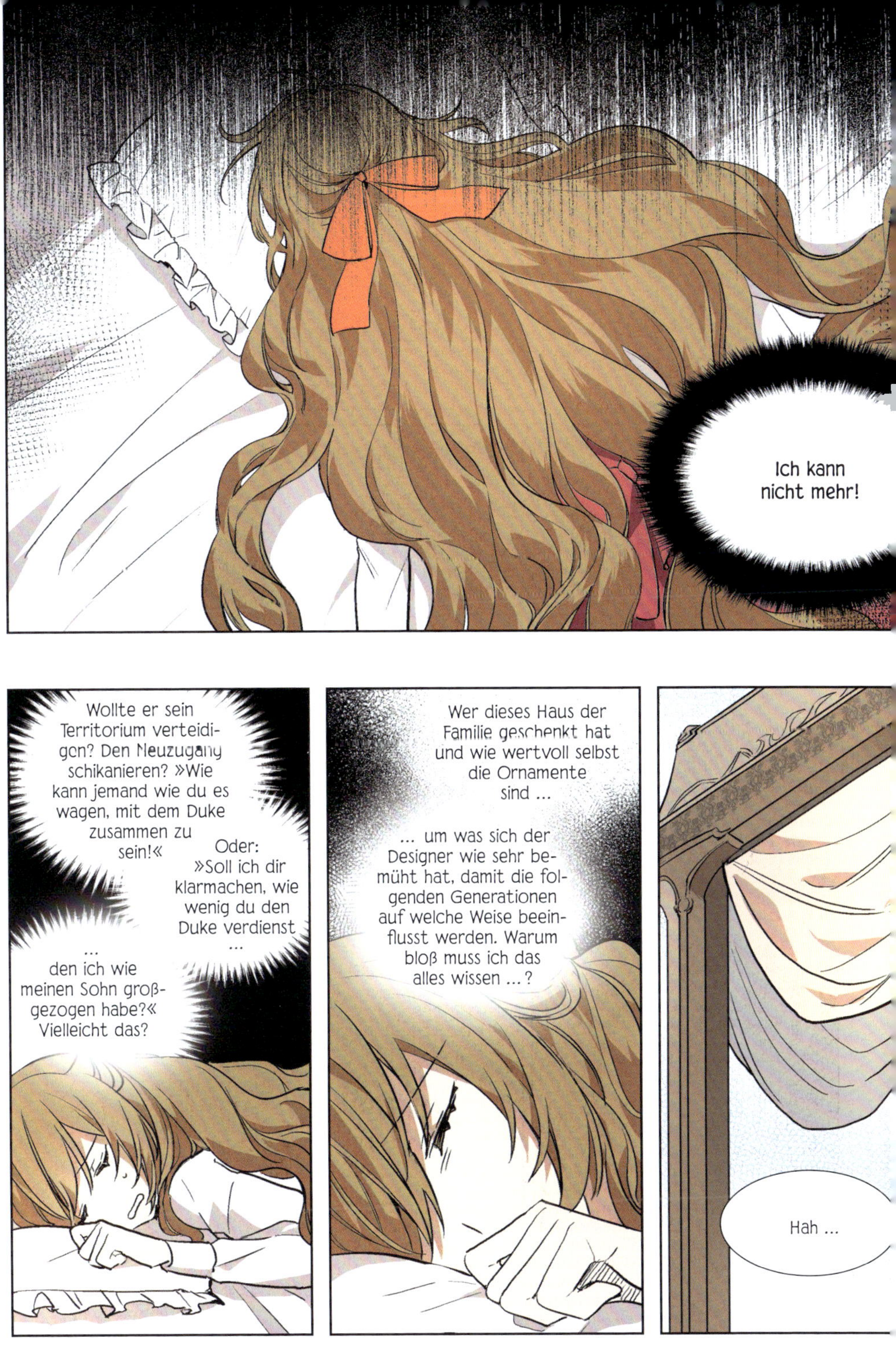
Ich kann nicht mehr!
Wollte er sein Territorium verteidigen? Den Neuzugang schikanieren? »Wie kann jemand wie du es wagen, mit dem Duke zusammen zu sein!«
Oder: »Soll ich dir klarmachen, wie wenig du den Duke verdienst ...
... den ich wie meinen Sohn großgezogen habe?« Vielleicht das?
Wer dieses Haus der Familie geschenkt hat und wie wertvoll selbst die Ornamente sind ...
... um was sich der Designer wie sehr bemüht hat, damit die folgenden Generationen auf welche Weise beeinflusst werden. Warum bloß muss ich das alles wissen ...?
Hah ...

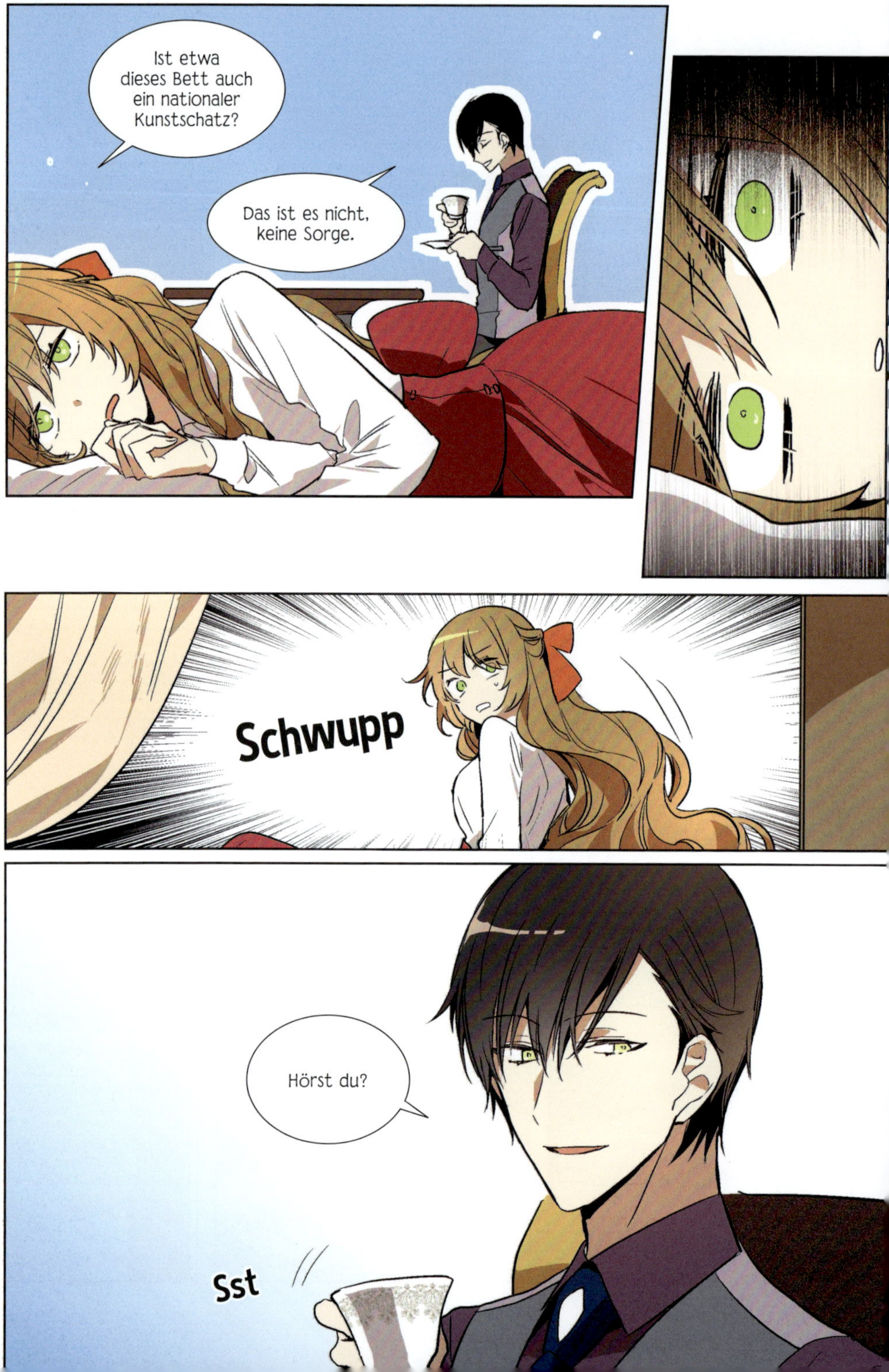
Ist etwa dieses Bett auch ein nationaler Kunstschatz?
Das ist es nicht, keine Sorge.
Schwupp
Hörst du?
Sst

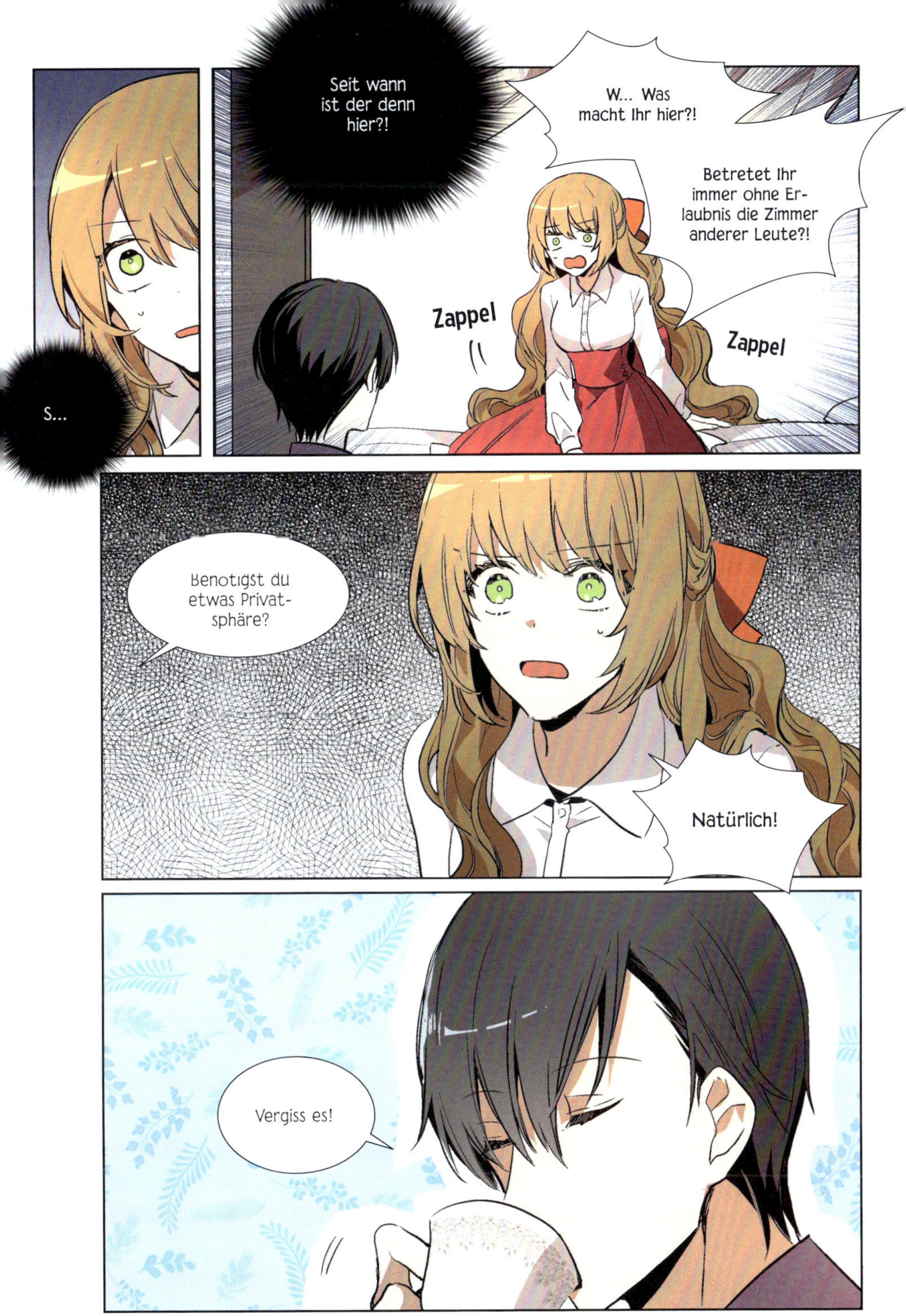
S...
Seit wann ist der denn hier?!
W... Was macht Ihr hier?!
Betretet Ihr immer ohne Erlaubnis die Zimmer anderer Leute?!
Zappel
Zappel
Benötigst du etwas Privatsphäre?
Natürlich!
Vergiss es!

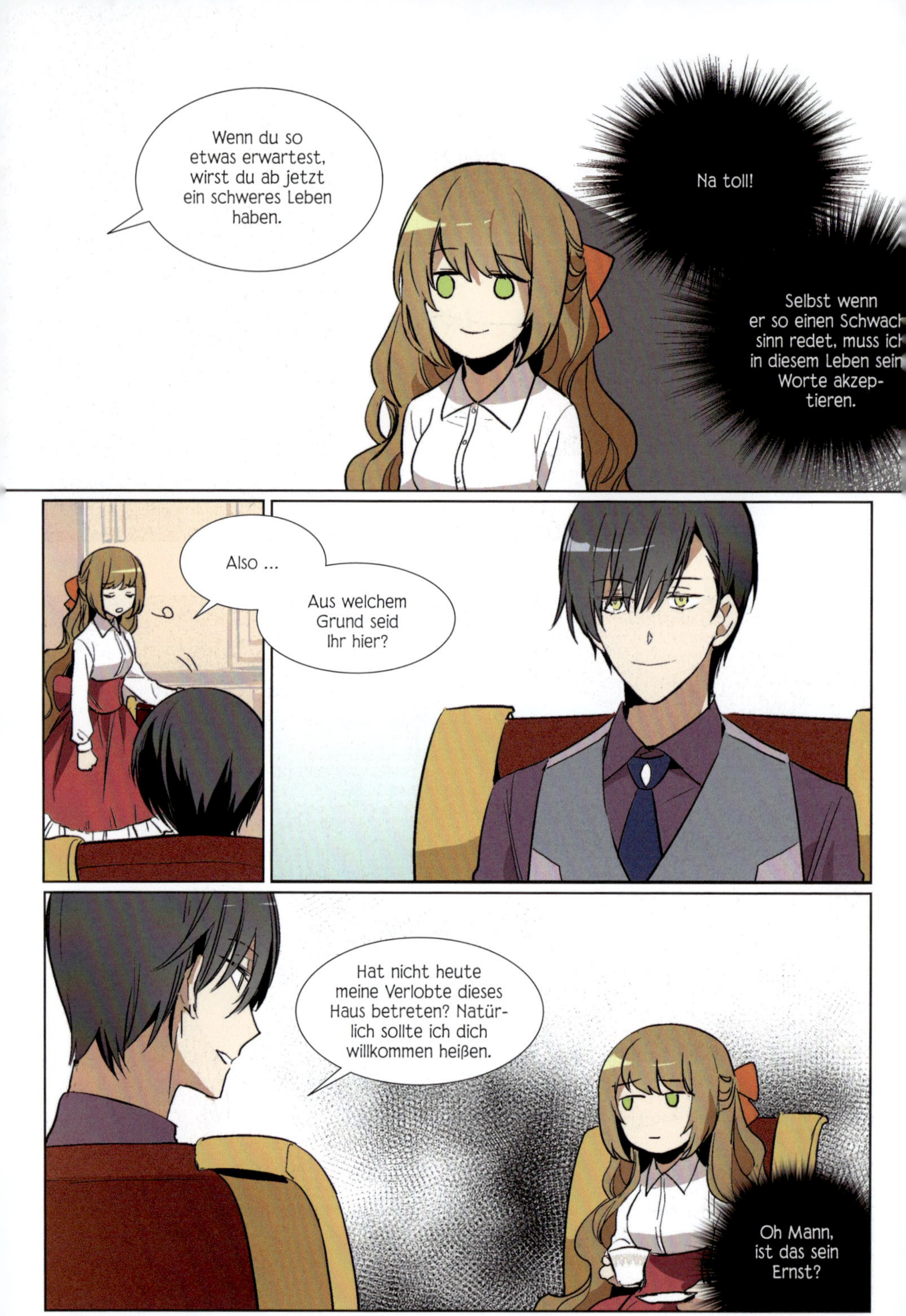
Wenn du so etwas erwartest, wirst du ab jetzt ein schweres Leben haben.
Na toll!
Selbst wenn er so einen Schwach sinn redet, muss ich in diesem Leben sein Worte akzeptieren.
Also ...
Aus welchem Grund seid Ihr hier?
Hat nicht heute meine Verlobte dieses Haus betreten? Natürlich sollte ich dich willkommen heißen.
Oh Mann, ist das sein Ernst?

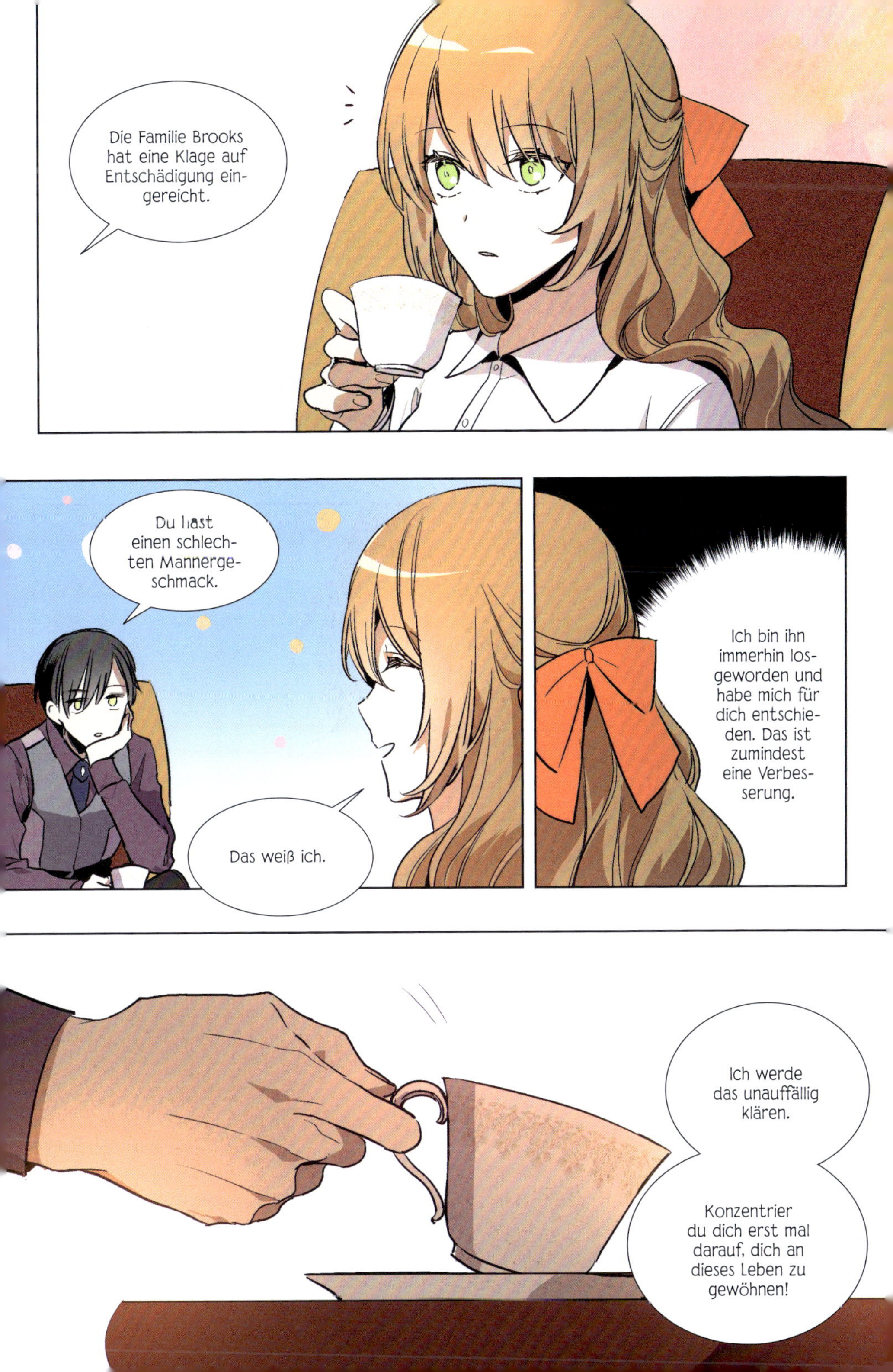
Die Familie Brooks hat eine Klage auf Entschädigung eingereicht.
Du hast einen schlechten Männergeschmack.
Das weiß ich.
Ich bin ihn immerhin losgeworden und habe mich für dich entschieden. Das ist zumindest eine Verbesserung.
Ich werde das unauffällig klären.
Konzentrier du dich erst mal darauf, dich an dieses Leben zu gewöhnen!

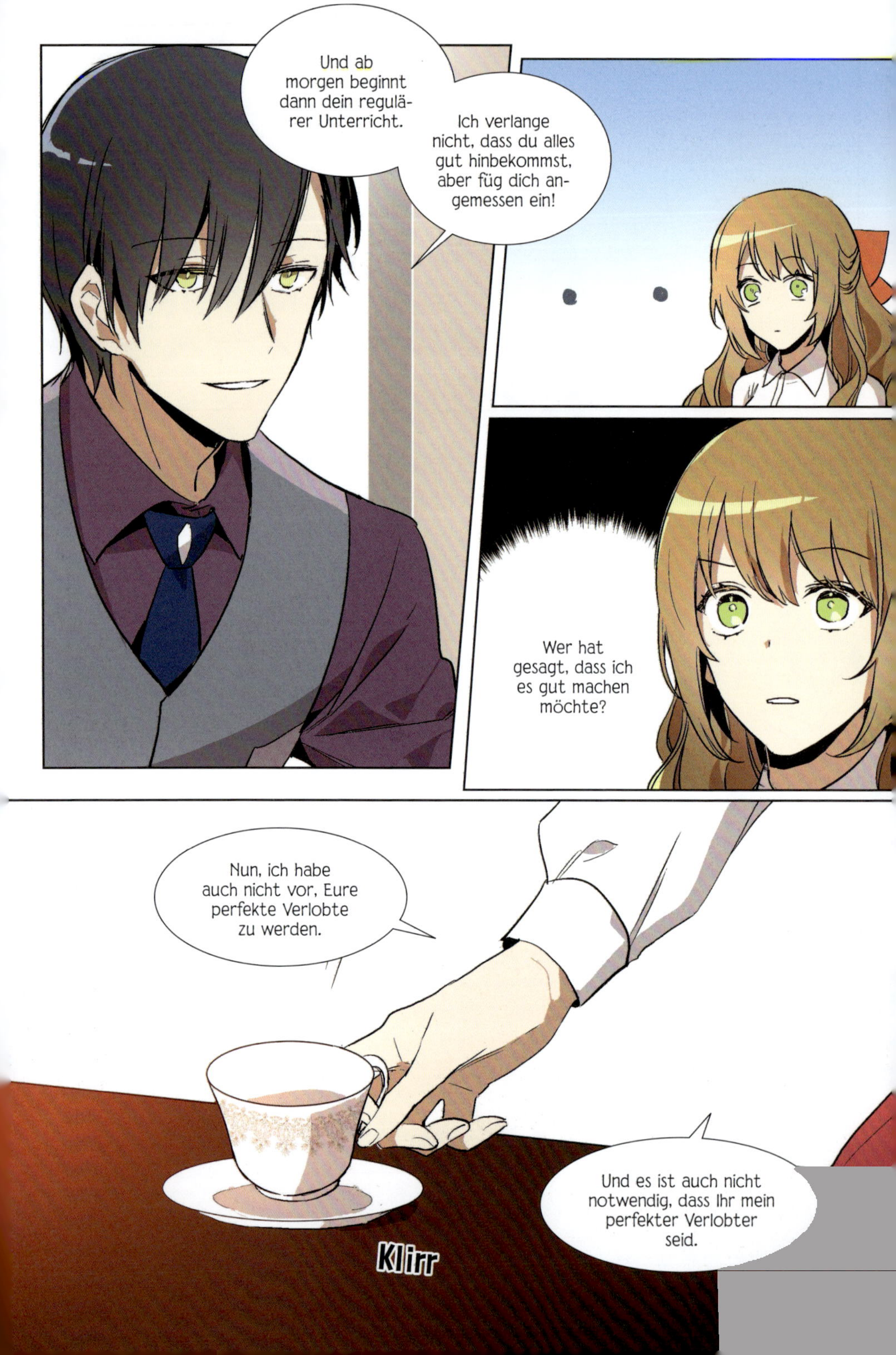
Und ab morgen beginnt dann dein regulärer Unterricht.
Ich verlange nicht, dass du alles gut hinbekommst, aber füg dich angemessen ein!
. .
Wer hat gesagt, dass ich es gut machen möchte?
Nun, ich habe auch nicht vor, Eure perfekte Verlobte zu werden.
Und es ist auch nicht notwendig, dass Ihr mein perfekter Verlobter seid.
Klirr

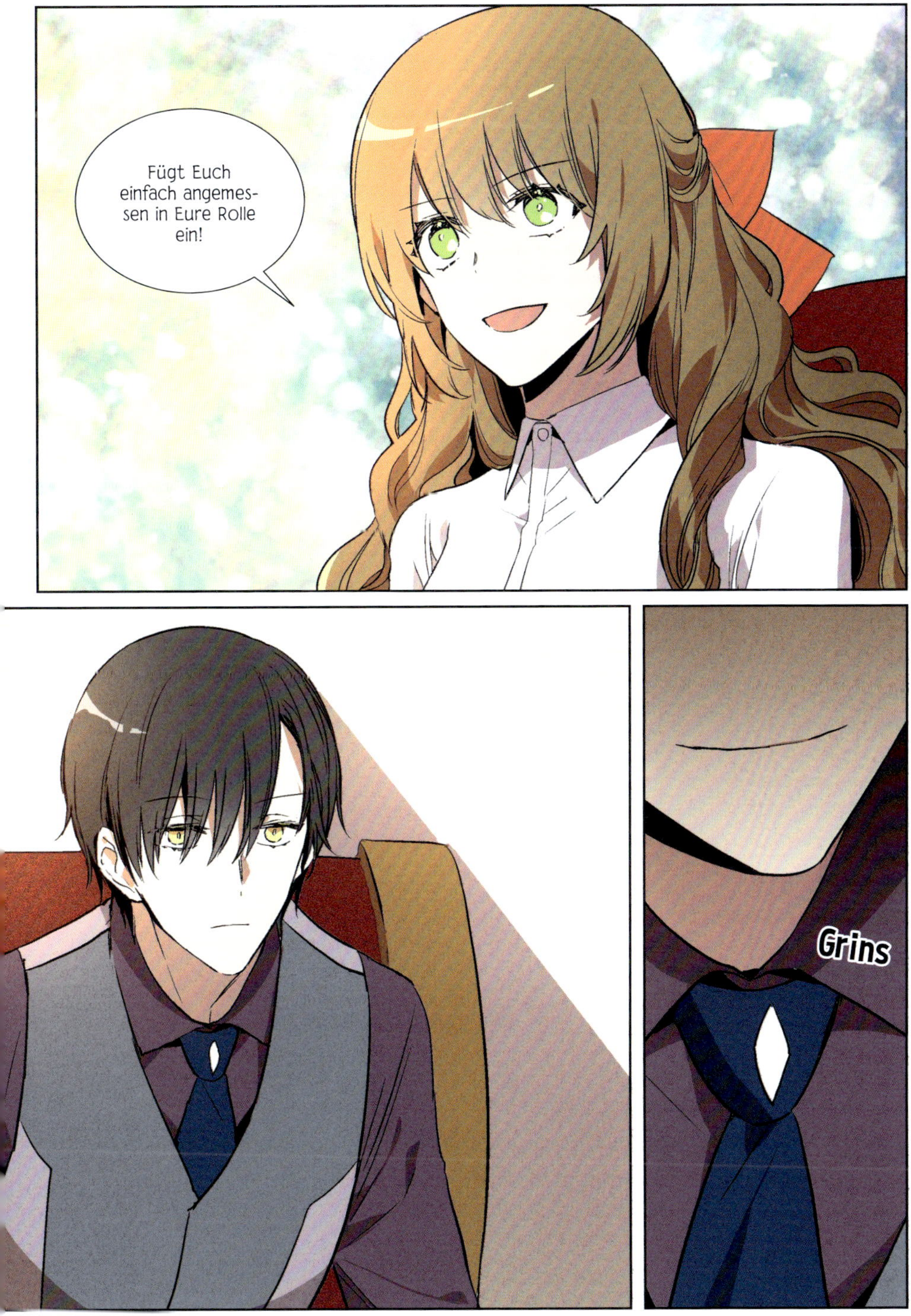
Fügt Euch einfach angemessen in Eure Rolle ein!
Grins

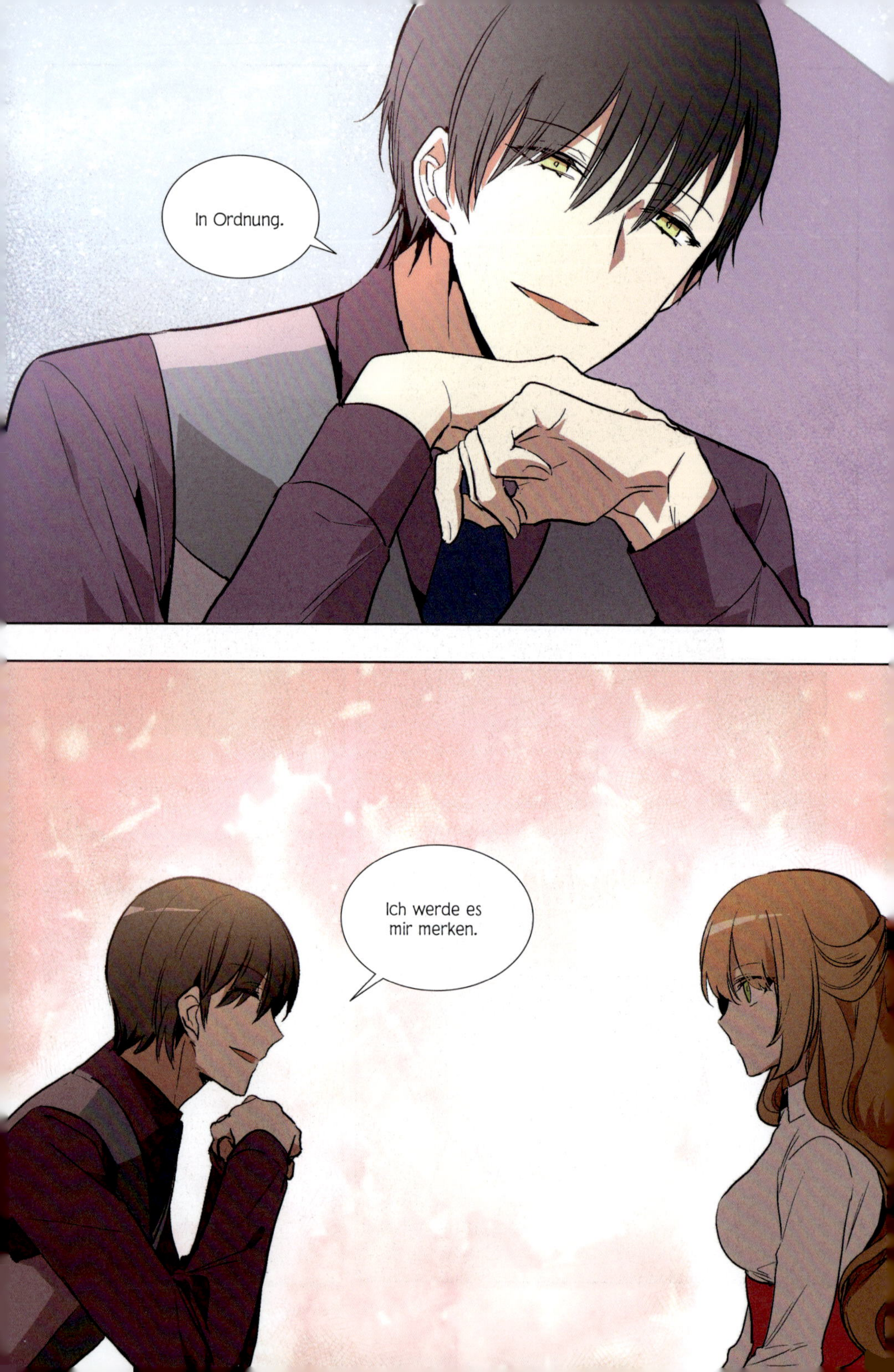
In Ordnung.
Ich werde es mir merken.

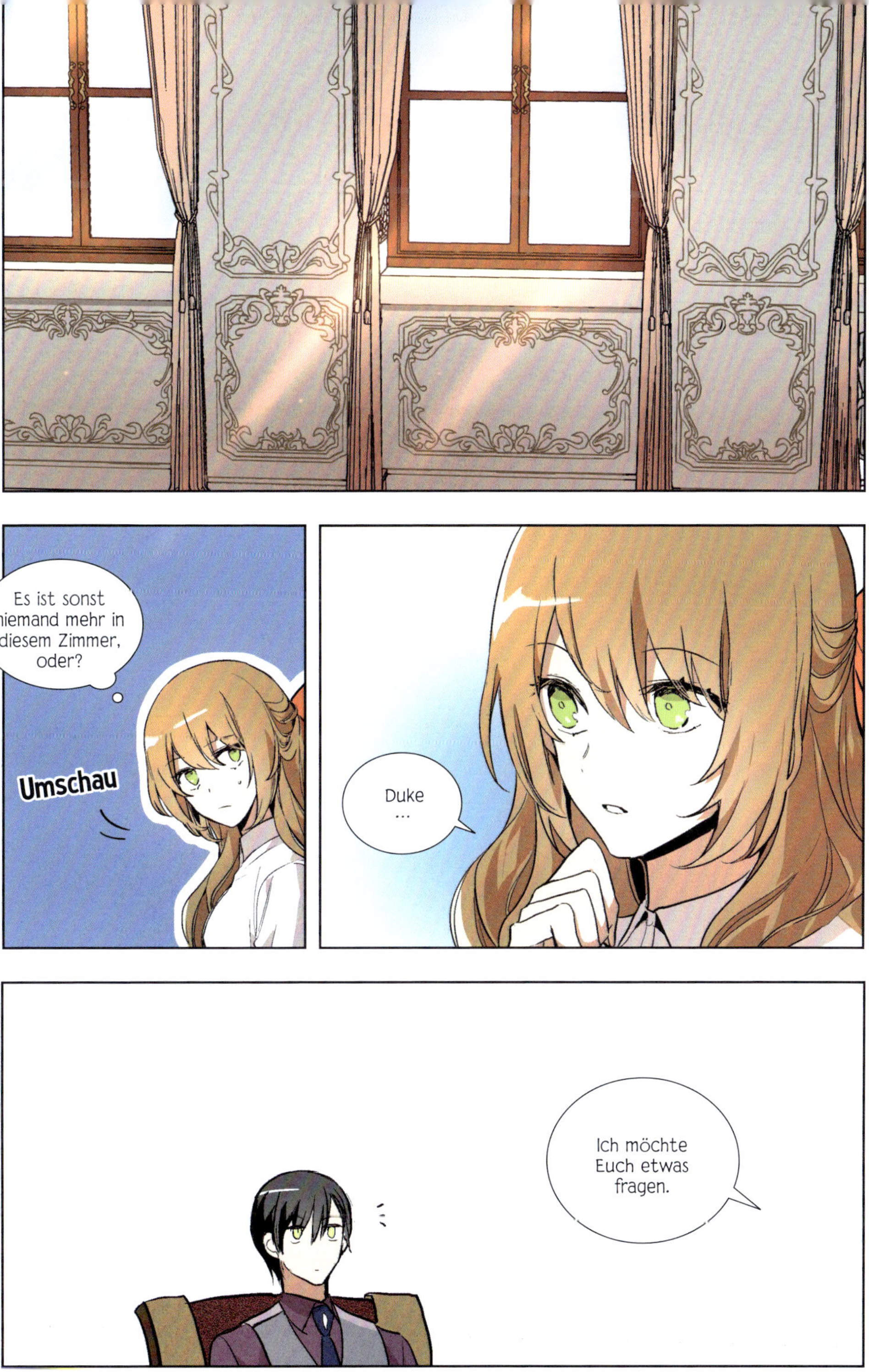
Es ist sonst niemand mehr in diesem Zimmer, oder?
Umschau
Duke …
Ich möchte Euch etwas fragen.

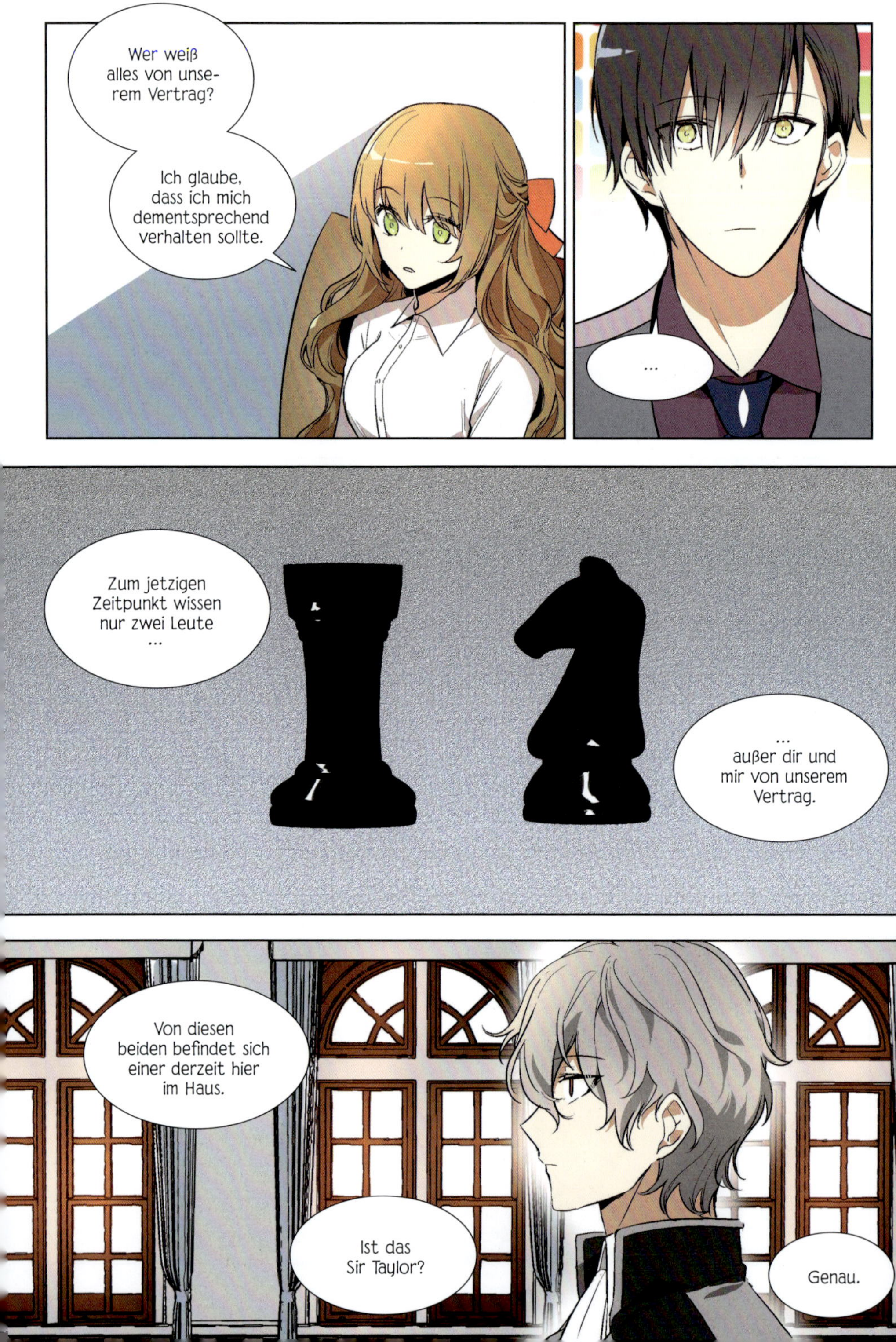
Wer weiß alles von unserem Vertrag?
Ich glaube, dass ich mich dementsprechend verhalten sollte.
...
Zum jetzigen Zeitpunkt wissen nur zwei Leute ...
... außer dir und mir von unserem Vertrag.
Von diesen beiden befindet sich einer derzeit hier im Haus.
Ist das Sir Taylor?
Genau.

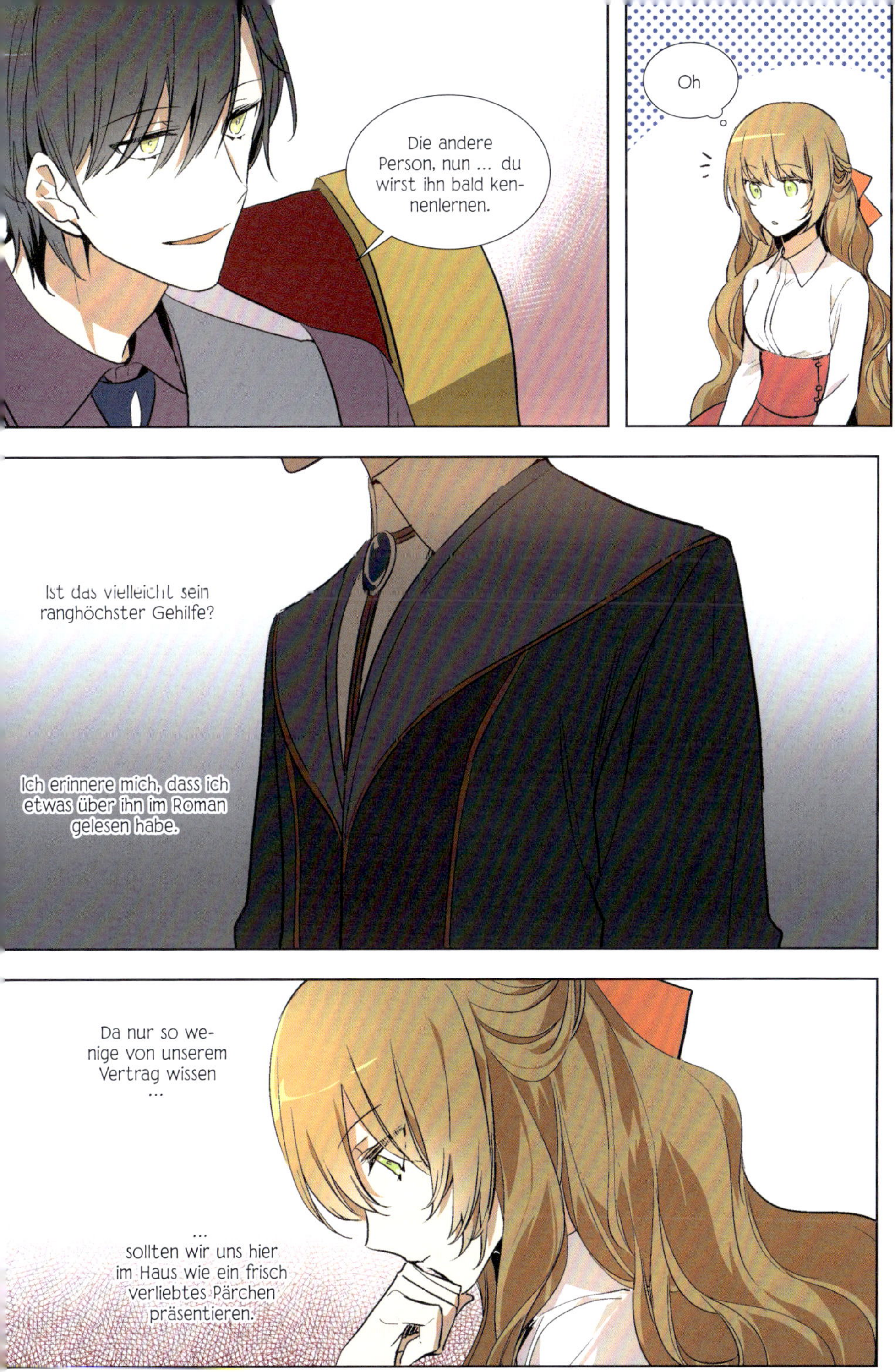
Die andere Person, nun ... du wirst ihn bald kennenlernen.
Oh
Ist das vielleicht sein ranghöchster Gehilfe?
Ich erinnere mich, dass ich etwas über ihn im Roman gelesen habe.
Da nur so wenige von unserem Vertrag wissen ...
... sollten wir uns hier im Haus wie ein frisch verliebtes Pärchen präsentieren.

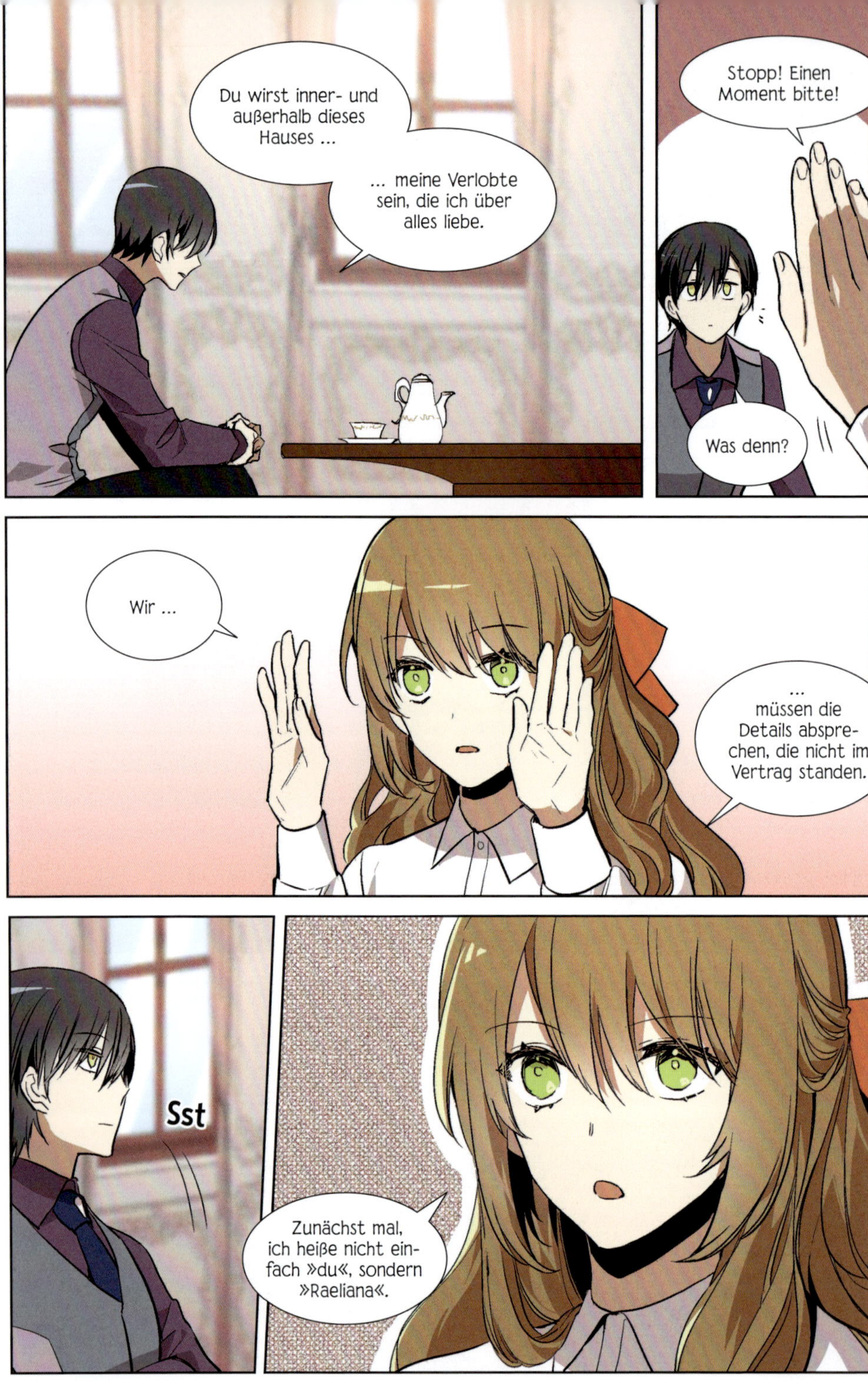
Du wirst inner- und außerhalb dieses Hauses ...
... meine Verlobte sein, die ich über alles liebe.
Stopp! Einen Moment bitte!
Was denn?
Wir ...
... müssen die Details absprechen, die nicht im Vertrag standen.
Sst
Zunächst mal, ich heiße nicht einfach »du«, sondern »Raeliana«.

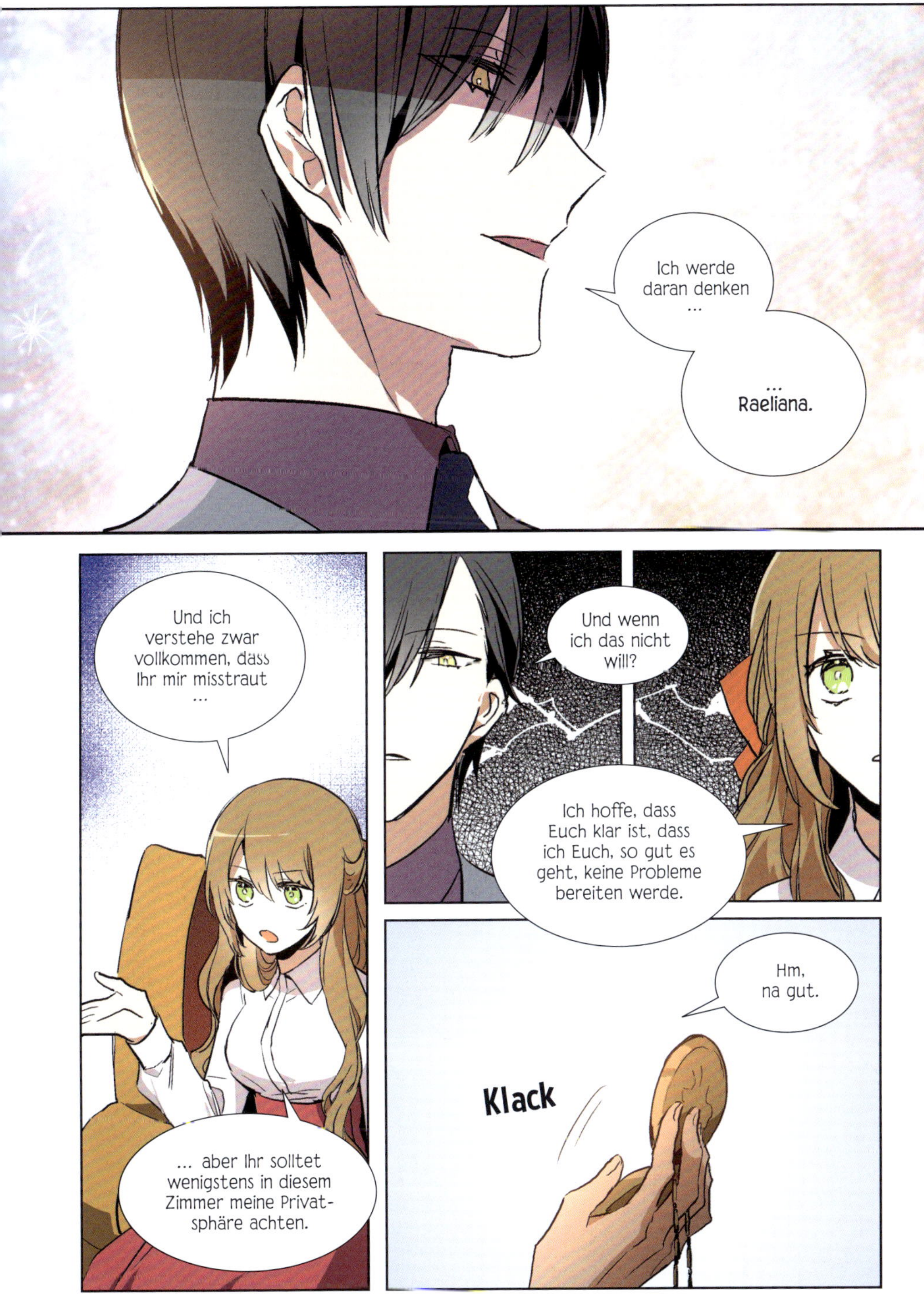
Ich werde daran denken …
… Raeliana.
Und ich verstehe zwar vollkommen, dass Ihr mir misstraut …
… aber Ihr solltet wenigstens in diesem Zimmer meine Privatsphäre achten.
Und wenn ich das nicht will?
Ich hoffe, dass Euch klar ist, dass ich Euch, so gut es geht, keine Probleme bereiten werde.
Hm, na gut.
Klack

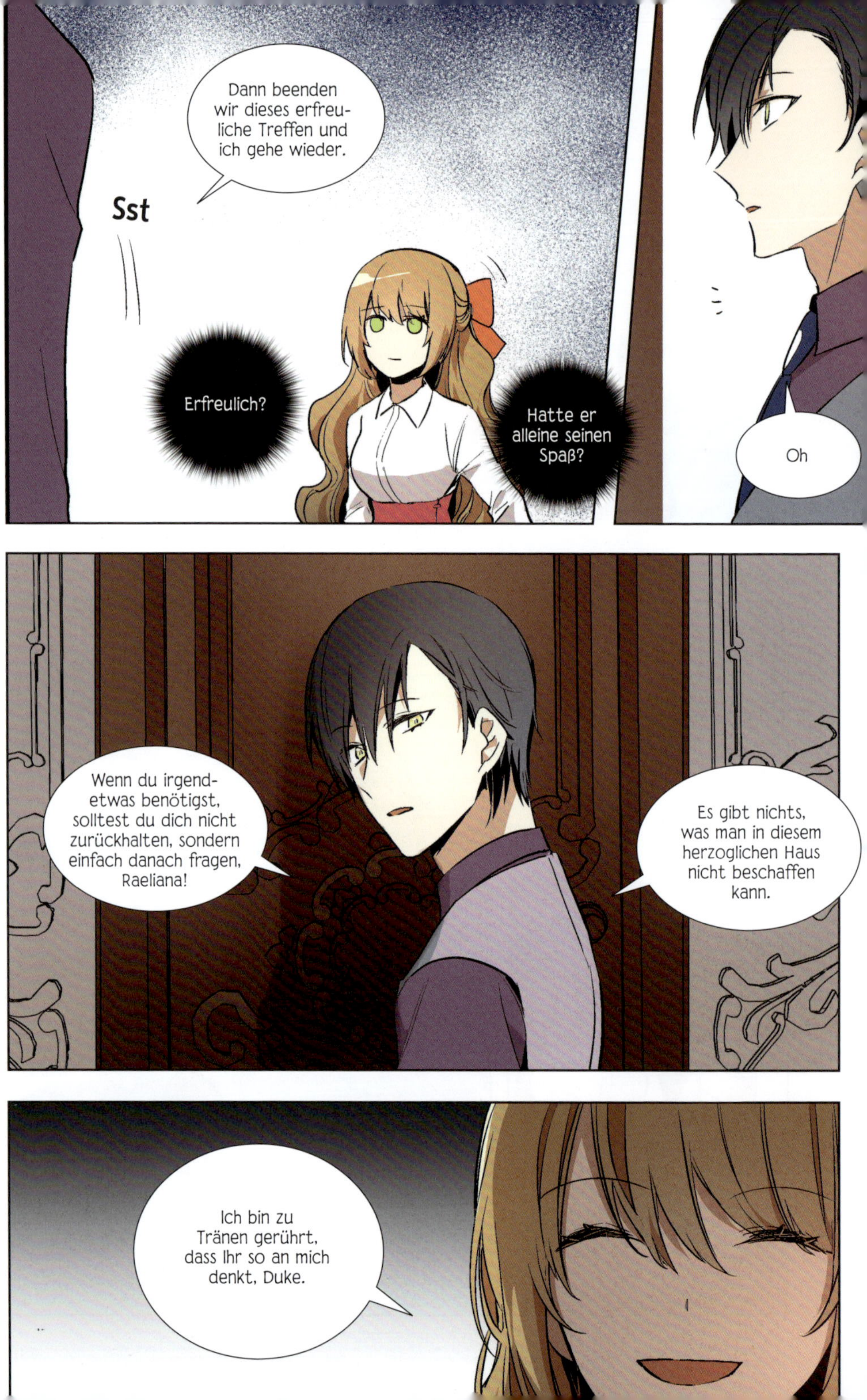
Dann beenden wir dieses erfreuliche Treffen und ich gehe wieder.
Sst
Erfreulich?
Hatte er alleine seinen Spaß?
Oh
Wenn du irgendetwas benötigst, solltest du dich nicht zurückhalten, sondern einfach danach fragen, Raeliana!
Es gibt nichts, was man in diesem herzoglichen Haus nicht beschaffen kann.
Ich bin zu Tränen gerührt, dass Ihr so an mich denkt, Duke.

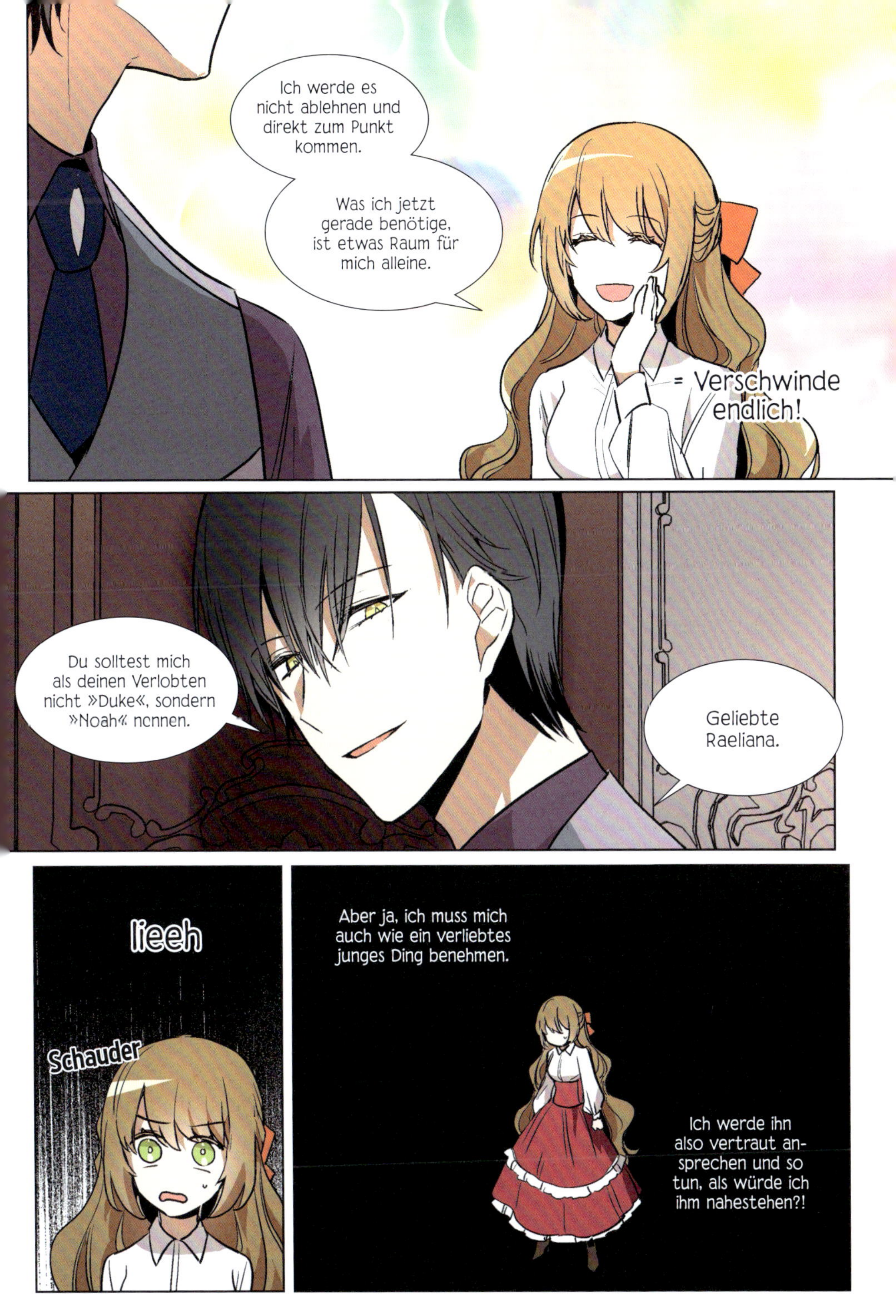
Ich werde es nicht ablehnen und direkt zum Punkt kommen.
Was ich jetzt gerade benötige, ist etwas Raum für mich alleine.
= Verschwinde endlich!
Du solltest mich als deinen Verlobten nicht »Duke«, sondern »Noah« nennen.
Geliebte Raeliana.
Iieeh
Schauder
Aber ja, ich muss mich auch wie ein verliebtes junges Ding benehmen.
Ich werde ihn also vertraut an-sprechen und so tun, als würde ich ihm nahestehen?!

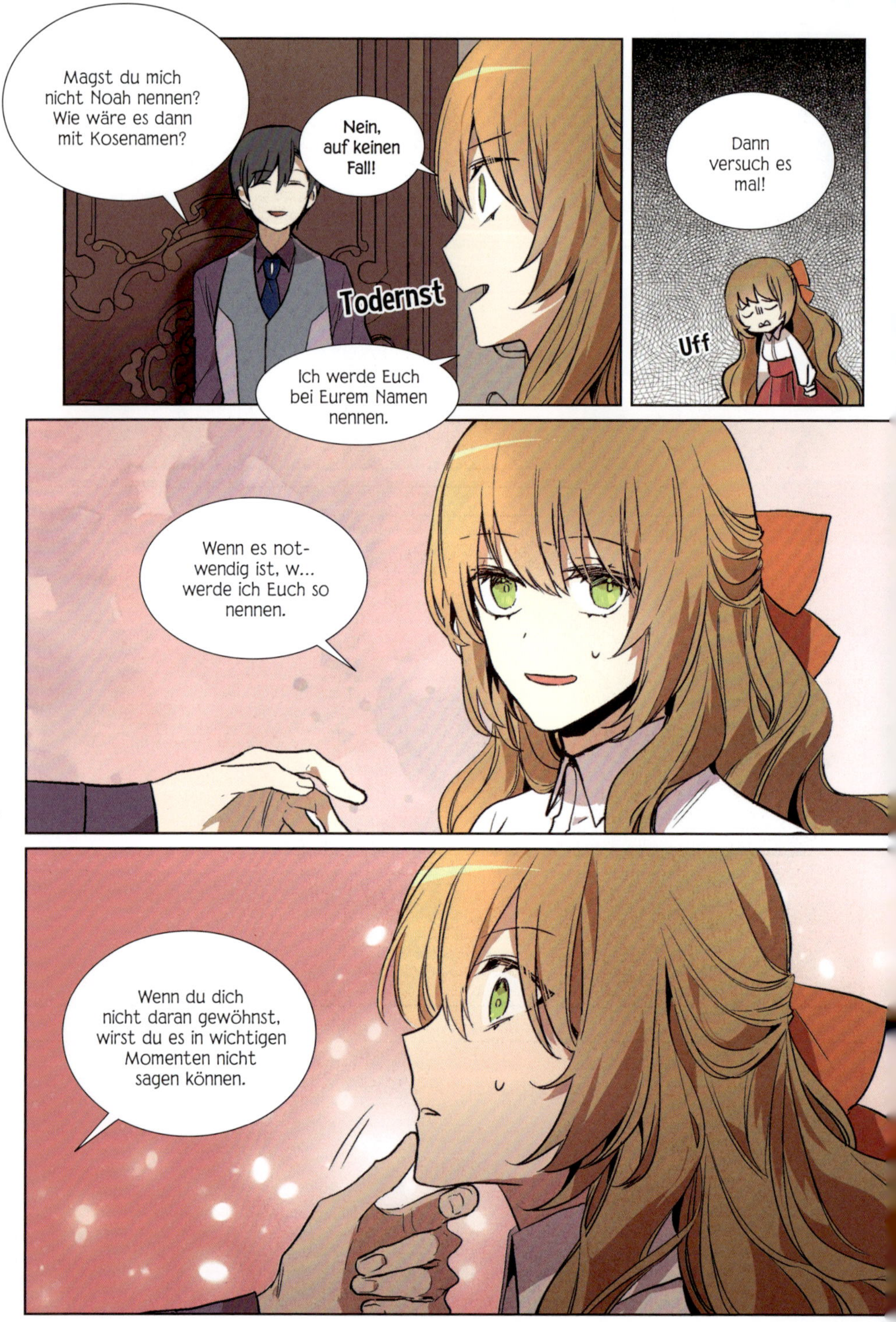
Magst du mich nicht Noah nennen? Wie wäre es dann mit Kosenamen?
Nein, auf keinen Fall!
Todernst
Ich werde Euch bei Eurem Namen nennen.
Dann versuch es mal!
Uff
Wenn es notwendig ist, w... werde ich Euch so nennen.
Wenn du dich nicht daran gewöhnst, wirst du es in wichtigen Momenten nicht sagen können.

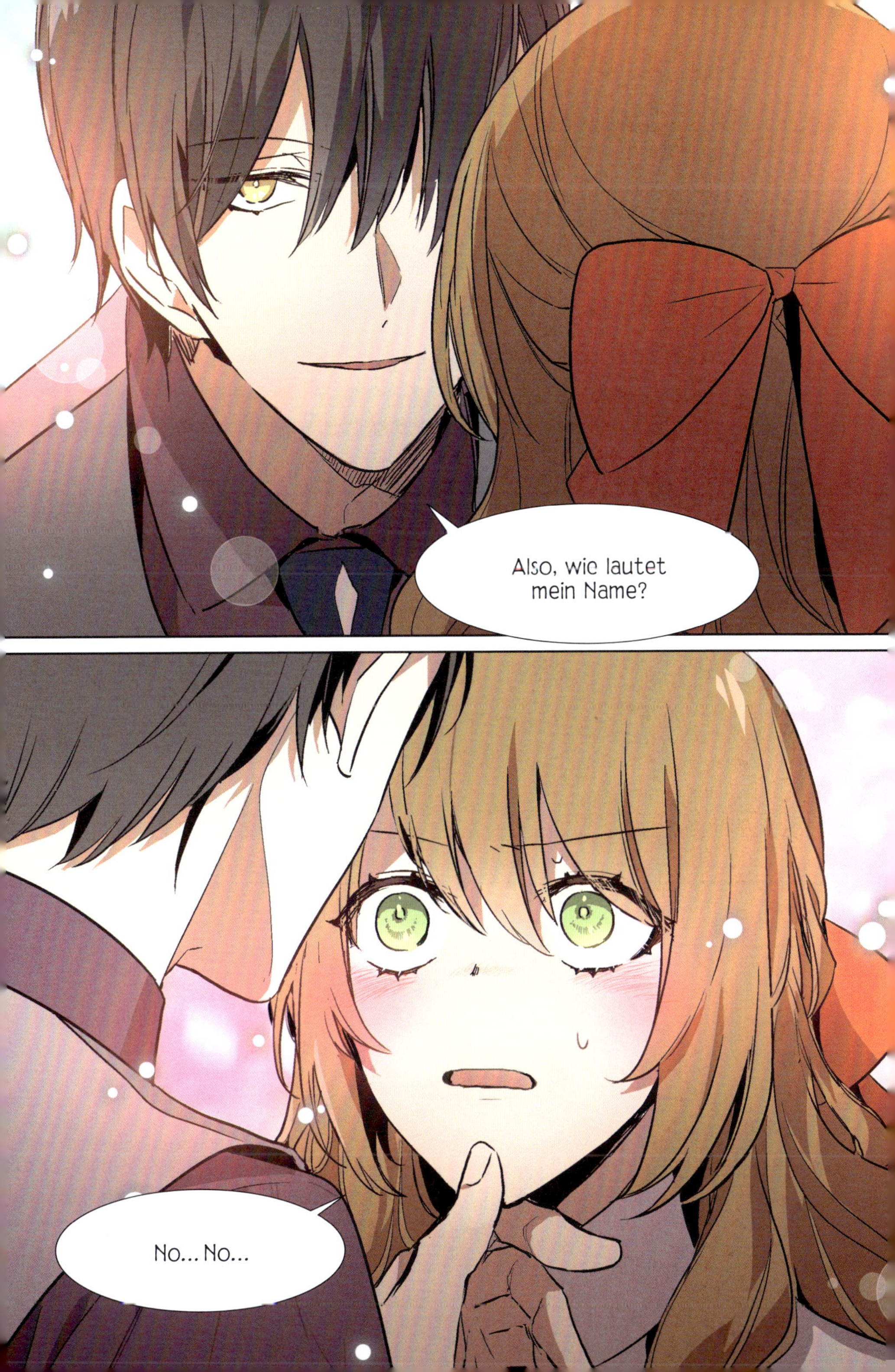
Also, wie lautet mein Name?
No... No...

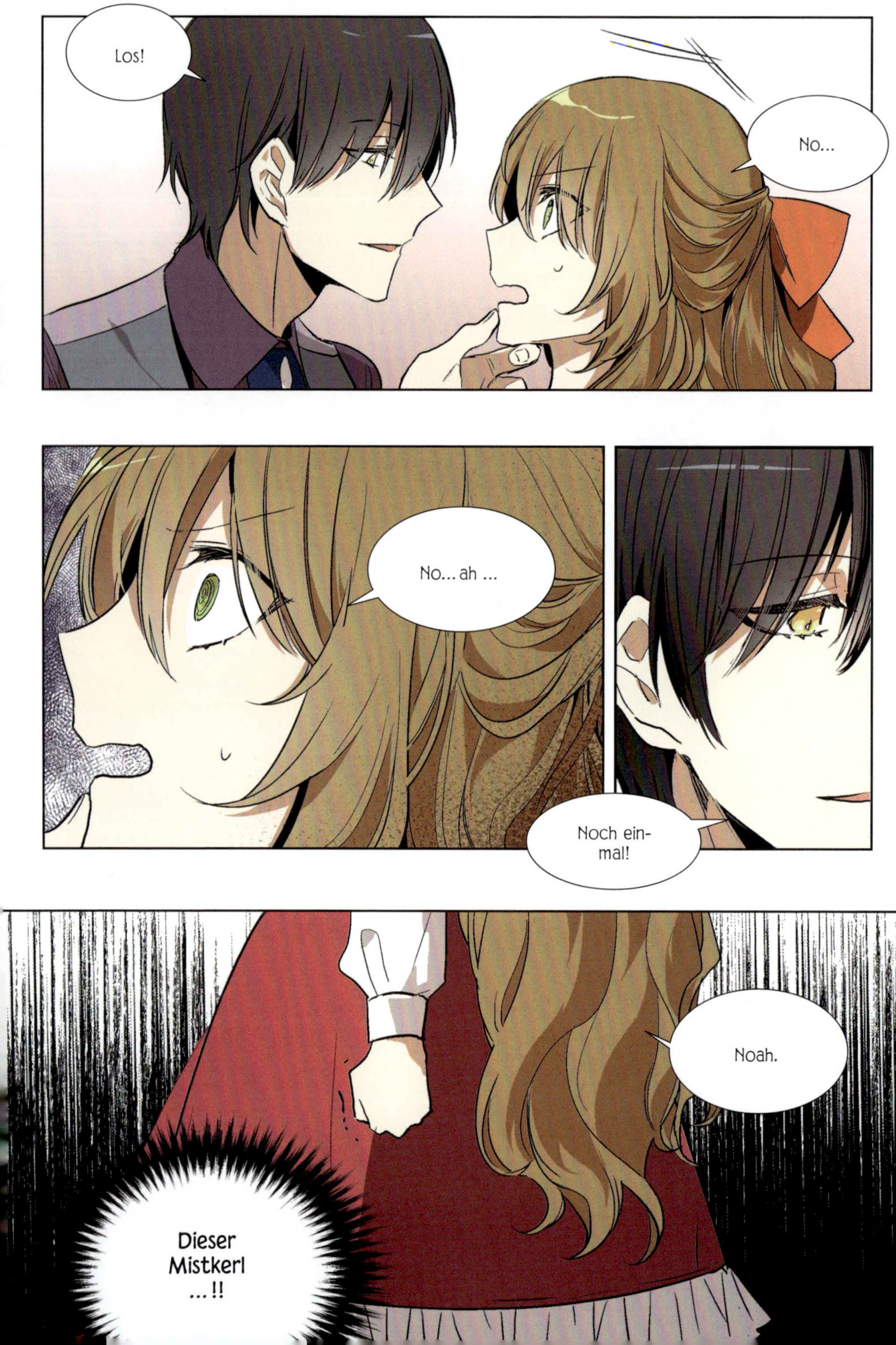
Los!
No...
No... ah ...
Noch ein-
mal!
Noah.
Dieser
Mistkerl
...!!

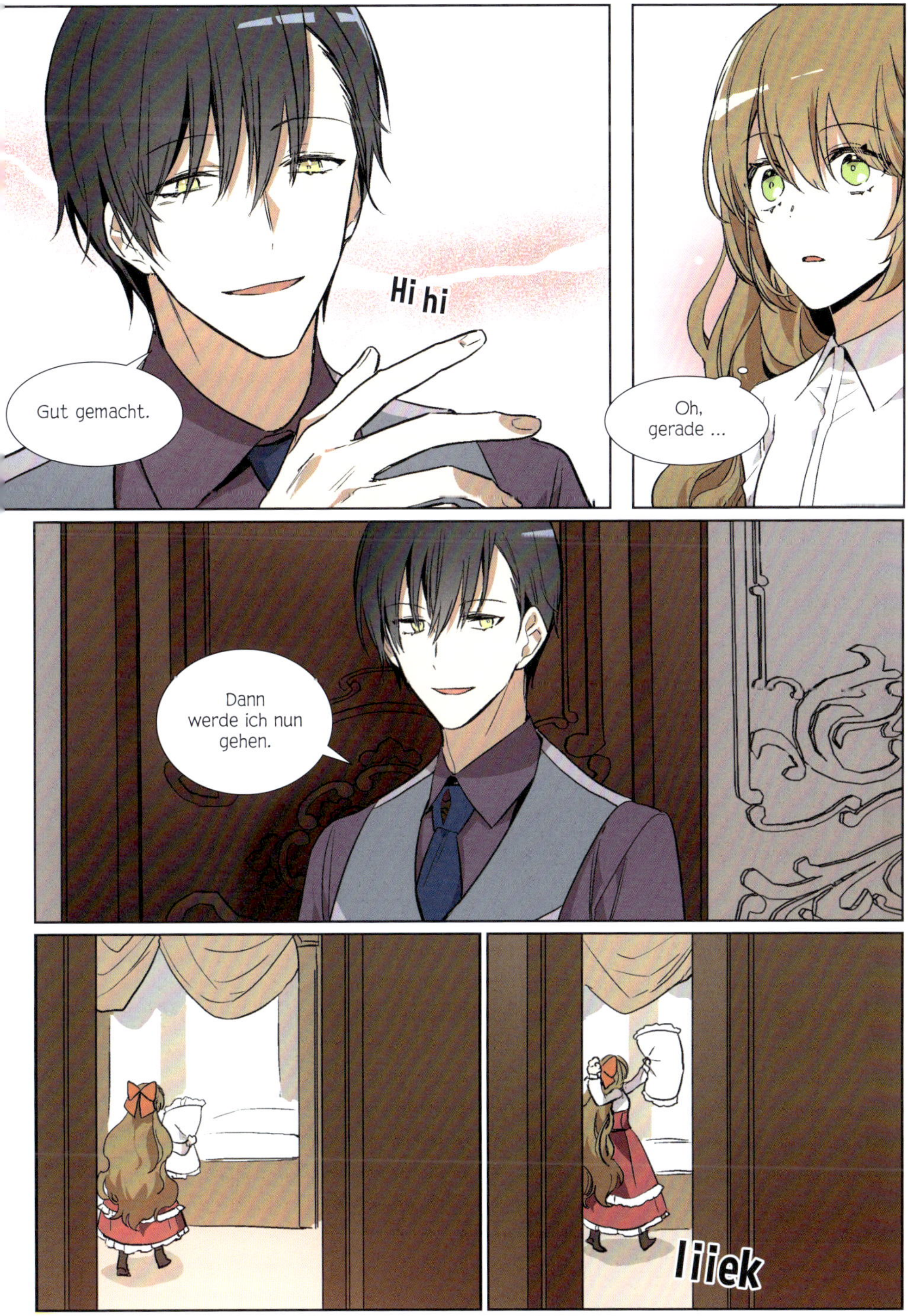
Hi hi
Gut gemacht.
Oh, gerade ...
Dann werde ich nun gehen.
Iiiek

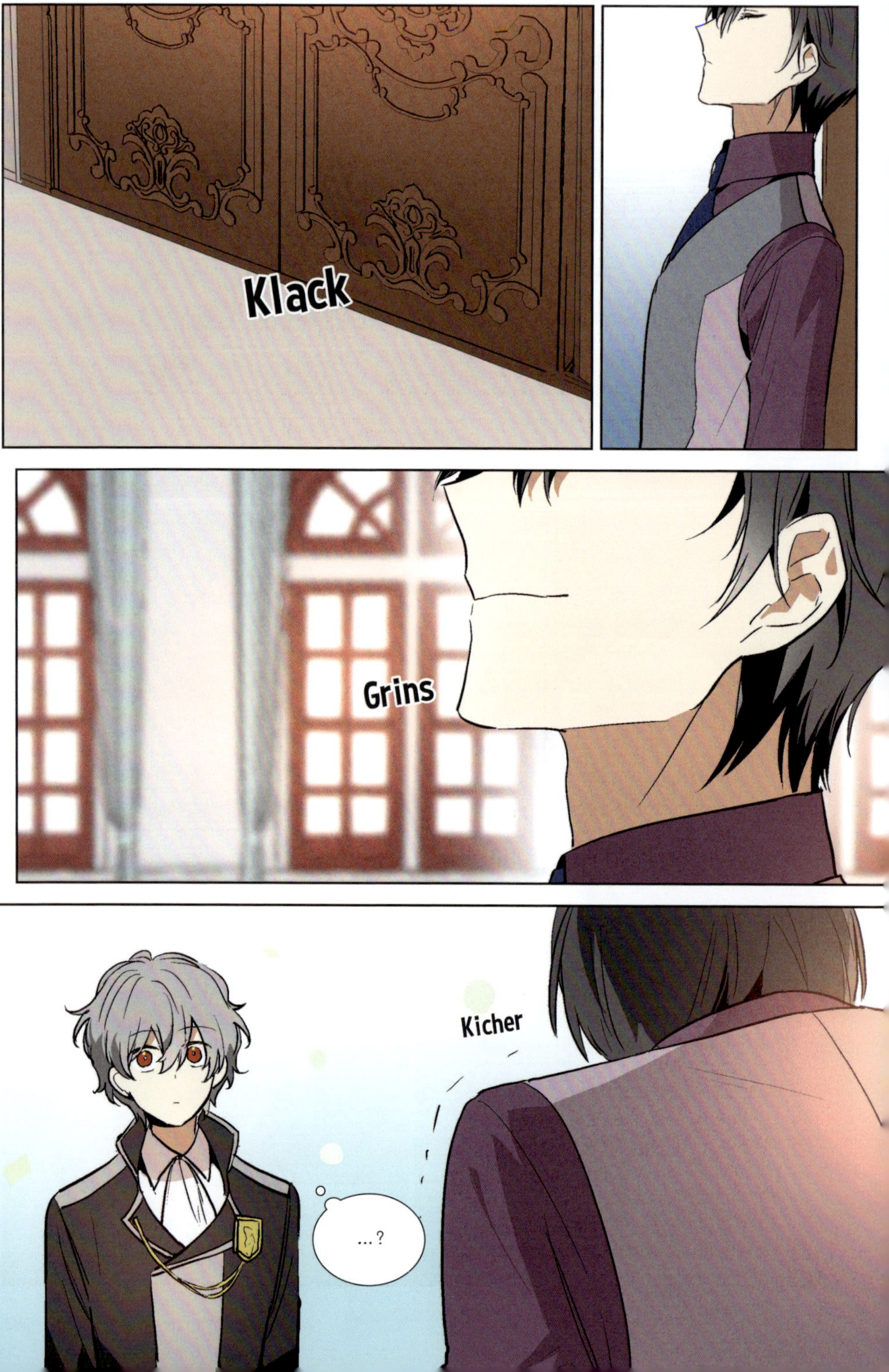
Klack
Grins
Kicher
...?

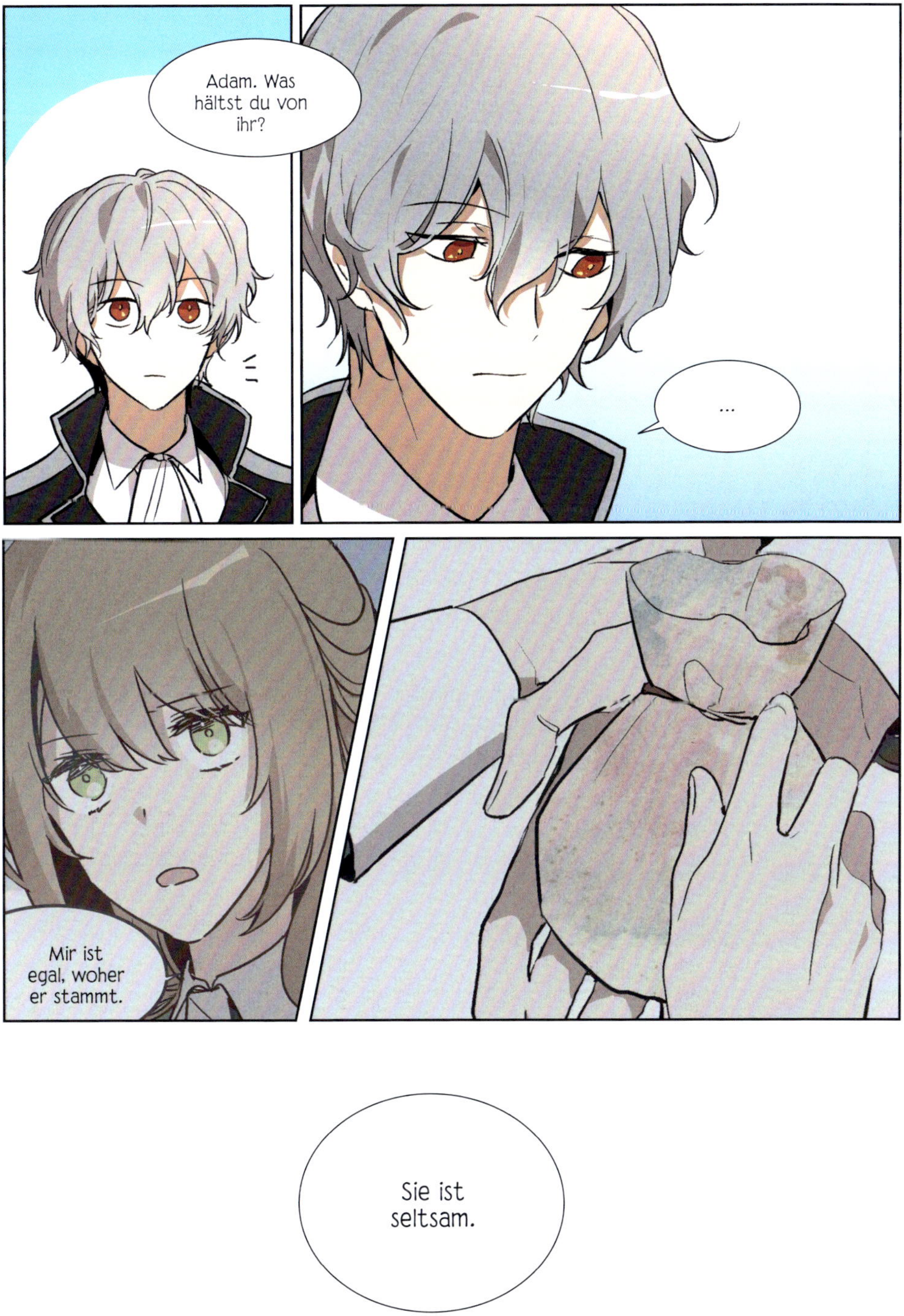
Adam. Was hältst du von ihr?
...
Mir ist egal, woher er stammt.
Sie ist seltsam.

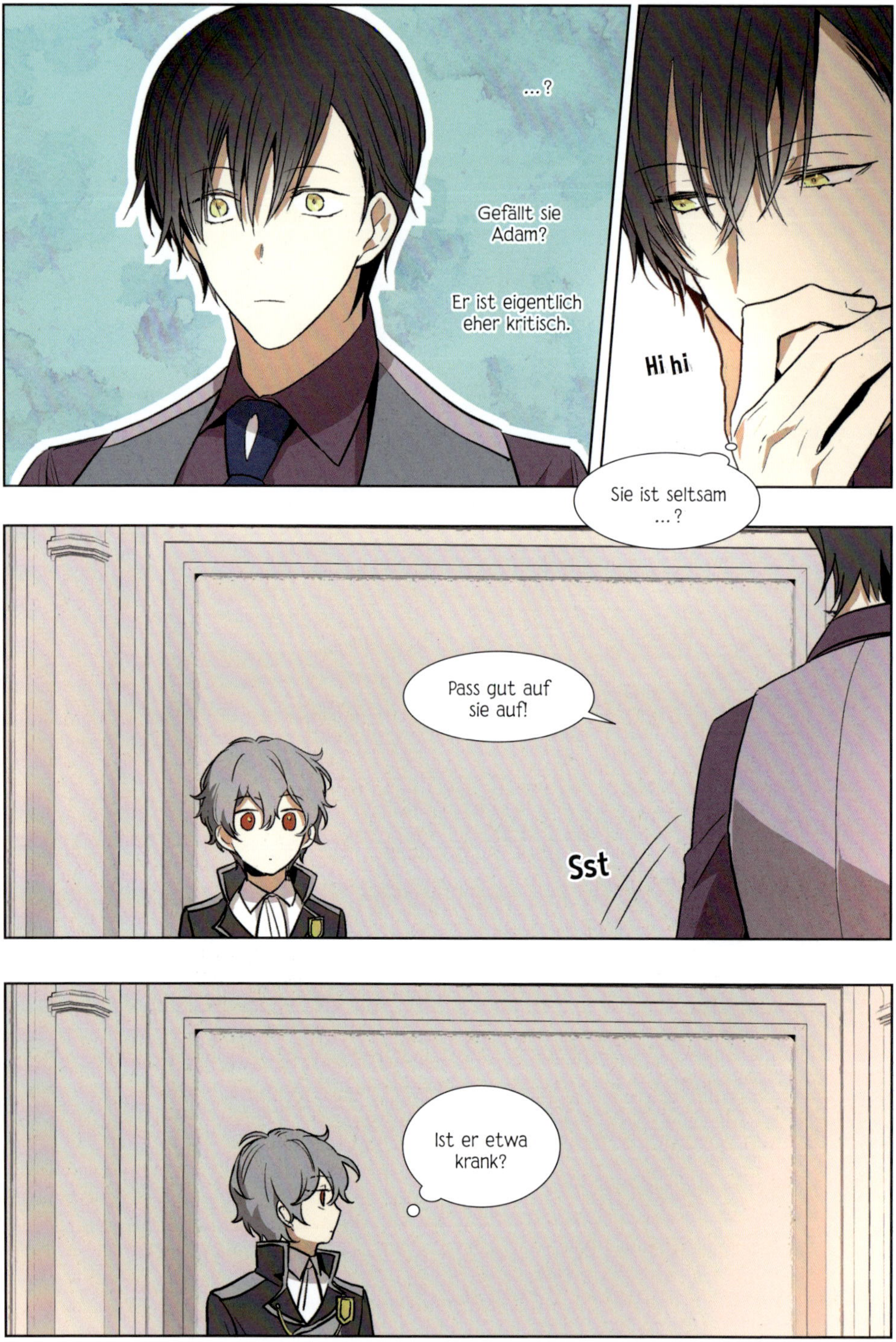
...?
Gefällt sie Adam?
Er ist eigentlich eher kritisch.
Hi hi
Sie ist seltsam ...?
Pass gut auf sie auf!
Sst
Ist er etwa krank?

RAELIANA

Warum sie die Verlobte des Dukes wurde

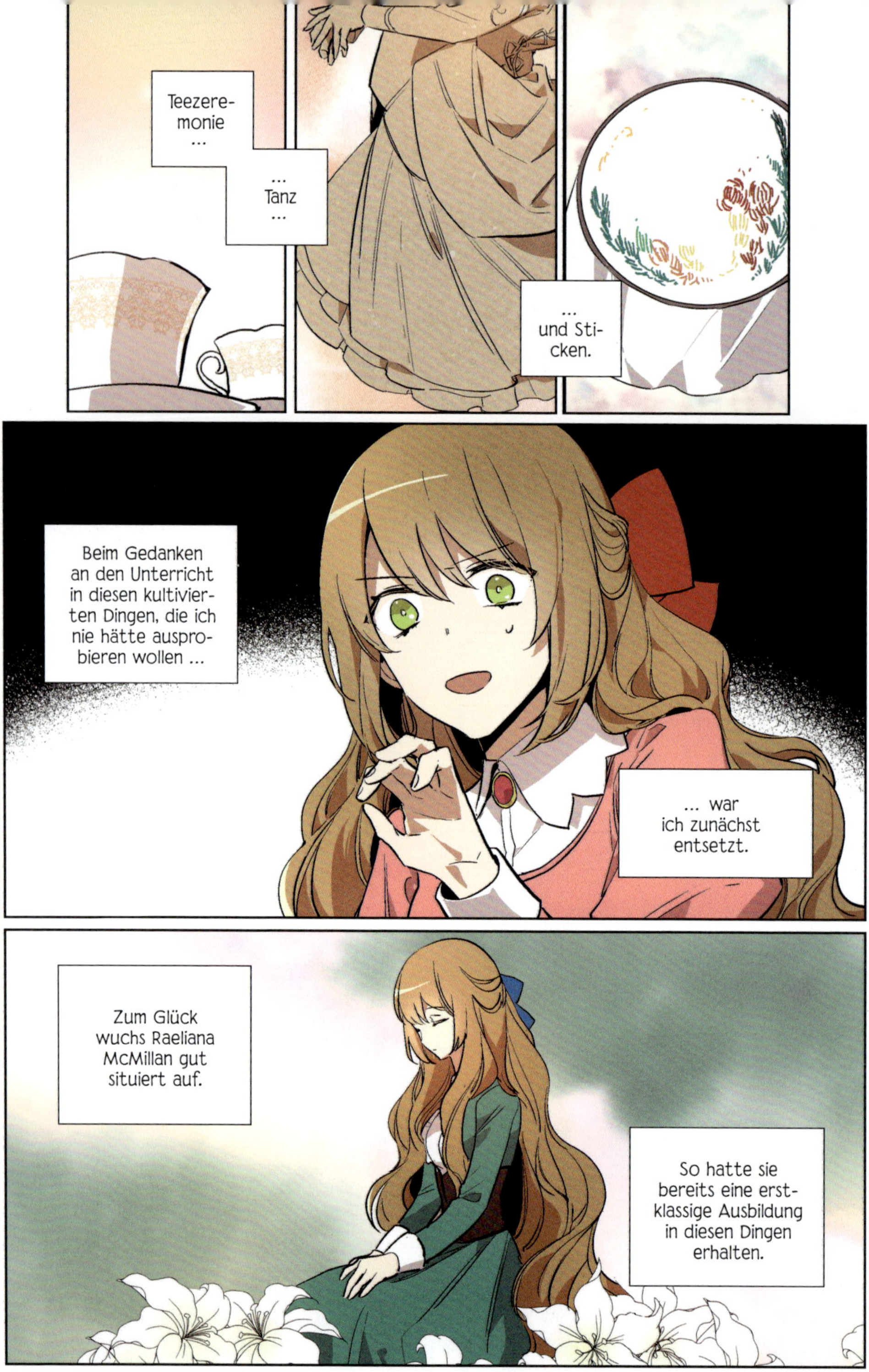
Teezeremonie …
… Tanz …
… und Sticken.
Beim Gedanken an den Unterricht in diesen kultivierten Dingen, die ich nie hätte ausprobieren wollen …
… war ich zunächst entsetzt.
Zum Glück wuchs Raeliana McMillan gut situiert auf.
So hatte sie bereits eine erstklassige Ausbildung in diesen Dingen erhalten.

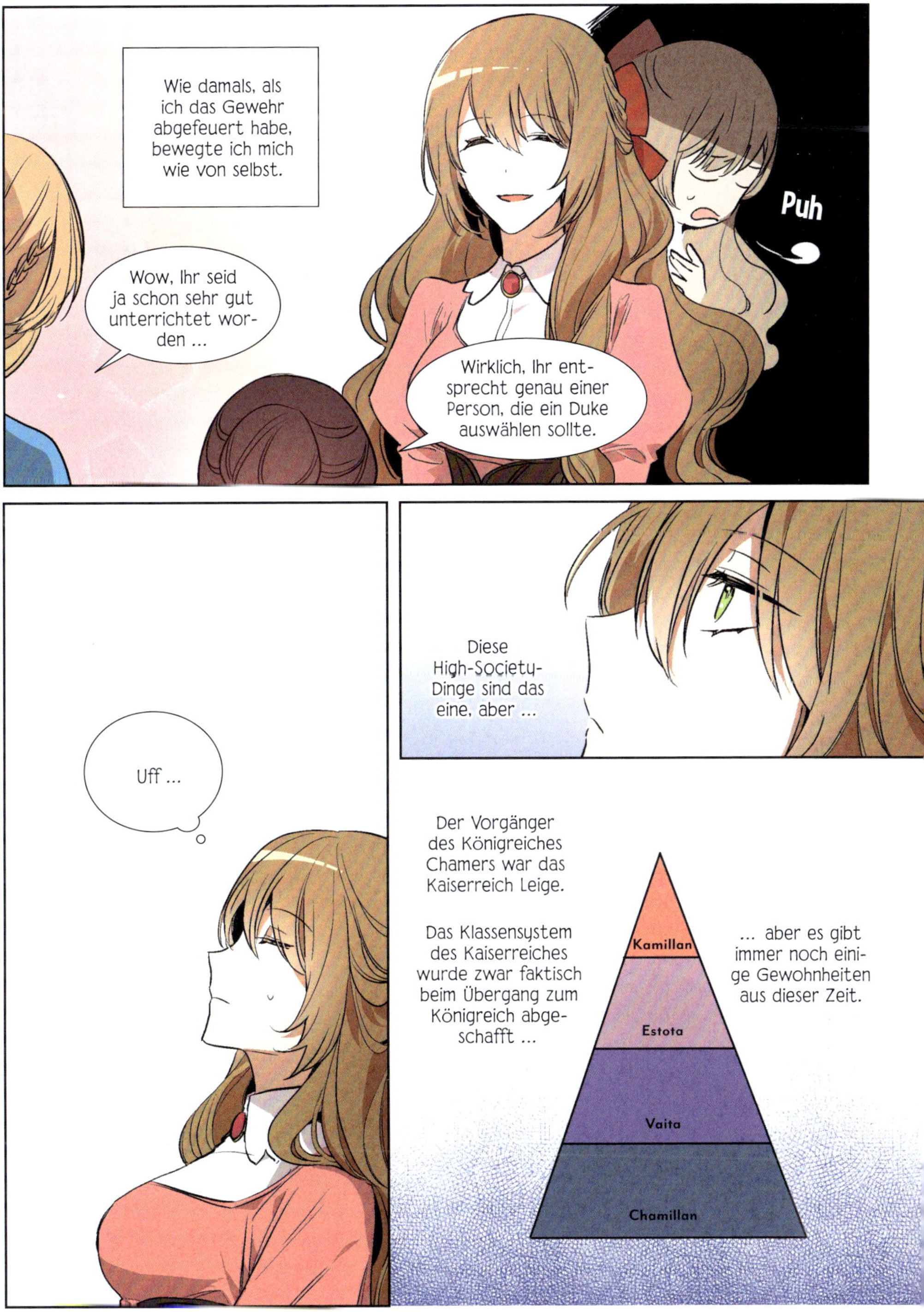
Wie damals, als ich das Gewehr abgefeuert habe, bewegte ich mich wie von selbst.
Puh
Wow, Ihr seid ja schon sehr gut unterrichtet worden ...
Wirklich, Ihr entsprecht genau einer Person, die ein Duke auswählen sollte.
Diese High-Society-Dinge sind das eine, aber ...
Uff ...
Der Vorgänger des Königreiches Chamers war das Kaiserreich Leige.
Das Klassensystem des Kaiserreiches wurde zwar faktisch beim Übergang zum Königreich abgeschafft ...
Kamillan
Estota
Vaita
Chamillan
... aber es gibt immer noch einige Gewohnheiten aus dieser Zeit.

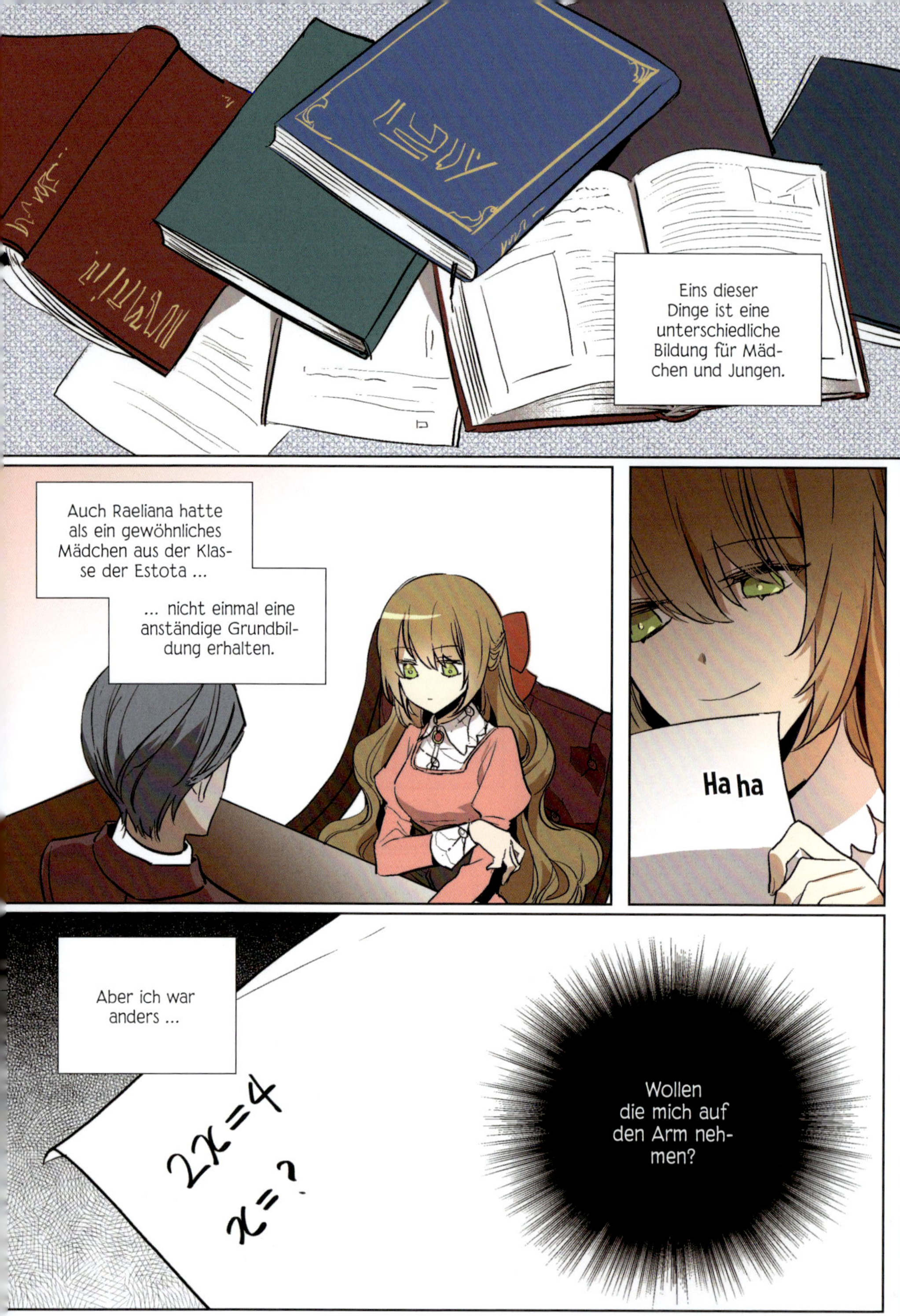
Eins dieser Dinge ist eine unterschiedliche Bildung für Mädchen und Jungen.
Auch Raeliana hatte als ein gewöhnliches Mädchen aus der Klasse der Estota ...
... nicht einmal eine anständige Grundbildung erhalten.
Ha ha
Aber ich war anders ...
2x=4
x=?
Wollen die mich auf den Arm nehmen?

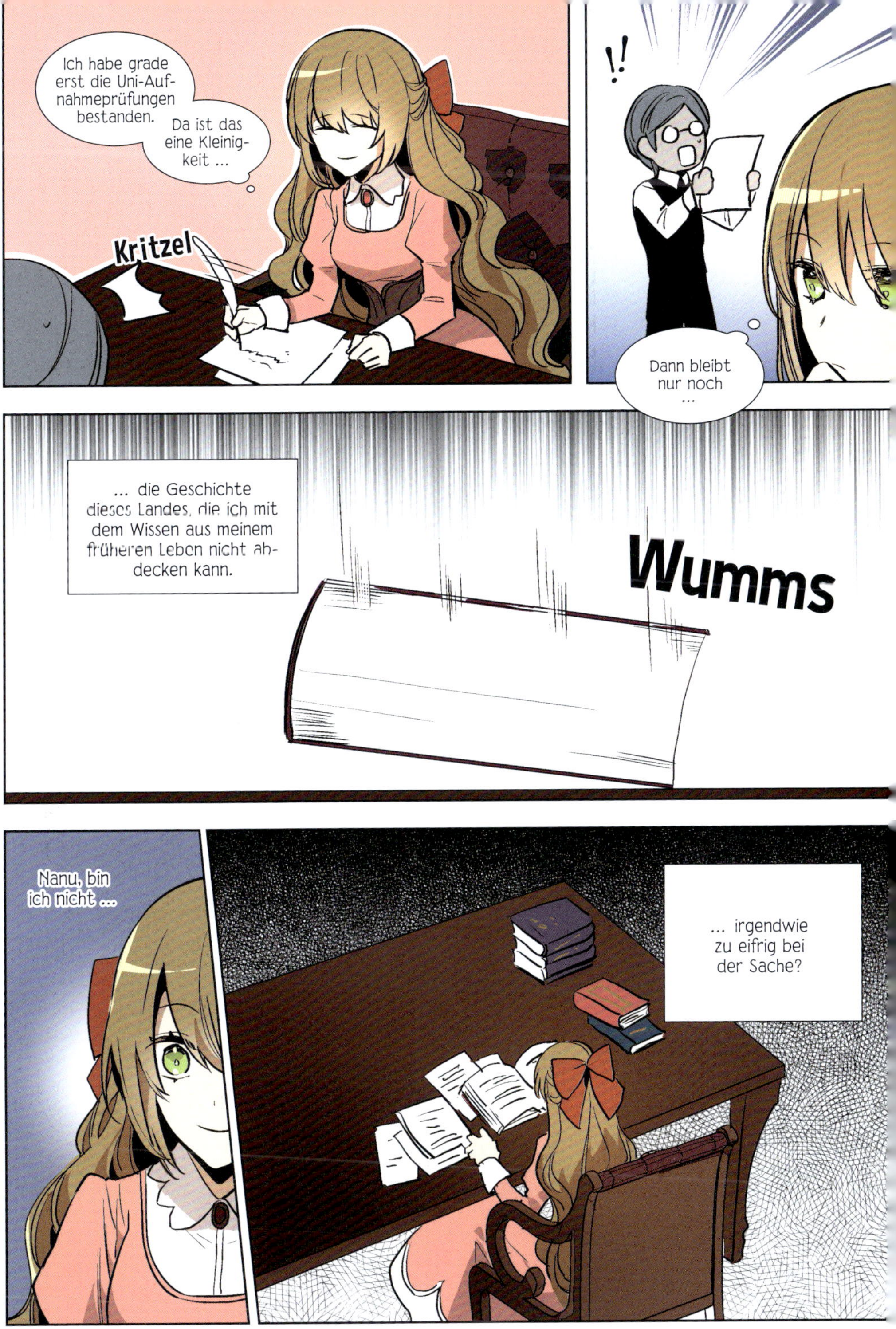
Ich habe grade erst die Uni-Aufnahmeprüfungen bestanden.
Da ist das eine Kleinigkeit ...
Kritzel
!!
Dann bleibt nur noch ...
... die Geschichte dieses Landes, die ich mit dem Wissen aus meinem früheren Leben nicht abdecken kann.
Wumms
Nanu, bin ich nicht ...
... irgendwie zu eifrig bei der Sache?

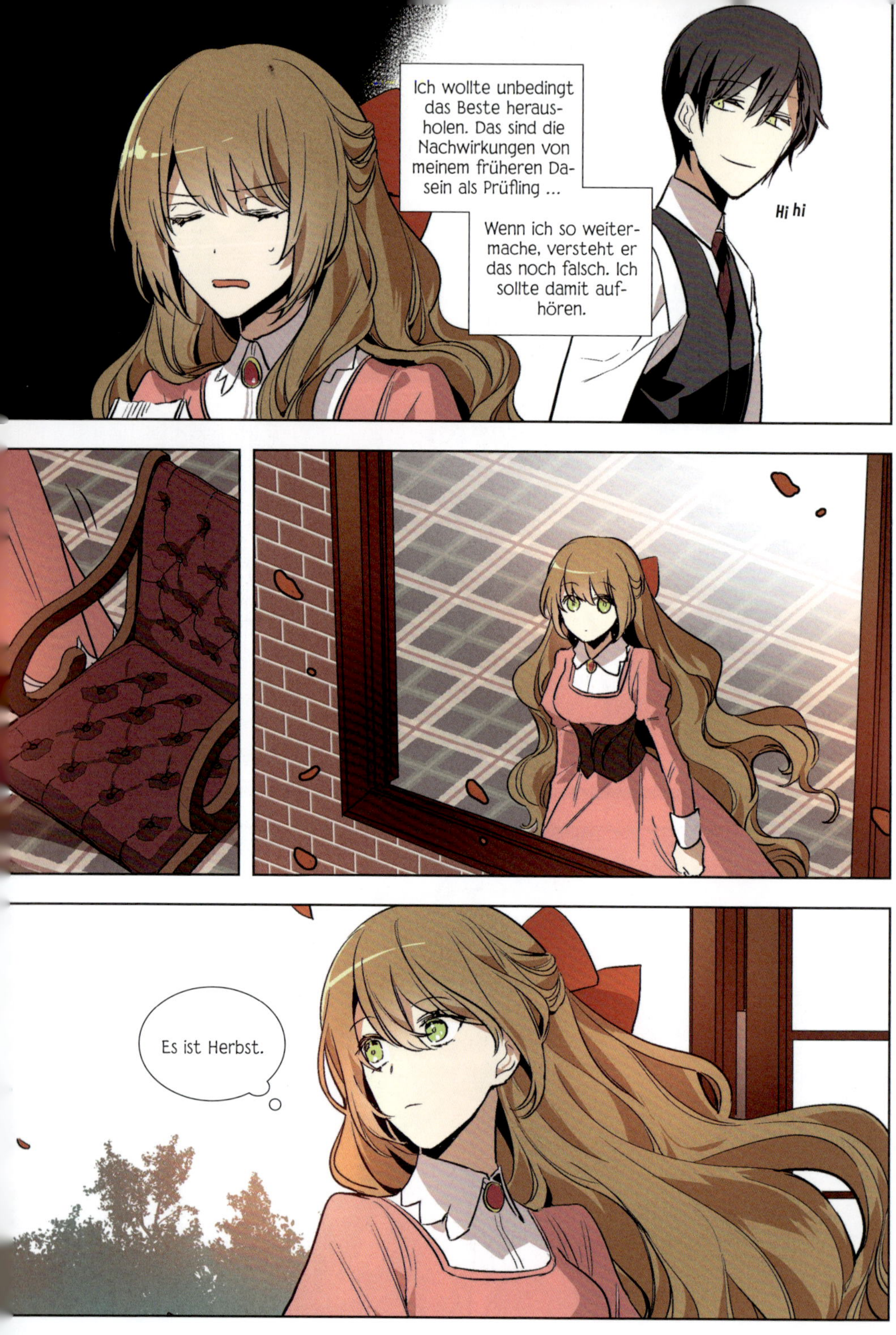
Ich wollte unbedingt das Beste herausholen. Das sind die Nachwirkungen von meinem früheren Dasein als Prüfling …
Wenn ich so weitermache, versteht er das noch falsch. Ich sollte damit aufhören.
Hi hi
Es ist Herbst.

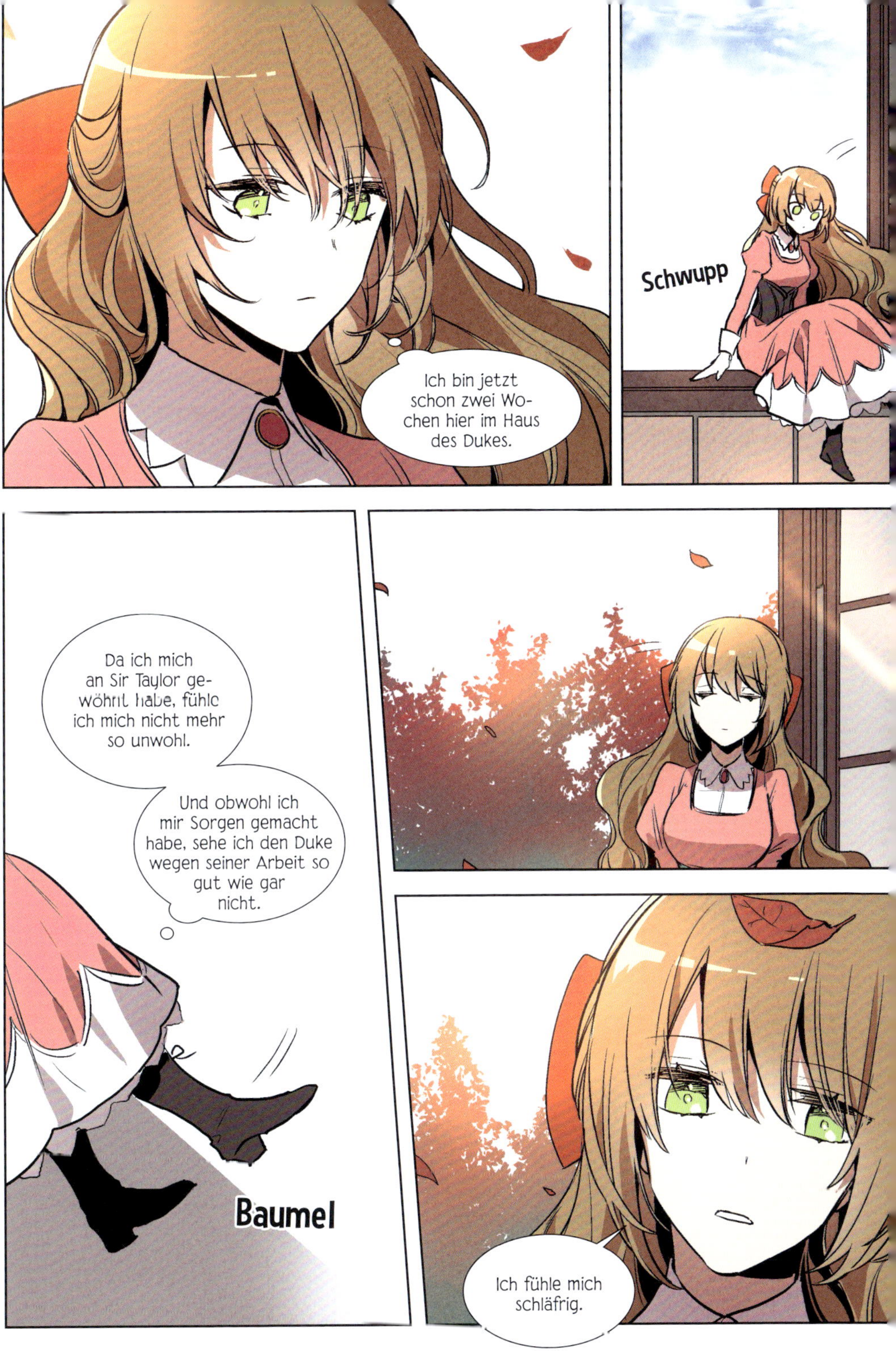
Ich bin jetzt schon zwei Wochen hier im Haus des Dukes.
Schwupp
Da ich mich an Sir Taylor gewöhnt habe, fühle ich mich nicht mehr so unwohl.
Und obwohl ich mir Sorgen gemacht habe, sehe ich den Duke wegen seiner Arbeit so gut wie gar nicht.
Baumel
Ich fühle mich schläfrig.

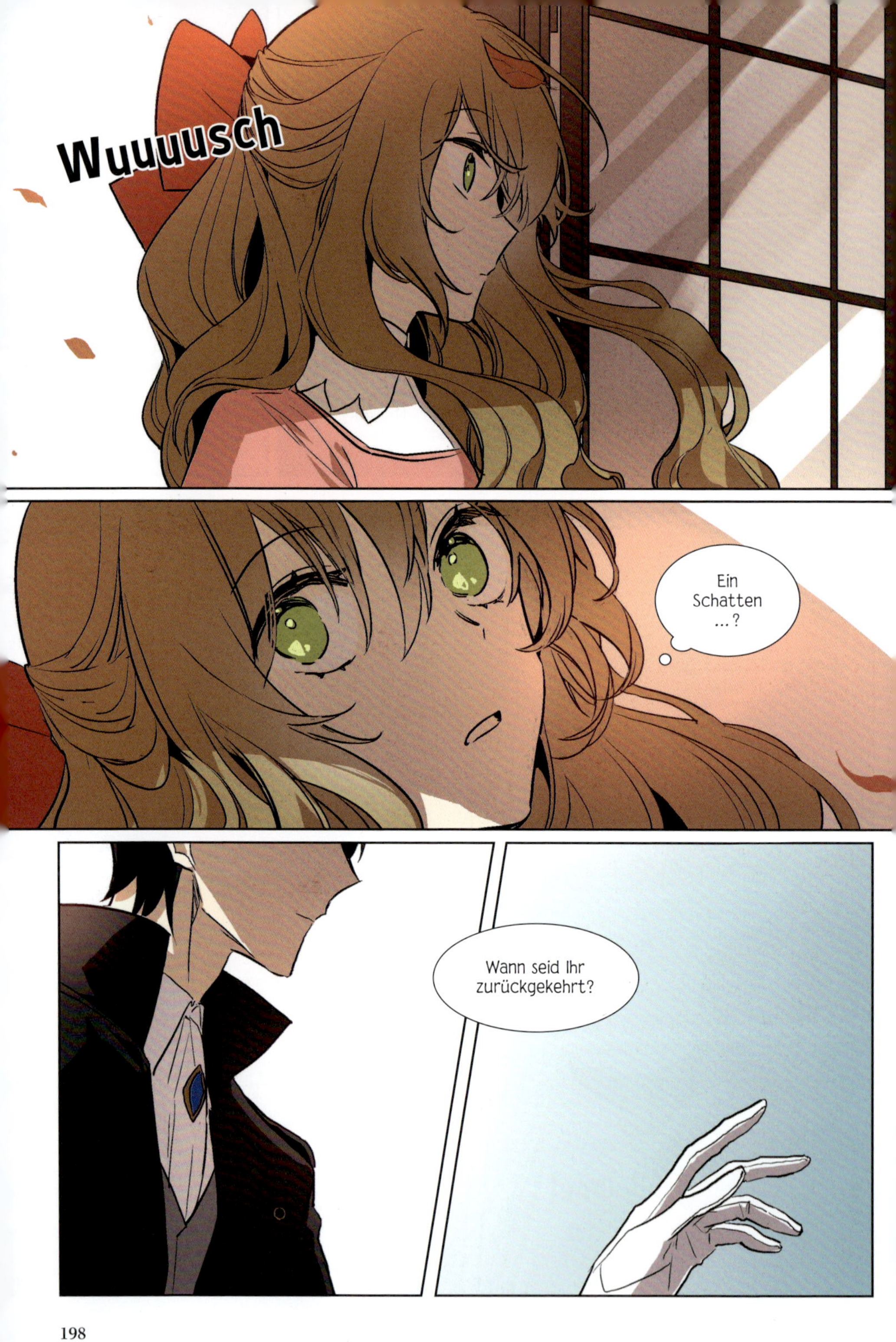
Wuuuusch
Ein Schatten …?
Wann seid Ihr zurückgekehrt?

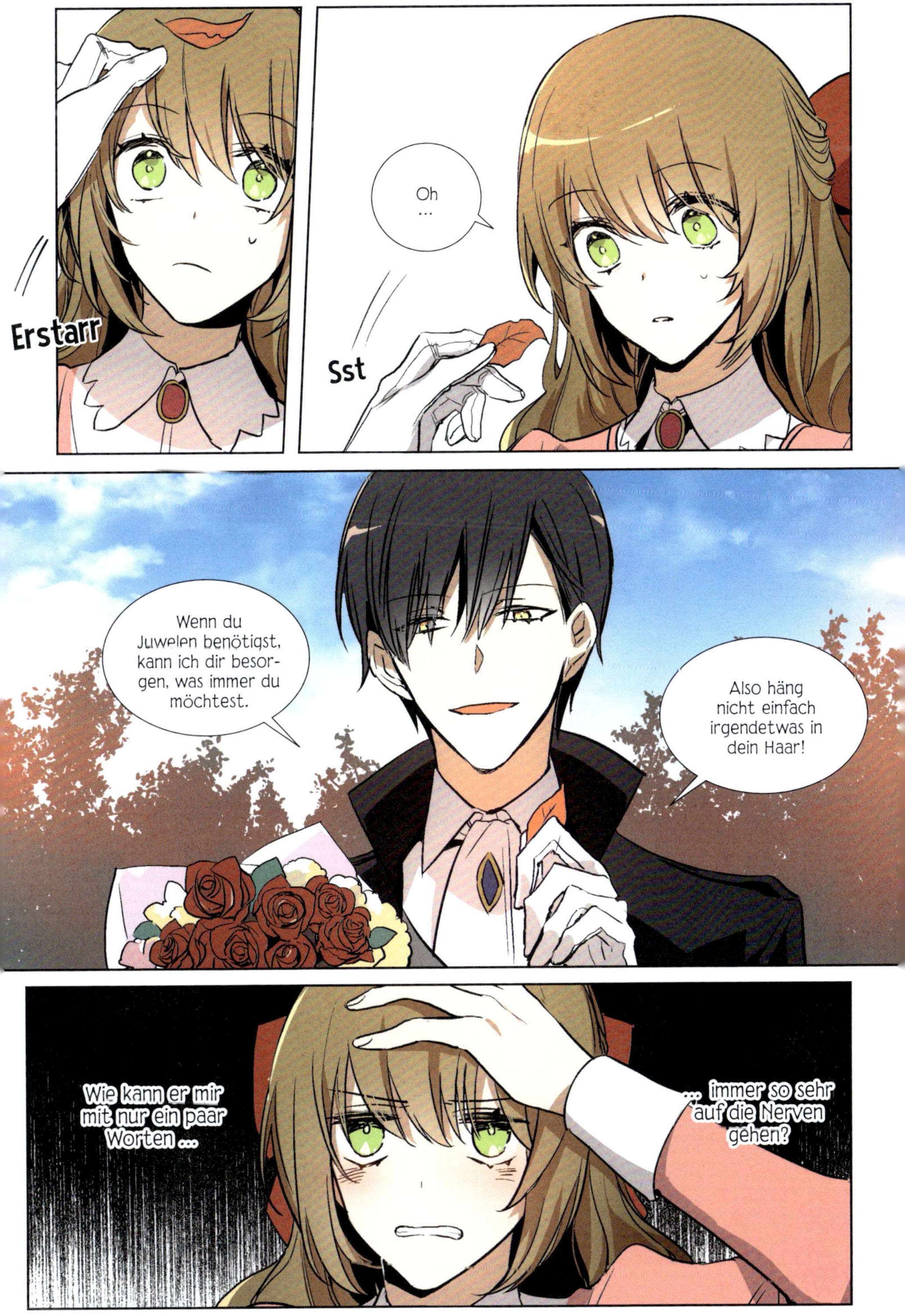
Erstarr
Oh …
Sst
Wenn du Juwelen benötigst, kann ich dir besorgen, was immer du möchtest.
Also häng nicht einfach irgendetwas in dein Haar!
Wie kann er mir mit nur ein paar Worten …
… immer so sehr auf die Nerven gehen?

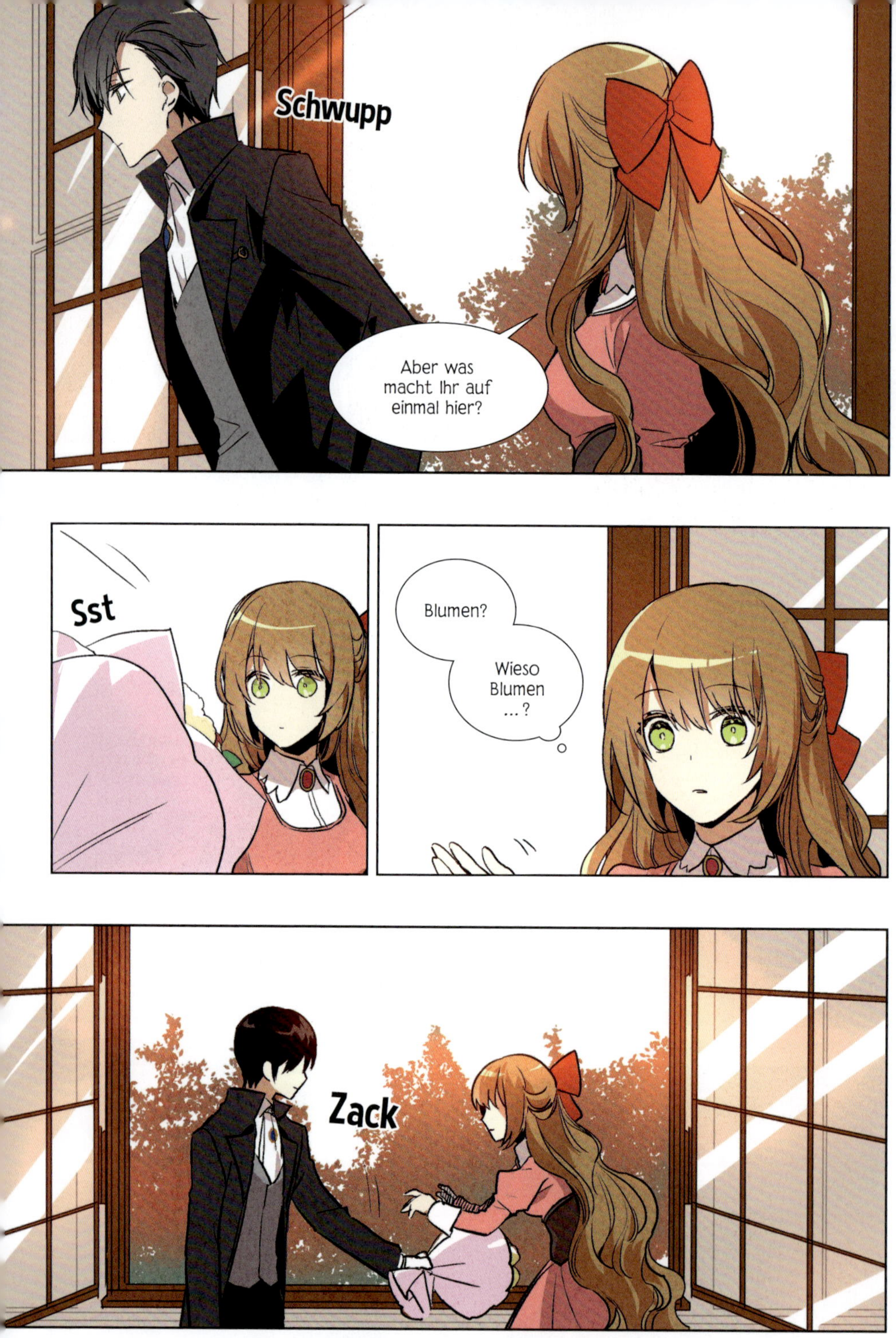
Schwupp
Aber was macht Ihr auf einmal hier?
Sst
Blumen?
Wieso Blumen ...?
Zack

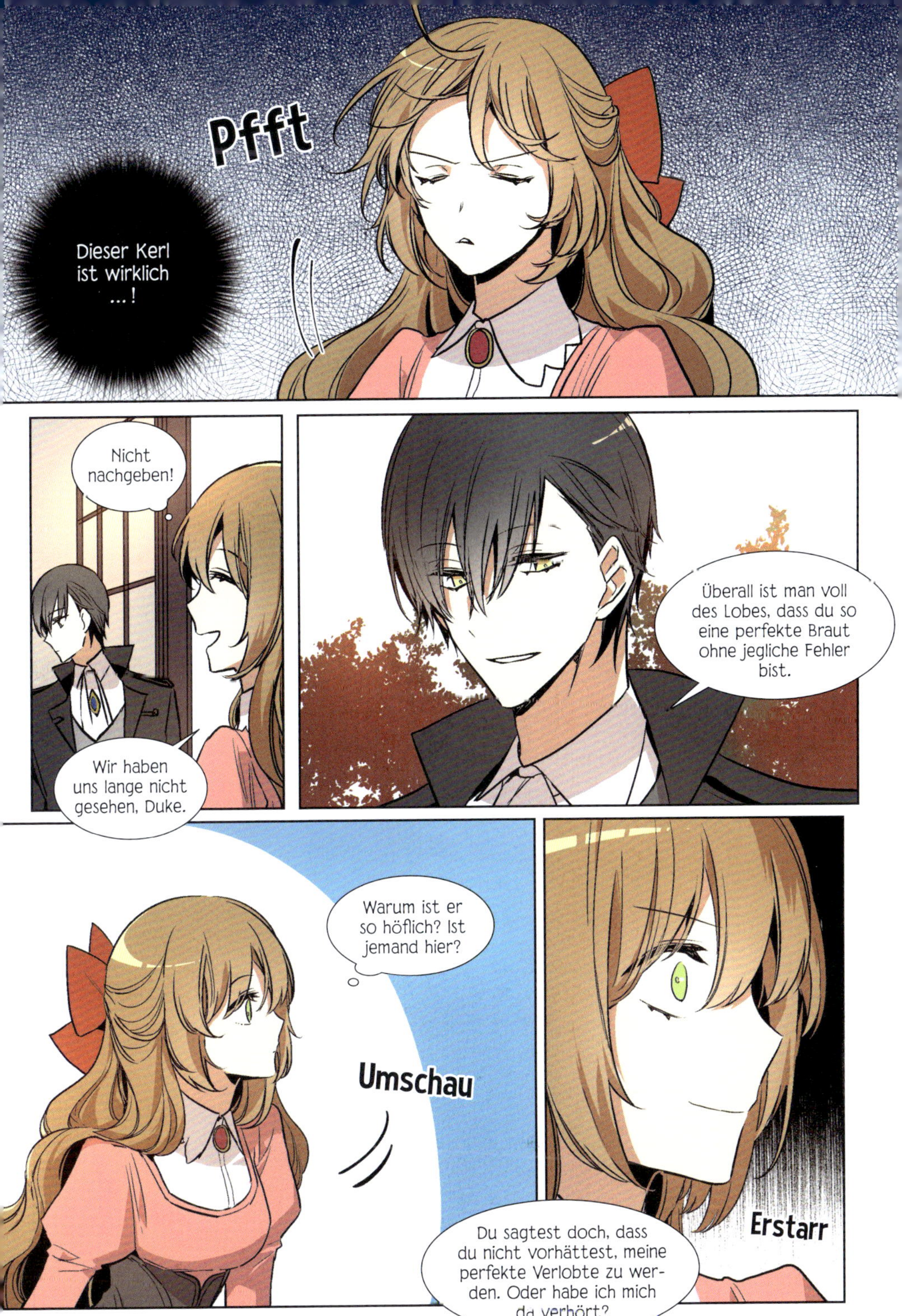
Pfft
Dieser Kerl ist wirklich …!
Nicht nachgeben!
Wir haben uns lange nicht gesehen, Duke.
Überall ist man voll des Lobes, dass du so eine perfekte Braut ohne jegliche Fehler bist.
Warum ist er so höflich? Ist jemand hier?
Umschau
Erstarr
Du sagtest doch, dass du nicht vorhättest, meine perfekte Verlobte zu wer-den. Oder habe ich mich da verhört?

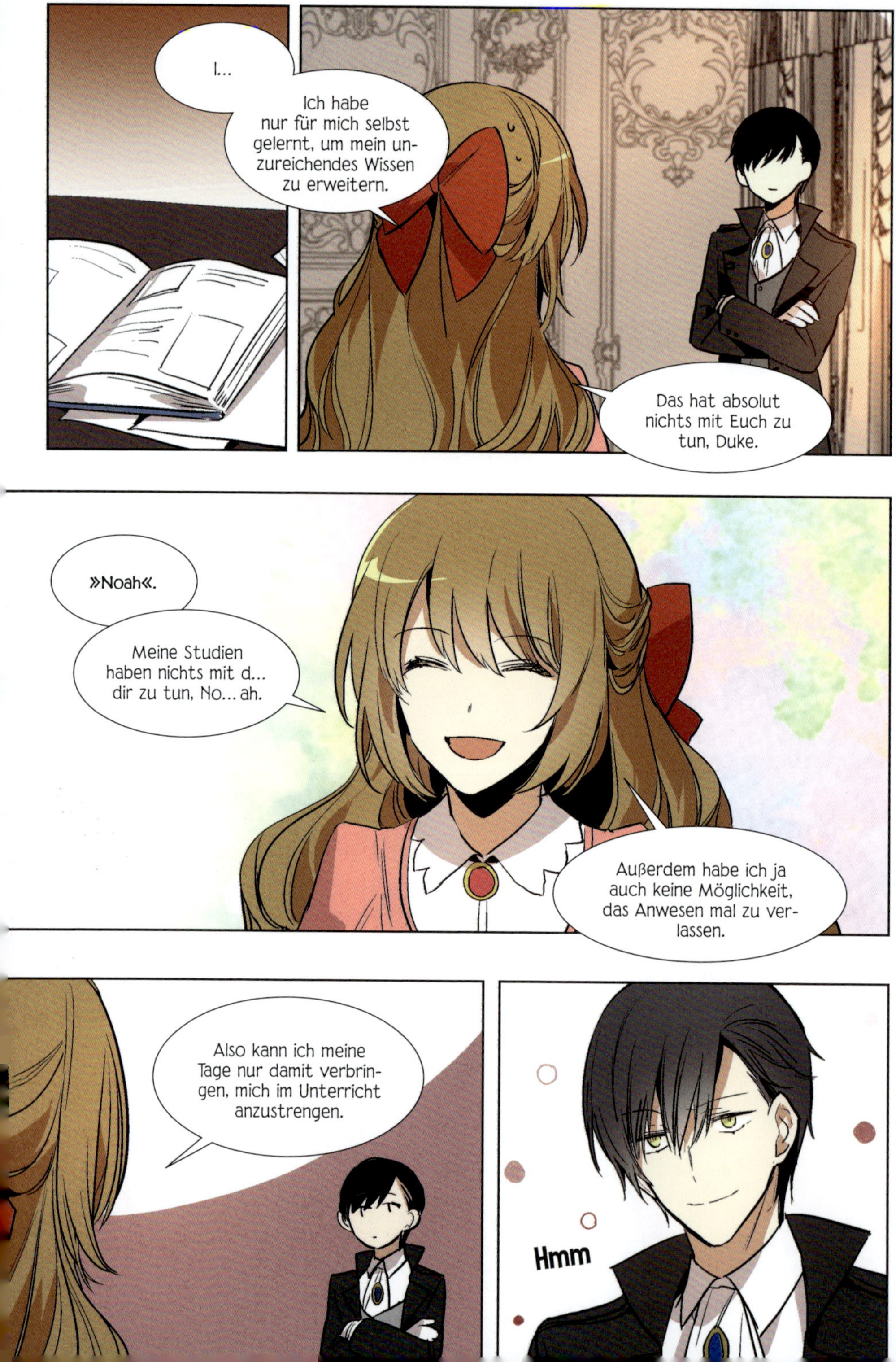
I...
Ich habe nur für mich selbst gelernt, um mein unzureichendes Wissen zu erweitern.
Das hat absolut nichts mit Euch zu tun, Duke.
»Noah«.
Meine Studien haben nichts mit d... dir zu tun, No...ah.
Außerdem habe ich ja auch keine Möglichkeit, das Anwesen mal zu verlassen.
Also kann ich meine Tage nur damit verbringen, mich im Unterricht anzustrengen.
Hmm

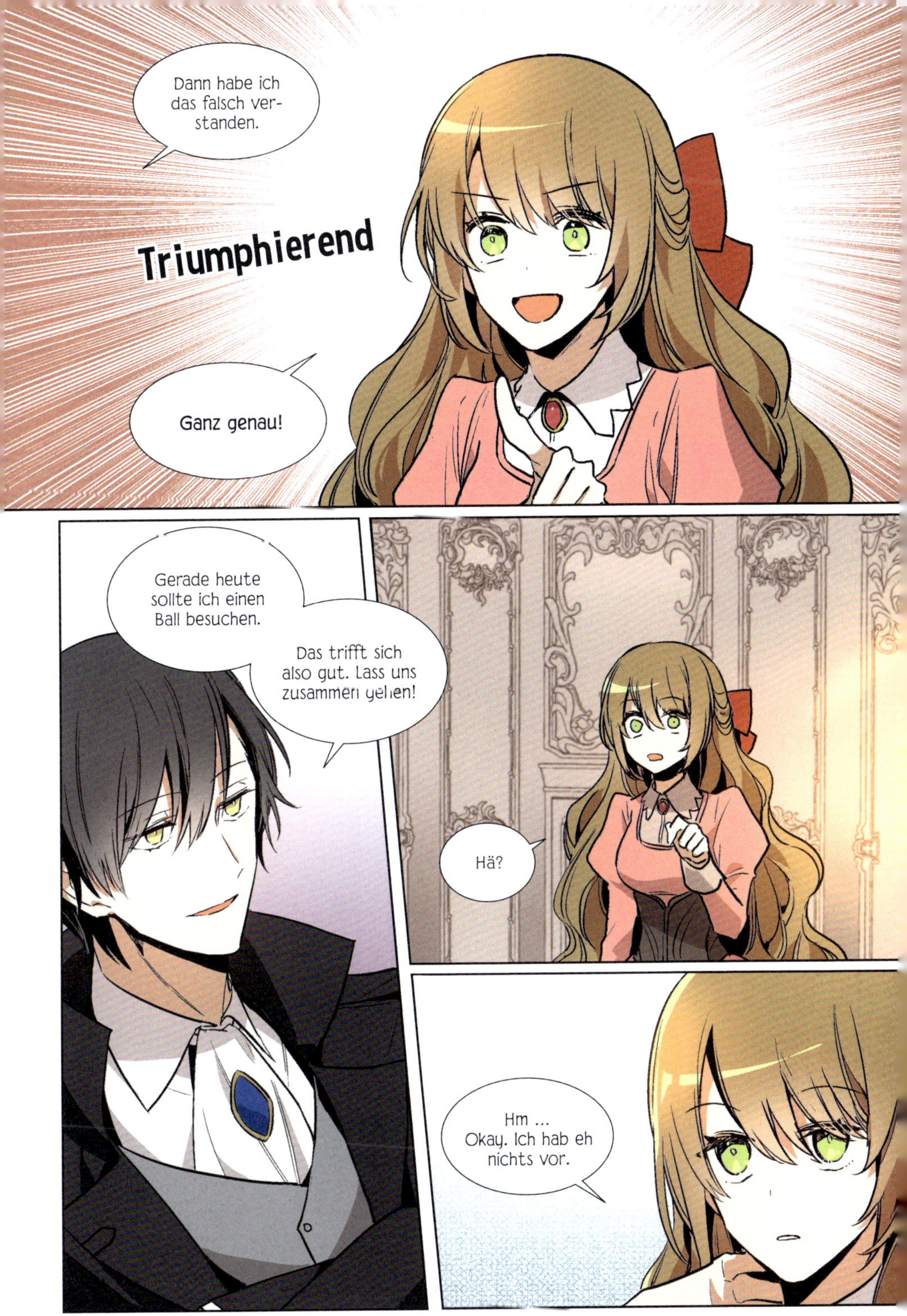
Dann habe ich das falsch verstanden.
Triumphierend
Ganz genau!
Gerade heute sollte ich einen Ball besuchen.
Das trifft sich also gut. Lass uns zusammen gehen!
Hä?
Hm ...
Okay. Ich hab eh nichts vor.

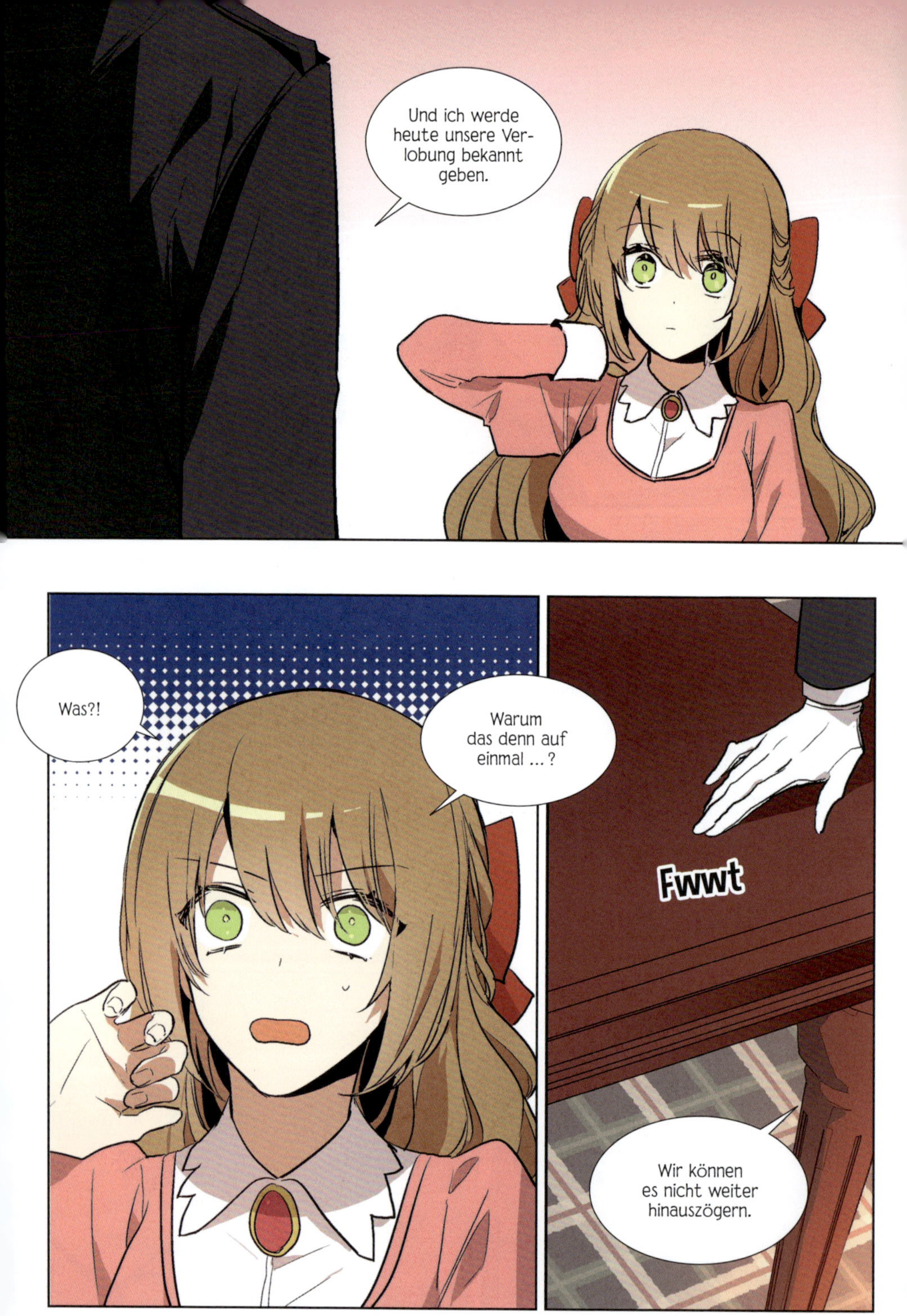
Und ich werde heute unsere Verlobung bekannt geben.
Was?!
Warum das denn auf einmal ...?
Fwwt
Wir können es nicht weiter hinauszögern.

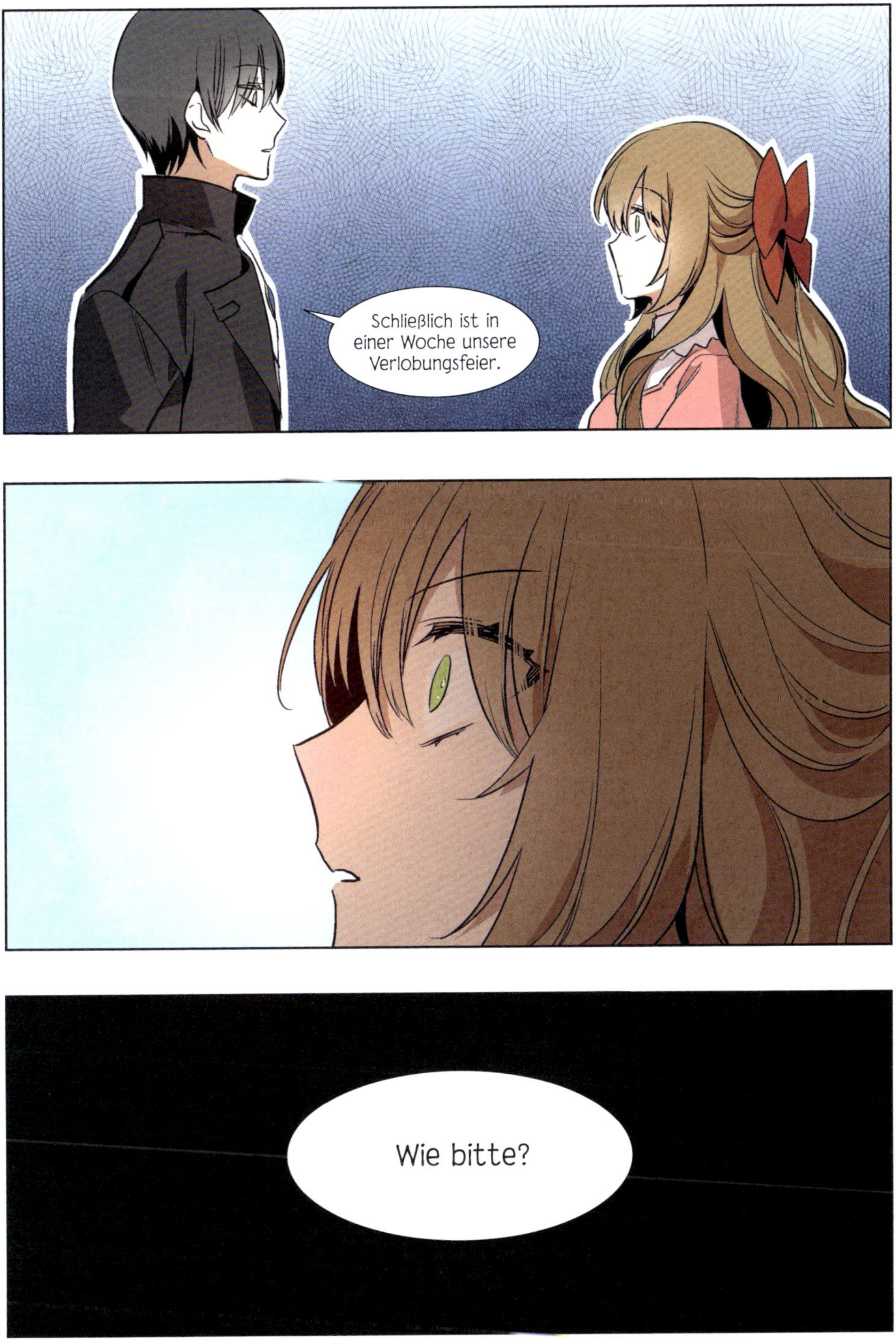
Schließlich ist in einer Woche unsere Verlobungsfeier.
Wie bitte?

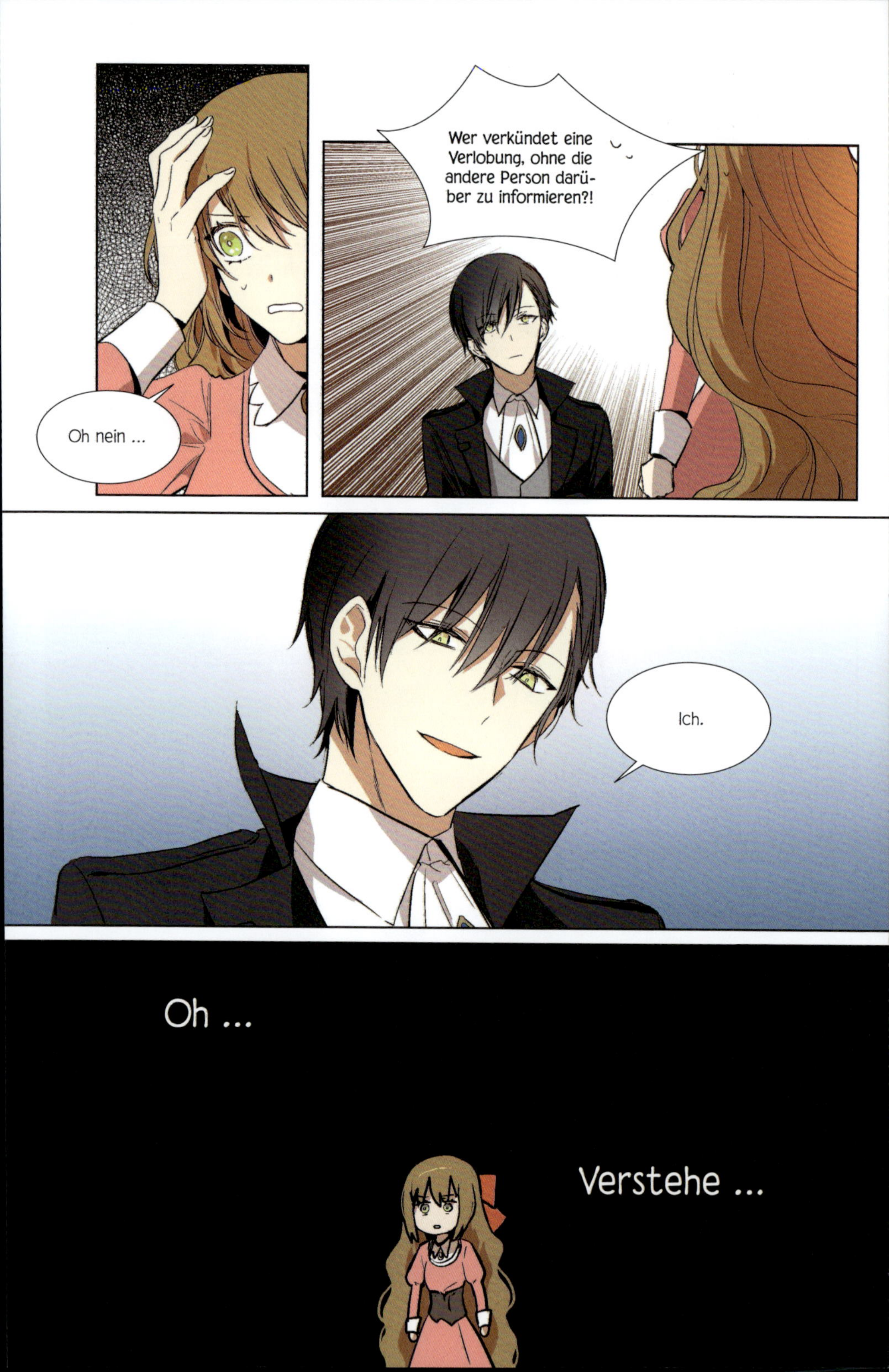
Oh nein ...
Wer verkündet eine Verlobung, ohne die andere Person darüber zu informieren?!
Ich.
Oh ...
Verstehe ...

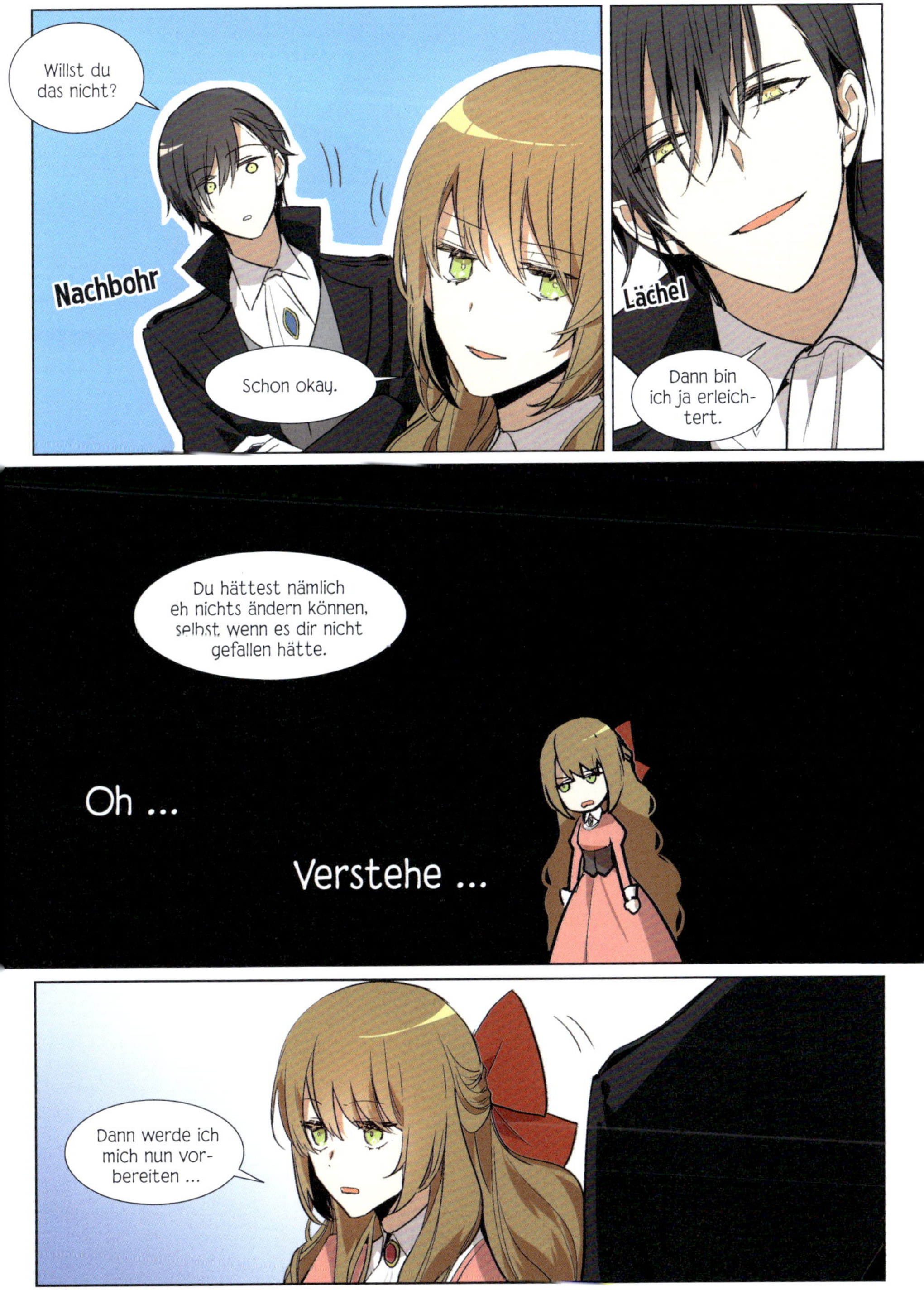
Willst du das nicht?
Nachbohr
Schon okay.
Lächel
Dann bin ich ja erleichtert.
Du hättest nämlich eh nichts ändern können, selbst wenn es dir nicht gefallen hätte.
Oh ...
Verstehe ...
Dann werde ich mich nun vorbereiten ...

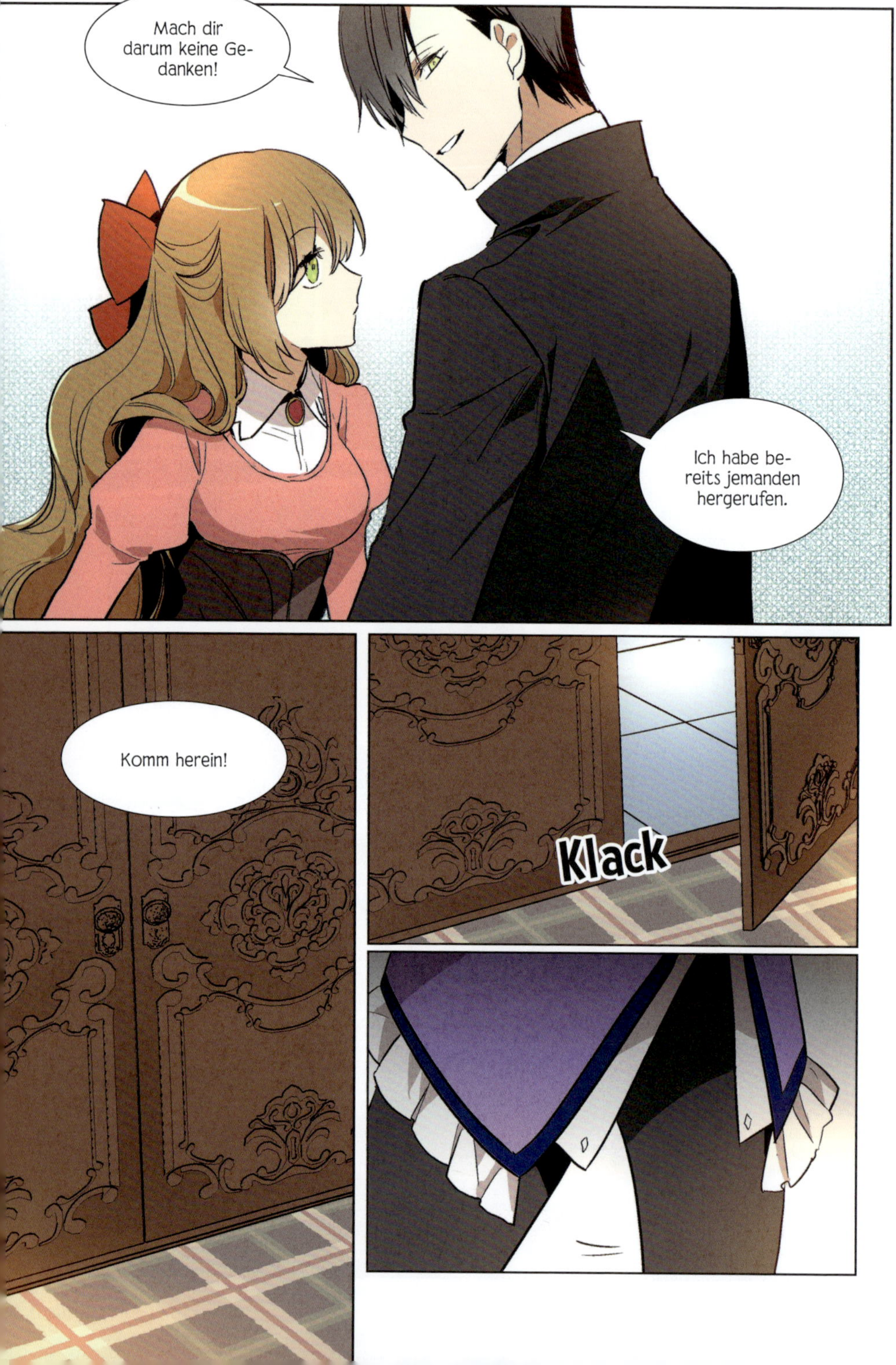

Mach dir darum keine Gedanken!
Ich habe bereits jemanden hergerufen.
Komm herein!
Klack

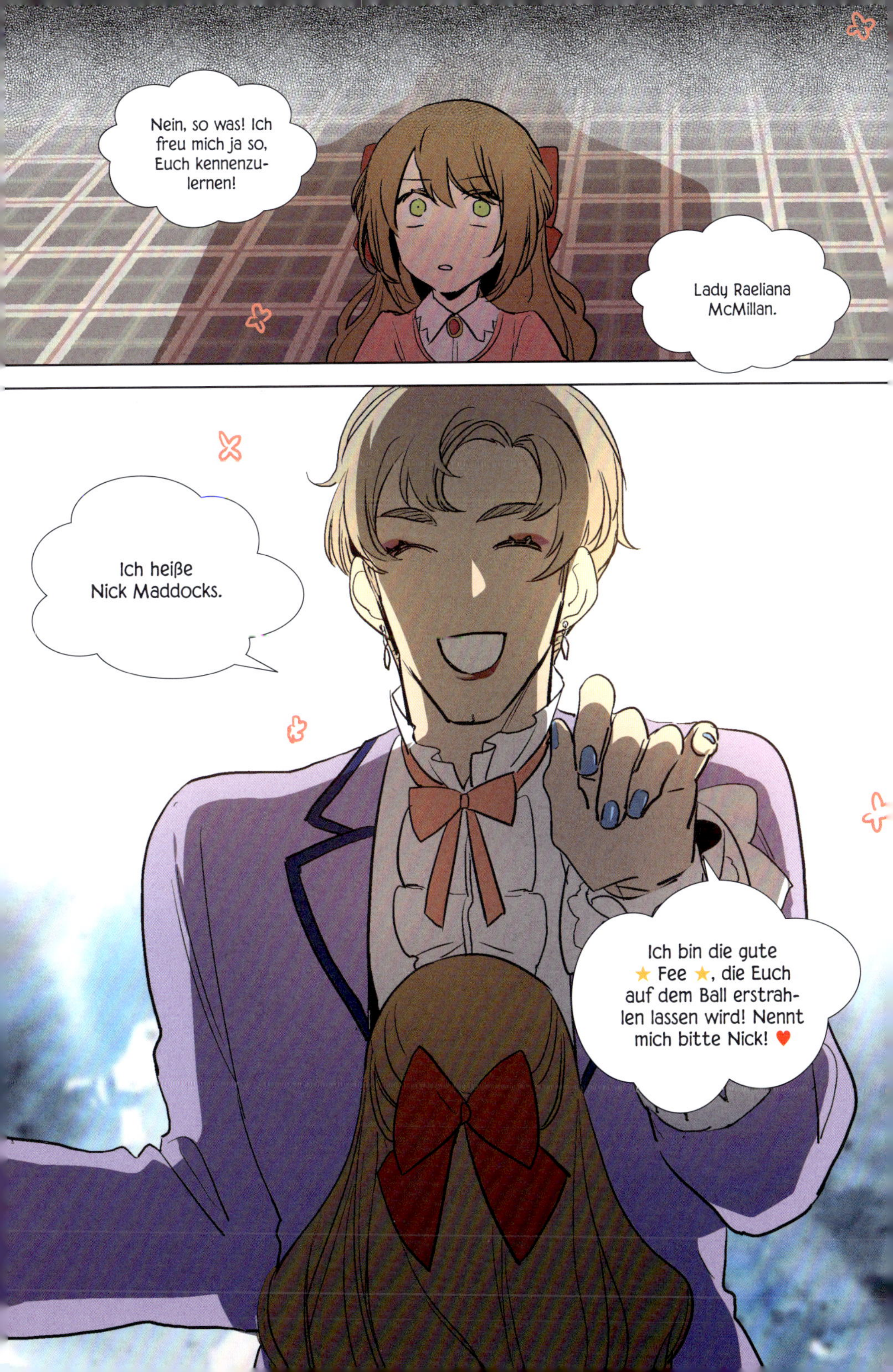
Nein, so was! Ich freu mich ja so, Euch kennenzulernen!
Lady Raeliana McMillan.
Ich heiße Nick Maddocks.
Ich bin die gute ★ Fee ★, die Euch auf dem Ball erstrahlen lassen wird! Nennt mich bitte Nick! ♥

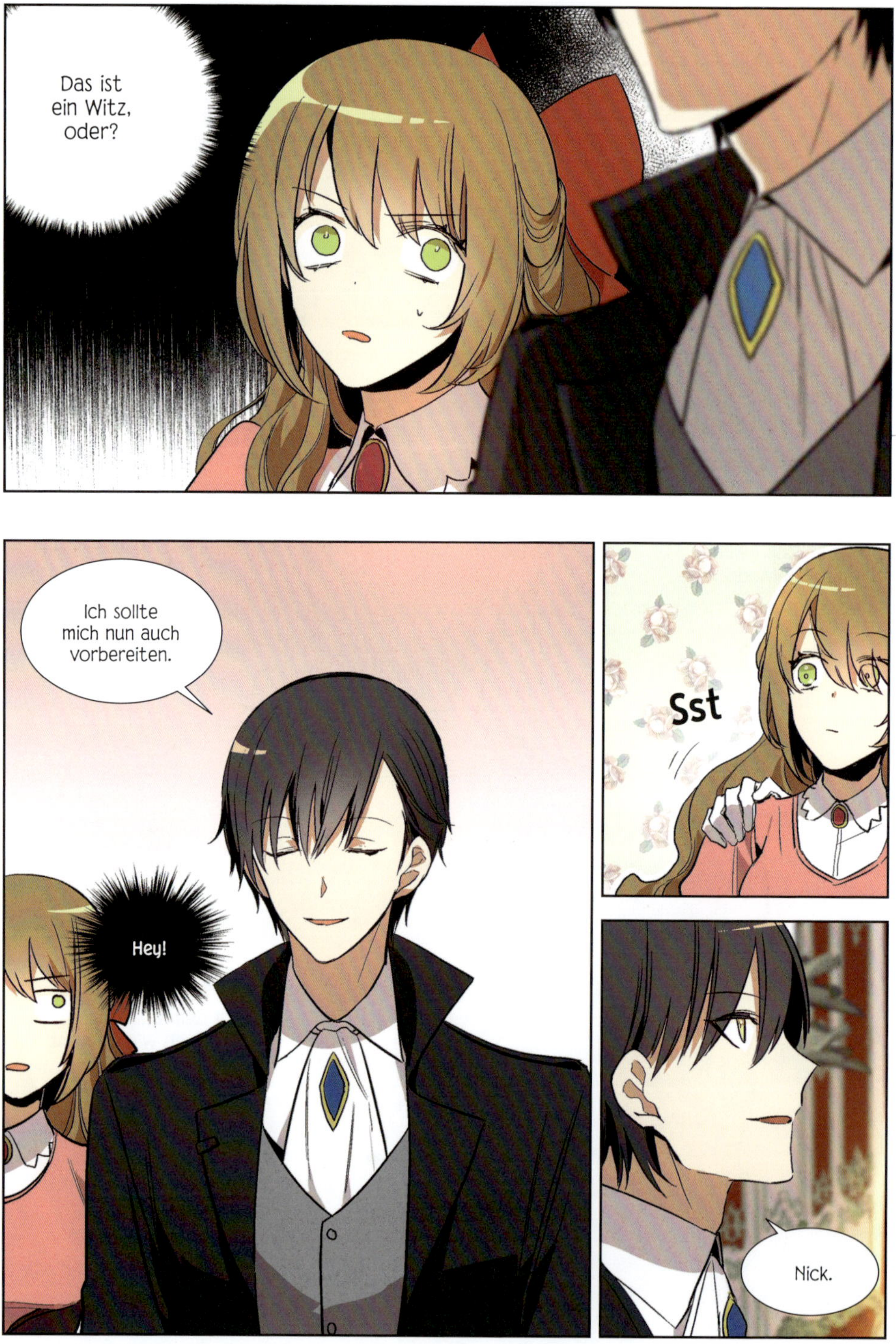

Das ist ein Witz, oder?
Ich sollte mich nun auch vorbereiten.
Hey!
Sst
Nick.

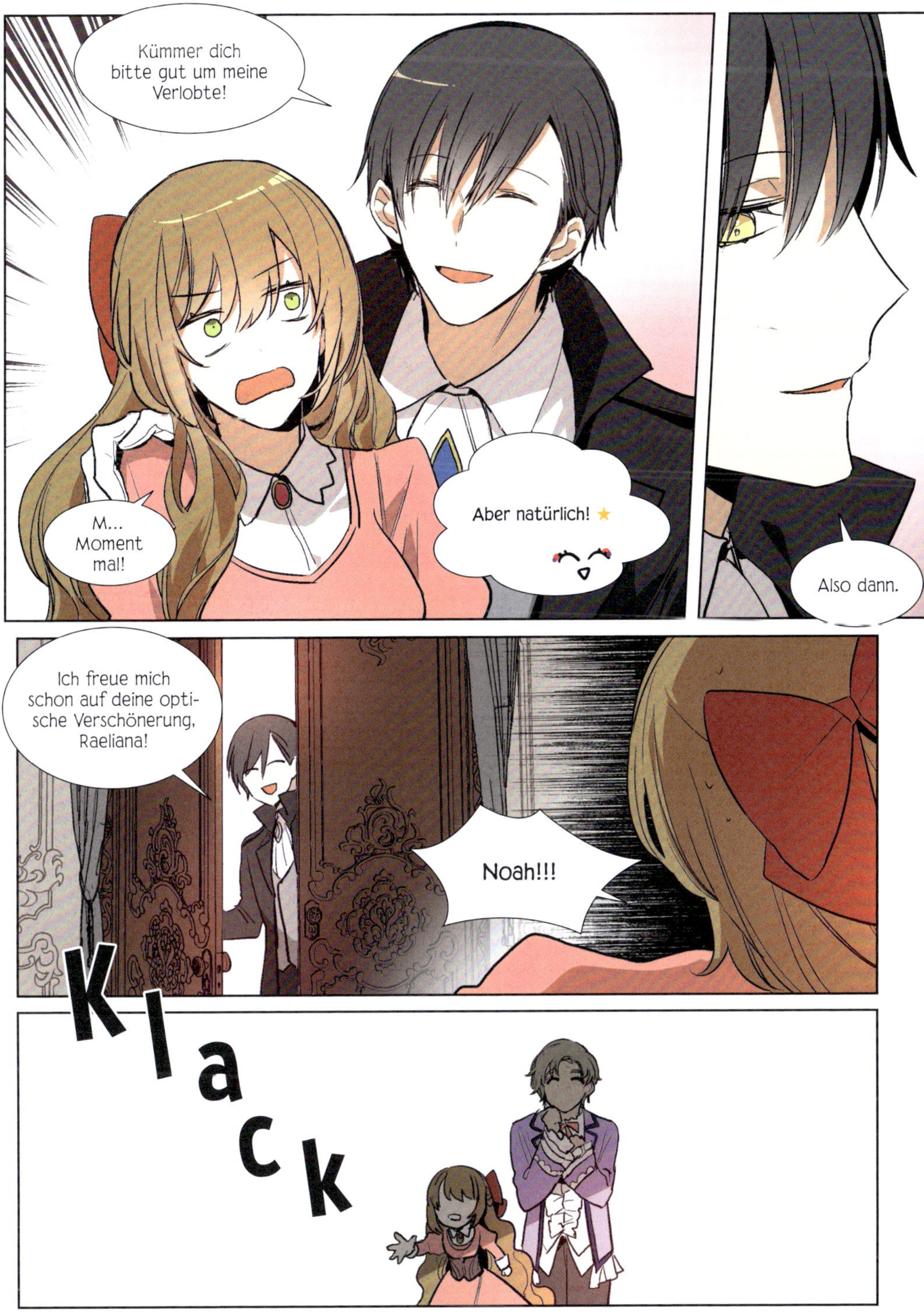
Kümmer dich bitte gut um meine Verlobte!
M... Moment mal!
Aber natürlich! ★
Also dann.
Ich freue mich schon auf deine optische Verschönerung, Raeliana!
Noah!!!
Klack

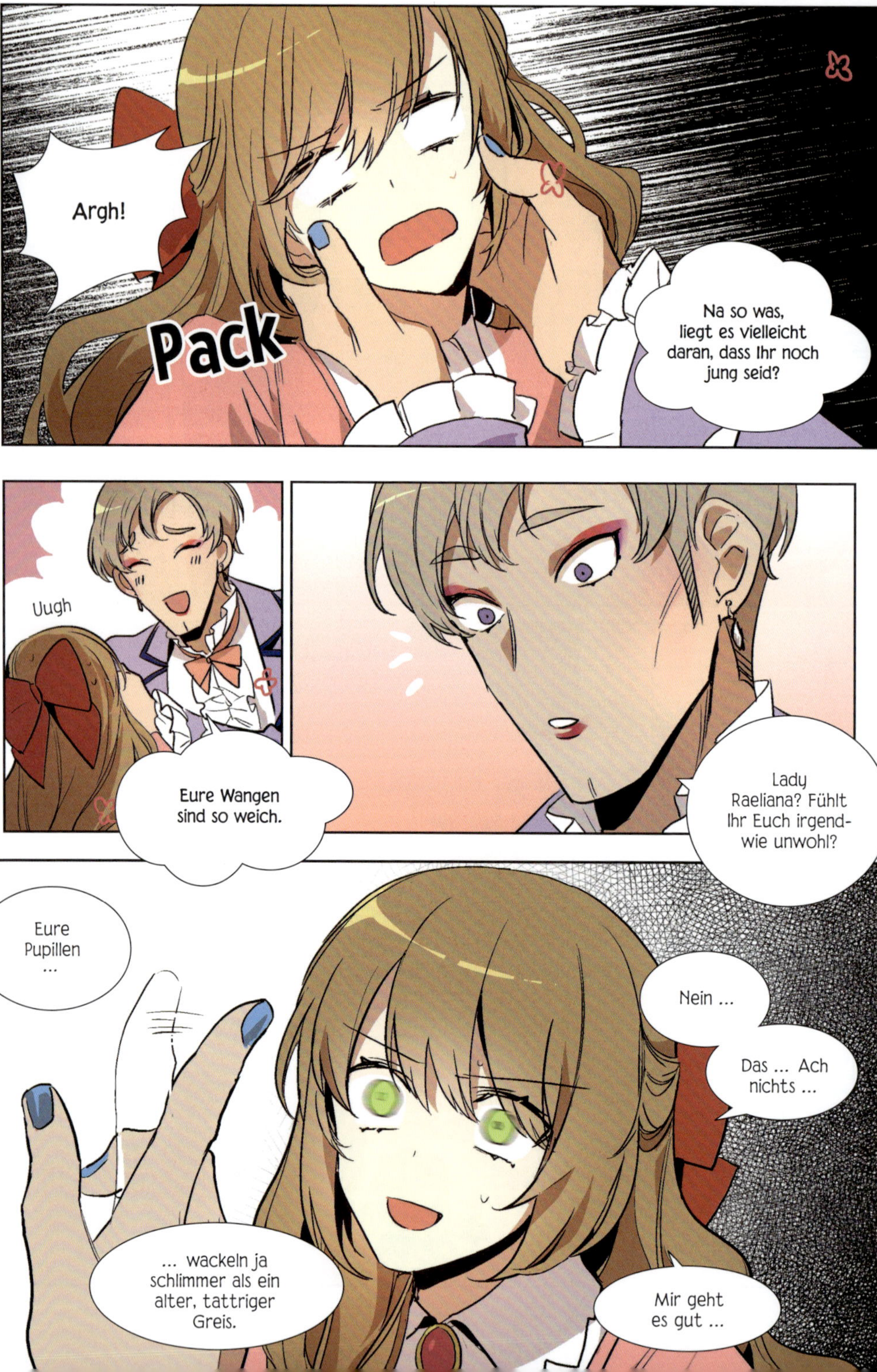
Argh!
Pack
Na so was, liegt es vielleicht daran, dass Ihr noch jung seid?
Uugh
Eure Wangen sind so weich.
Lady Raeliana? Fühlt Ihr Euch irgend-wie unwohl?
Eure Pupillen ...
... wackeln ja schlimmer als ein alter, tattriger Greis.
Nein ...
Das ... Ach nichts ...
Mir geht es gut ...

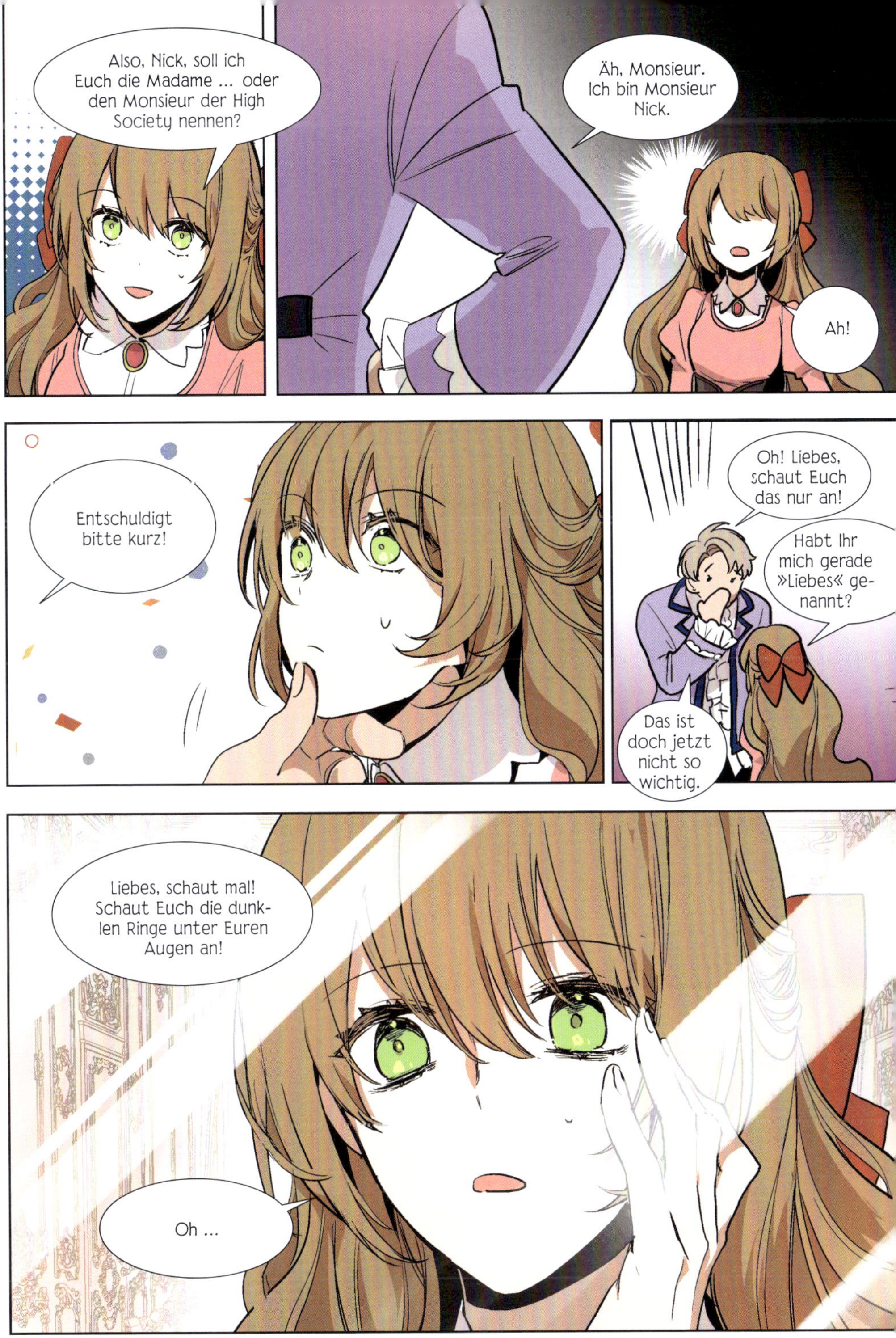
Also, Nick, soll ich Euch die Madame ... oder den Monsieur der High Society nennen?
Äh, Monsieur. Ich bin Monsieur Nick.
Ah!
Entschuldigt bitte kurz!
Oh! Liebes, schaut Euch das nur an!
Habt Ihr mich gerade »Liebes« genannt?
Das ist doch jetzt nicht so wichtig.
Liebes, schaut mal! Schaut Euch die dunklen Ringe unter Euren Augen an!
Oh ...

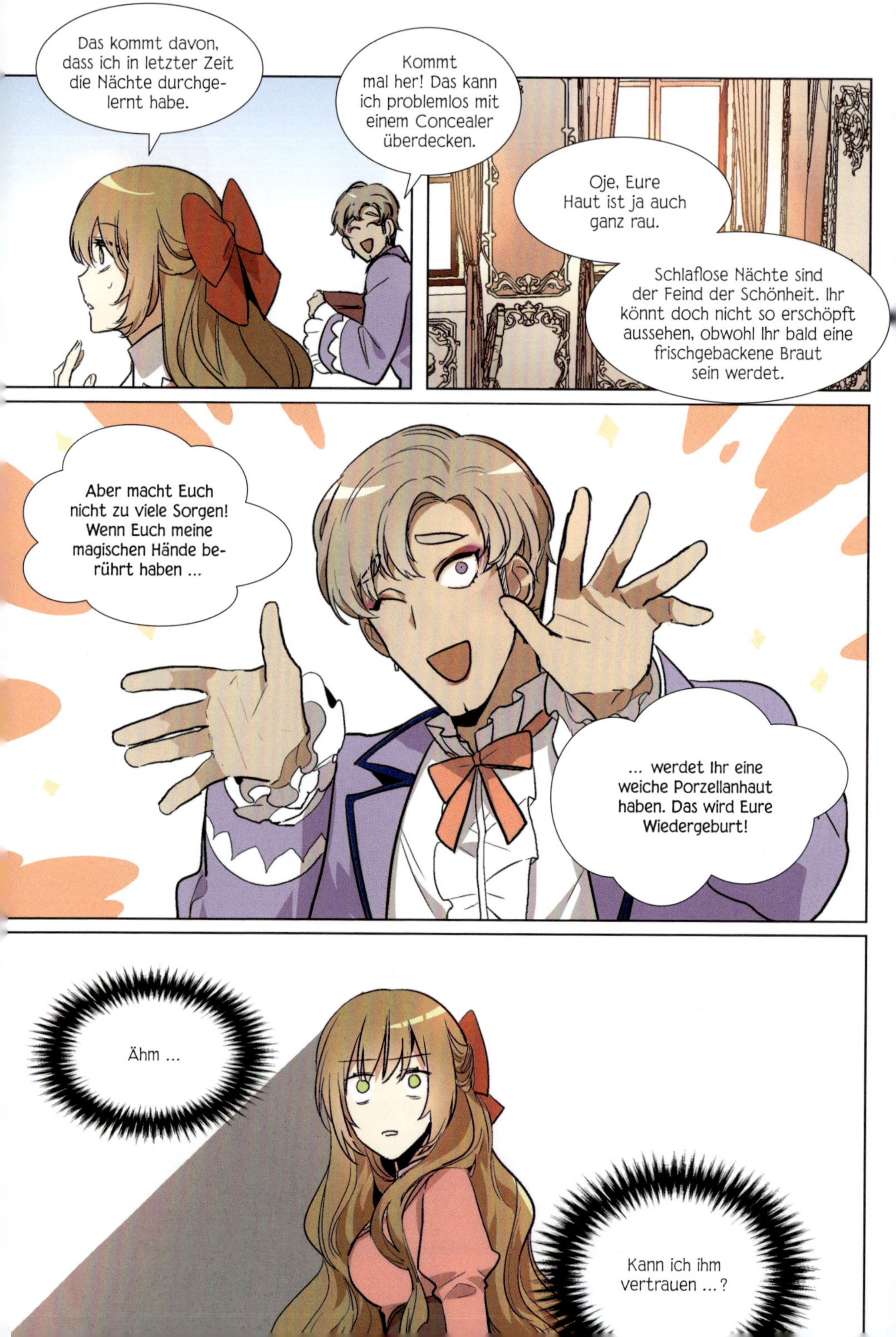
Das kommt davon, dass ich in letzter Zeit die Nächte durchgelernt habe.
Kommt mal her! Das kann ich problemlos mit einem Concealer überdecken.
Oje, Eure Haut ist ja auch ganz rau.
Schlaflose Nächte sind der Feind der Schönheit. Ihr könnt doch nicht so erschöpft aussehen, obwohl Ihr bald eine frischgebackene Braut sein werdet.
Aber macht Euch nicht zu viele Sorgen! Wenn Euch meine magischen Hände berührt haben ...
... werdet Ihr eine weiche Porzellanhaut haben. Das wird Eure Wiedergeburt!
Ähm ...
Kann ich ihm vertrauen ...?

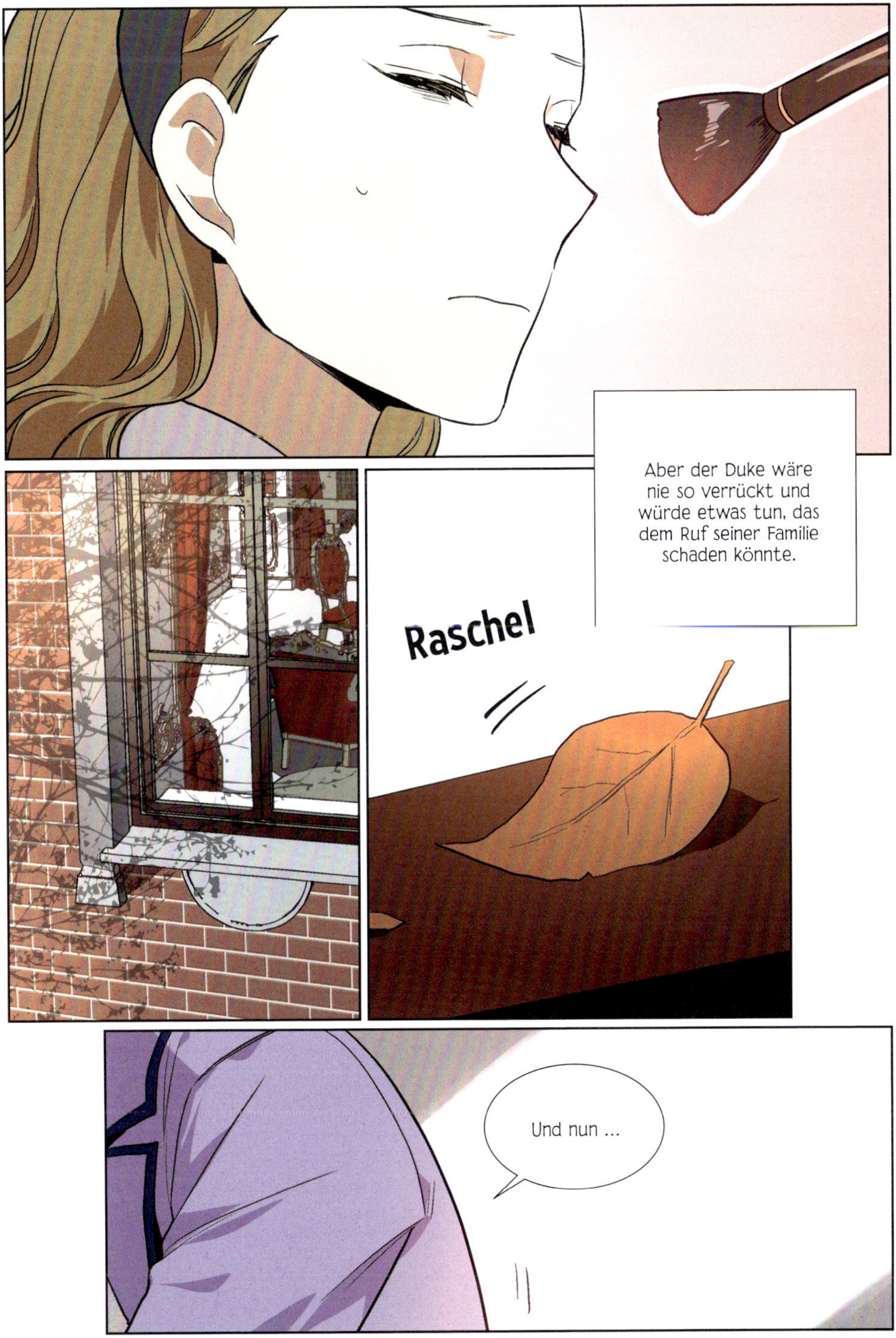
Aber der Duke wäre nie so verrückt und würde etwas tun, das dem Ruf seiner Familie schaden könnte.
Raschel
Und nun ...

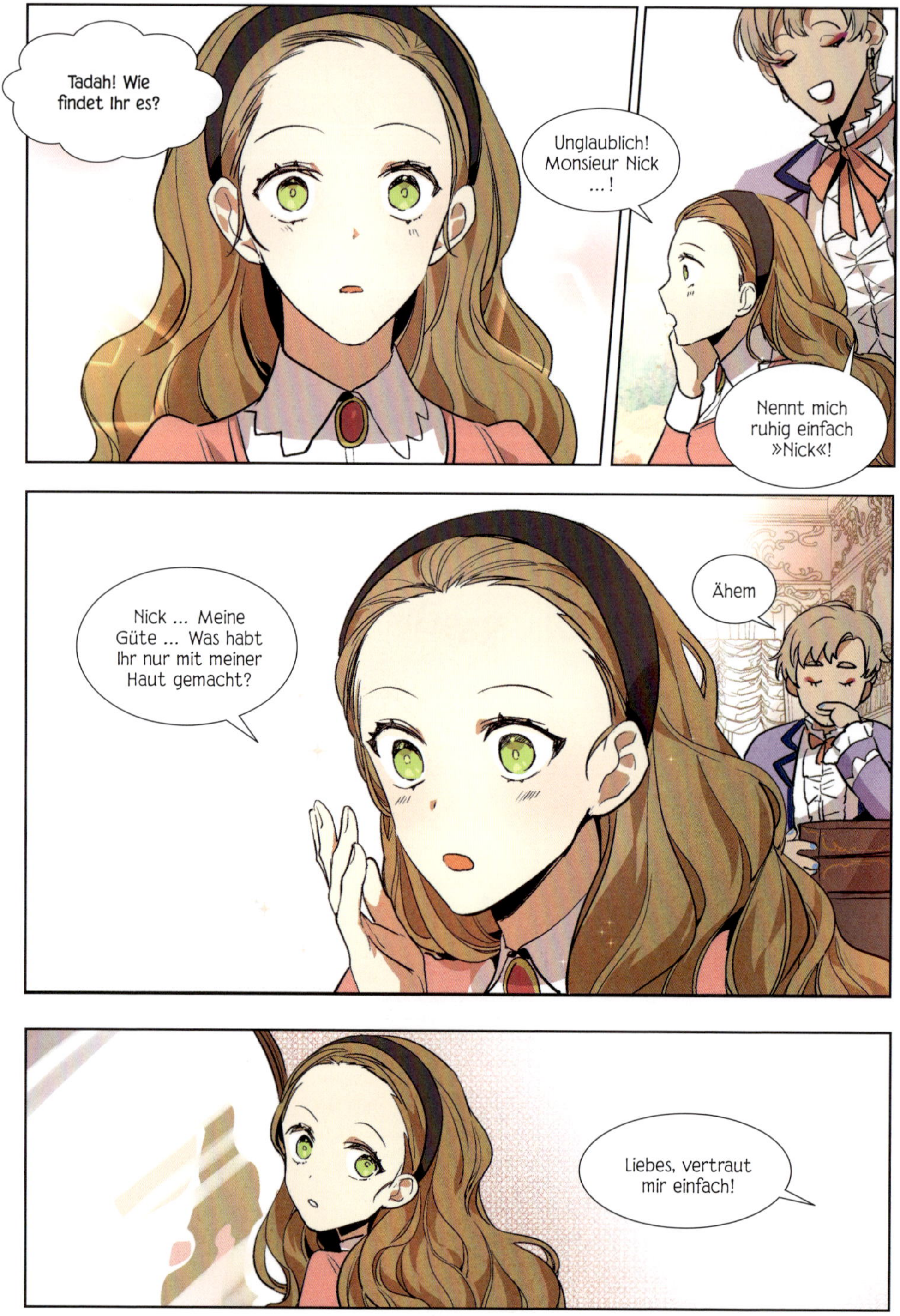
Tadah! Wie findet Ihr es?
Unglaublich! Monsieur Nick ...!
Nennt mich ruhig einfach »Nick«!
Ähem
Nick ... Meine Güte ... Was habt Ihr nur mit meiner Haut gemacht?
Liebes, vertraut mir einfach!

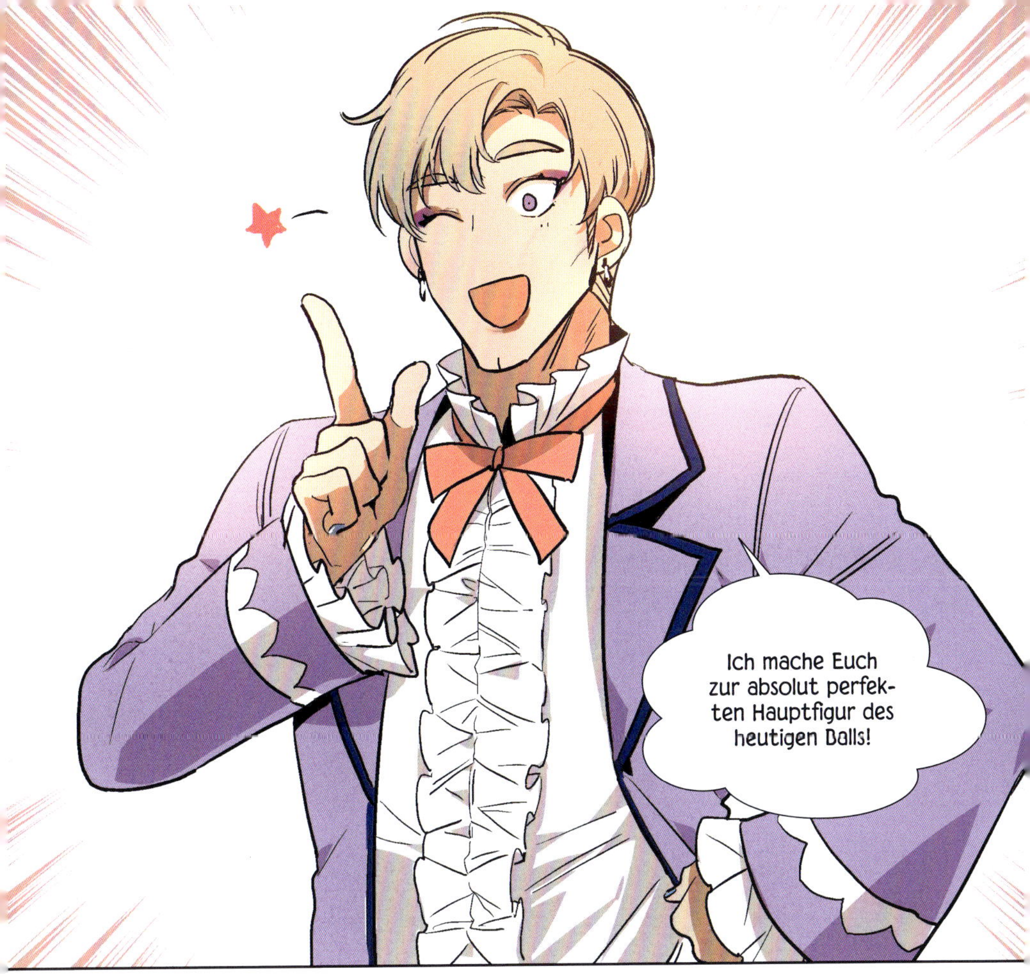
Ich mache Euch zur absolut perfekten Hauptfigur des heutigen Balls!

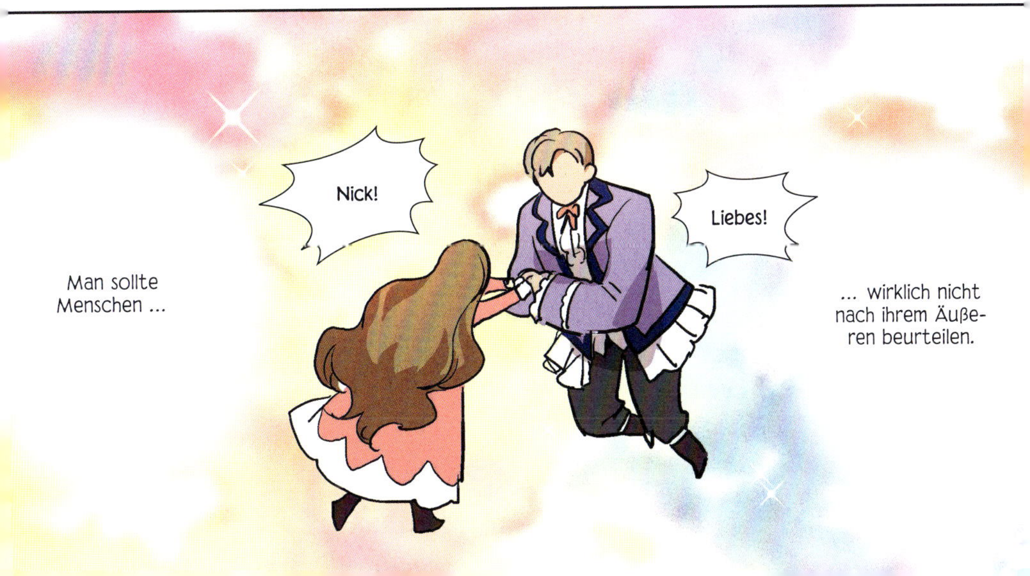
Man sollte Menschen ...
Nick!
Liebes!
... wirklich nicht nach ihrem Äußeren beurteilen.

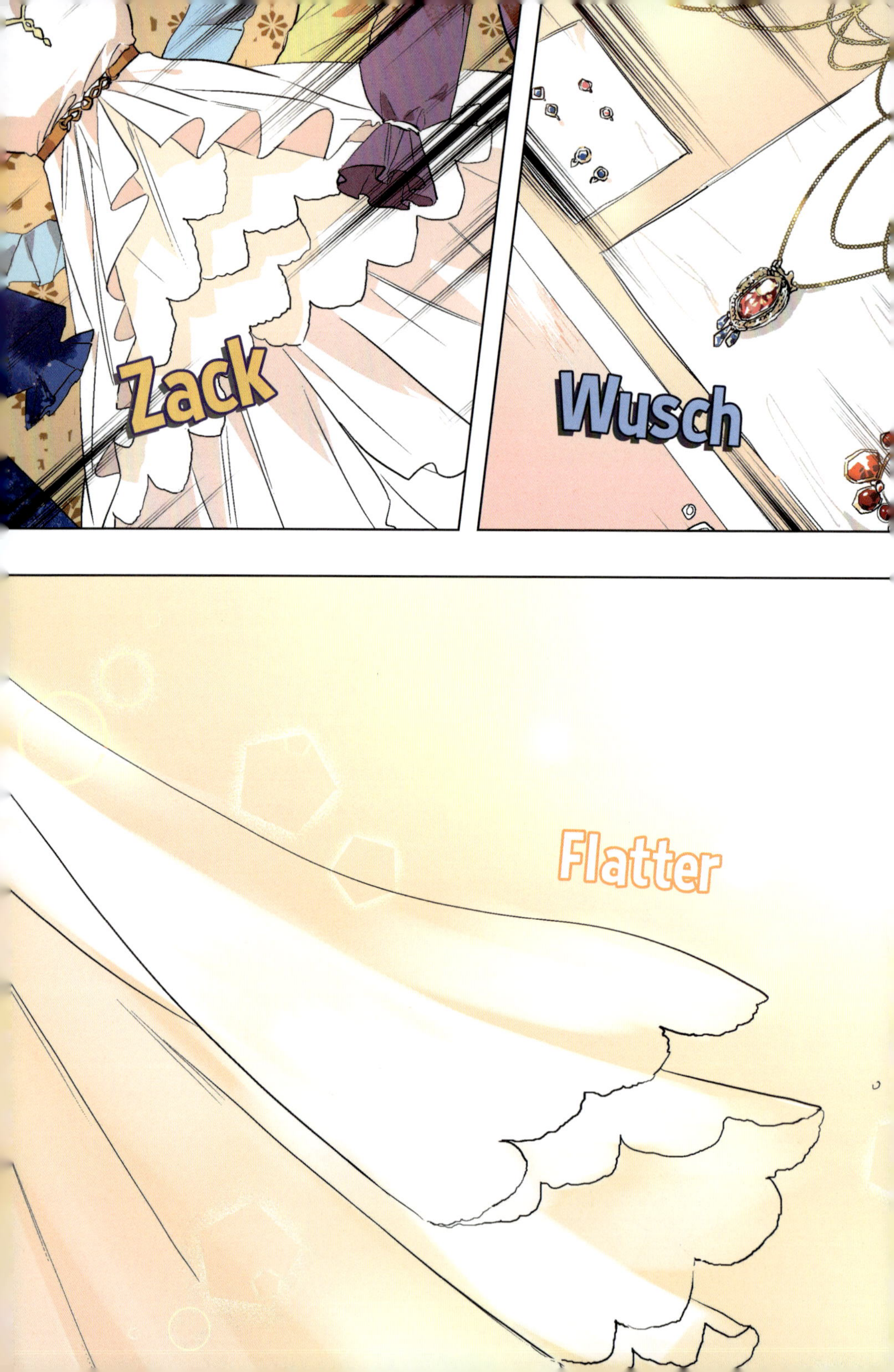
Zack
Wusch
Flatter

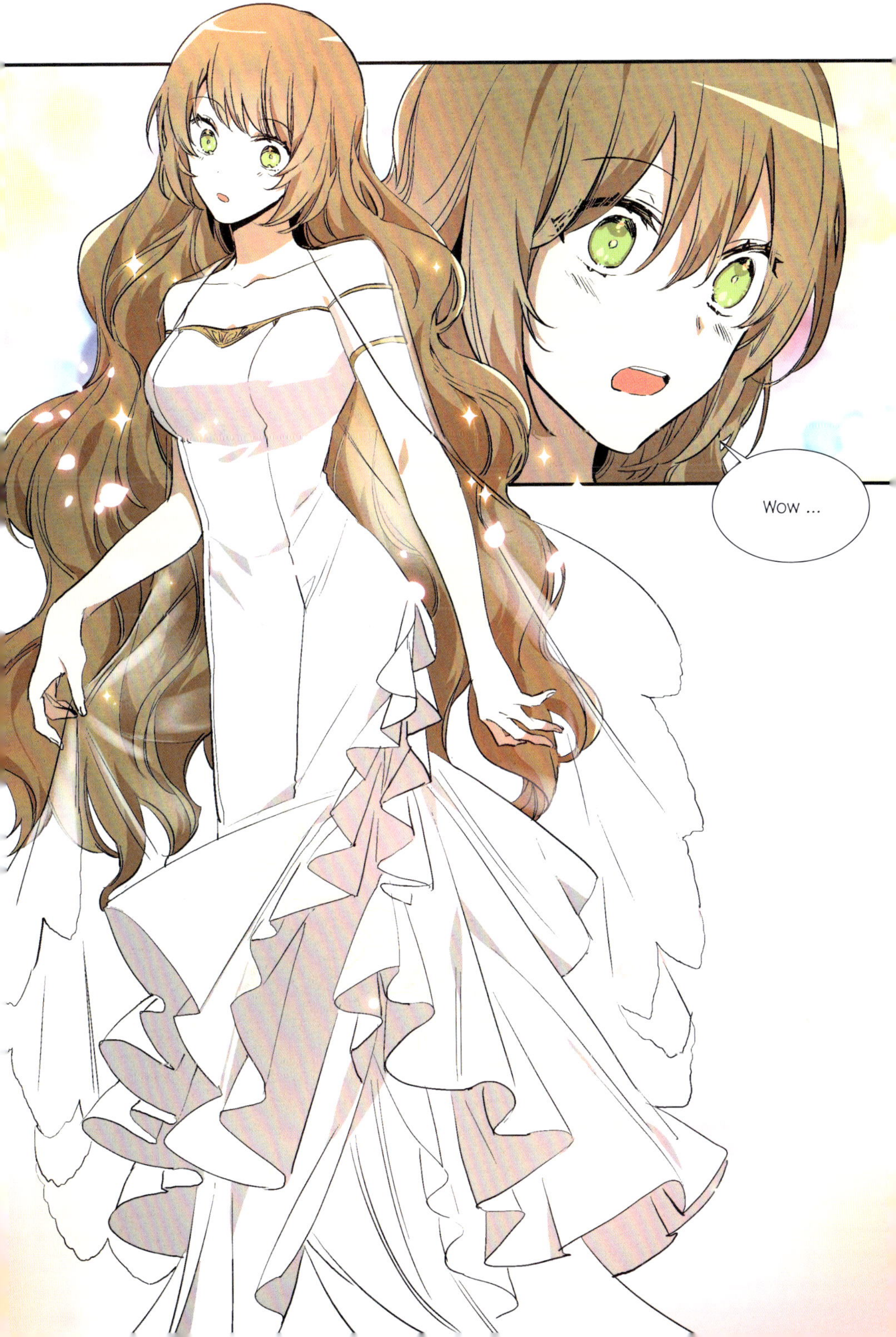
Wow ...

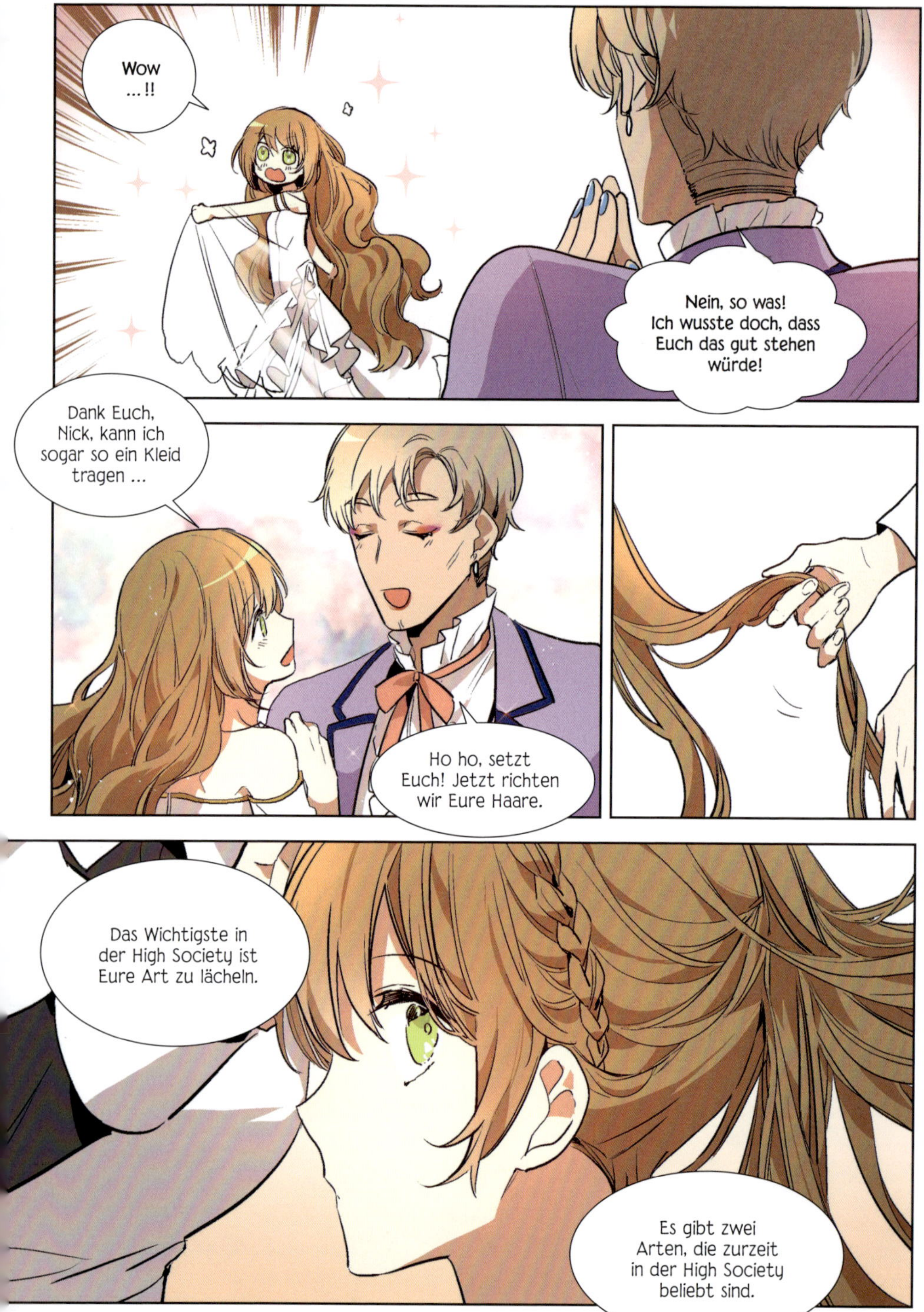
Wow ...!!
Nein, so was! Ich wusste doch, dass Euch das gut stehen würde!
Dank Euch, Nick, kann ich sogar so ein Kleid tragen ...
Ho ho, setzt Euch! Jetzt richten wir Eure Haare.
Das Wichtigste in der High Society ist Eure Art zu lächeln.
Es gibt zwei Arten, die zurzeit in der High Society beliebt sind.

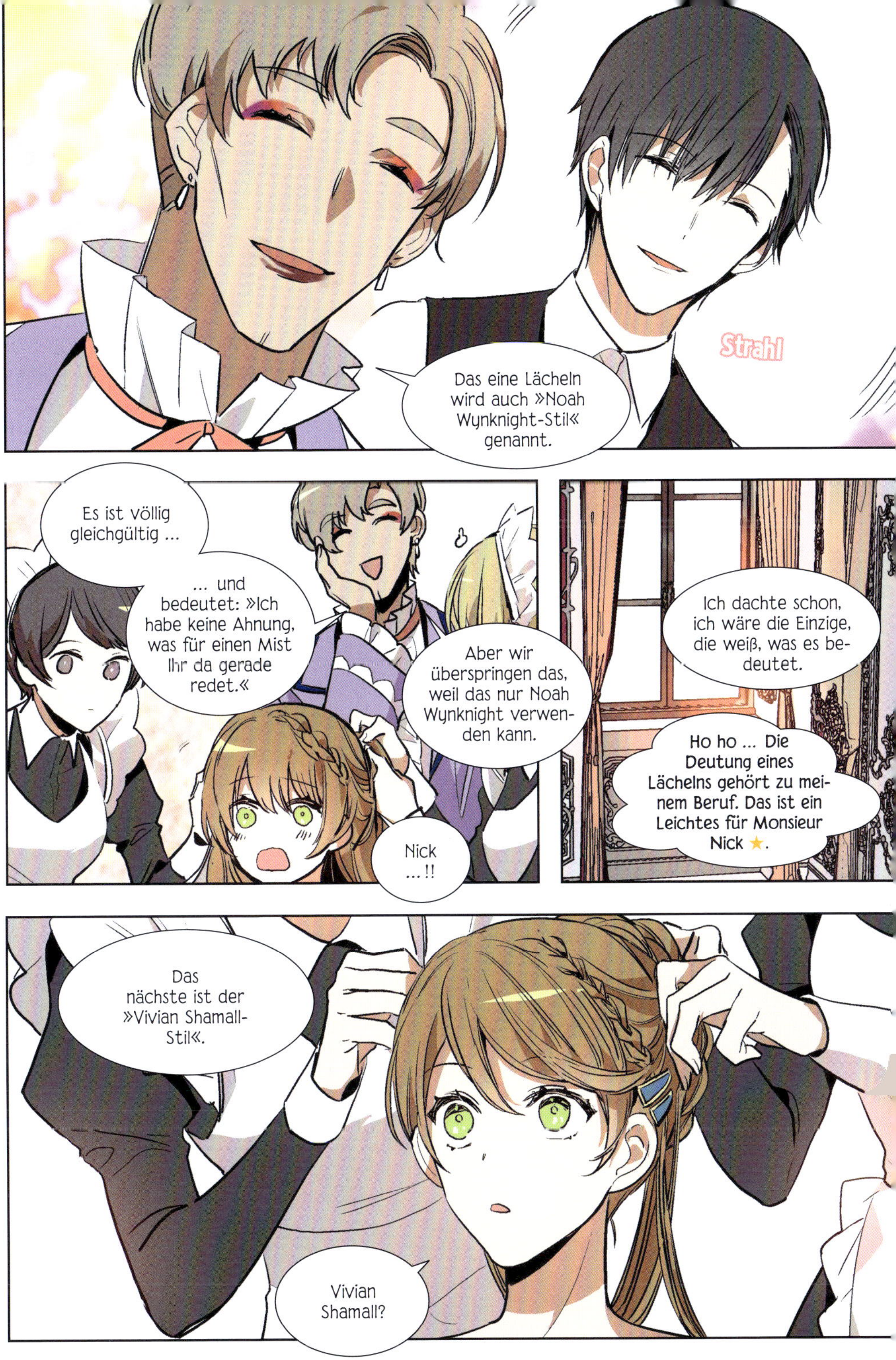

Strahl
Das eine Lächeln wird auch »Noah Wynknight-Stil« genannt.
Es ist völlig gleichgültig ...
... und bedeutet: »Ich habe keine Ahnung, was für einen Mist Ihr da gerade redet.«
Aber wir überspringen das, weil das nur Noah Wynknight verwenden kann.
Nick ...!!
Ich dachte schon, ich wäre die Einzige, die weiß, was es bedeutet.
Ho ho ... Die Deutung eines Lächelns gehört zu meinem Beruf. Das ist ein Leichtes für Monsieur Nick ★.
Das nächste ist der »Vivian Shamall-Stil«.
Vivian Shamall?

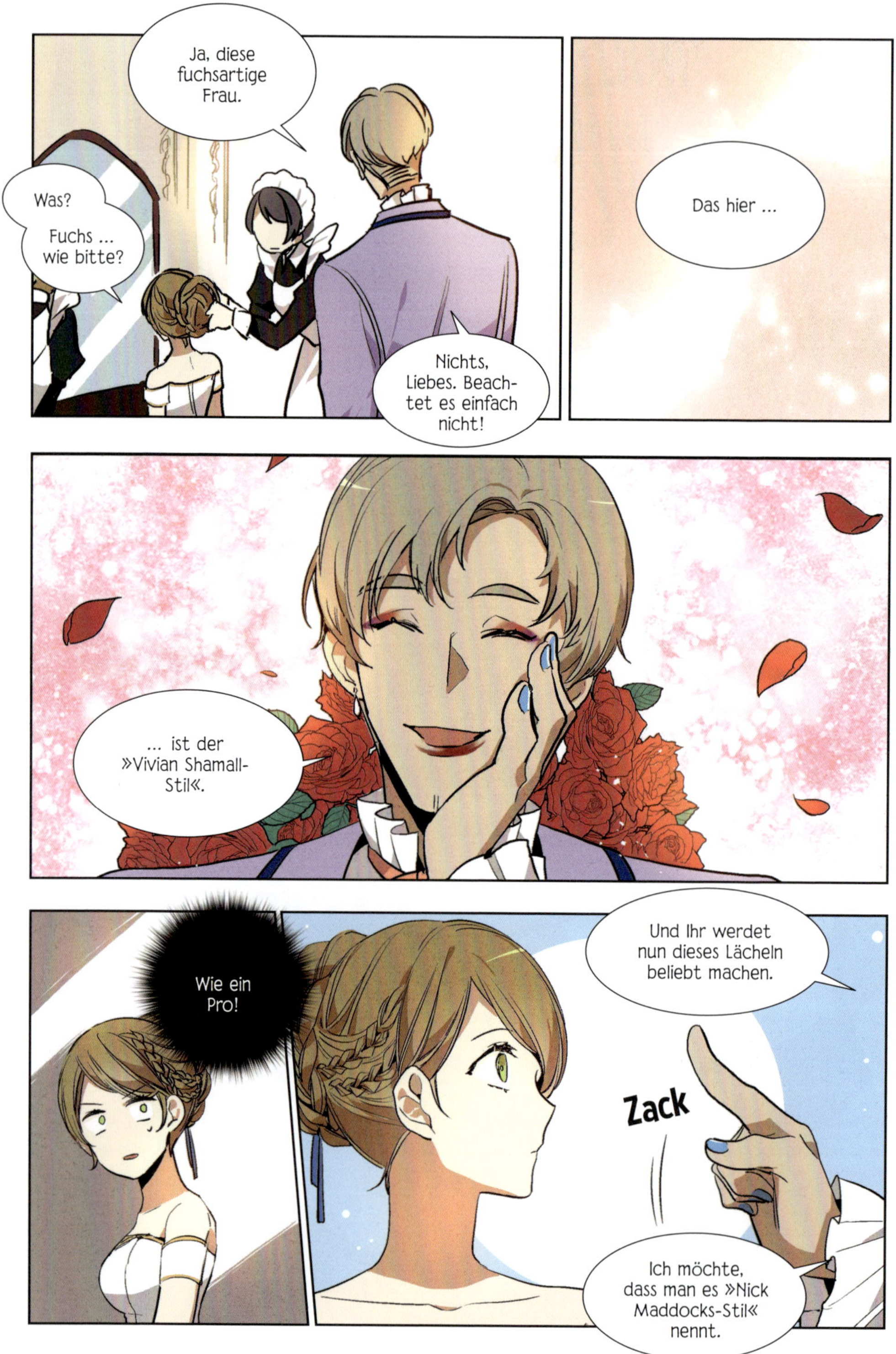
Ja, diese fuchsartige Frau.
Was?
Fuchs ... wie bitte?
Nichts, Liebes. Beachtet es einfach nicht!
Das hier ...
... ist der »Vivian Shamall-Stil«.
Wie ein Pro!
Und Ihr werdet nun dieses Lächeln beliebt machen.
Zack
Ich möchte, dass man es »Nick Maddocks-Stil« nennt.

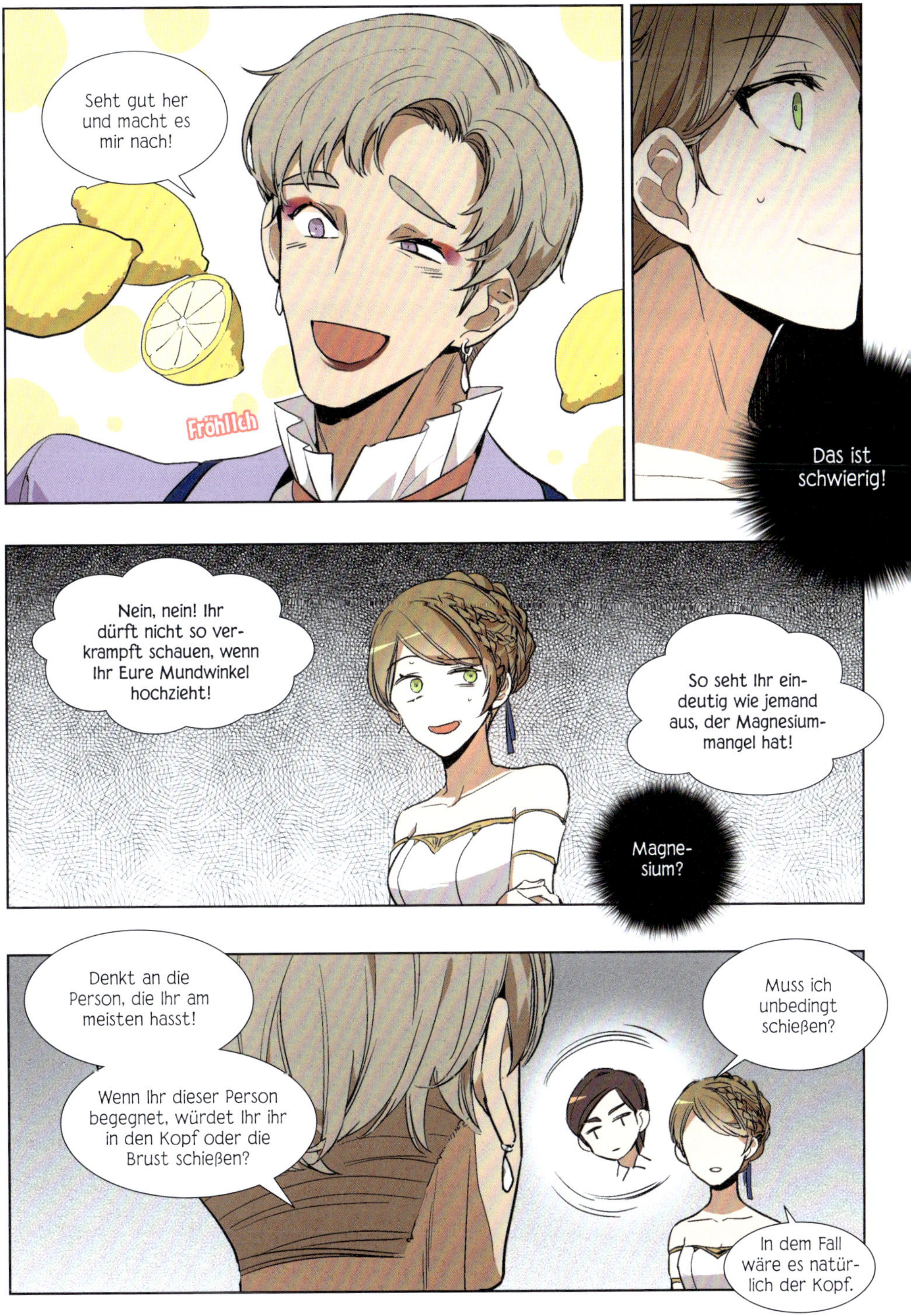
Seht gut her und macht es mir nach!
Fröhlich
Das ist schwierig!
Nein, nein! Ihr dürft nicht so verkrampft schauen, wenn Ihr Eure Mundwinkel hochzieht!
So seht Ihr eindeutig wie jemand aus, der Magnesiummangel hat!
Magnesium?
Denkt an die Person, die Ihr am meisten hasst!
Wenn Ihr dieser Person begegnet, würdet Ihr ihr in den Kopf oder die Brust schießen?
Muss ich unbedingt schießen?
In dem Fall wäre es natürlich der Kopf.

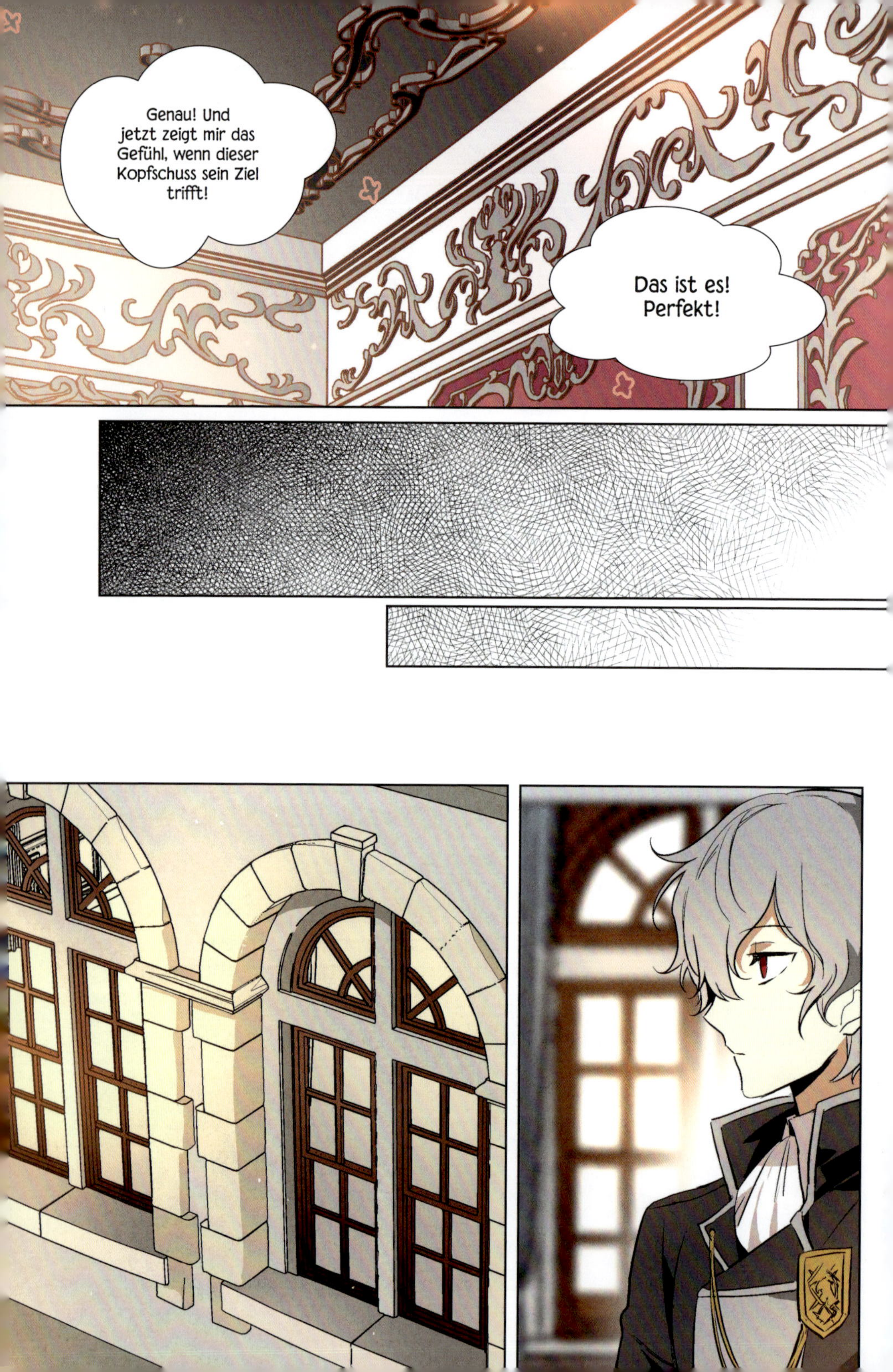
Genau! Und jetzt zeigt mir das Gefühl, wenn dieser Kopfschuss sein Ziel trifft!
Das ist es! Perfekt!

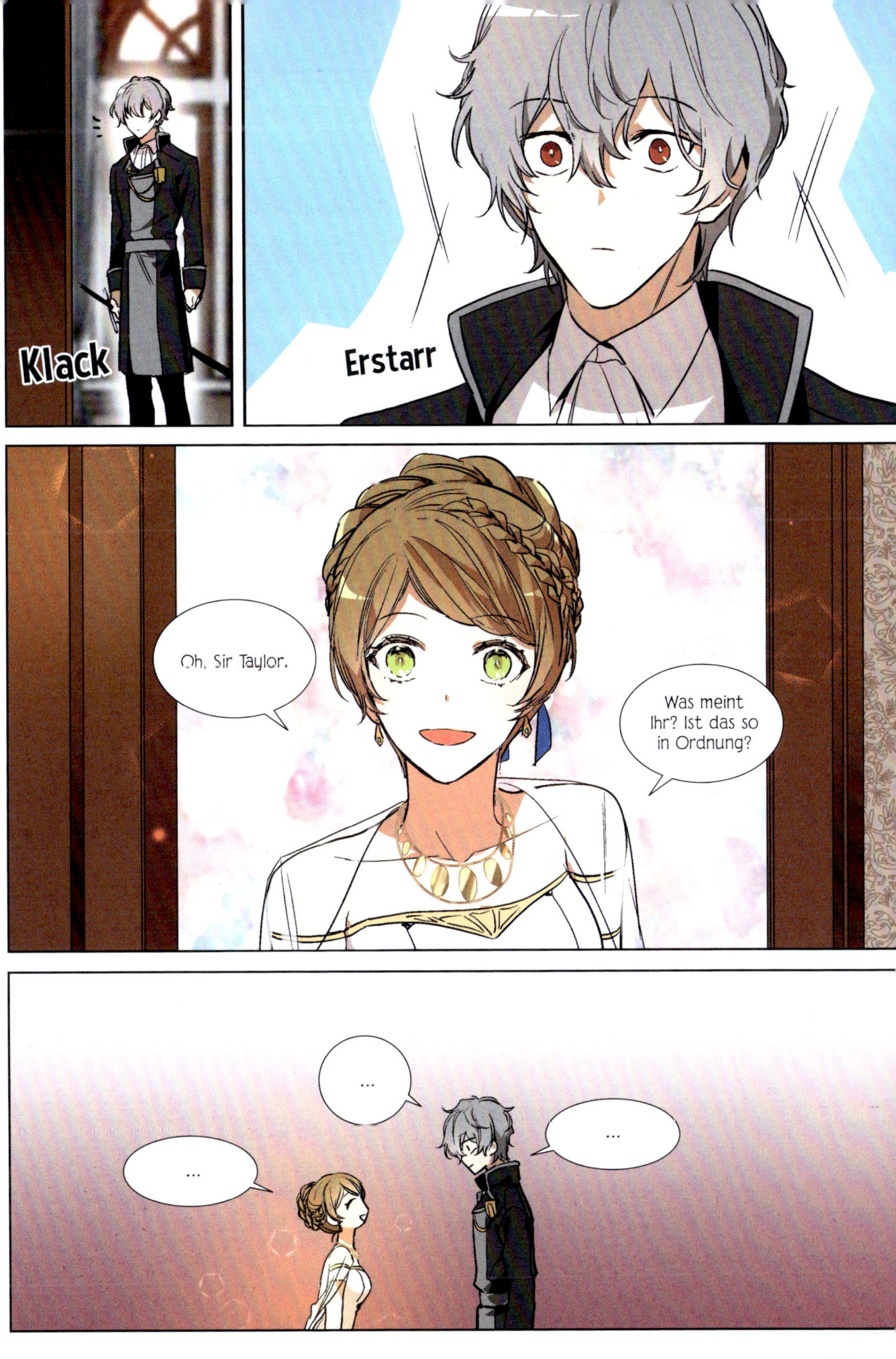
Klack
Erstarr
Oh, Sir Taylor.
Was meint Ihr? Ist das so in Ordnung?
...
...
...

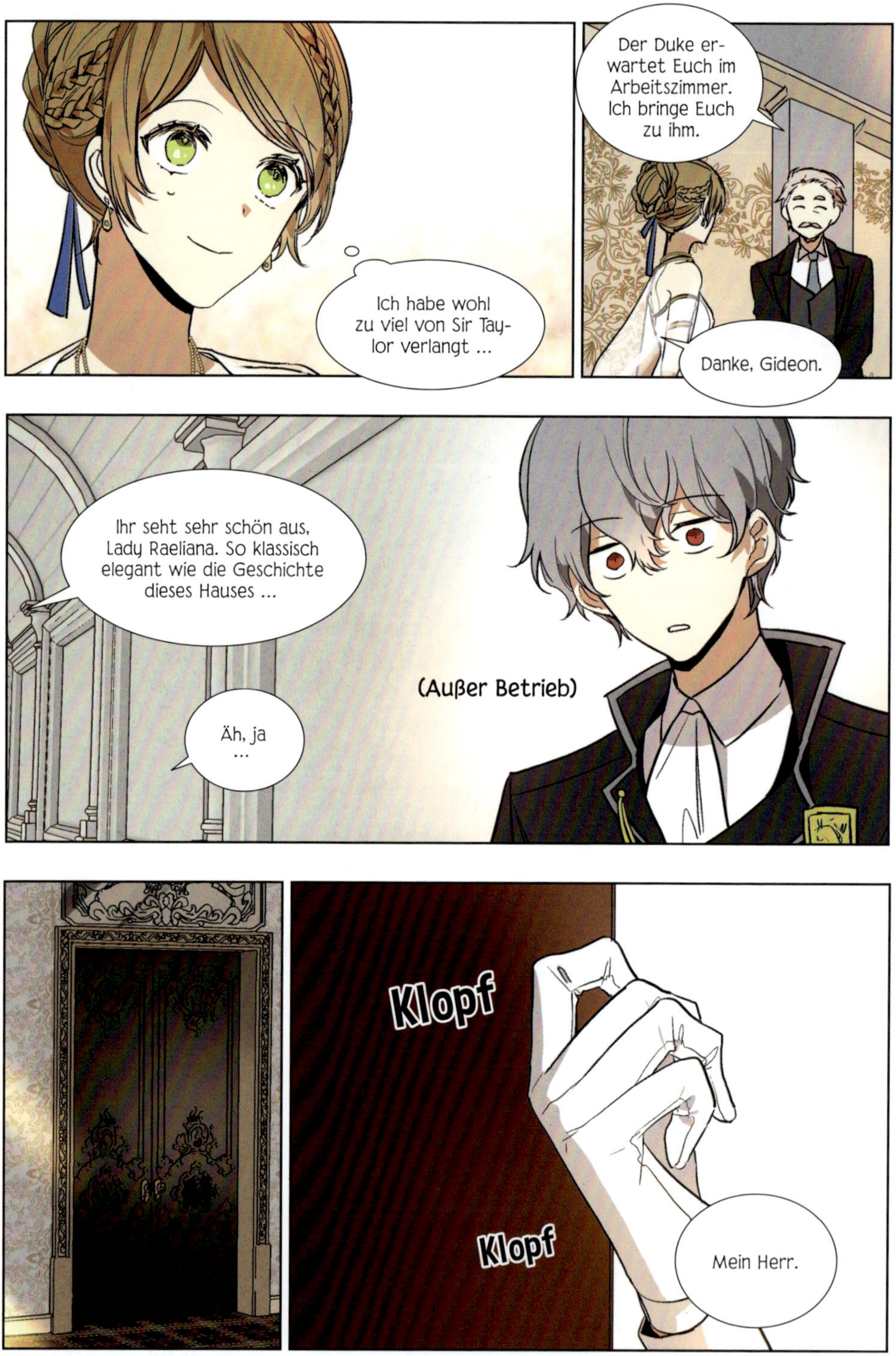
Ich habe wohl zu viel von Sir Taylor verlangt ...
Der Duke erwartet Euch im Arbeitszimmer. Ich bringe Euch zu ihm.
Danke, Gideon.
Ihr seht sehr schön aus, Lady Raeliana. So klassisch elegant wie die Geschichte dieses Hauses ...
(Außer Betrieb)
Äh, ja ...
Klopf
Klopf
Mein Herr.

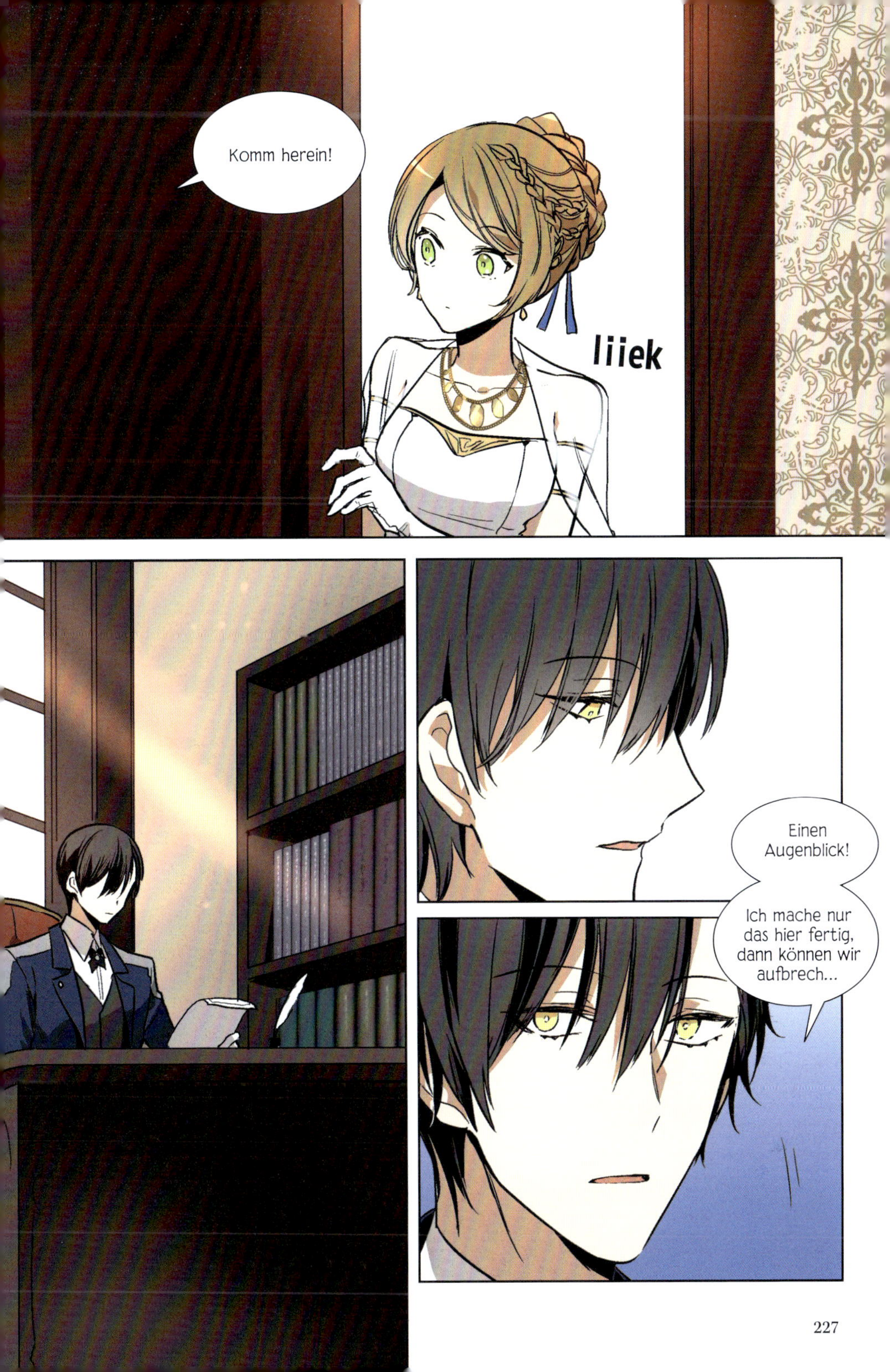
Komm herein!
Iiiek
Einen Augenblick!
Ich mache nur das hier fertig, dann können wir aufbrech…

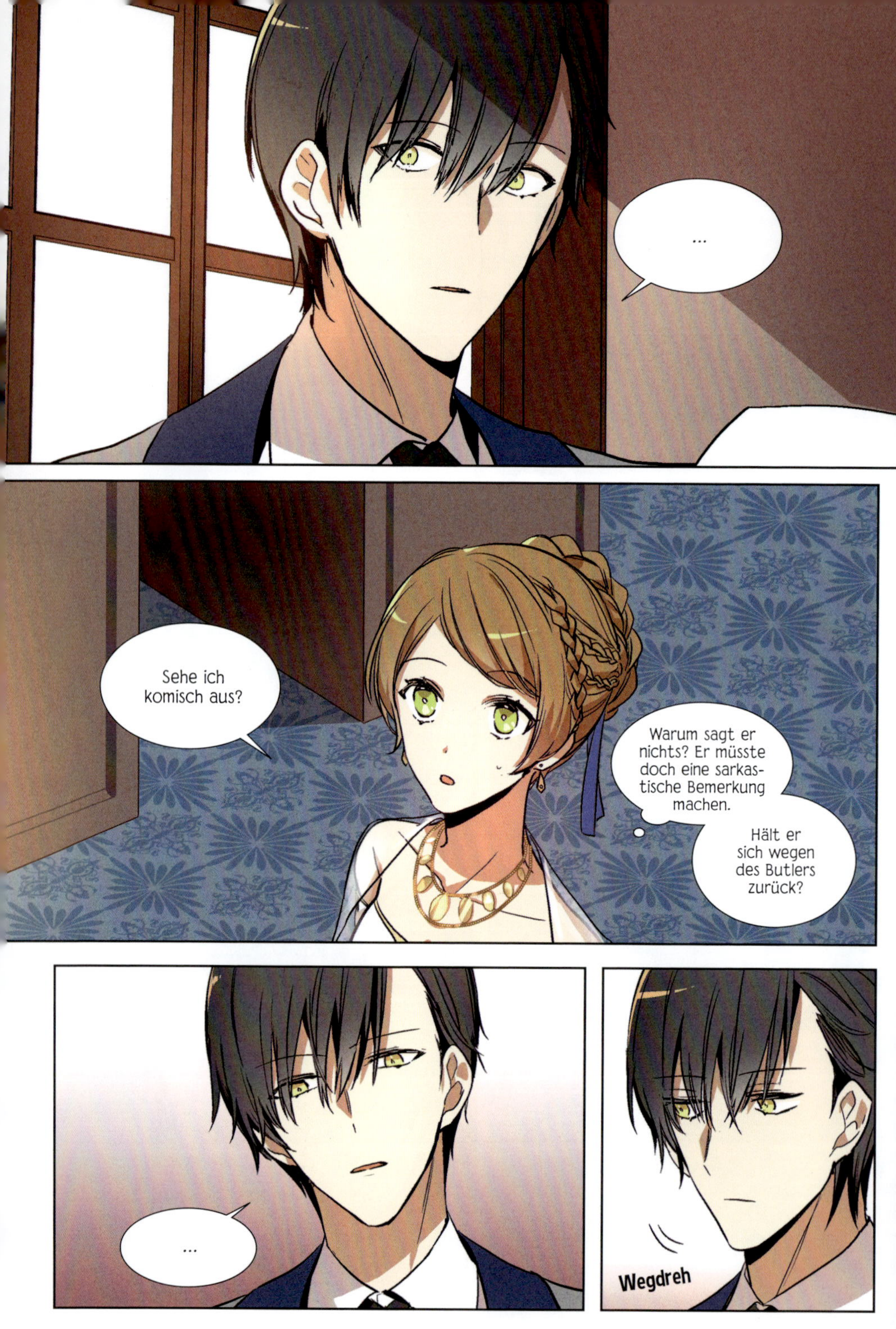

...
Sehe ich komisch aus?
Warum sagt er nichts? Er müsste doch eine sarkastische Bemerkung machen.
Hält er sich wegen des Butlers zurück?
...
Wegdreh

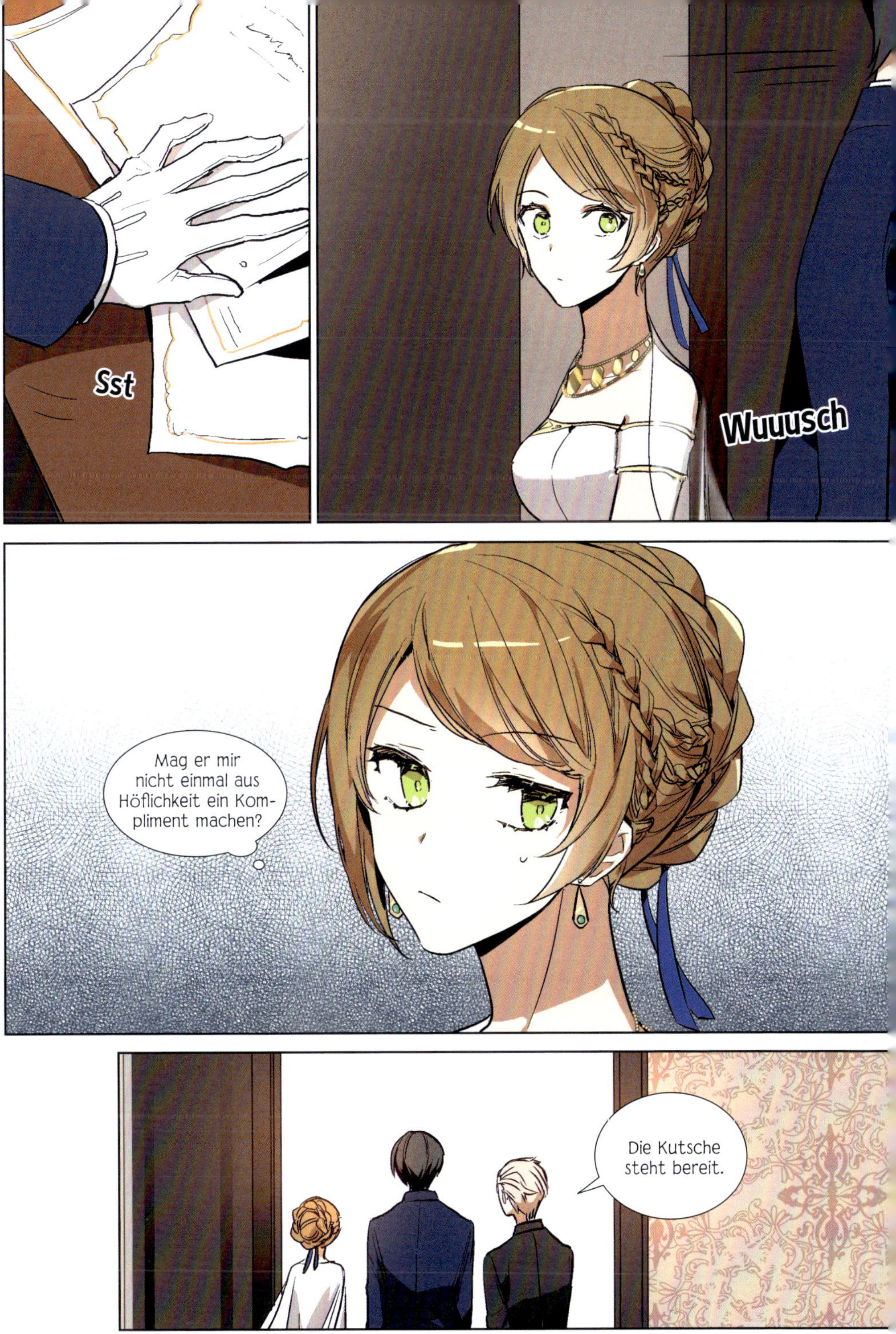
Sst
Wuuusch
Mag er mir nicht einmal aus Höflichkeit ein Kompliment machen?
Die Kutsche steht bereit.

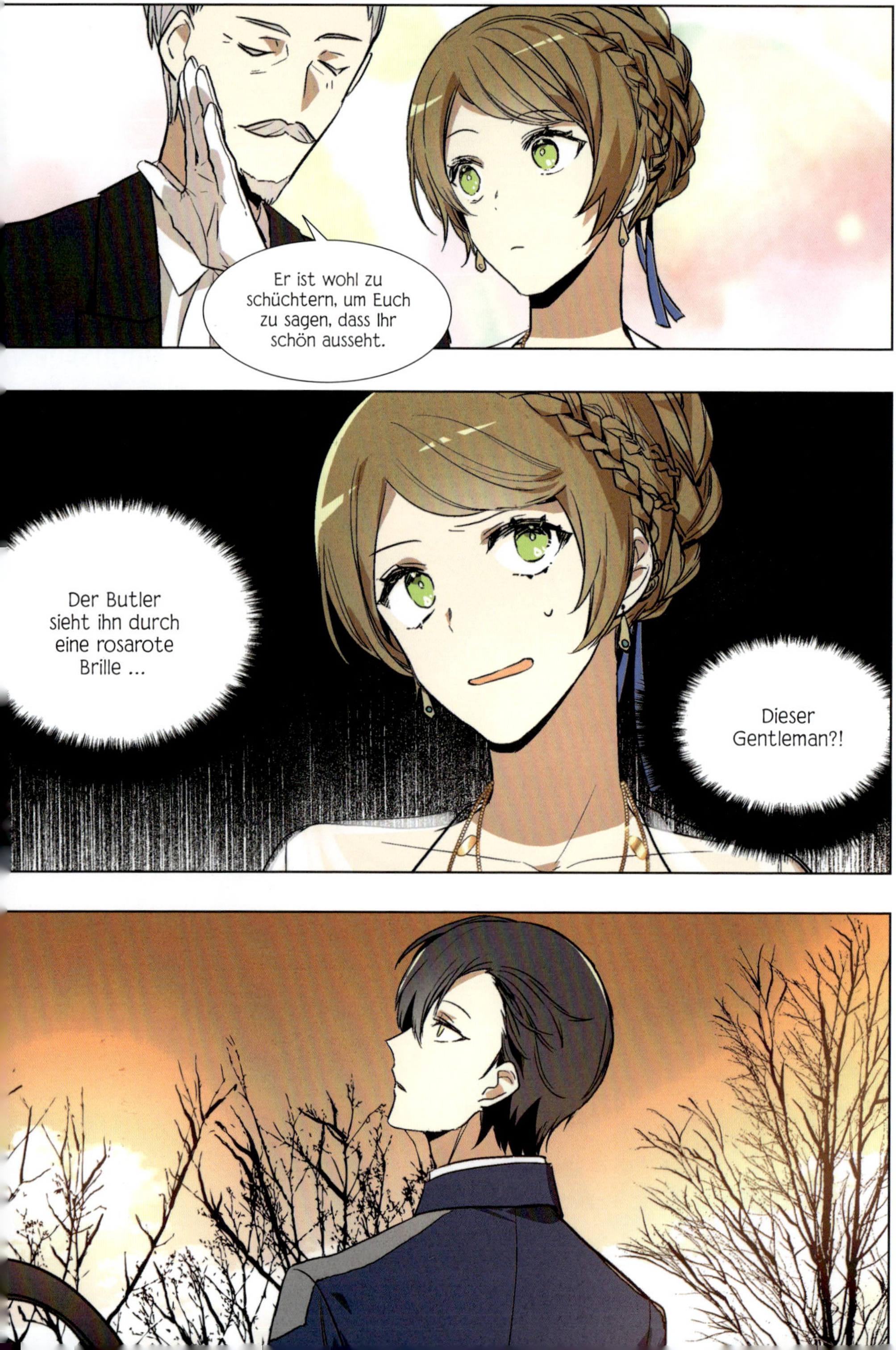
Er ist wohl zu schüchtern, um Euch zu sagen, dass Ihr schön ausseht.
Der Butler sieht ihn durch eine rosarote Brille ...
Dieser Gentleman?!

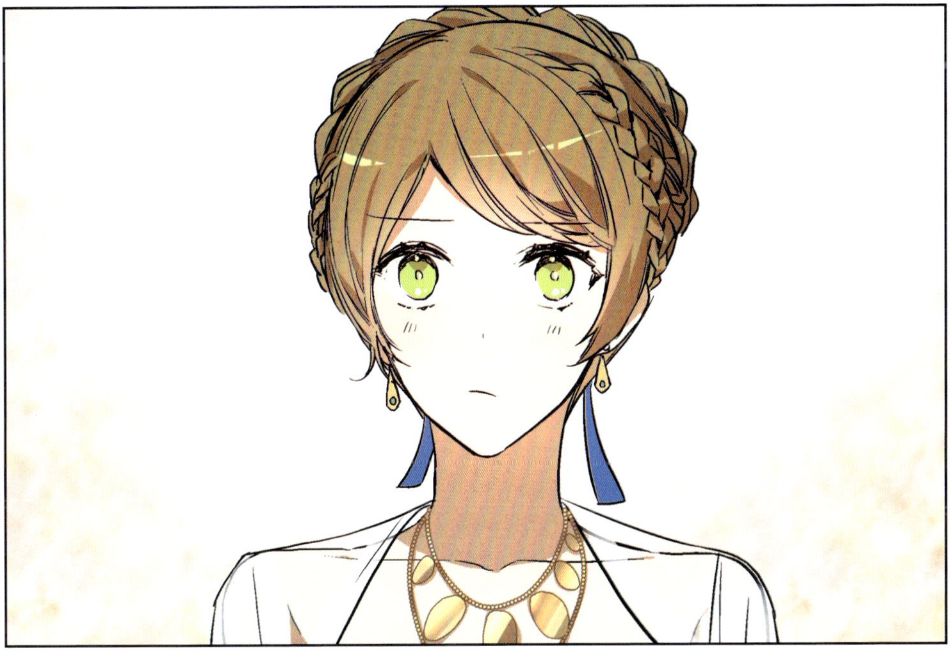

Der ist auf keinen
Fall schüchtern.

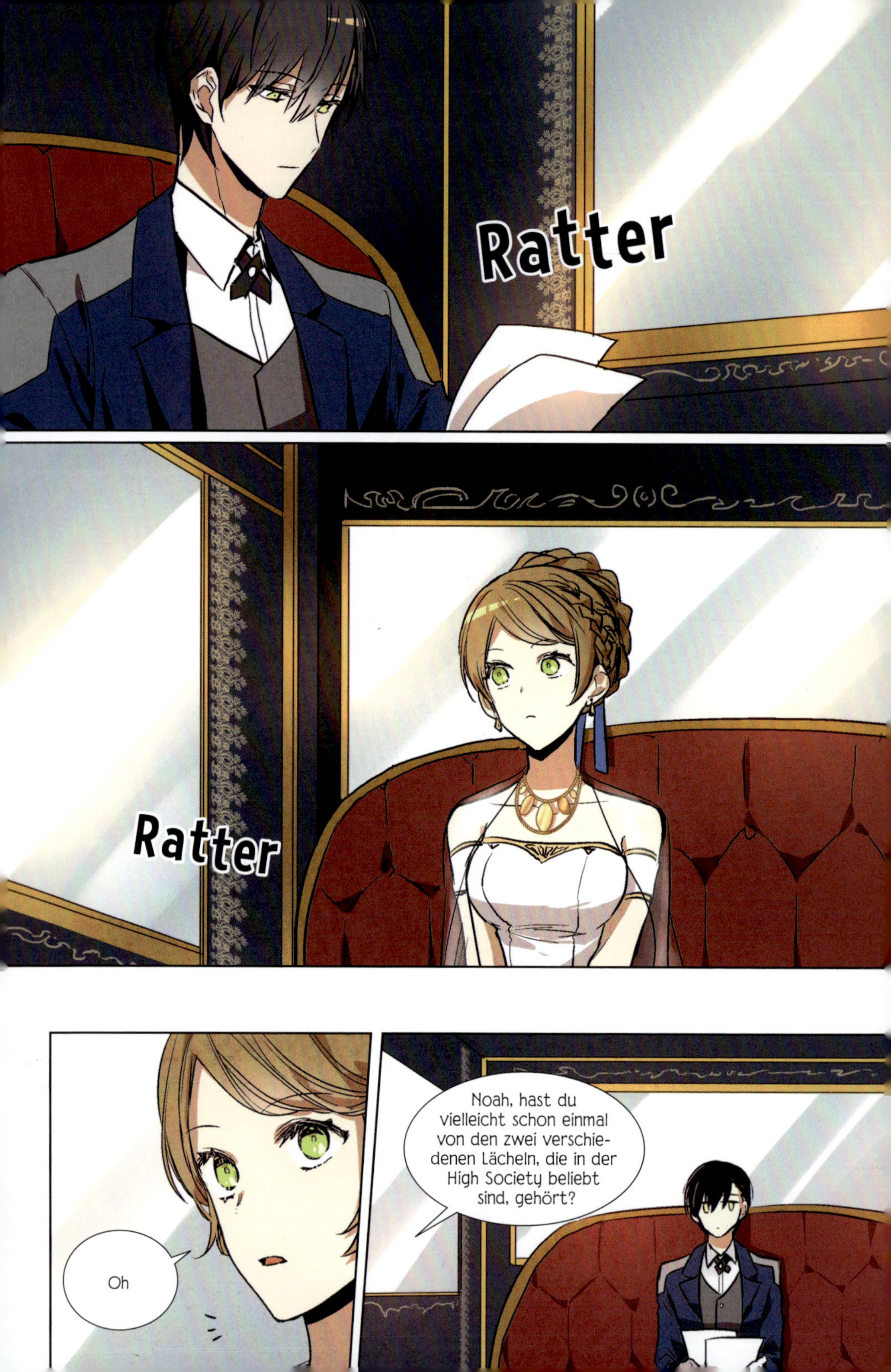
Ratter
Ratter
Noah, hast du vielleicht schon einmal von den zwei verschiedenen Lächeln, die in der High Society beliebt sind, gehört?
Oh

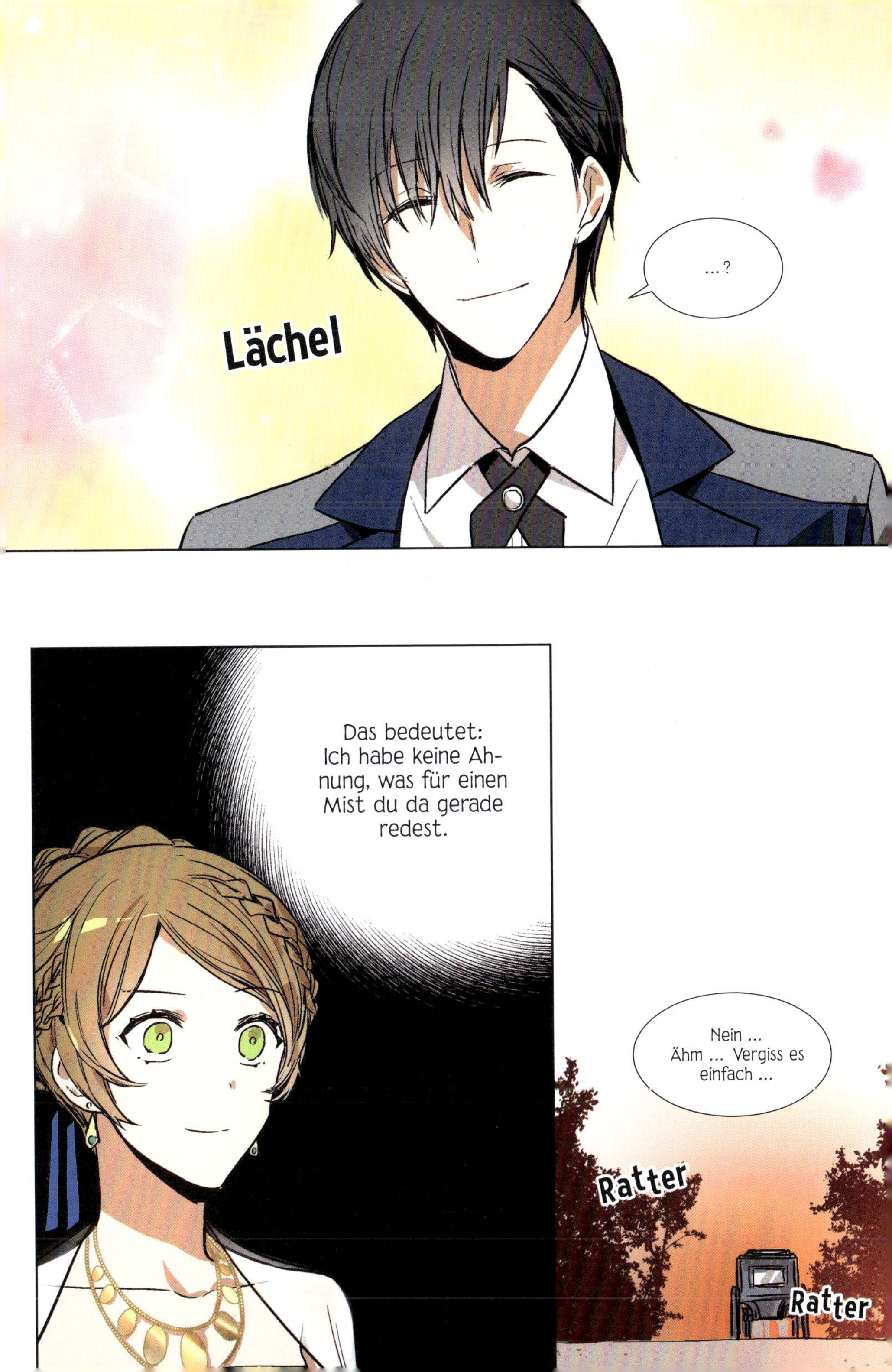
Lächel
...?
Das bedeutet: Ich habe keine Ahnung, was für einen Mist du da gerade redest.
Nein ... Ähm ... Vergiss es einfach ...
Ratter
Ratter

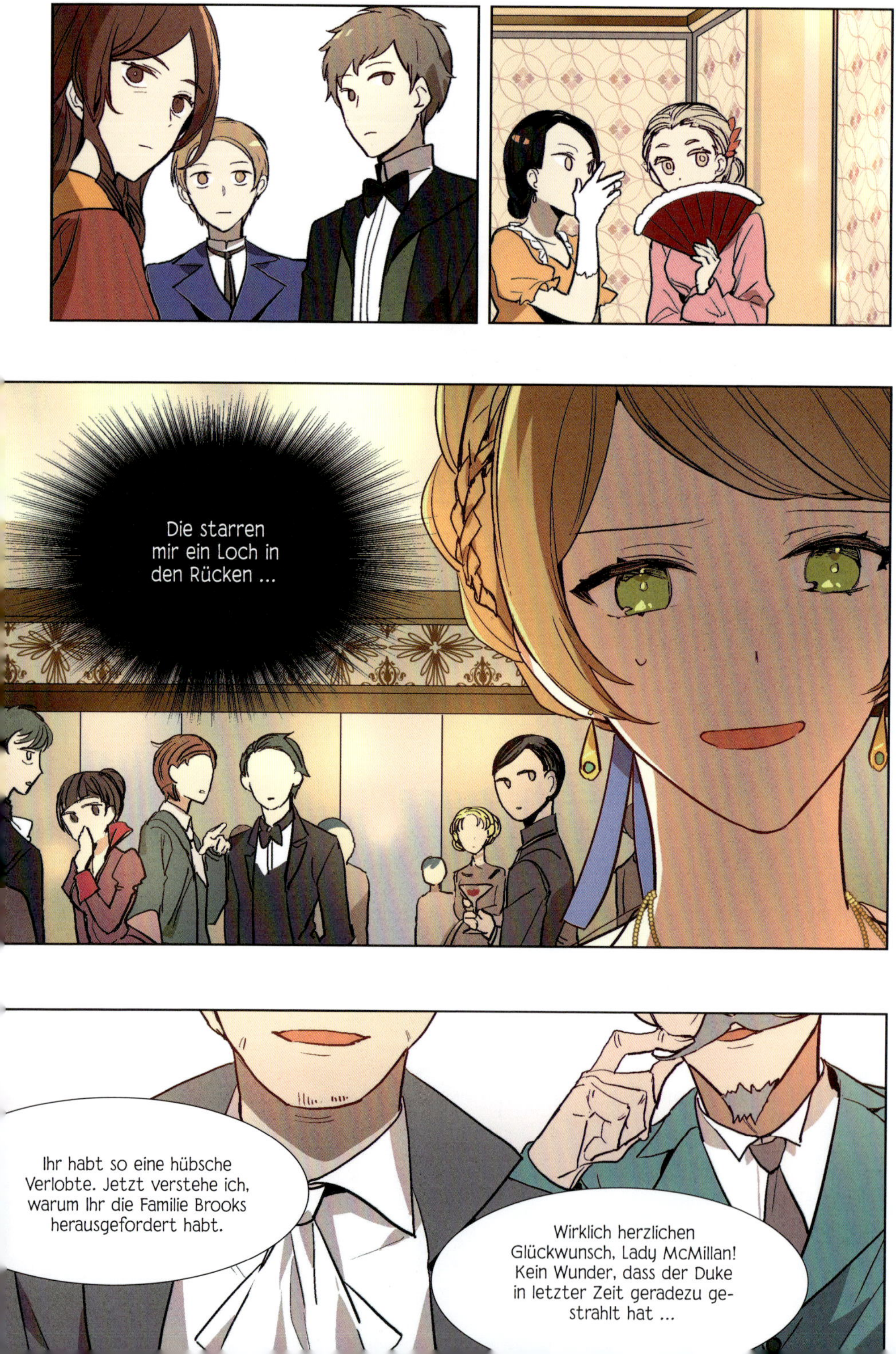
Die starren mir ein Loch in den Rücken ...
Ihr habt so eine hübsche Verlobte. Jetzt verstehe ich, warum Ihr die Familie Brooks herausgefordert habt.
Wirklich herzlichen Glückwunsch, Lady McMillan! Kein Wunder, dass der Duke in letzter Zeit geradezu gestrahlt hat ...

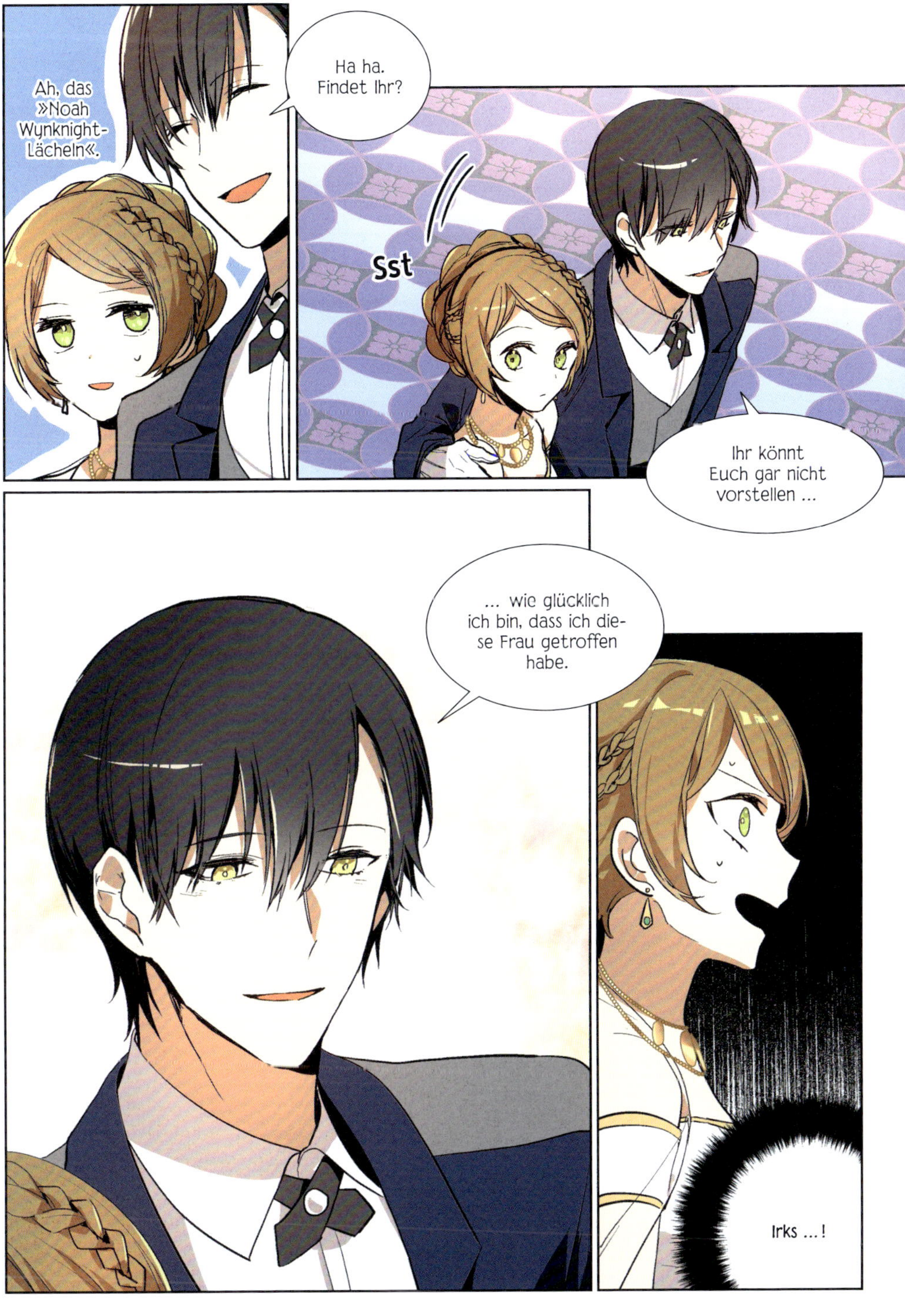
Ah, das »Noah Wynknight-Lächeln«.
Ha ha. Findet Ihr?
Sst
Ihr könnt Euch gar nicht vorstellen ...
... wie glücklich ich bin, dass ich diese Frau getroffen habe.
Irks ...!

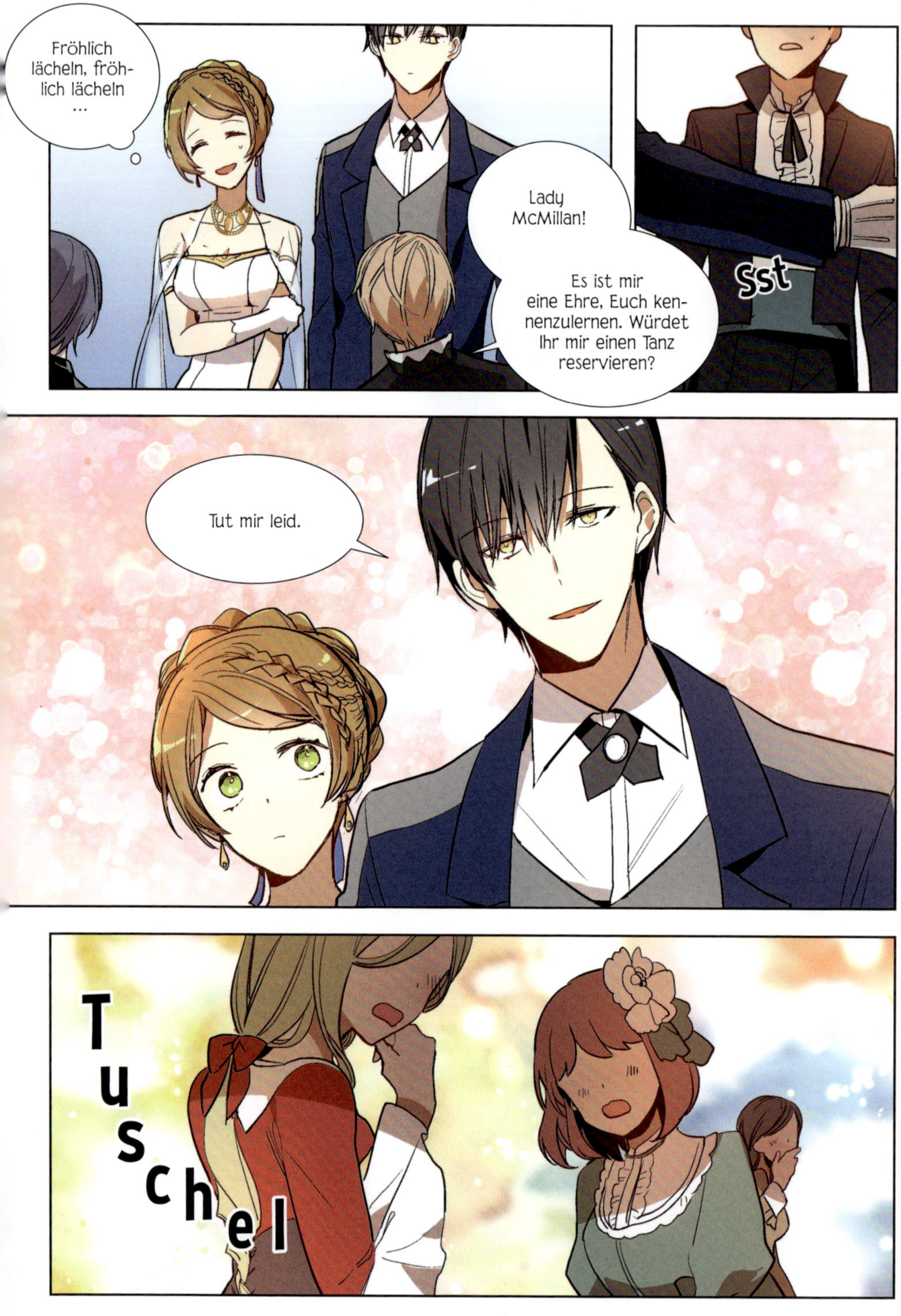

Fröhlich lächeln, fröhlich lächeln …
Lady McMillan!
Es ist mir eine Ehre, Euch kennenzulernen. Würdet Ihr mir einen Tanz reservieren?
Sst
Tut mir leid.
Tuschel

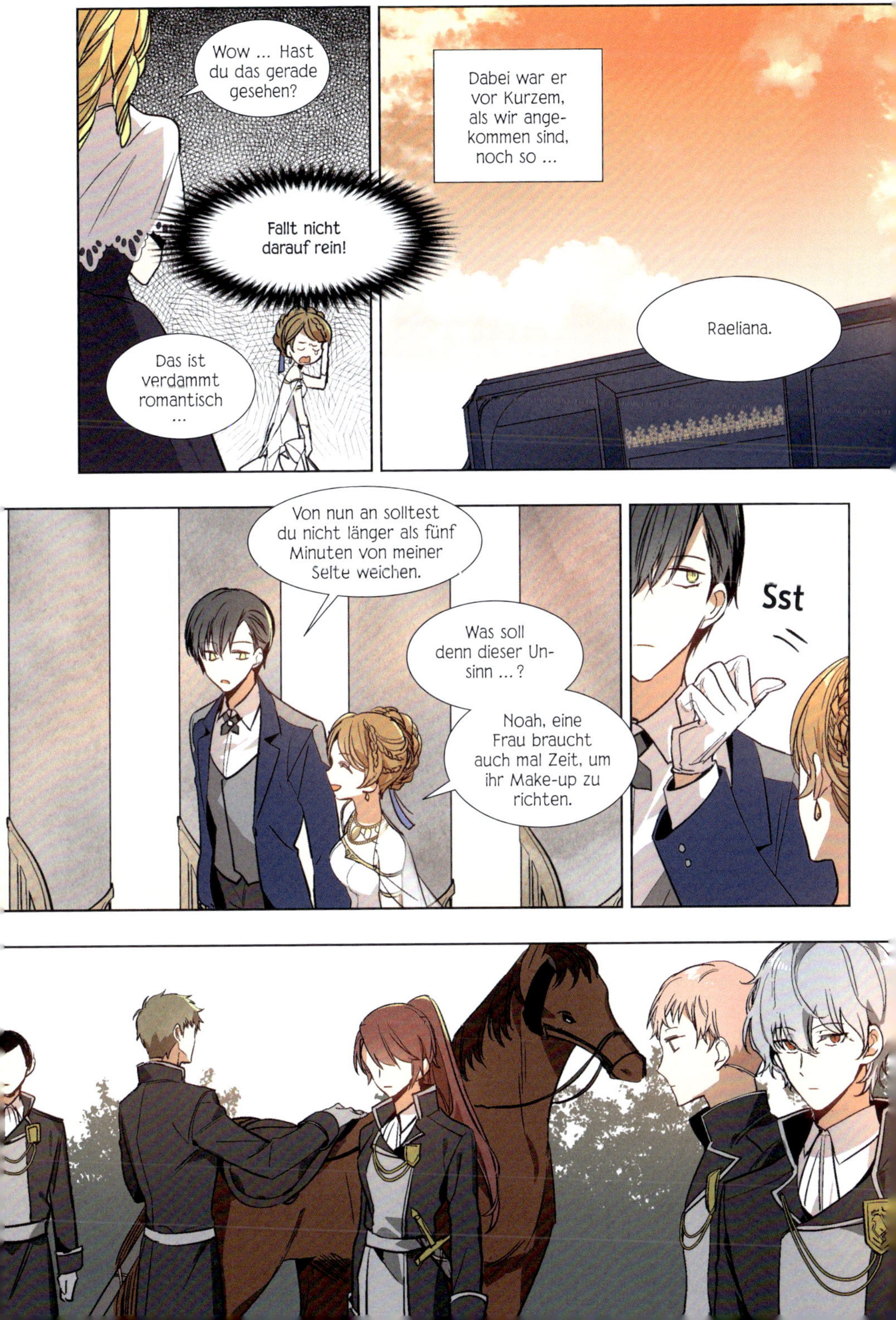
Wow ... Hast du das gerade gesehen?
Fallt nicht darauf rein!
Das ist verdammt romantisch ...
Dabei war er vor Kurzem, als wir angekommen sind, noch so ...
Raeliana.
Von nun an solltest du nicht länger als fünf Minuten von meiner Seite weichen.
Was soll denn dieser Unsinn ...?
Noah, eine Frau braucht auch mal Zeit, um ihr Make-up zu richten.
Sst

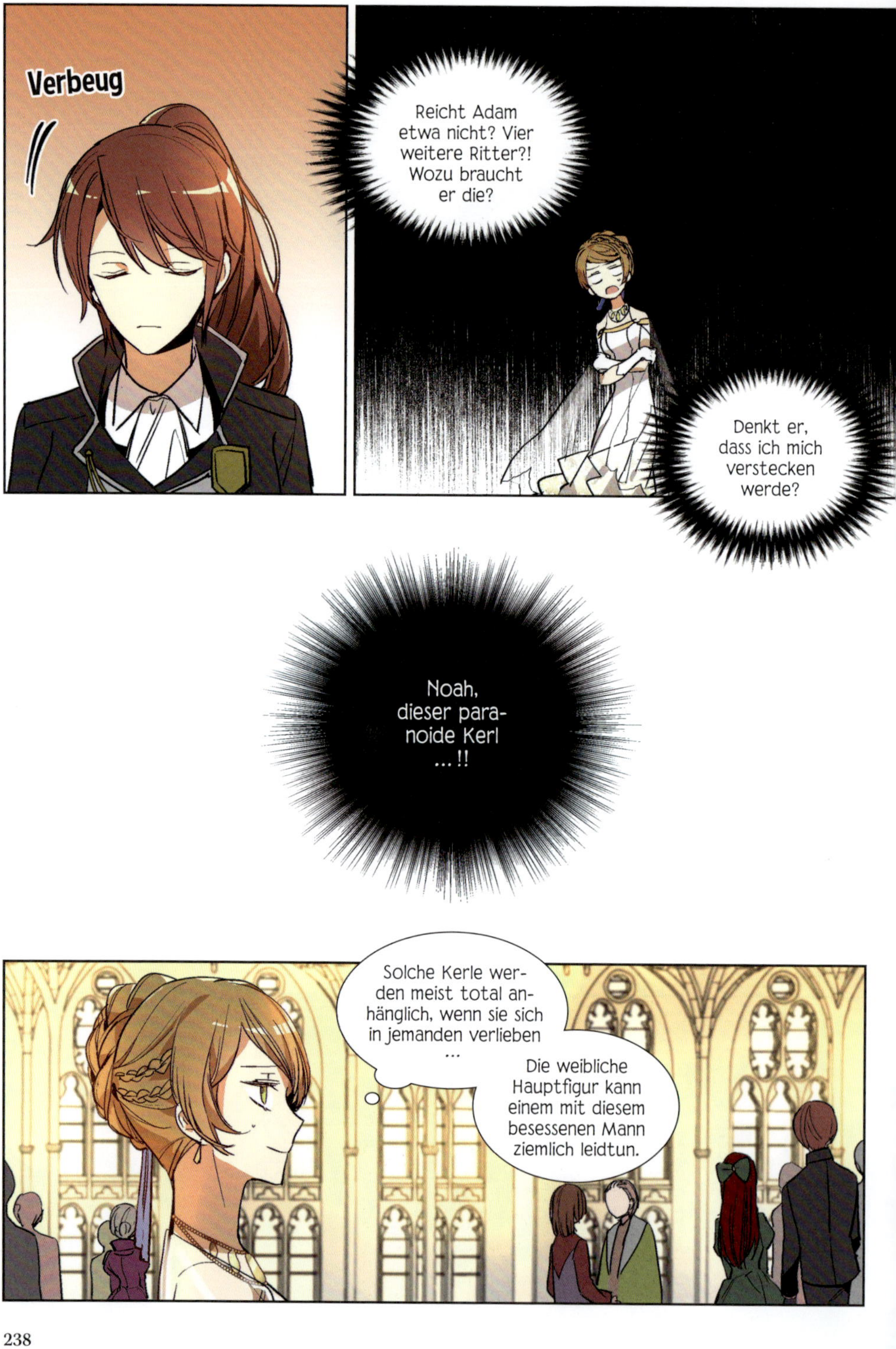
Verbeug
Reicht Adam etwa nicht? Vier weitere Ritter?! Wozu braucht er die?
Denkt er, dass ich mich verstecken werde?
Noah, dieser paranoide Kerl ...!!
Solche Kerle werden meist total anhänglich, wenn sie sich in jemanden verlieben ...
Die weibliche Hauptfigur kann einem mit diesem besessenen Mann ziemlich leidtun.

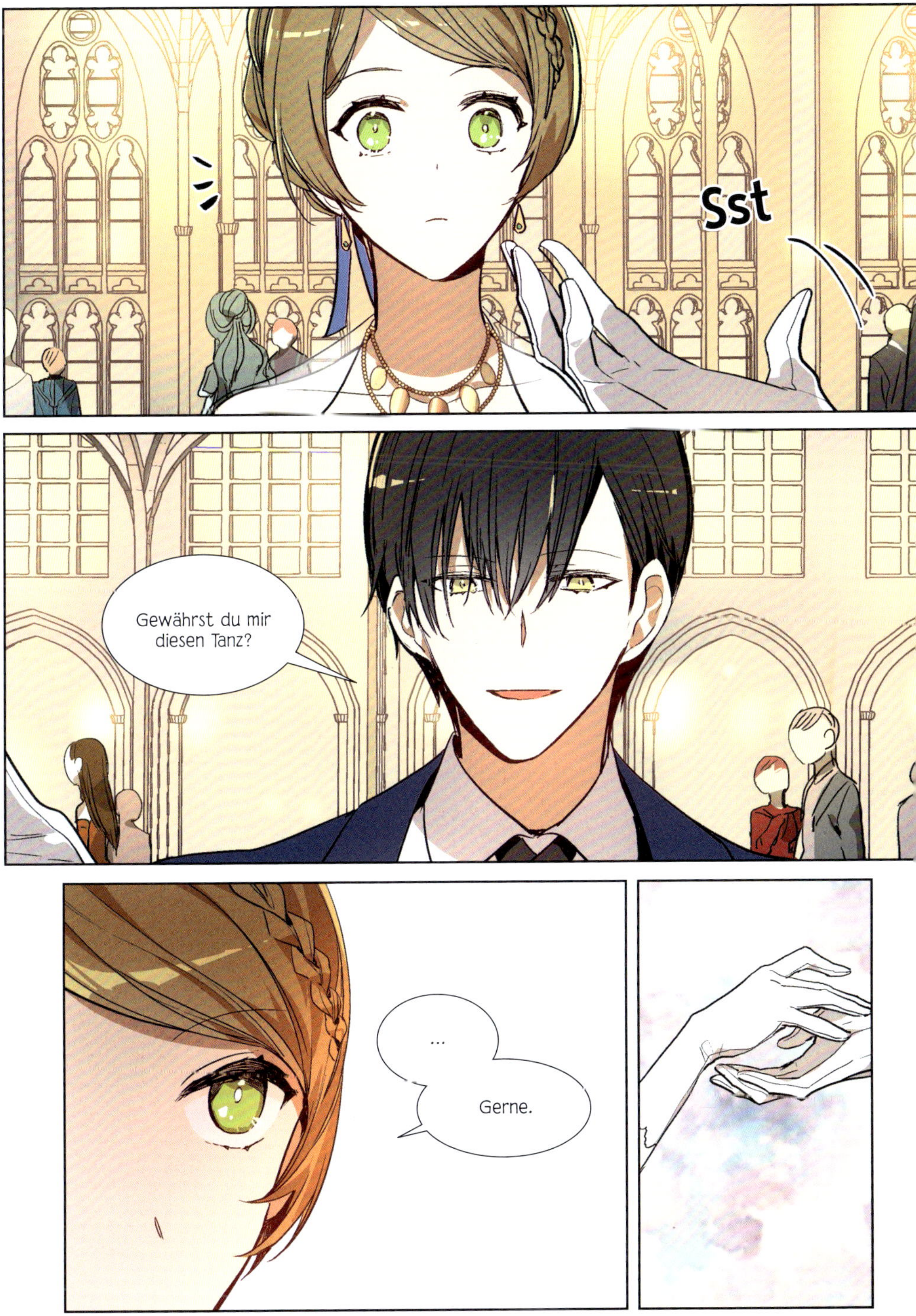
Sst
Gewährst du mir diesen Tanz?
...
Gerne.

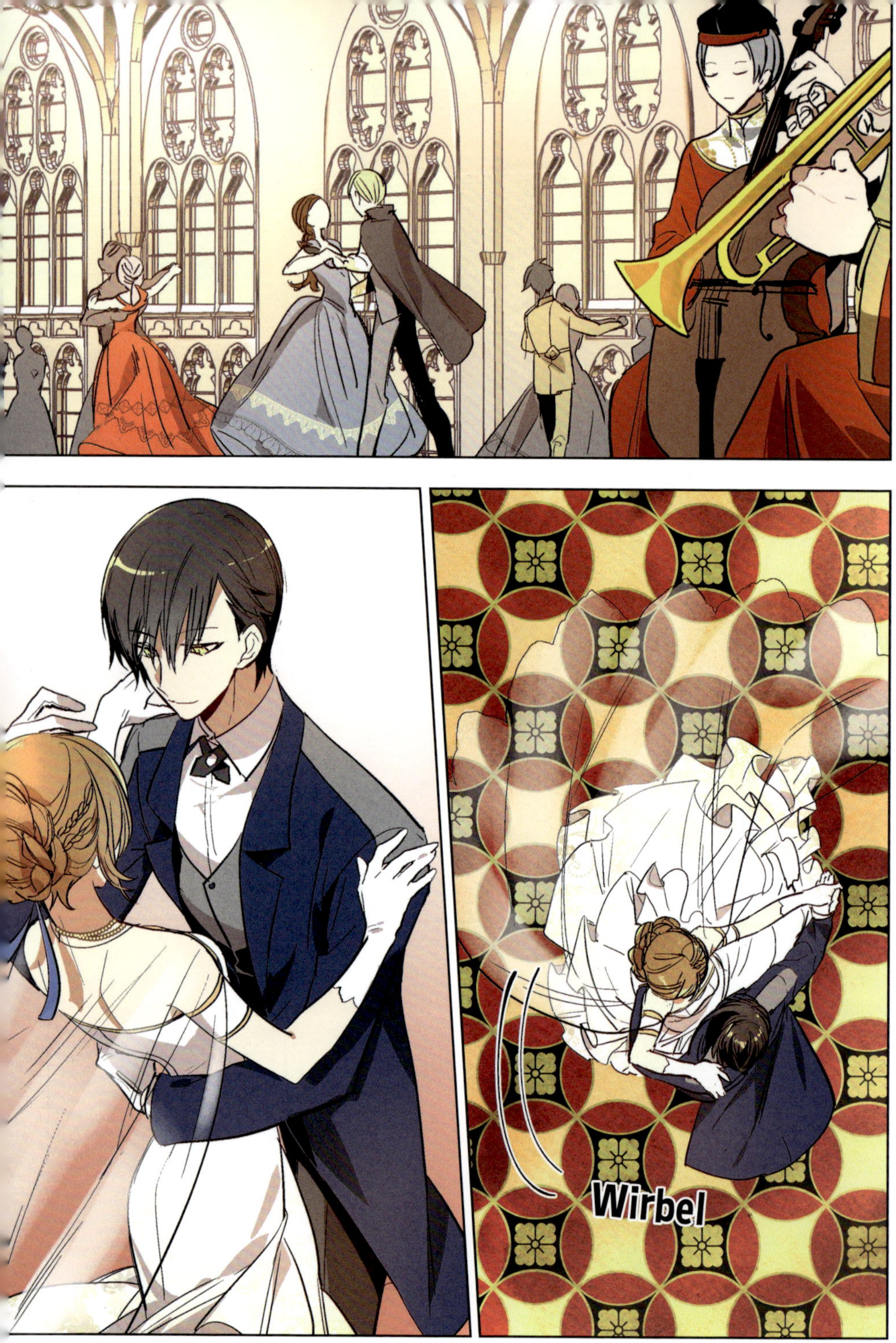
Wirbel

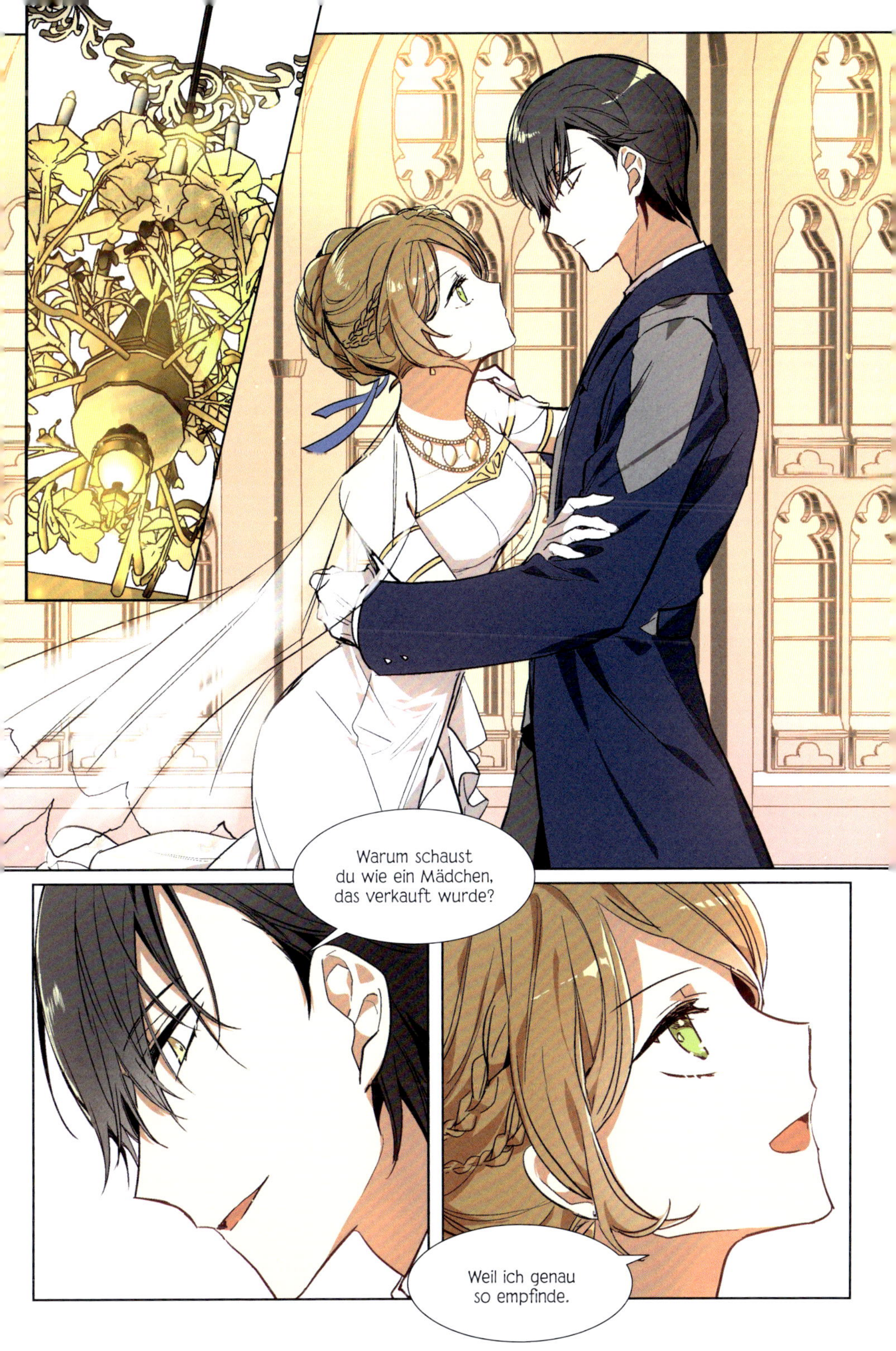
Warum schaust du wie ein Mädchen, das verkauft wurde?
Weil ich genau so empfinde.

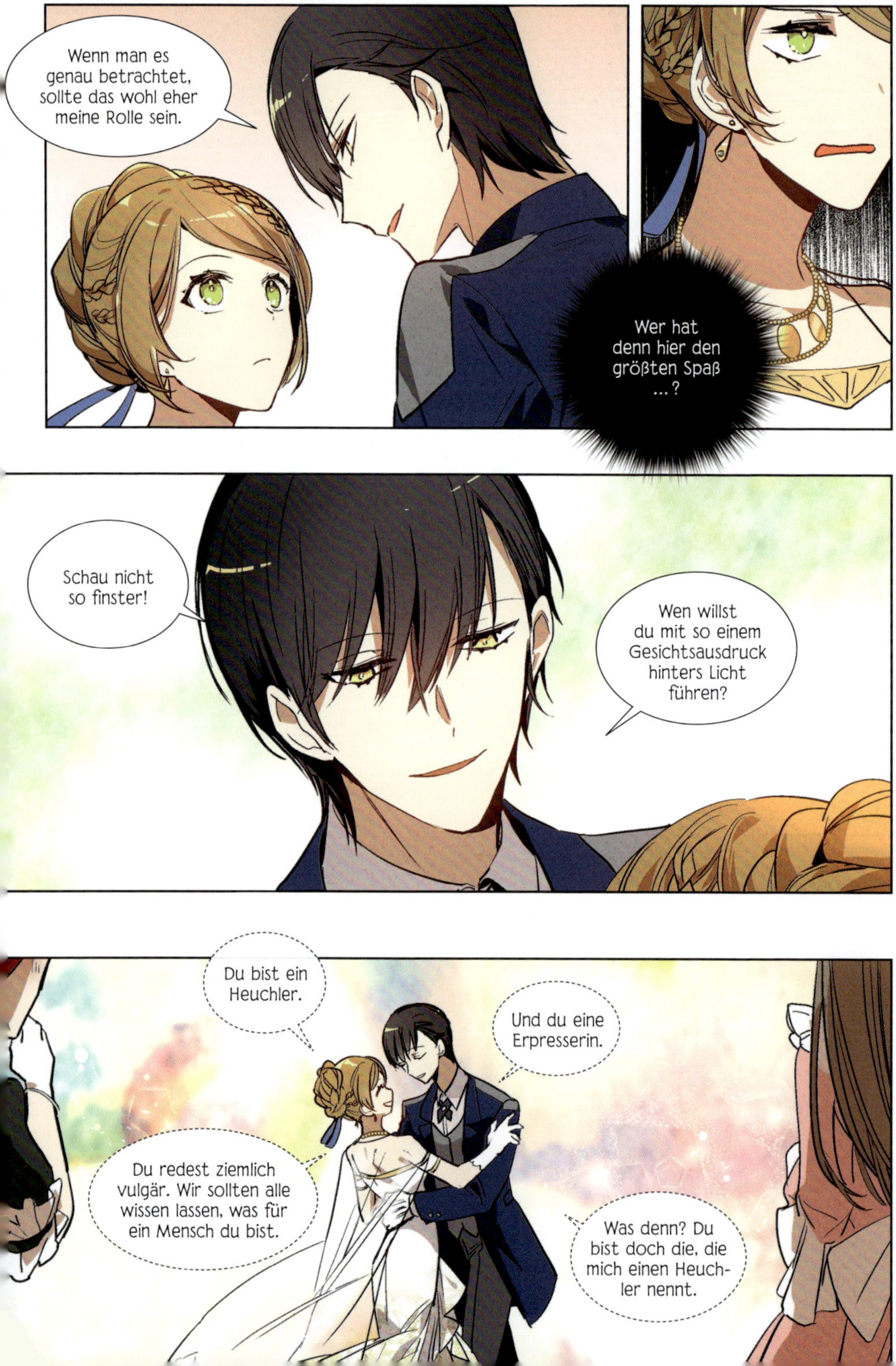
Wenn man es genau betrachtet, sollte das wohl eher meine Rolle sein.
Wer hat denn hier den größten Spaß …?
Schau nicht so finster!
Wen willst du mit so einem Gesichtsausdruck hinters Licht führen?
Du bist ein Heuchler.
Und du eine Erpresserin.
Du redest ziemlich vulgär. Wir sollten alle wissen lassen, was für ein Mensch du bist.
Was denn? Du bist doch die, die mich einen Heuchler nennt.

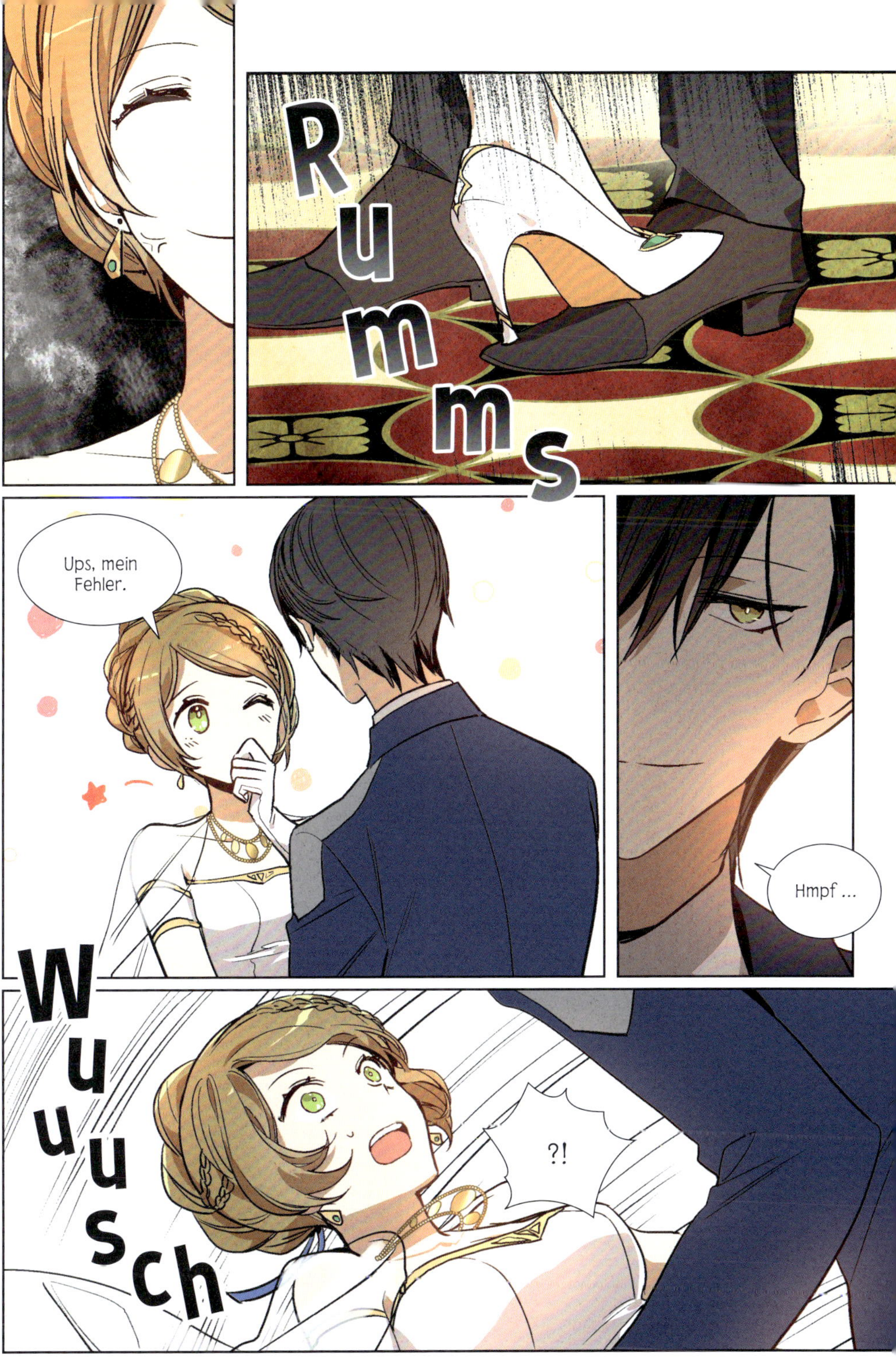
Rumms
Ups, mein Fehler.
Hmpf ...
Wuuusch
?!

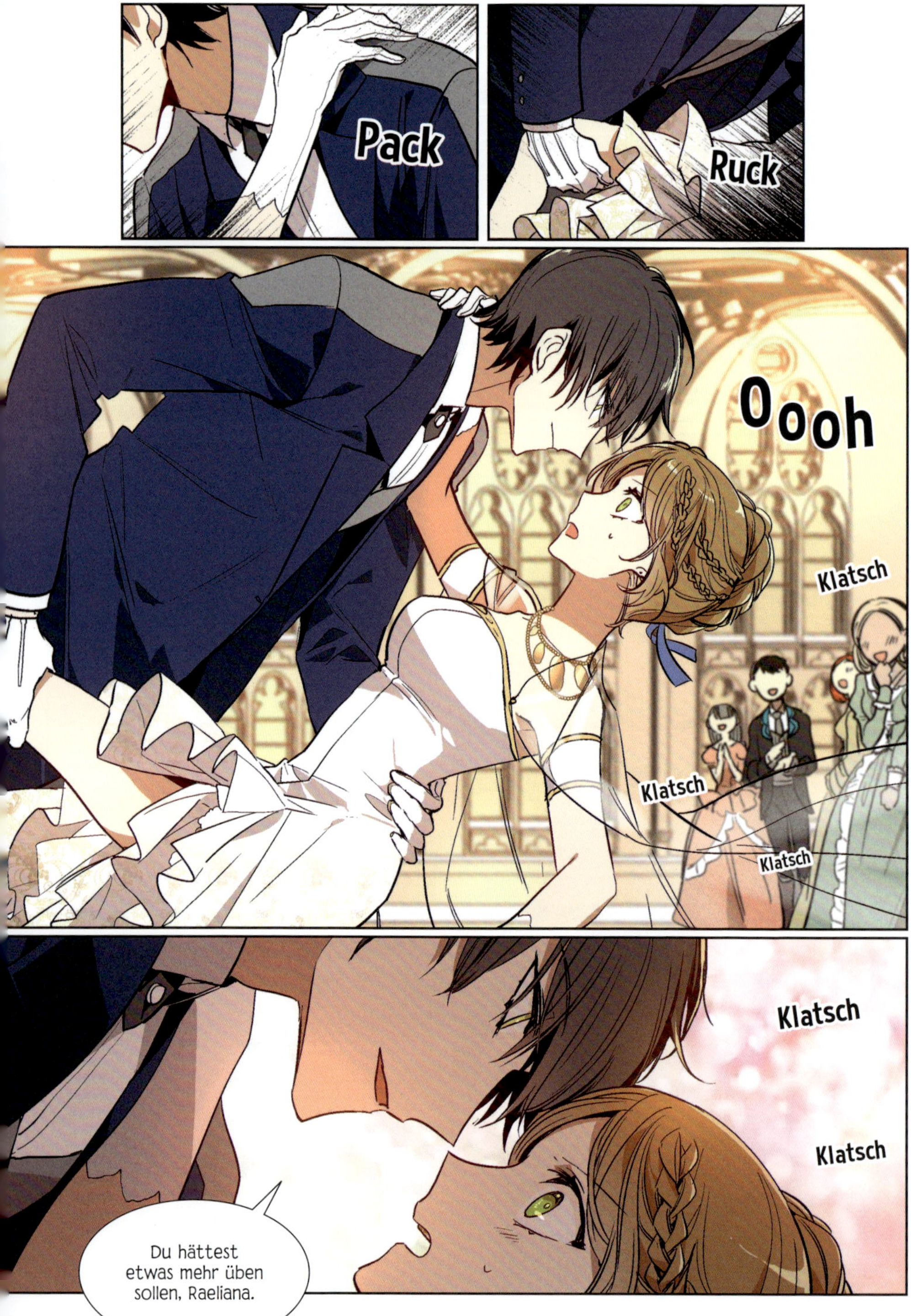
Pack
Ruck
Oooh
Klatsch
Klatsch
Klatsch
Klatsch
Klatsch
Du hättest etwas mehr üben sollen, Raeliana.

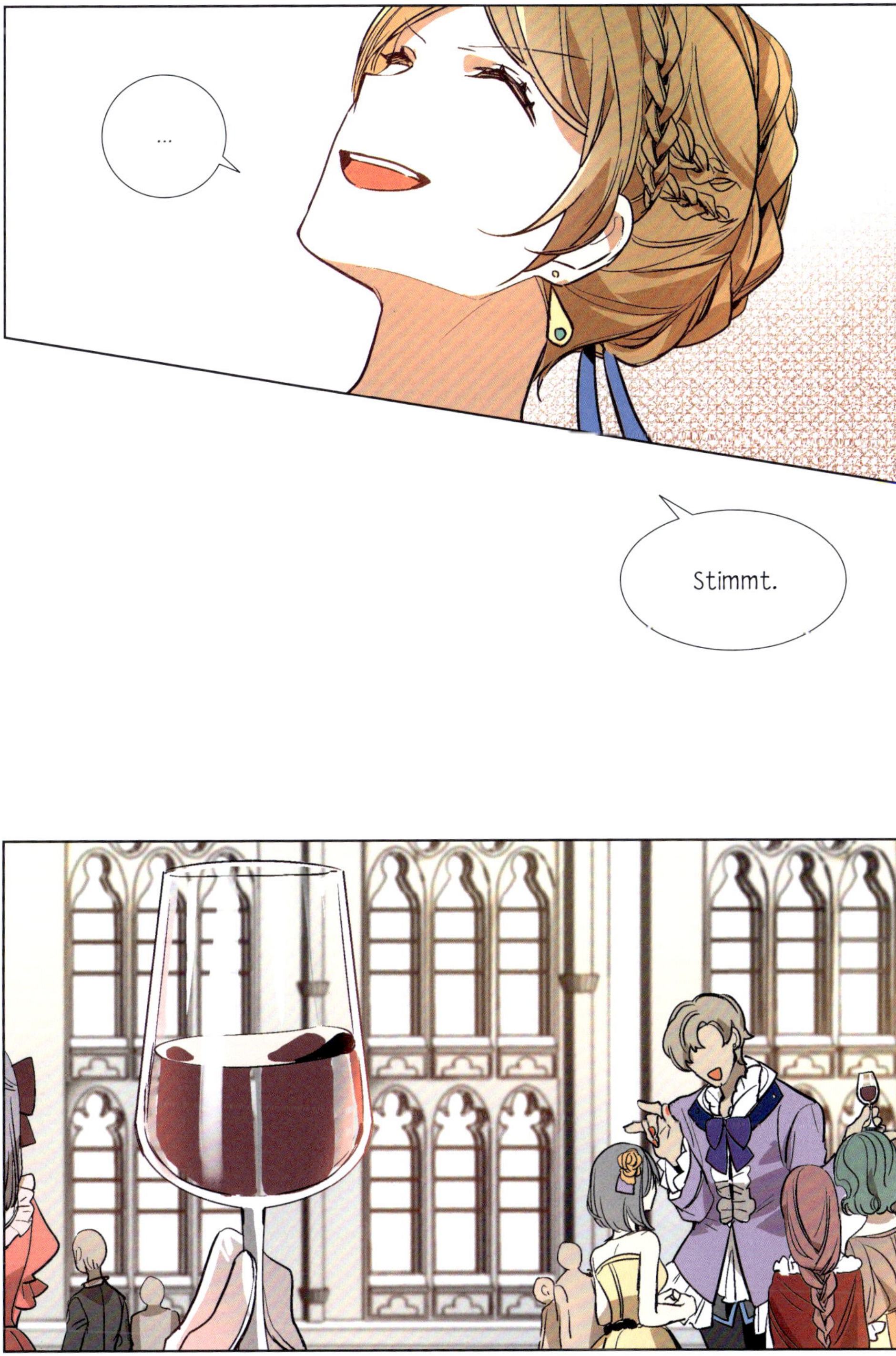
...
Stimmt.

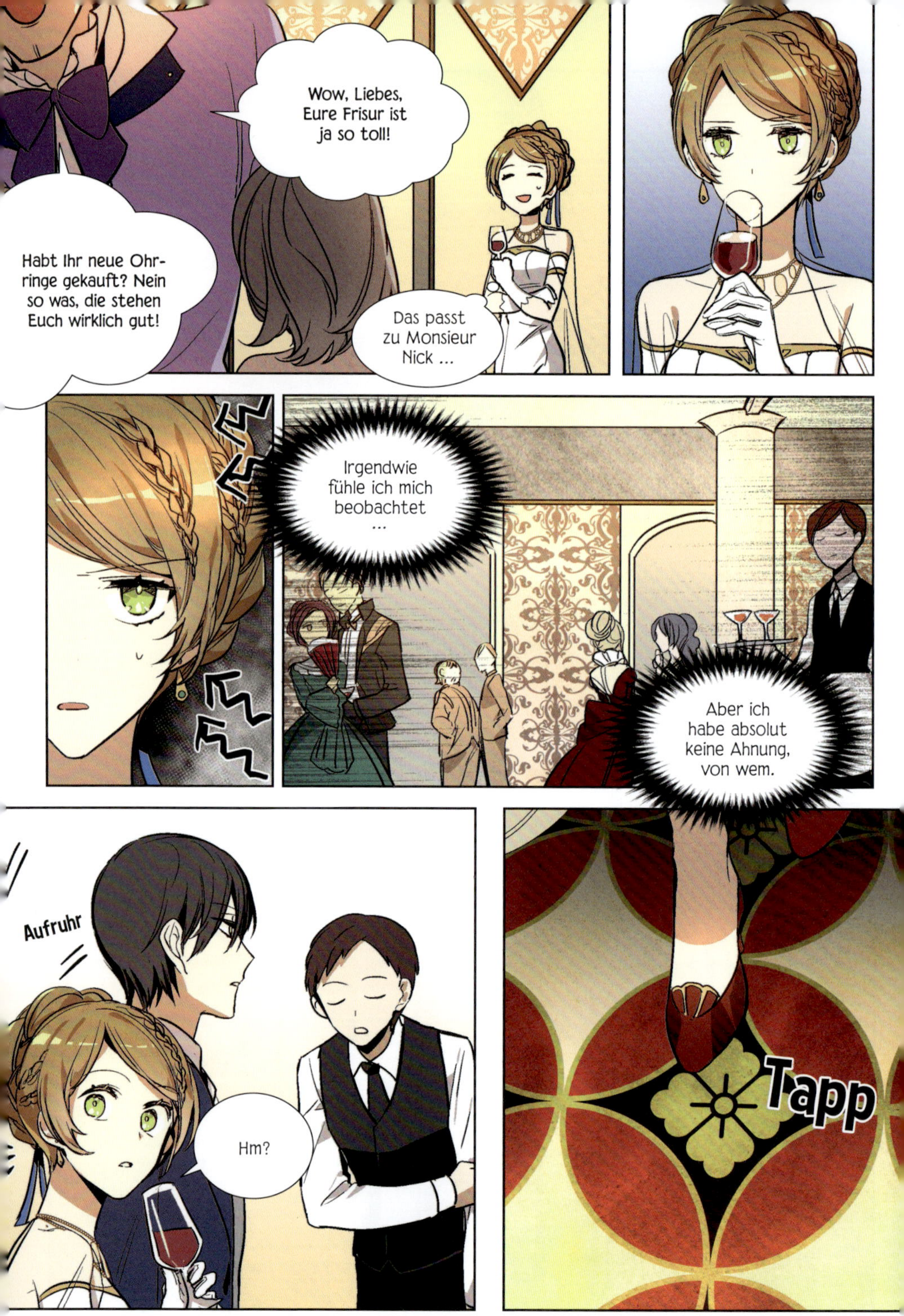
Wow, Liebes, Eure Frisur ist ja so toll!
Habt Ihr neue Ohr-ringe gekauft? Nein so was, die stehen Euch wirklich gut!
Das passt zu Monsieur Nick ...
Irgendwie fühle ich mich beobachtet ...
Aber ich habe absolut keine Ahnung, von wem.
Aufruhr
Hm?
Tapp

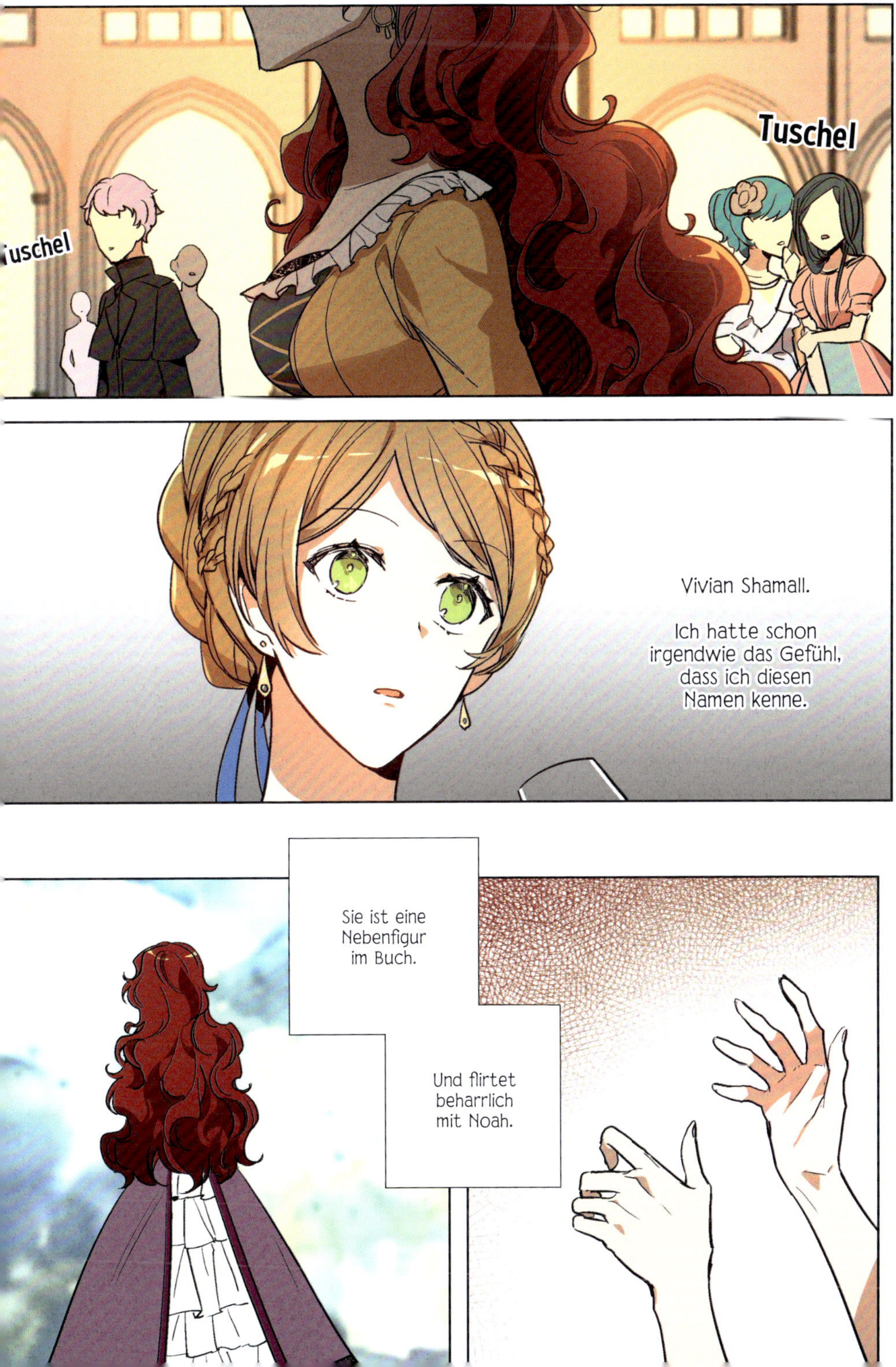

Tuschel
Tuschel
Vivian Shamall.
Ich hatte schon irgendwie das Gefühl, dass ich diesen Namen kenne.
Sie ist eine Nebenfigur im Buch.
Und flirtet beharrlich mit Noah.

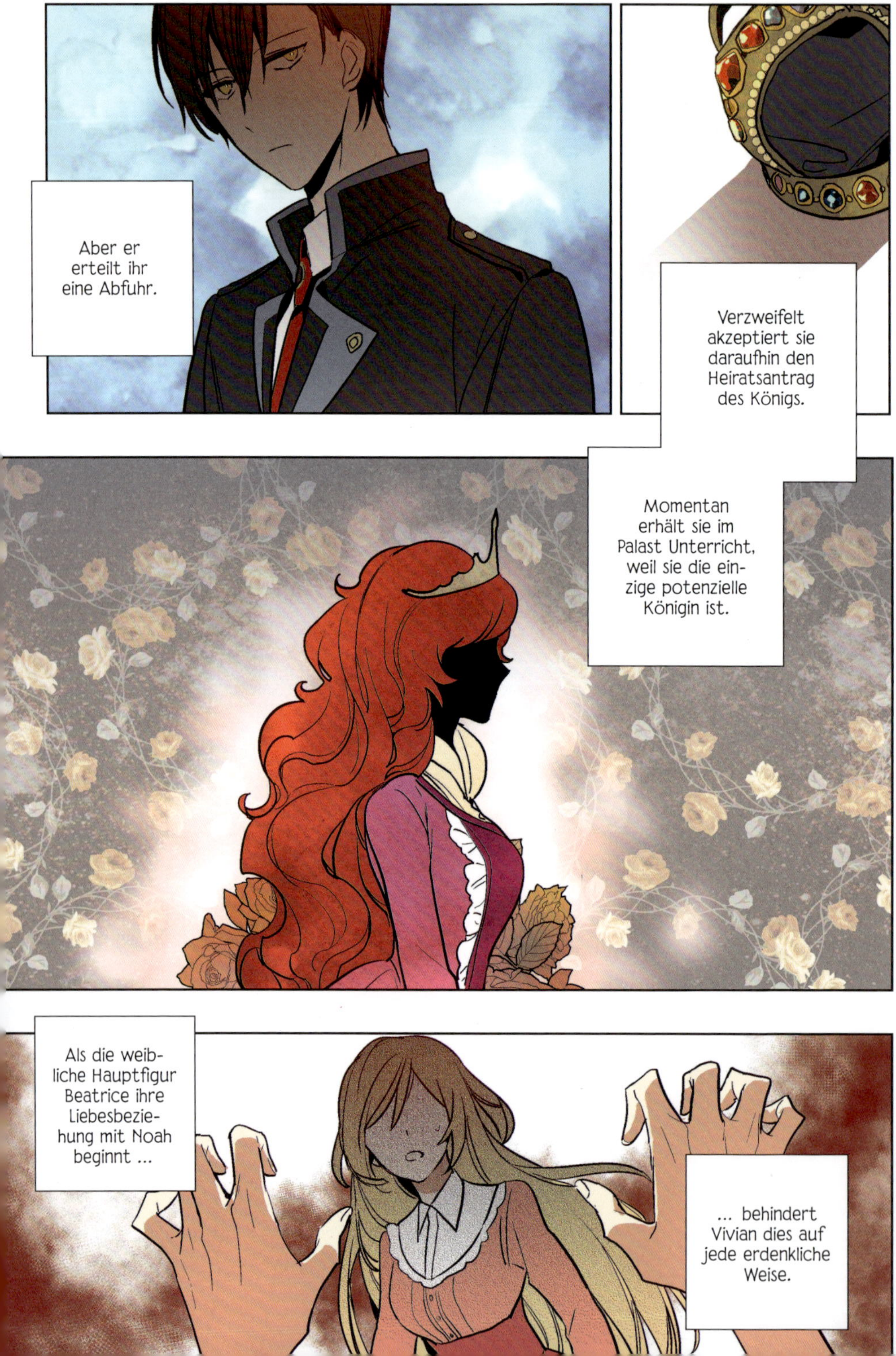
Aber er erteilt ihr eine Abfuhr.
Verzweifelt akzeptiert sie daraufhin den Heiratsantrag des Königs.
Momentan erhält sie im Palast Unterricht, weil sie die einzige potenzielle Königin ist.
Als die weibliche Hauptfigur Beatrice ihre Liebesbeziehung mit Noah beginnt …
… behindert Vivian dies auf jede erdenkliche Weise.

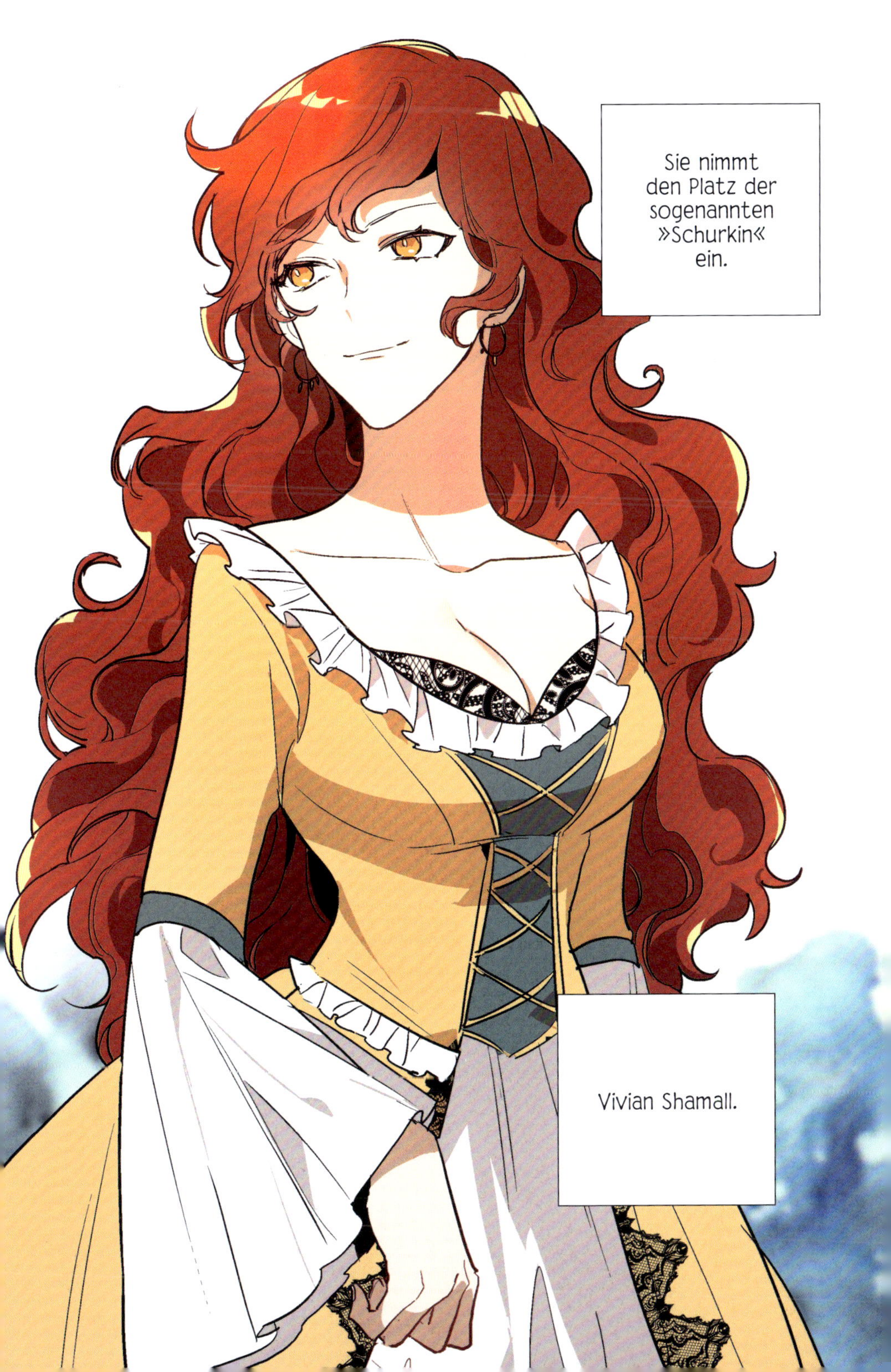
Sie nimmt den Platz der sogenannten »Schurkin« ein.
Vivian Shamall.

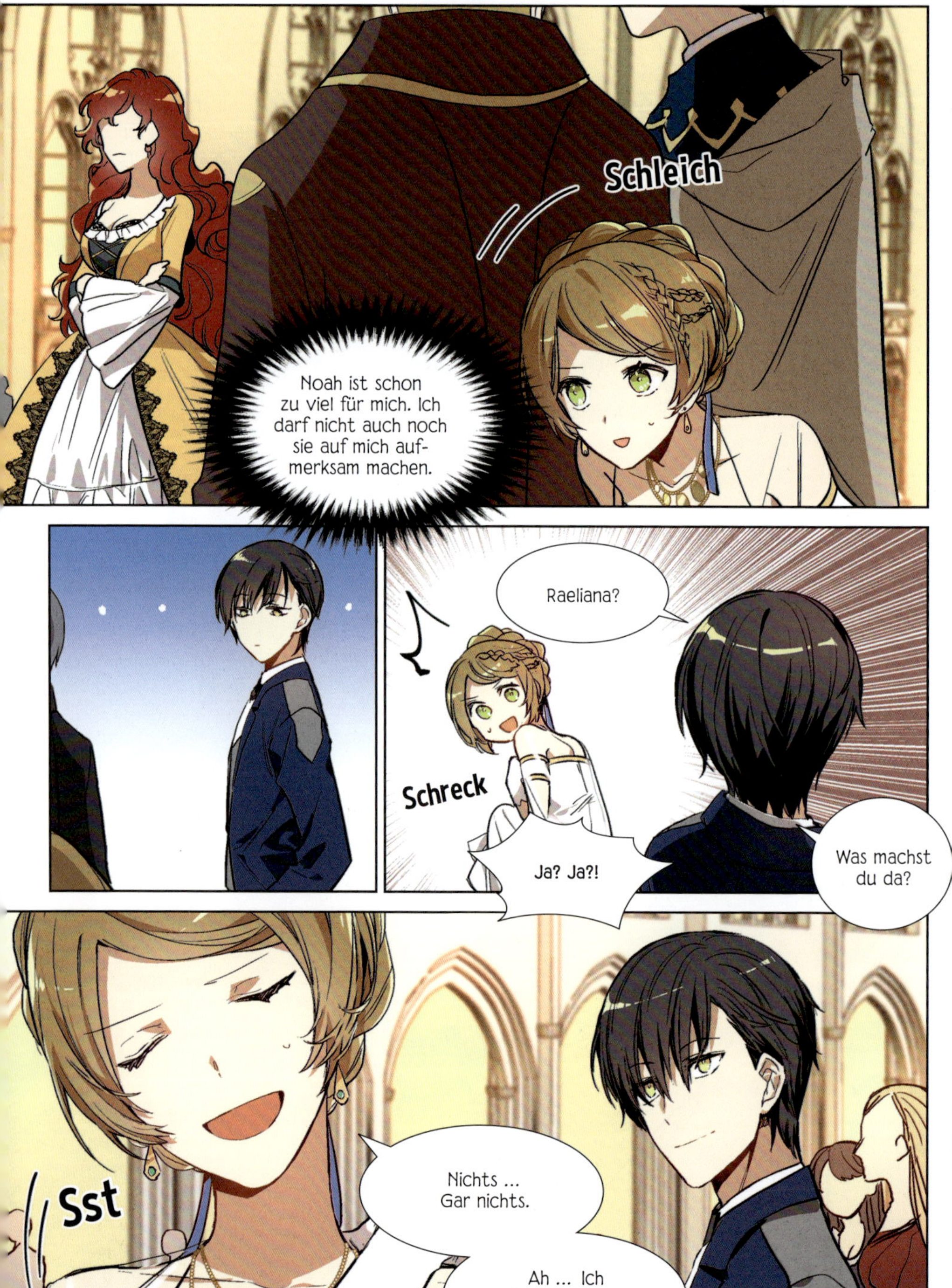
Schleich
Noah ist schon zu viel für mich. Ich darf nicht auch noch sie auf mich aufmerksam machen.
Raeliana?
Schreck
Ja? Ja?!
Was machst du da?
Sst
Nichts ... Gar nichts.
Ah ... Ich fühle mich so verspannt.

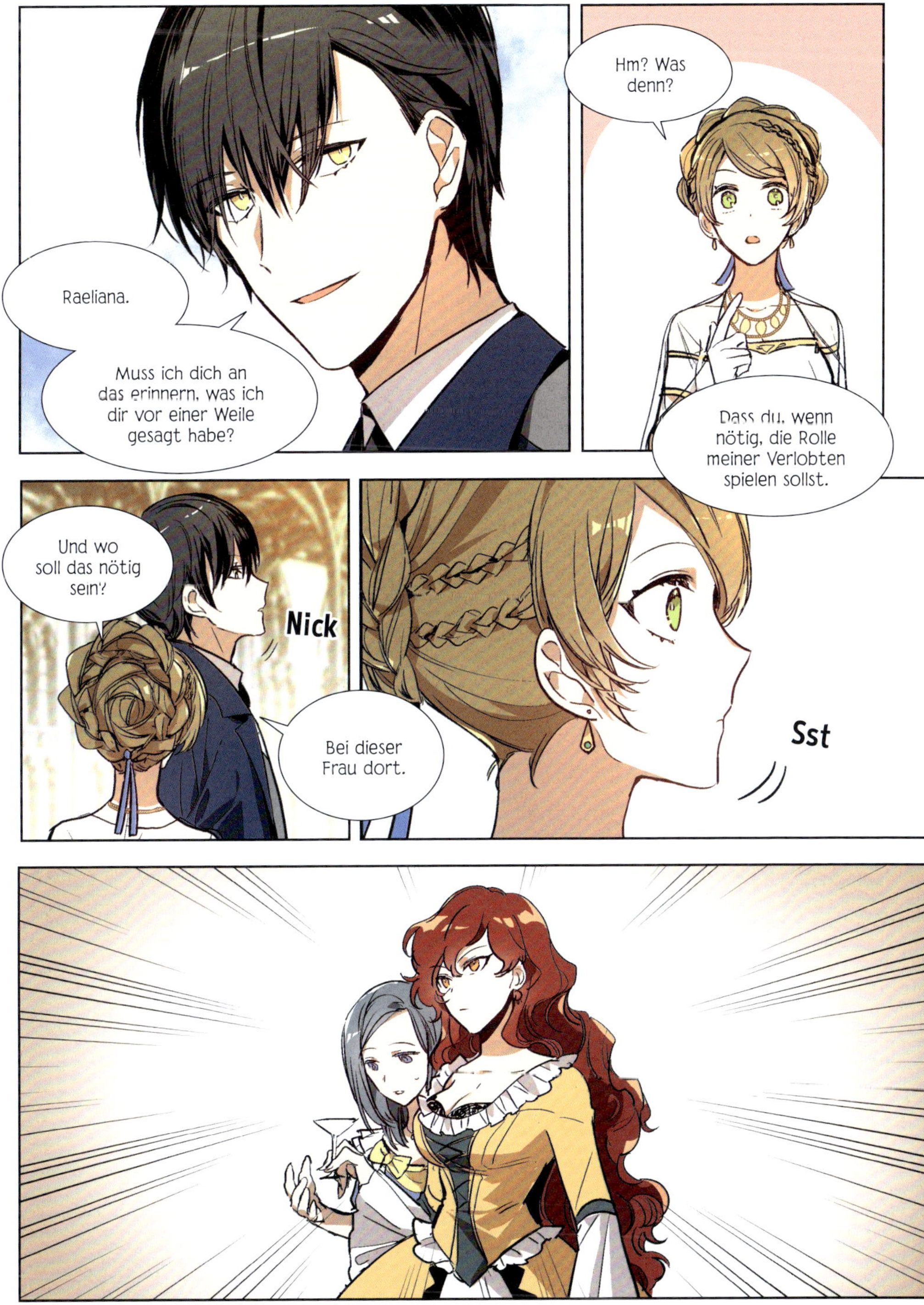
Raeliana.
Muss ich dich an das erinnern, was ich dir vor einer Weile gesagt habe?
Hm? Was denn?
Dass du, wenn nötig, die Rolle meiner Verlobten spielen sollst.
Und wo soll das nötig sein?
Nick
Bei dieser Frau dort.
Sst

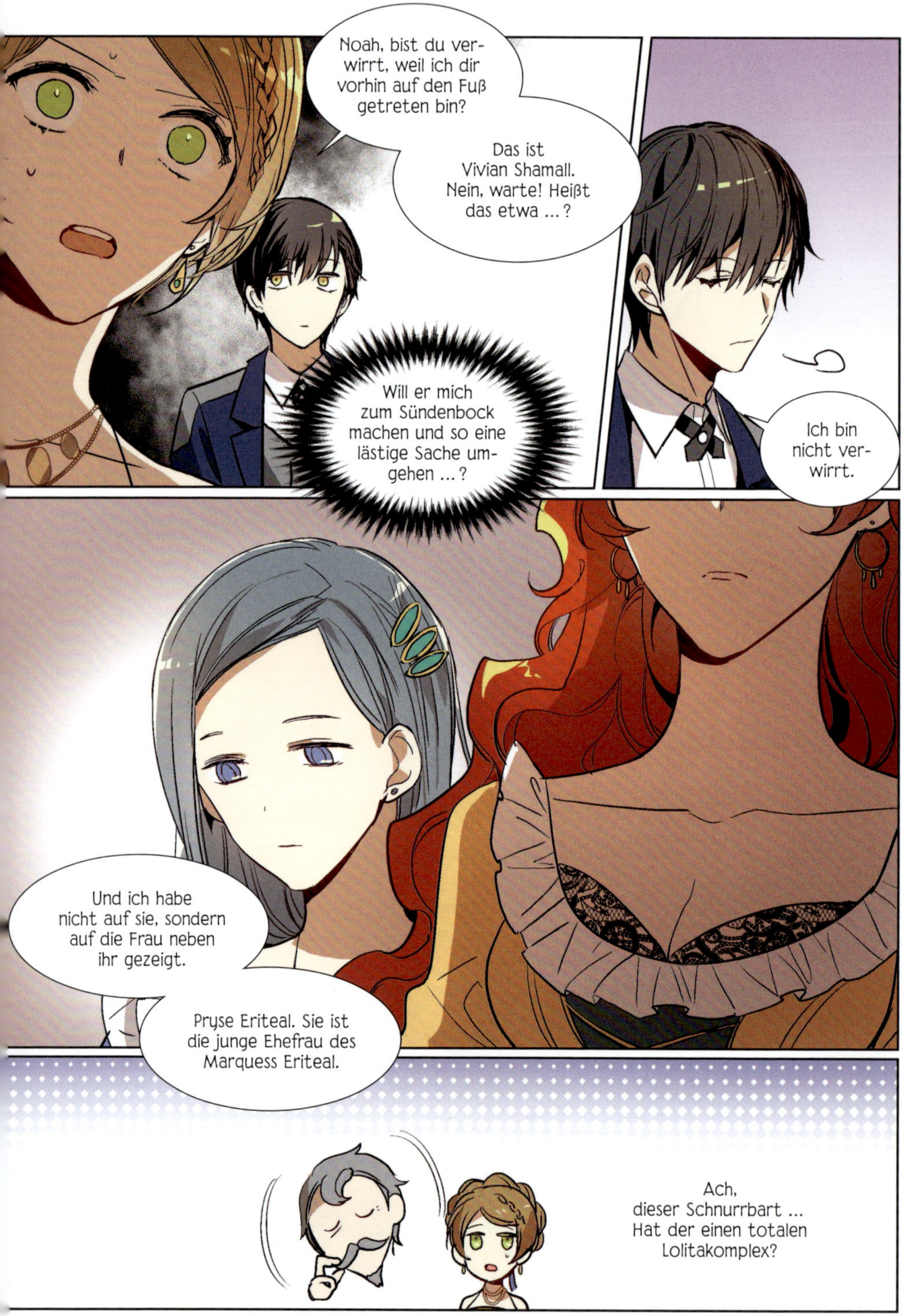

Noah, bist du verwirrt, weil ich dir vorhin auf den Fuß getreten bin?
Das ist Vivian Shamall. Nein, warte! Heißt das etwa ...?
Will er mich zum Sündenbock machen und so eine lästige Sache umgehen ...?
Ich bin nicht verwirrt.
Und ich habe nicht auf sie, sondern auf die Frau neben ihr gezeigt.
Pryse Eriteal. Sie ist die junge Ehefrau des Marquess Eriteal.
Ach, dieser Schnurrbart ... Hat der einen totalen Lolitakomplex?

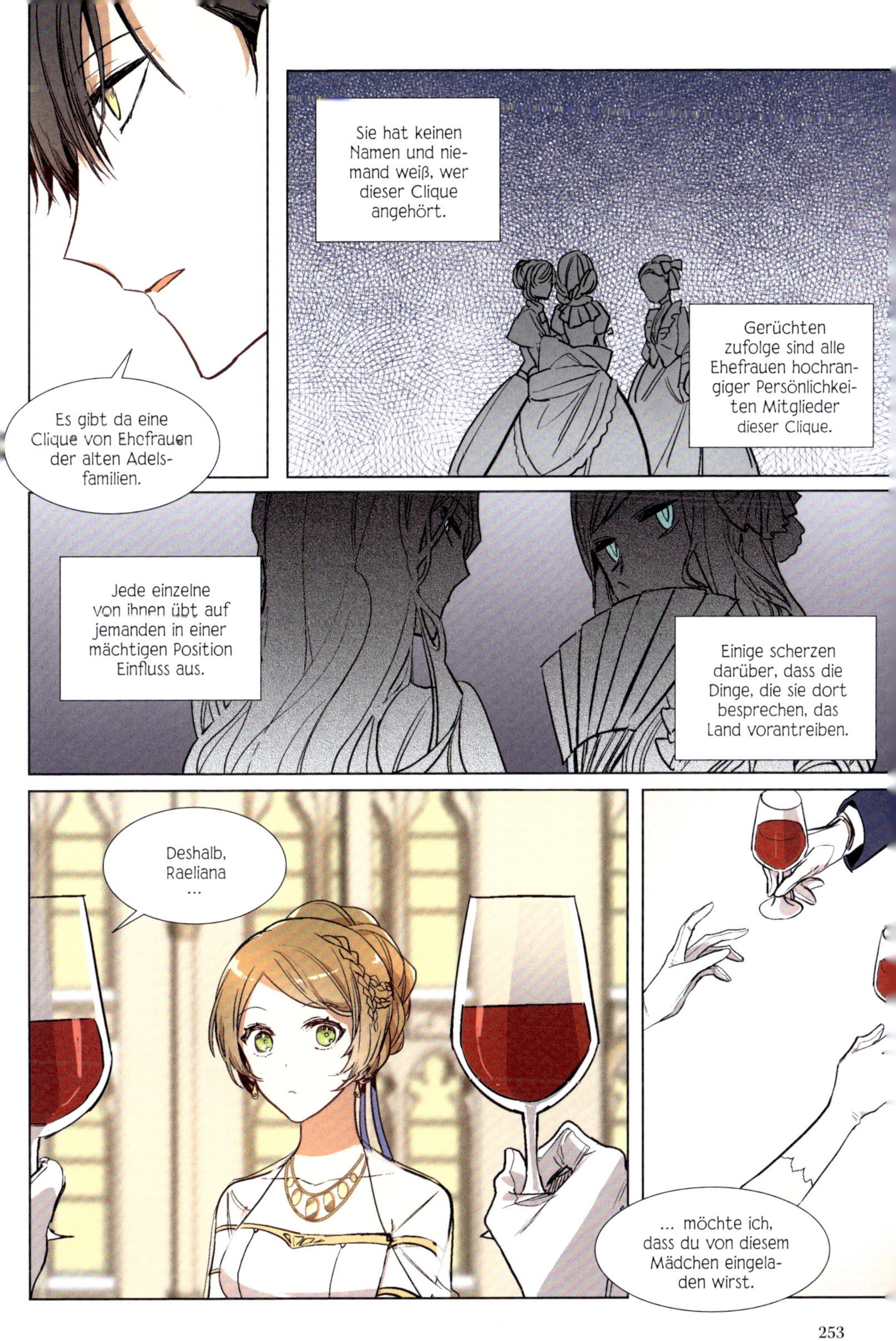
Es gibt da eine Clique von Ehefrauen der alten Adelsfamilien.
Sie hat keinen Namen und niemand weiß, wer dieser Clique angehört.
Gerüchten zufolge sind alle Ehefrauen hochrangiger Persönlichkeiten Mitglieder dieser Clique.
Jede einzelne von ihnen übt auf jemanden in einer mächtigen Position Einfluss aus.
Einige scherzen darüber, dass die Dinge, die sie dort besprechen, das Land vorantreiben.
Deshalb, Raeliana ...
... möchte ich, dass du von diesem Mädchen eingeladen wirst.

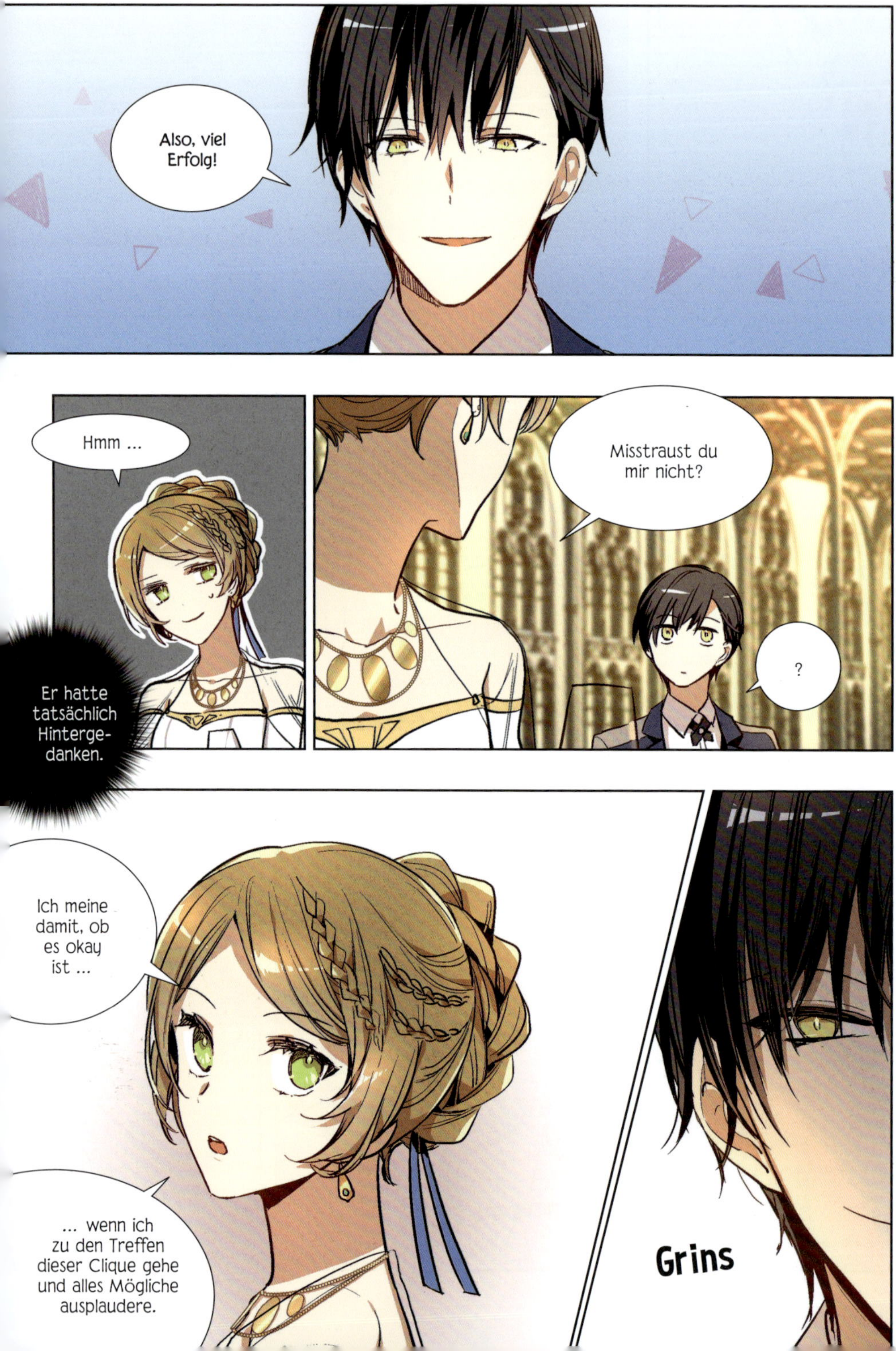
Also, viel Erfolg!
Hmm ...
Er hatte tatsächlich Hinterge-danken.
Misstraust du mir nicht?
?
Ich meine damit, ob es okay ist ...
... wenn ich zu den Treffen dieser Clique gehe und alles Mögliche ausplaudere.
Grins

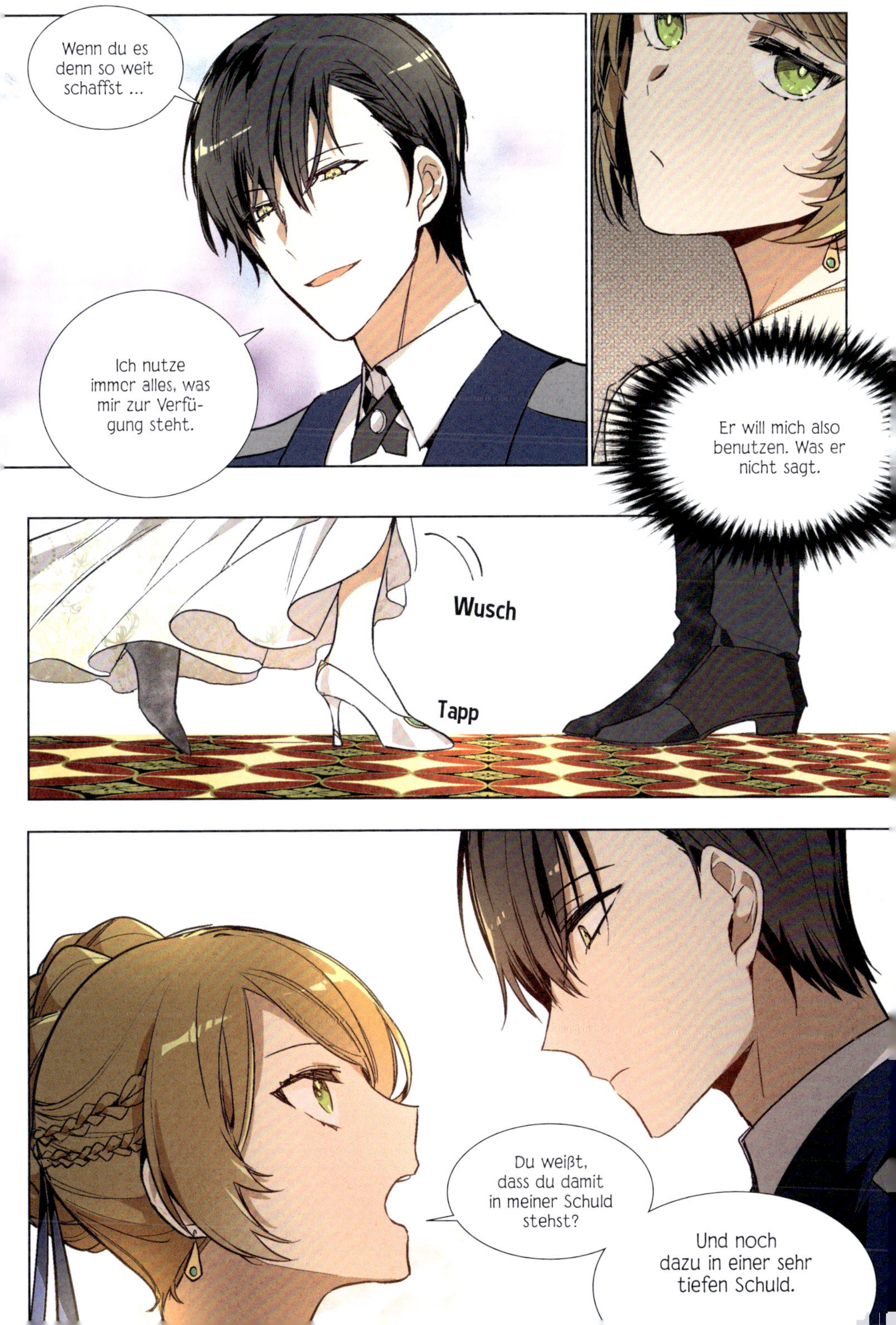
Wenn du es denn so weit schaffst ...
Ich nutze immer alles, was mir zur Verfügung steht.
Er will mich also benutzen. Was er nicht sagt.
Wusch
Tapp
Du weißt, dass du damit in meiner Schuld stehst?
Und noch dazu in einer sehr tiefen Schuld.

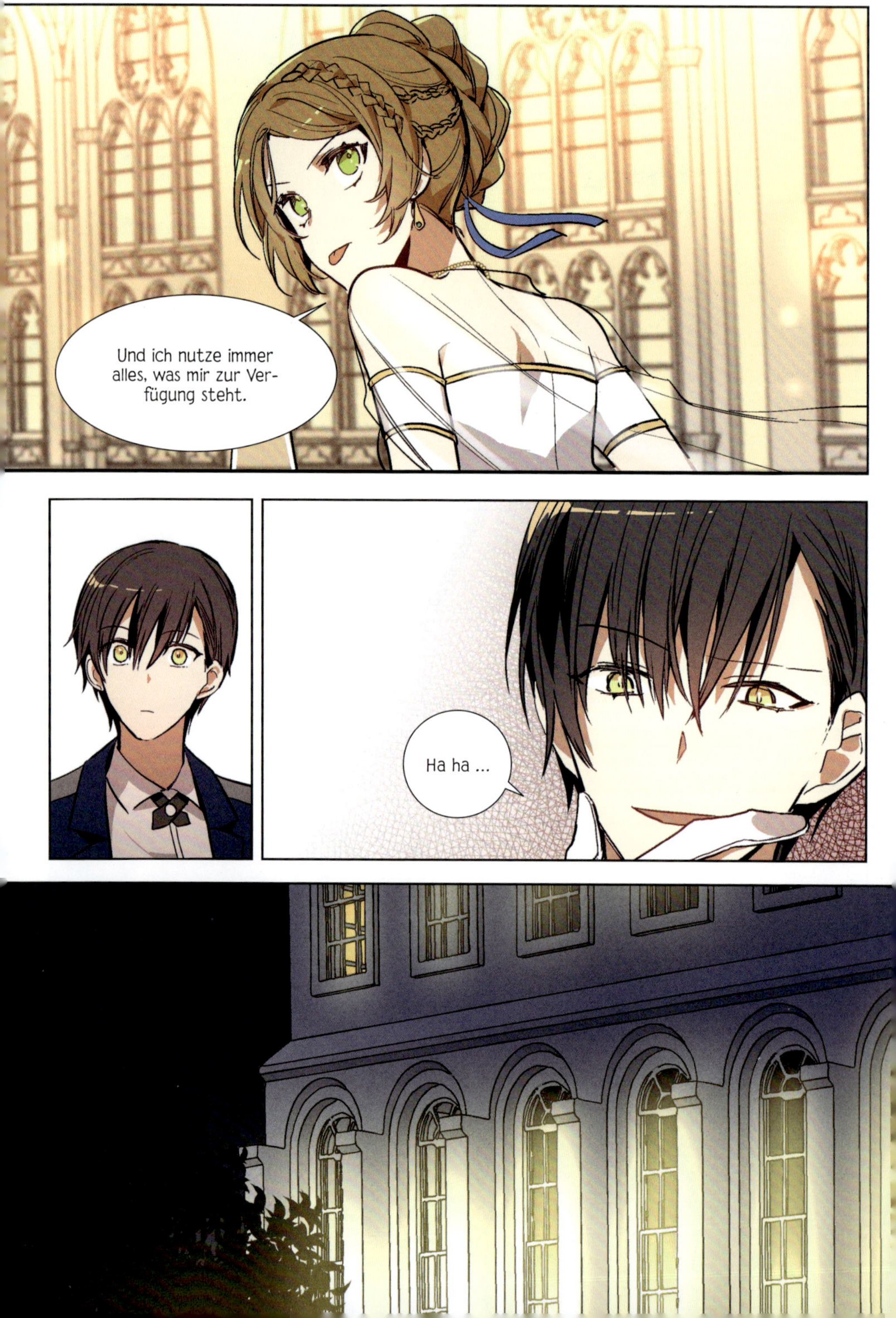
Und ich nutze immer alles, was mir zur Verfügung steht.
Ha ha ...

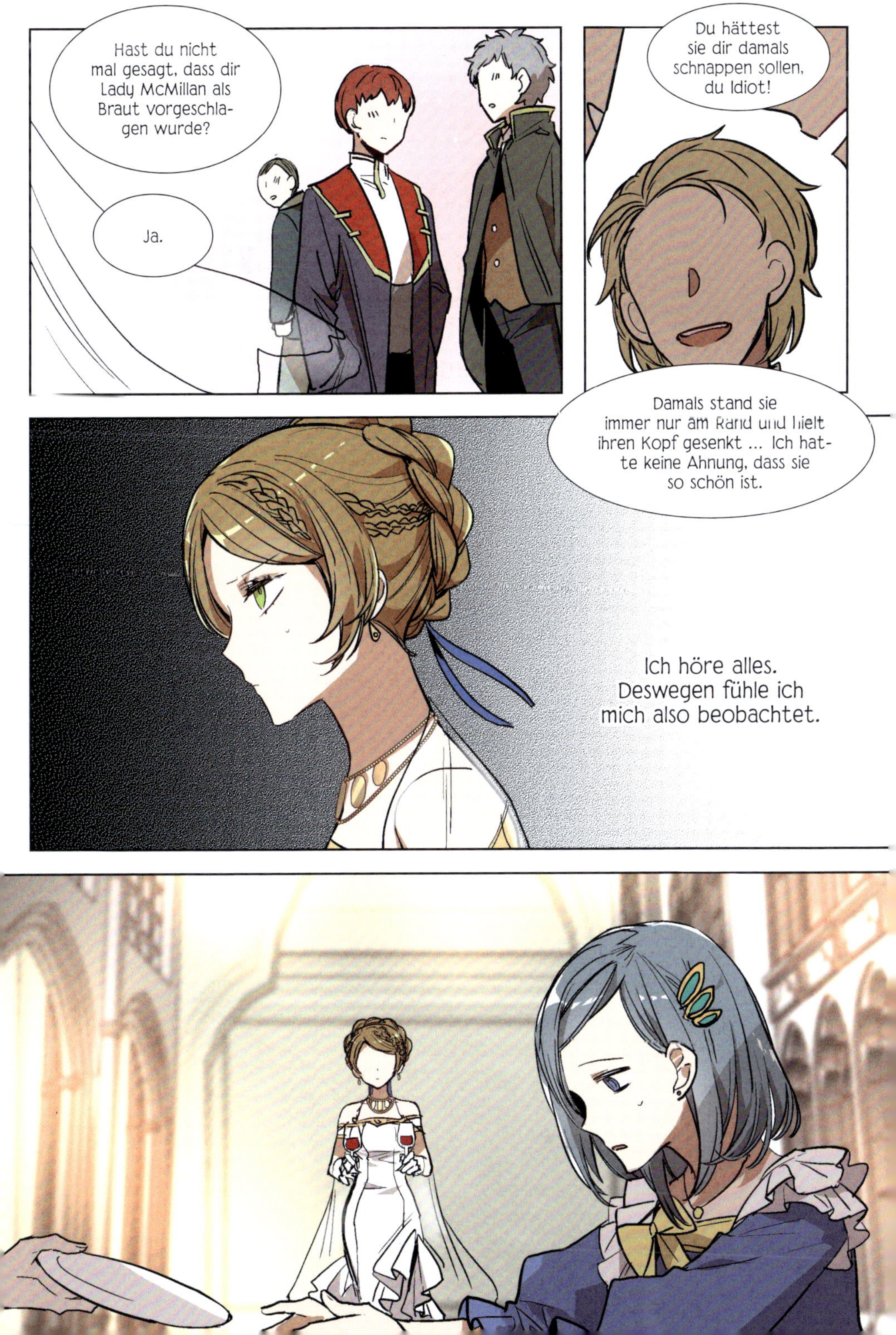
Hast du nicht mal gesagt, dass dir Lady McMillan als Braut vorgeschlagen wurde?
Ja.
Du hättest sie dir damals schnappen sollen, du Idiot!
Damals stand sie immer nur am Rand und hielt ihren Kopf gesenkt ... Ich hatte keine Ahnung, dass sie so schön ist.
Ich höre alles. Deswegen fühle ich mich also beobachtet.

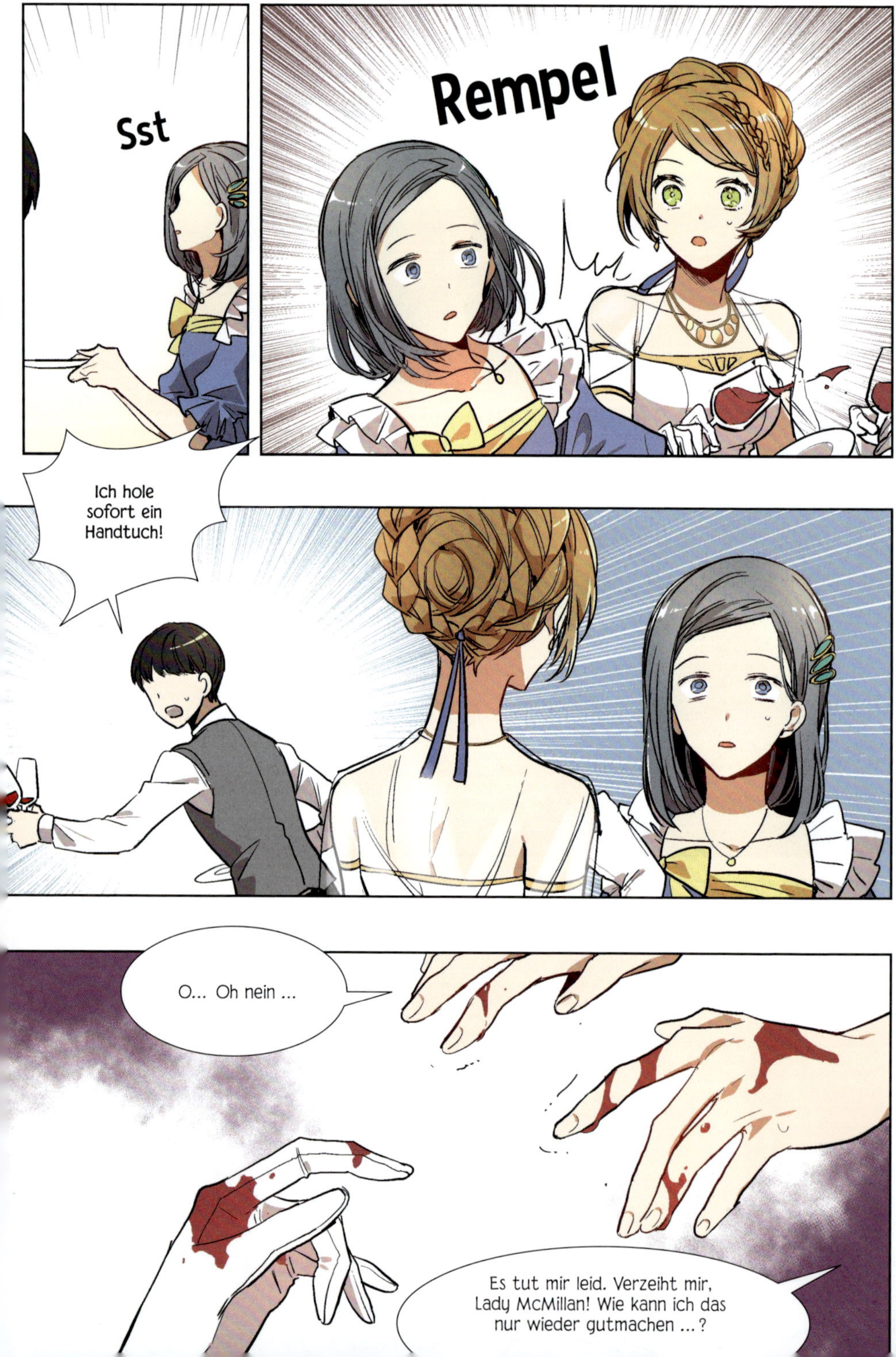
Sst
Rempel
Ich hole sofort ein Handtuch!
O... Oh nein ...
Es tut mir leid. Verzeiht mir, Lady McMillan! Wie kann ich das nur wieder gutmachen ...?

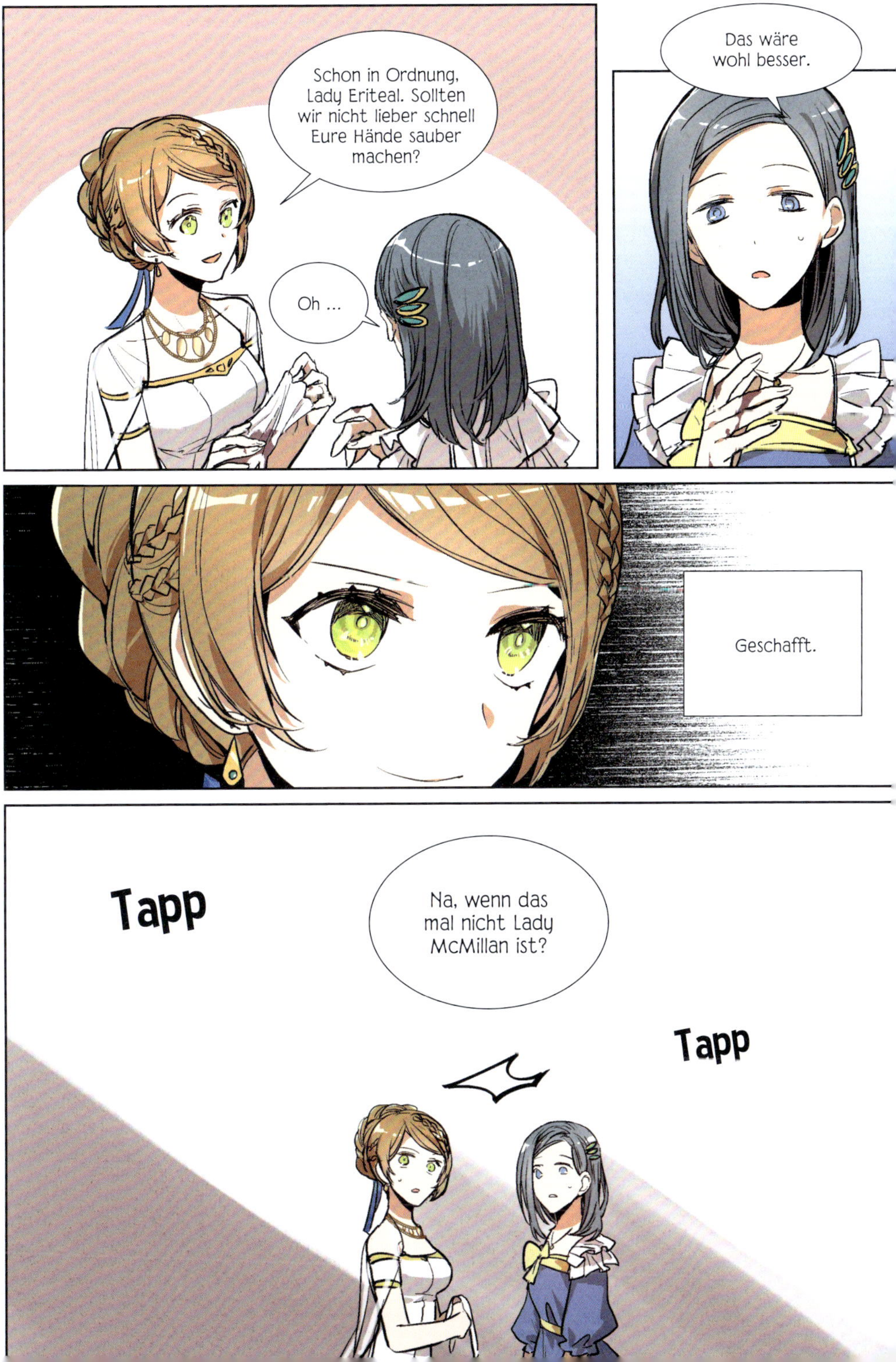
Schon in Ordnung, Lady Eriteal. Sollten wir nicht lieber schnell Eure Hände sauber machen?
Oh ...
Das wäre wohl besser.
Geschafft.
Tapp
Na, wenn das mal nicht Lady McMillan ist?
Tapp

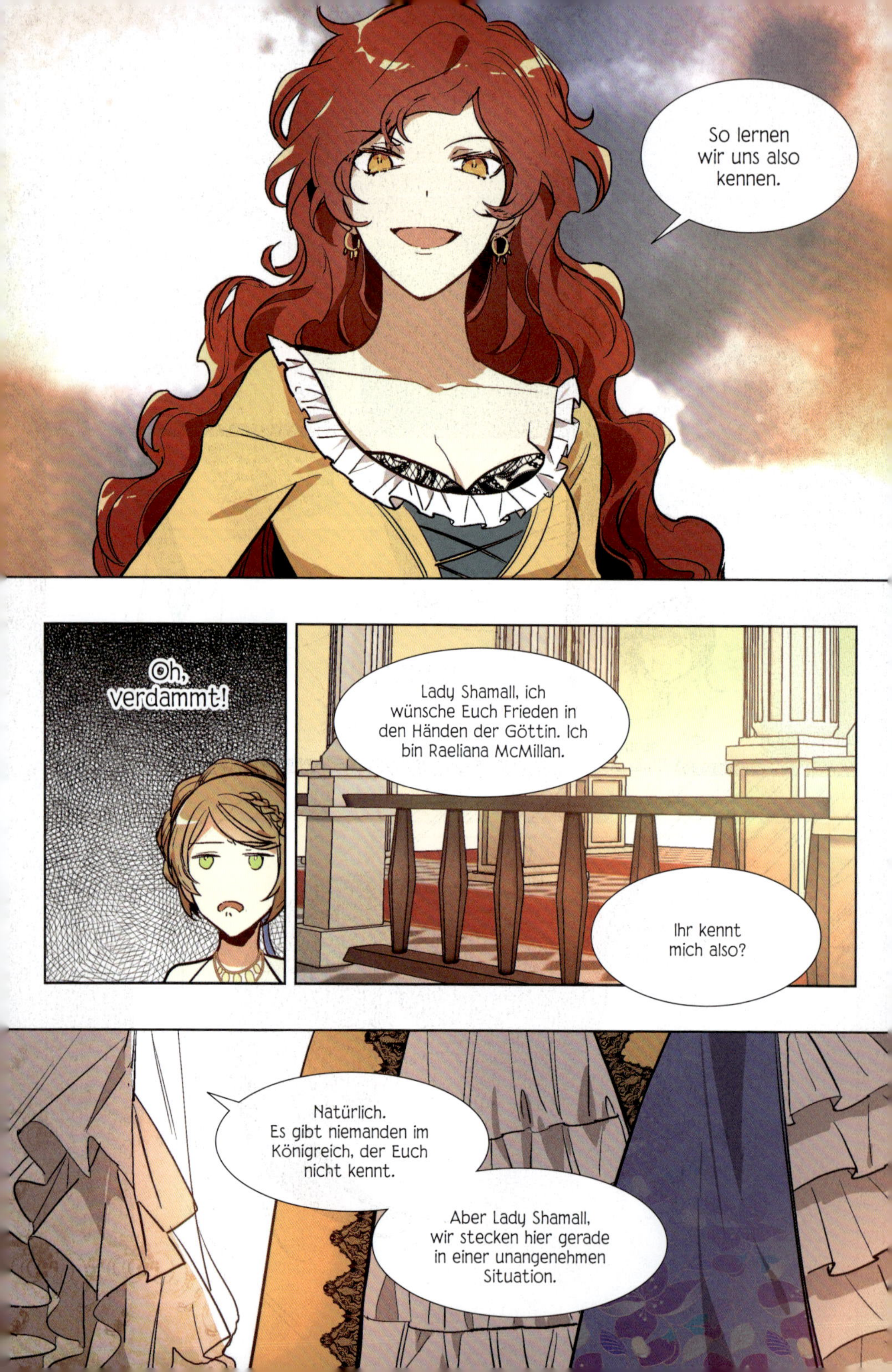
So lernen wir uns also kennen.
Oh, verdammt!
Lady Shamall, ich wünsche Euch Frieden in den Händen der Göttin. Ich bin Raeliana McMillan.
Ihr kennt mich also?
Natürlich. Es gibt niemanden im Königreich, der Euch nicht kennt.
Aber Lady Shamall, wir stecken hier gerade in einer unangenehmen Situation.

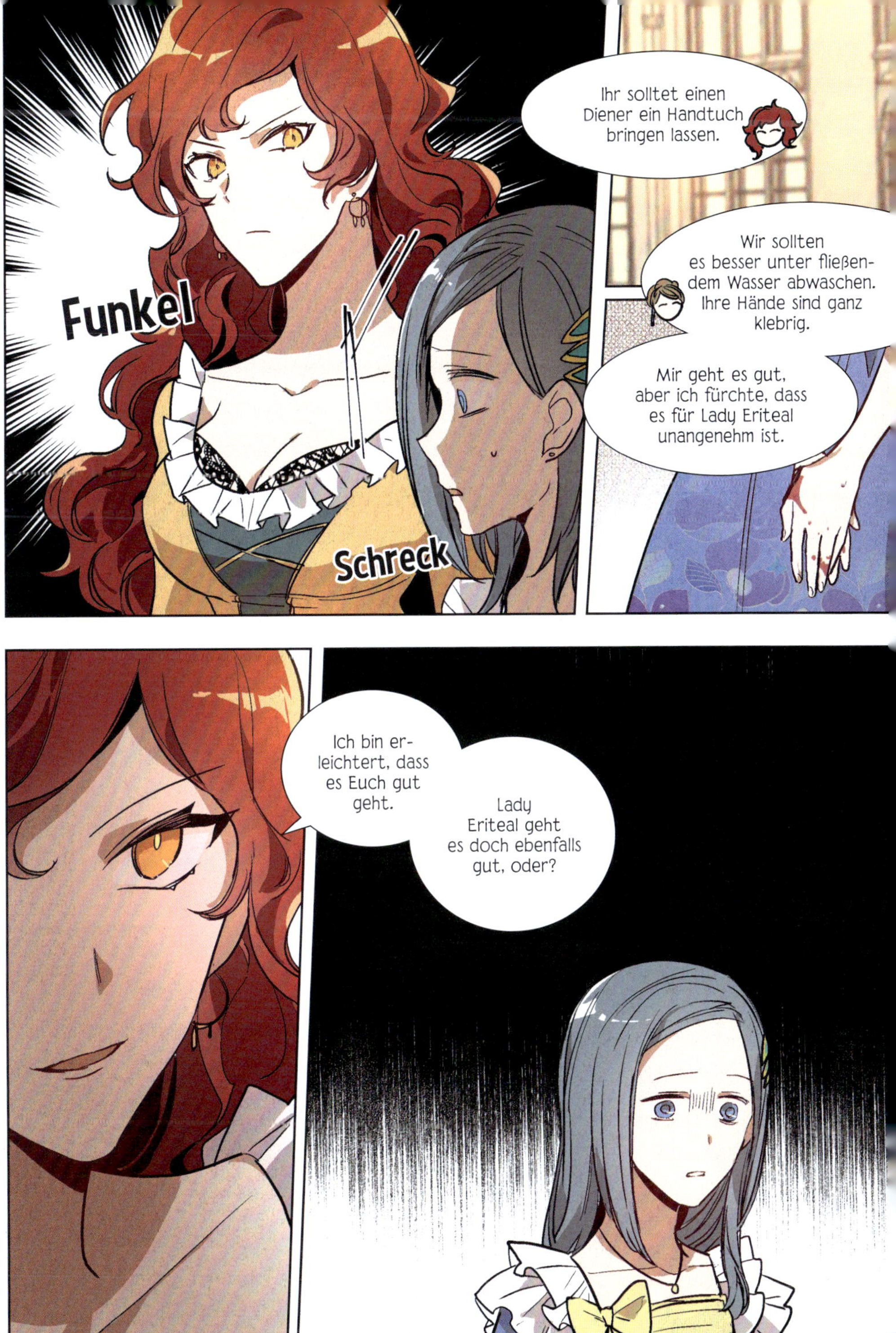
Ihr solltet einen Diener ein Handtuch bringen lassen.
Wir sollten es besser unter fließen-dem Wasser abwaschen. Ihre Hände sind ganz klebrig.
Mir geht es gut, aber ich fürchte, dass es für Lady Eriteal unangenehm ist.
Funkel
Schreck
Ich bin er-leichtert, dass es Euch gut geht.
Lady Eriteal geht es doch ebenfalls gut, oder?

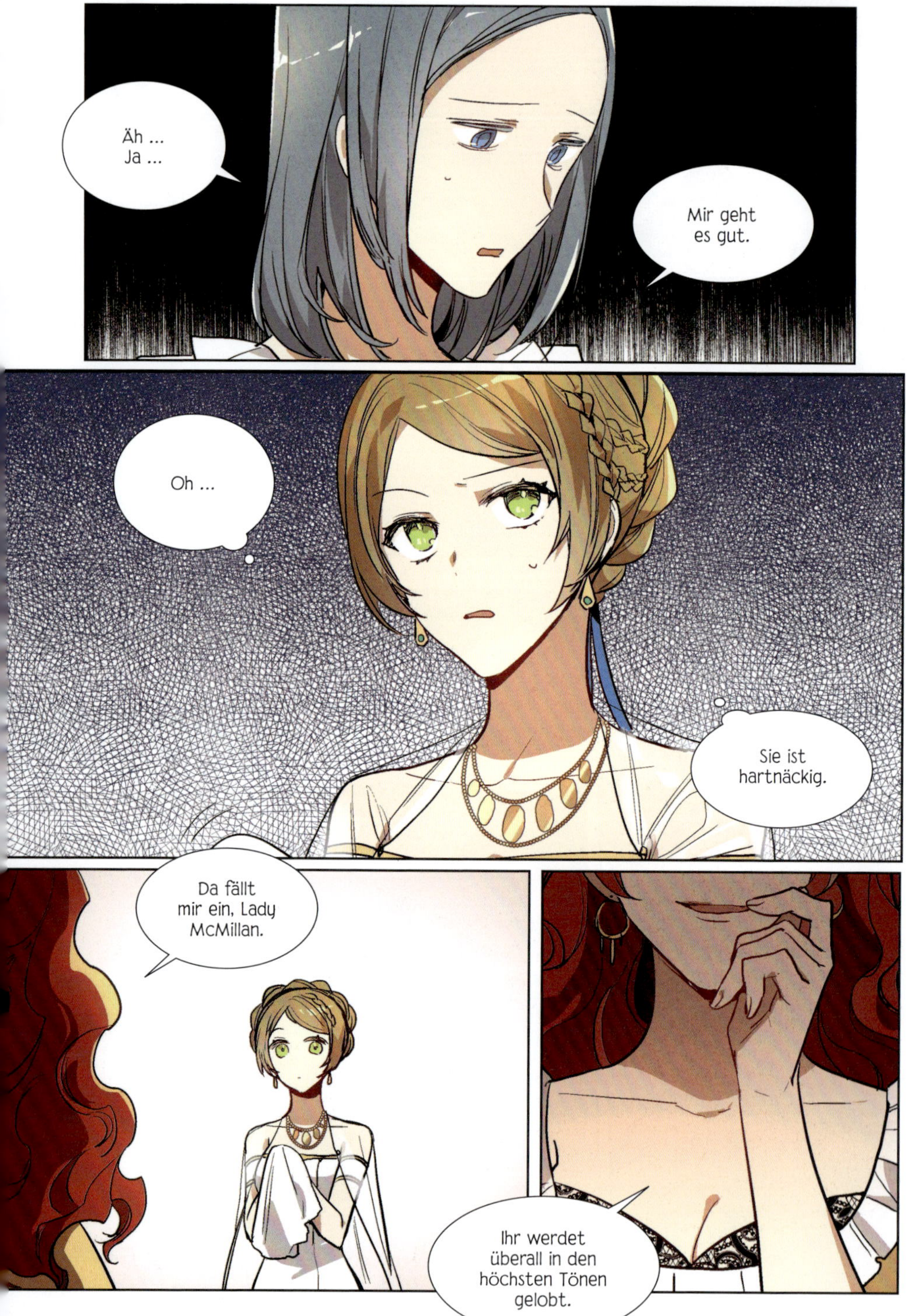
Äh ... Ja ...
Mir geht es gut.
Oh ...
Sie ist hartnäckig.
Da fällt mir ein, Lady McMillan.
Ihr werdet überall in den höchsten Tönen gelobt.

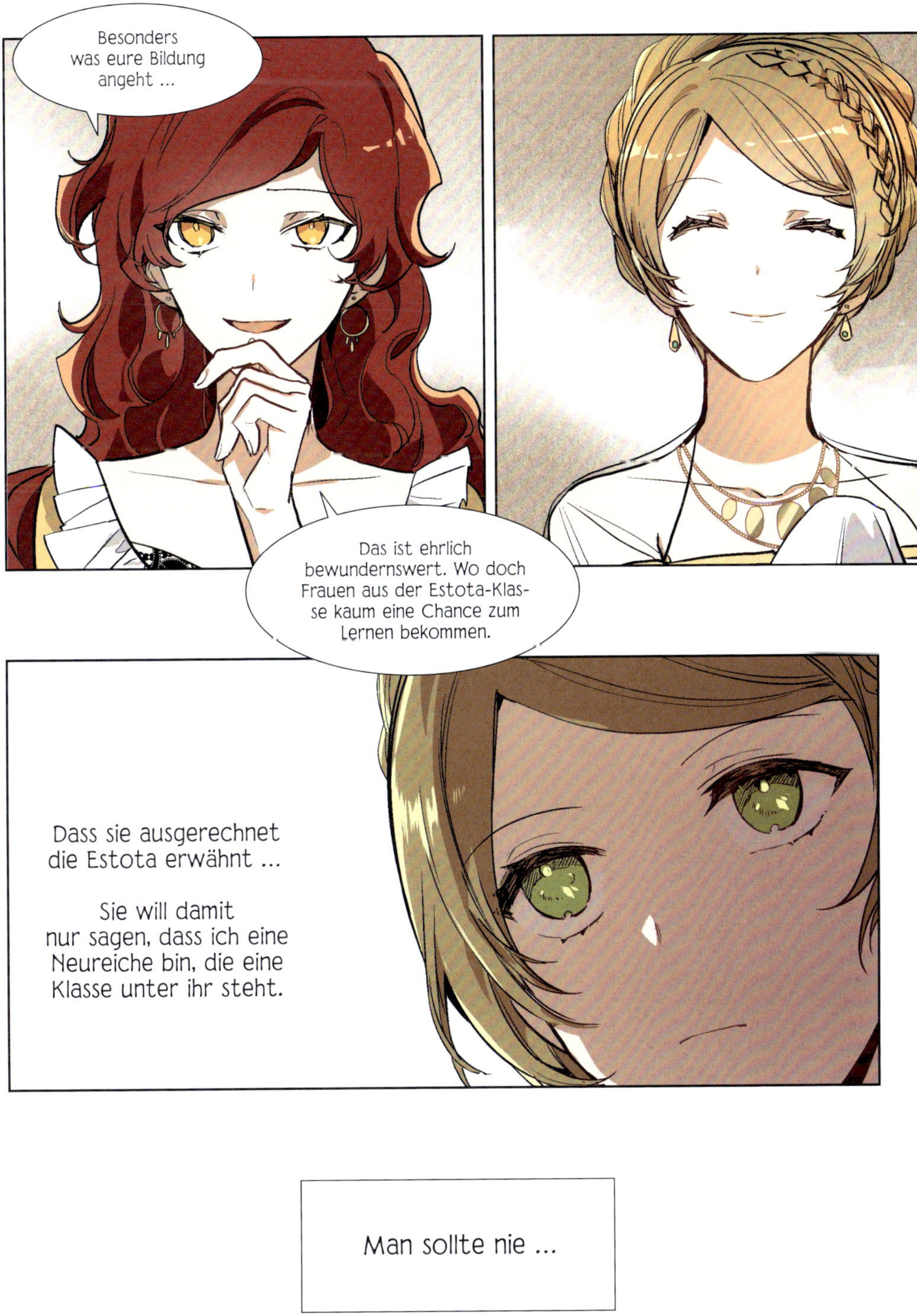
Besonders was eure Bildung angeht ...
Das ist ehrlich bewundernswert. Wo doch Frauen aus der Estota-Klasse kaum eine Chance zum Lernen bekommen.
Dass sie ausgerechnet die Estota erwähnt ...
Sie will damit nur sagen, dass ich eine Neureiche bin, die eine Klasse unter ihr steht.
Man sollte nie ...

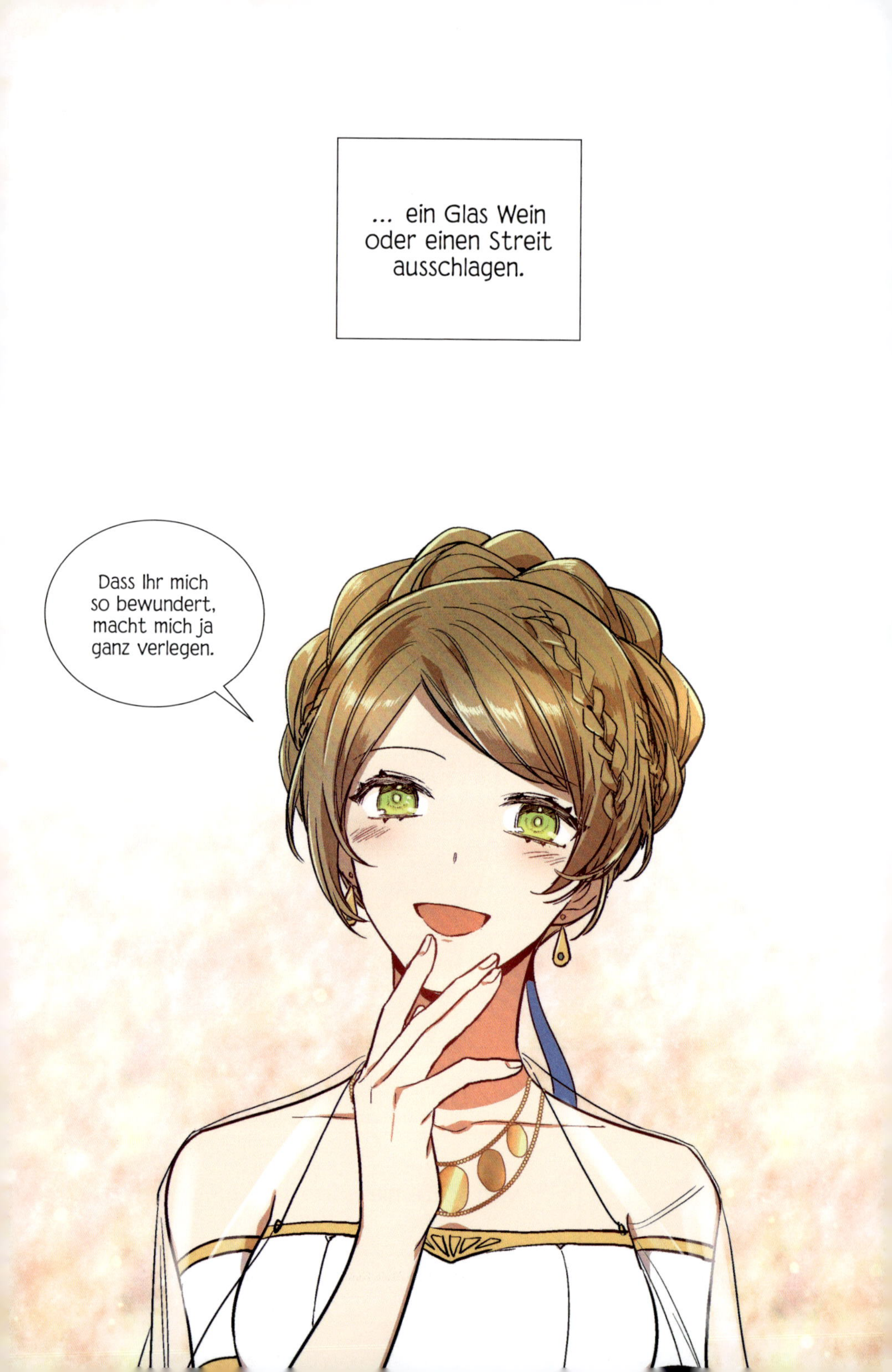
... ein Glas Wein oder einen Streit ausschlagen.
Dass Ihr mich so bewundert, macht mich ja ganz verlegen.

Fortsetzung folgt in Band 2

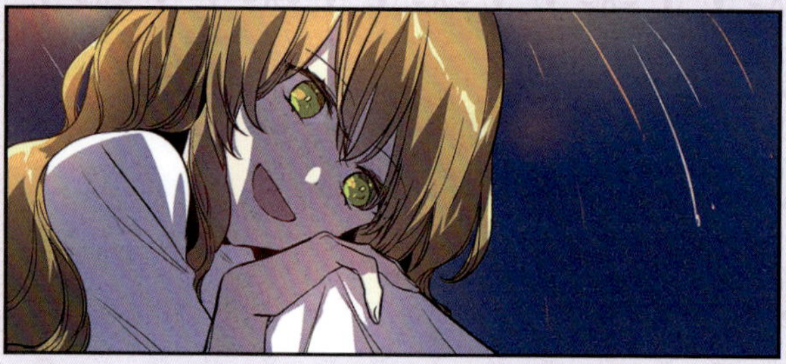

»Noah, warst du schon mal verliebt?«

»Nein.«

»Wieso nicht?«

»Weil ich ein Duke der königlichen Familie bin.«

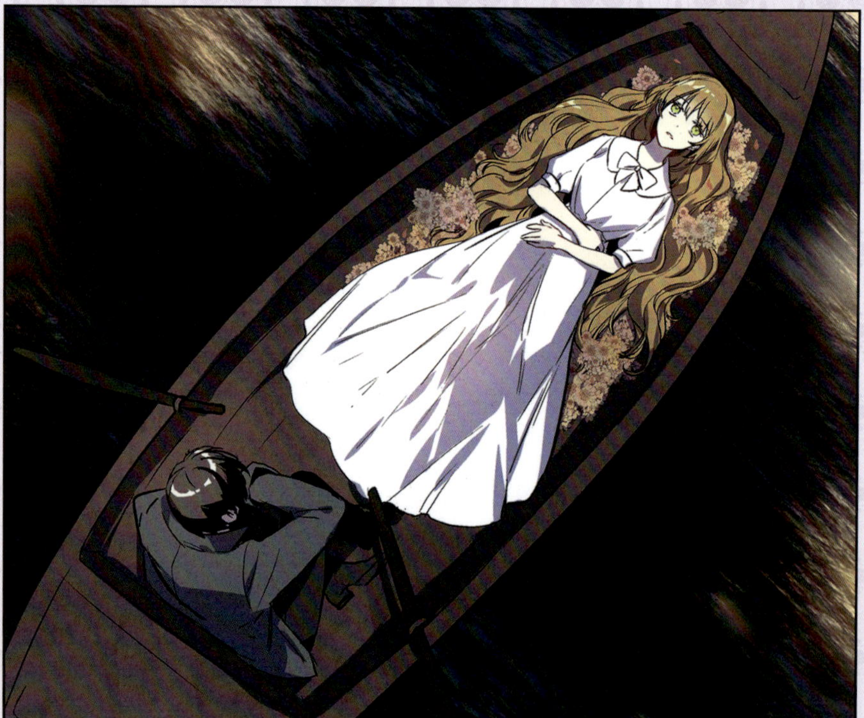

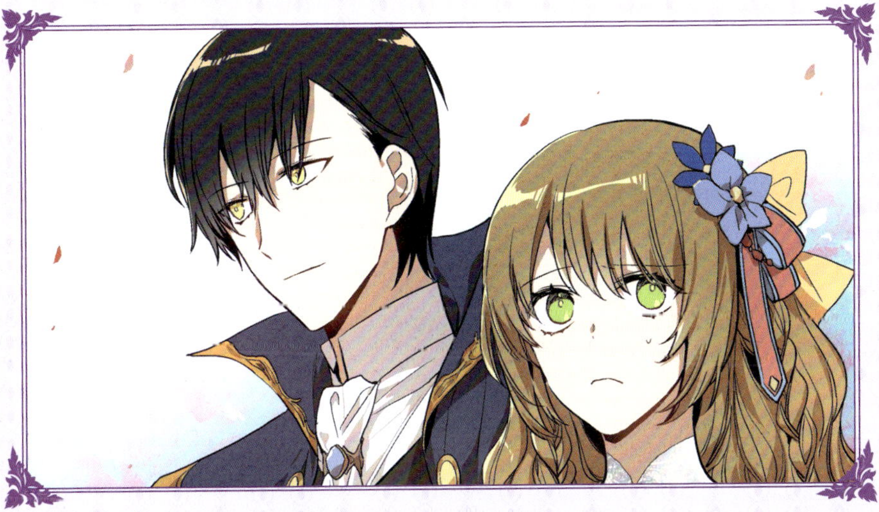

Die Adeligen und ihre Ritter gehen auf die Jagd nach Monstern, um diese ihren Ladys darzubieten.

Als Raeliana ein Taschentuch für Adam vorbereitet, verärgert dies Noah und er verlangt es für sich selbst.

Vivian Shamall beginnt, Raeliana ernsthaft das Leben schwer zu machen, und niemand weiß, wo Beatrice, »die für Noah bestimmte Gemahlin«, steckt.

Wird ihre Verlobung unter diesen Umständen fortbestehen?

Seid auf Band 2 gespannt!

RAELIANA

Warum sie die Verlobte des Dukes wurde

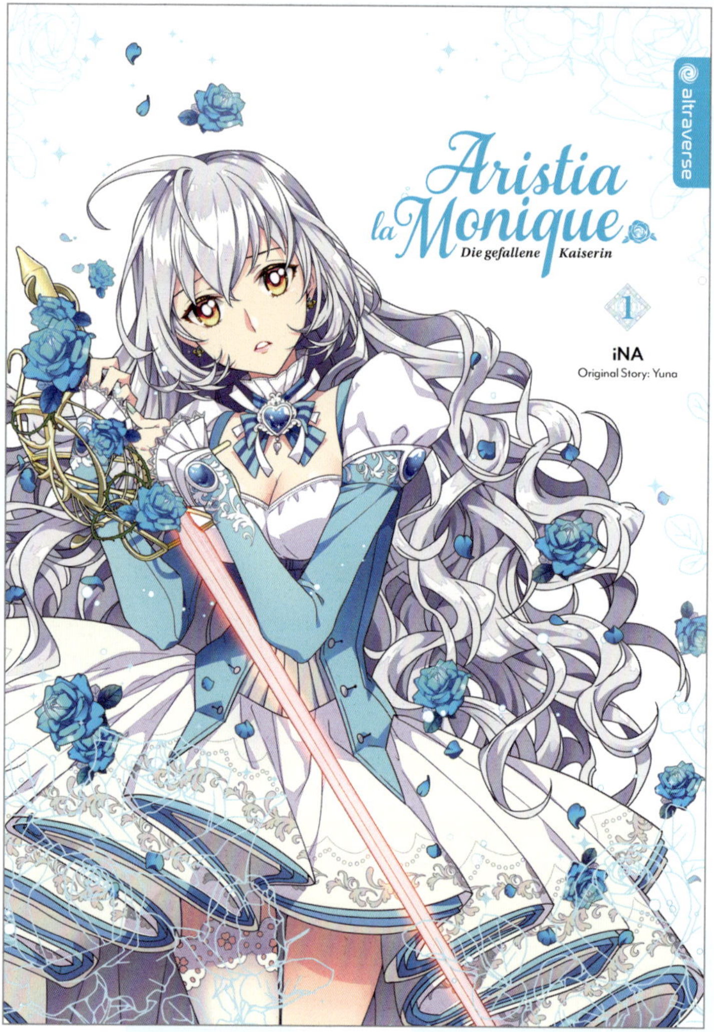

Aristia la Monique – Die gefallene Kaiserin
iNA | Yuna

Seit ihrer Geburt wurde Aristia in dem Glauben erzogen, dass sie eines Tages Kaiserin sein würde. Als wie aus dem Nichts eine geheimnisvolle Frau auftaucht und den Platz an der Seite des Kaisers einnimmt, bricht ihre Welt zusammen. Unfähig, sich in dieses neue Leben zu fügen, erleidet Aristia einen tragischen Tod. Doch sie verschwindet nicht – sondern erwacht sieben Jahre zuvor! Gelingt es ihr dieses Mal, dem Schicksal eine glückliche Wendung zu geben?

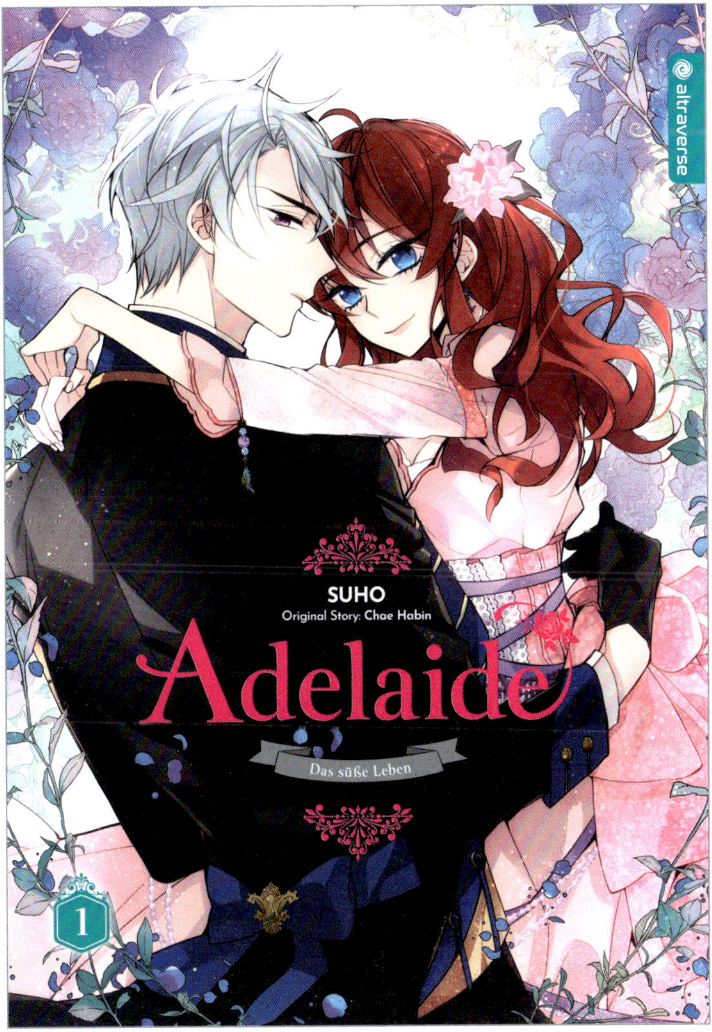

Adelaide – Das süße Leben
SUHO | Chae Habin

Adelaide wurde wiedergeboren und lebt gelangweilt in einer fremden Welt. Ihr neues Dasein als adelige Tochter macht sie nicht besonders glücklich. Als sie 17 Jahre alt ist, erfährt sie vom Auftauchen einer geheimnisvollen Frau und setzt alles daran, diese kennenzulernen. Vielleicht stammt die Frau ja aus ihrer alten Welt, an die sie sich noch bestens erinnert! In der Folge erwarten Adelaide viele Überraschungen und ihr Leben ist plötzlich alles andere als langweilig!

altraverse

Deutsche Ausgabe / German Edition

Altraverse GmbH
Ruhrstr. 11 a
22761 Hamburg
kontakt@altraverse.de

Aus dem Koreanischen von Katharina Schmölders

Redaktion: Gwyneth Minte
Herstellung: Cathrin Hamester
Lettering: Vibrant Publishing Studio

Druck: Silber Druck oHG
Printed in Germany

ISBN 978-3-96358-986-7
4. Auflage 2026

www.altraverse.de